REVUE SÉNÉGALAISE DE DROIT

N° 41

JUILLET 2025

Directeur de publication

Pr Isaac Yankhoba NDIAYE

REVUE SÉNÉGALAISE DE DROIT

N° 41

JUILLET 2025

L'Harmattan Sénégal

10 VDN, Sicap Amitié 3, Lotissement Cité Police, DAKAR

Direction@senharmattan.com

librairie@senlibrairie.com

ISBN : 978-2-336-56956-7

EAN : 9782336569567

Membres institutionnels

Ordre des avocats

Chambre des notaires

Ordre national des experts du Sénégal (ONES)

Ordre des huissiers

Ordre National des experts comptables et comptables agréés du Sénégal (ONECCAS)

Ordre des Commissaires-priseurs

Cour Suprême

Cour des Comptes

Médiature de la République

Ministère de l'Enseignement Supérieur, de la Recherche et de l'Innovation.

Comité Sénégalais des Droits de l'Homme

Bureau de l'ASERJ

- **Président** : Pr. Isaac Yankhoba NDIAYE
- **Vice-Président** : Me Mahmoudou Aly TOURE, Notaire
- **Secrétaire Général** : Me Corneille BADJI, Avocat
- **Secrétaire Général Adjoint** : M. Isma Daddis SAGNA, Expert maritime
- **Trésorier Général** : Pdt. Ibou SARR, Magistrat
- **Trésorier Adjoint** : Pr. Cheikh Abdou Wakhab NDIAYE

ASSOCIATION SENEGALAISE D'ETUDES
ET DE RECHERCHES JURIDIQUES

SOMMAIRE

DOCTRINE

Les origines négro-pharaoniques du droit moderne

Joseph Emmanuel YAYI LIPEM

Maître de conférences en droit privé et sciences criminelles
Université de Douala
Cameroun
josephyayi@gmail.com.

Résumé **:** Les enseignements d'histoire du droit, dans leur immense majorité, désignent les civilisations grecque et romaine, comme le point de départ du droit, en dépit des multiples sources historiques provenant des savants grecs de l'antiquité, qui établissent clairement l'antériorité du droit conçu par le royaume pharaonique. Dépassant la préoccupation de la paternité du droit, la présente étude entreprend de rechercher dans le droit moderne, les notions séculaires conçues et mises en œuvre par les institutions de l'Egypte antique. Elle établit indiscutablement, que la substance du droit moderne est un vestige du droit de l'Egypte antique, tandis que la mission protectrice du droit moderne en est un héritage.

Mots-clés : pluralisme juridique – justice – propriété – contrat – personnalité juridique.

....

« Celui donc qui sait faire ce qui est bien, et qui ne le fait pas, commet un péché »[1]. En droit des contrats, l'omission est constitutive de réticence dolosive et sanctionnée, lorsque l'un des contractants a l'intention de tromper l'autre[2].

La doctrine juridique, dans son immense majorité, omet l'apport significatif de la civilisation négro-pharaonique dans la construction du droit. C'est déjà le cas, avec les programmes scolaires, qui vulgarisent la découverte du contient américain par *Christophe Colomb*, alors que ces vastes territoires étaient habités avant son expédition, de sorte que sont

---

[1] Sainte Bible, Jacques, chapitre 4, verset 17.

[2] B. Fages, « Réticence dolosive ou manquement à l'obligation précontractuelle d'information ? », *RTD Civ.*, 2008, p. 476 ; Civ. 1ère, 28 mai 2008, n° 07-13, 487 ; Com., 28 juin 2005, *RTD civ.*, 2005, 591.

passés sous silence, les précurseurs vikings[3] en 1021 et l'empereur malien *Aboubakary*[4], dont les arrivées aux Amériques avant l'explorateur génois sont formellement établies[5].

Des auteurs[6], souhaitant rétablir la contribution indélébile de l'Egypte dans le cours des civilisations, ont été traités d'afrocentristes. L'afrocentrisme est faussement présenté comme, une idéologie qui consiste à attribuer une place centrale dans l'histoire aux cultures noires[7] aux dépens des autres cultures[8]. Cette doctrine n'est rien d'autre que la prise en compte de l'impact du monde extérieur sur l'Afrique et l'impact

---

[3] J. Huré, « Les Vikings découvrent l'Amérique », *Revue des deux mondes*, 2016/11, pp. 250-259 ; Y. Reignard, « Les Vikings au Vinland », *Bulletin de la Société d'Histoire de la Guadeloupe*, n°7, 1967, pp. 38-46 ; R. Chartrand, « Les Vikings sur nos rivages, Cap-aux-Diamants », *La revue d'histoire du Québec*, n°42, 1995, pp. 36–39 ; A. Chancerel, « Du vestige à la reconstitution du passé : un peu d'épistémologie archéologique », *Bulletin de la Société d'Histoire de la Guadeloupe*, n°165, 2013, pp. 97–106.

[4] J.-Y. Loude, « Le roi d'Afrique et la reine mer », *Actes du Sud*, 1994, pp. 9 à 25 ; *L'Epopée de Bakari II : approche littéraire de la chronique historique du "Roi perdu" de l'empire médiéval du Mali*, Thèse mult., Limoges, 2015, 290 p. ; P. Diagne, *Bakari II (1312) et Christophe Colomb (1492) : A la rencontre de Tarana ou l'Amérique*, L'Harmattan, 2014 ; *L'odyssée de Bakari II, l'empereur mandingue explorateur*, https://www.rfi.fr/fr/podcasts/afrique-mémoires-d-un-continent/20240524-l-odyssée-de-bakari-ii-l-empereur-mandingue-explorateur.

[5] « Lorsque Christophe Colomb découvrit (colonisa) ce qu'il allait appeler l'Amérique, des autochtones l'informèrent que des Africains étaient déjà en relation avec ce continent. Les Africains découvrirent l'Amérique avant Colomb », I. Van Sertima, *Ils y étaient avant Christophe Colomb,* Flammarion, 1992.

[6] M. Asante, *The Afrocentric Idea, Philadelphie*, Temple University Press, 1987 ; *Afrocentricity*, Trenton, Third World Press, 1988 ; *Afrocentricity and Knowledge*, Trenton, Africa World Press, 1990 ; J.-H. Clarke, *My Life in Search of Africa*, Ithaca, Cornell University Africana Studies et Research Center Monograph Series, 1994 ; M. Karenga, *Introduction to Black Studies,* 3ème éd., Los Angeles, University of Sankore Press, 2002 ; T. Obenga, *Le sens de la lutte contre l'africanisme eurocentriste*, Gif-sur-Yvette, L'Harmattan, Khepera, 2001 ; C.-A. Diop, *L'Unité culturelle de l'Afrique noire*, Paris, Présence africaine, 1959.

[7] R. Fay « Afrocentrisme », l'*Encyclopedia Africana*, in A. Appiahet Kwame and H. L. Gates (Dir.), Livres Civitas, 1999, p. 45; A. Algernon, *Achieving Blackness. Race, Black Nationalism and Afrocentrism in the Twentieth Century*, New York University, 2015, p. 119 ; S. Howe, *Afrocentrism. Mythical Past and Imagined Homes Afrocentrismes. L'histoire des Africains entre Égypte et Amérique*, *Politique africaine,* n° 79, 2000/3, pp. 165-191.

[8] F.-X. Fauvelle, J.-P. Chrétien et C.-H. Perrot (dir.), *Afrocentrismes. L'histoire des Africains entre Egypte et Amérique*, Paris, Karthala, 2000.

de l'Afrique sur le monde extérieur[9]. Dans ce sens, l'afrocentrisme s'oppose à certains scientifiques, qui, sans preuve archéologique, biologique, linguistique, concluent à la négation des origines noires de l'Egypte antique et de sa civilisation attribuée à un peuple hamite de race blanche prétendument plus intelligent[10].

Le terme « Hamite », ni scientifique ni linguistique, mais d'origine biblique[11], désignerait des populations africaines, qui, sans être noires, seraient des descendants d'anciennes coulées pâles[12], venues de l'Asie et transportant par leur transhumance, les avancées et les progrès de leurs cultures, qu'on ne découvre malheureusement pas dans leurs lieux d'origine. Les hamites, seraient des descendants des populations blanches du bassin méditerranéen, qui auraient migré vers le cœur de l'Afrique, auraient conquis les nègres « bantou » autochtones sédentaires[13], se seraient mélangés au fil des temps avec plusieurs autres peuples, donnant naissance à une race égyptienne métissée.

Certains, encore plus paradoxaux, tout en admettant que la civilisation égyptienne est descendue dans la vallée du Nil par l'Ethiopie, considèrent

---

[9] P. Guedj, « Afrocentrisme », *Anthropen*, Université Laval, 2020, http://doi.org/10.17184/eac.anthropen.046.

[10] « On s'aperçoit tout d'abord que le Haut Nil est loin de renfermer uniquement des nègres. En ouvrant Junker, Stuhlmann ou Schweinfurth, on peut s'attendre à rencontrer des types qui rappellent presque le type européen. Il y a donc des Nègres et des non-nègres. Ces derniers sont les Hamites, proches parents des Sémites ; ils sont de couleur claire (généralement café au lait). Le nègre a les traits mous, le nez sans os, les cheveux laineux, les lèvres lippues, la taille haute ; sa force musculaire est très grande, sa force nerveuse bien au-dessous de celle d'un Européen faible. Il est peu entreprenant, peu actif, c'est généralement un sédentaire. Le Hamite pur, dont le Galla donne le type parfait, a les traits bien marqués, le nez grand et aquilin, les cheveux ondulés, sa force nerveuse est plus grande, sa physionomie est parfois intelligente ; il a aussi l'esprit plus éveillé, plus entreprenant, il est souvent nomade, toujours pasteur, guerrier », E. De Martonne, « La vie des peuples du haut Nil », *Annales de géographie*, t. 6, n° 25, 1897, pp. 61-70

[11] Ham, Cham en hébreux, fils cadet de Noé et frères de Japhet et Sem. Né avant le déluge, Ham aurait trouvé Noé, son père, dévêtu et ivre, enivré des premiers fruits de sa vigne, une fois la terre recouvrée. Plutôt que de garder l'histoire secrète, il commet la faute du voyeurisme et de l'impudeur : il appelle ses frères. Ce n'est pourtant pas lui que Dieu punit. C'est son fils, Canaan. Genèse 9:18-29.

[12] J.-P. Chrétien, « Les Bantous, de la philologie allemande à l'authenticité africaine. Un mythe racial contemporain », *Vingtième siècle*, vol. 8, n° 8, pp. 43-66.

[13] E. Sanders, *The Hamitic Hypothesis: Its Origin in Time. Problems in African History: The Precolonial Centuries*, Ed. Robert O. Collins, New York, Markus Wiener Publishing, 1996.

néanmoins cette civilisation comme essentiellement asiatique[14], puisque les connaissances actuelles ne permettraient pas d'affirmer que les anciens égyptiens étaient en majorité des noirs[15]. Le défaut de ces affirmations est de se contenter de simples suppositions[16] sans arguments scientifiques.

A l'inverse, plusieurs arguments éclairent sur la négritude de la civilisation égyptienne. Le premier argument, d'ordre historique, vient des sources indiscutables des anciens savants grecs, *Hérodote, Diodore de Sicile, Strabon, Manéthon*[17], qui affirment sans hésitation la couleur noire des égyptiens[18], mais que les négationnistes de la négritude pharaonique prétendent ignorer sans contrepartie scientifiquement éprouvée[19]. A la suite des anciens scientifiques grecs, bien d'auteurs contemporains ont

---

[14] J.-B. Eyriès, C. Malte-Brun (dir.), *Nouvelles annales des voyages, de la géographie et de l'histoire*, Paris, Arthus Bertrand, 1846, T. 112, p. 347.

[15] F. Quentin, *L'Égypte ancienne. Vérités et légendes*, Perrin, 2022, pp. 63-70.

[16] « Il semble que, dans ses débuts, la vallée du Nil égyptienne, dans sa partie haute pour le moins, ait été occupée par des tribus africaines aux cheveux crépus [l'auteur se fonde sur la stèle aux cheveux « afro » du British Museum]. Ces gens succédaient, peut-être après un intervalle, aux hommes paléolithiques : ils en étaient à l'industrie de la pierre polie, quand le cuivre fit son apparition, apporté par des peuples asiatiques aux cheveux lisses, qui probablement déjà occupaient le delta du fleuve », J. De Morgan, *L'humanité préhistorique. Esquisse de préhistoire générale*, Paris, La renaissance du livre 1912, pp. 308-309.

[17] « Les récits des Anciens, Hérodote, Diodore de Sicile, Strabon et Manéthon, ont longtemps été considérés comme des sources d'information indiscutées et indiscutables », G. Boëtsch, « Noirs ou blancs : une histoire de l'anthropologie biologique de l'Égypte », *Égypte / Monde arabe*, n° 24, 1995, http://journals.openedition.org/ema/643.

[18] « Les Egyptiens n'étaient pas d'origine sémitique, ni d'origine japhétique ; du moins, ils n'avaient pas l'aspect qui caractérise ces diverses races. Hérodote en parlant des indigènes de la Colchide dit qu'ils étaient noirs comme les Egyptiens. Eschyle, dans les Suppliantes, attribue la même couleur aux Egyptiens. Lucien [de Samosate], dans un de ses Dialogues, fait le portrait d'un Egyptien, qu'il représente comme étant noir. Galien, qui séjourna pendant cinq ans à Alexandrie, dit que les Egyptiens avaient le teint noir », A. Bloch, « De l'origine des Egyptiens », *Bulletins et Mémoires de la Société d'anthropologie de Paris*, v° Série, T. 4, 1903, pp. 393-403, spéc. p. 395.

[19] « S'il on parvenait à montrer que les anciens Egyptiens étaient des nègres, la race caucasienne devrait se taire pour toujours au sujet de l'infériorité de la race noire. En effet, les Noirs seraient reconnus comme nos prédécesseurs, et nous leurs débiteurs pour ce dont nous jouissons » ; B. Bonnefoy, « L'héritage de Cham #1-Les débats savants sur les origines de l'Égypte ancienne (1800-1850) », *RelRace-Religions, lignages et « race »,* le 2 novembre 2020, https://relrace.hypotheses.org/658.
; S.-G. Morton and *al.*, *Types of mankind*, Philadelphia, Lippincott, Grambo & Co., 1854, p. 85.

admis la négritude de la civilisation égyptienne[20], démontrant que l'occupation du territoire égyptien est inévitablement le fait des populations noires venues de la Nubie et de l'Ethiopie anciennes[21]. *Diodore de Sicile* rapporte, que l'Egypte ancienne n'est que le prolongement des civilisations éthiopiennes et nubiennes, qui ont migré vers le nord de l'Afrique, en direction de la Méditerranée[22].

---

[20] « Les anciens Egyptiens étaient de vrais Nègres de l'espèce de tous les naturels d'Afrique [...] cette race d'hommes noirs, aujourd'hui notre esclave et l'objet de nos mépris, est celle-là même à qui nous devons nos arts, nos sciences et jusqu'à l'usage de la parole », C.-F. De Volney De Chasseboeuf, *Voyage en Syrie et en Égypte, pendant les années 1783, 1784 et 1785*, Paris, Desenne, 1787, pp. 75-76 ; *« Marche du Siècle » et Marche de la Vérité historique. « Les Égyptiens étaient de vrais Nègres de l'espèce de tous les naturels d'Afrique »*, (Volney), Présence Africaine, Nouvelle série, n° 155, 1997, pp. 206-216 ; J. Bruce, *Travels to discover the source of the Nile*, Edimbourg, Archibald Constable et al, 1805 ; F. Cailliaud, *Voyage à Méroé au Fleuve Blanc, au-delà de Fâzoql dans le midi du Royaume de Sennâr, à Syouah et dans cinq autres oasis*, Paris, impr. de Rignoux, 1823 ; J.-F. Champollion, *Lettres écrites d'Égypte et de Nubie entre 1828 et 1829*, Paris, Firmin-Didot frères, 1833 ; G.-A. Hoskins, *Travels in Ethiopia and the history of Meroe*, Londres, Longman, Rees, Orme, Brown, Green and Longman, 1835 ; E. Pariset, *Mémoire sur les causes de la peste, et sur les moyens de la détruire*, Paris, J.-B. Baillière, 1837 ; E. de Salle, *Pérégrinations en Orient, 1837-1839. Tome 1 : Voyage pittoresque, historique et politique en Égypte, Nubie, Syrie, Turquie, Grèce Tome 1*, Hachette Bnf, 1840 ; A.-B. Clot, *Aperçu général sur l'Egypte*, Paris, Fortin, Masson, 1840.

[21] « *C'est le sang de la race cushite établie en Egypte, qui a été modifié par son alliance avec celui de la race caucasienne ; en d'autres termes, ces Egyptiens, nous en sommes bien fâchés pour les aristocrates de la peau, ces Egyptiens qui nous ont tout appris sont des mulâtres »,* C. Oudin-Bastide, « L'Afrique dans le discours abolitionniste de Victor Schœlcher : de la réfutation de l'infériorité native des Nègres au projet africain », *Afrique & histoire*, vol. 4, n°2, 2005, pp. 149-173 ; V. Schœlcher, *L'Egypte en 1845*, Paris, Pagnerre, 1846, en particulier le chapitre VIII : « Race des habitants de l'Egypte. Antériorité de la civilisation éthiopienne » pp. 269-293.

[22] « Diodore de Sicile, qui s'est renseigné auprès des prêtres égyptiens et des informateurs nubiens, écrit : ''Les Egyptiens ne sont qu'une colonie éthiopienne conduite par Osiris. [...] Les rois honorés comme des dieux, les soins pris aux funérailles des morts et beaucoup d'autres rites sont des institutions éthiopiennes''. Enfin, le sens attaché aux images sculptées et le type des lettres égyptiennes seraient également empruntés aux Ethiopiens », L.-S. Senghor, « Les noirs dans l'antiquité méditerranéenne », *Revues des deux mondes*, 1977, p. 540 ; *Ethiopiques, Revue socialiste de culture négro-africaine*, n° 11, année 1977, pp. 30-48 ; F. Chamoux, « L'Égypte d'après Diodore de Sicile », in *Entre Égypte et Grèce*, Actes du 5ème colloque de la Villa Kérylos à Beaulieu-sur-Mer du 6 au 9 octobre 1994, Paris, Académie des Inscriptions et Belles-Lettres, 1995. pp. 37-50.

Le deuxième argument est tiré des études anatomiques et biologiques de l'anthropologie, qui concluent, que la forme du nez[23] et des lèvres[24] des corps des anciens égyptiens examinés, font des égyptiens, des noirs identiques aux soudanais et éthiopiens de la même époque[25].

Le troisième élément, en faveur de la négritude de la civilisation pharaonique, réside dans l'explication insuffisante de la supposée blancheur des Egyptiens. Des tentatives désespérées essaient de fonder cette blancheur sur des prétendues migrations de peuples sémitiques d'origine asiatique, qui, alors qu'aucune trace documentée ne le démontre, auraient conquis des autochtones indigènes noirs de moindre civilisation. Pourtant, la présence résiduelle de la race blanche s'explique simplement par deux faits : l'hospitalité des populations locales qui accueillent les populations migrantes[26] et les invasions *Hyksôs*[27], grecques[28] et romaines. En biologie, la race est apparue initialement pour distinguer des sous-espèces ou variétés[29], parfois géographiquement séparées[30]. Il existe

---

[23] « Le nez. - Il doit être étudié de face et de profil. De face, l'on remarque que l'organe à sa base est plus large que dans les races sémitiques et caucasiques, de sorte que les ailes du nez sont plus écartées et que le lobule est moins effilé et moins proéminent. Dès fois même, la largeur du nez atteint celle de la bouche. On voit donc que ce n'est pas un nez leptorrhinien comme dans les races blanches », A. Bloch, *op. cit.*, p. 396.

[24] « Les lèvres. Elles nous fournissent de précieuses indications pour retrouver l'origine des Egyptiens. Presque toujours, elles sont épaisses, quelquefois même retroussées et d'une grosseur que n'atteint aucune race sémitique ou causasique, dans lesquelles c'est la lèvre inférieure seule qui peut être relativement épaisse chez certains individus. Elles rentrent dans la catégorie des lèvres qui caractérisent les peuples de couleur foncée », A. Bloch, *op. cit.*, p. 397.

[25] « Nous basant sur les caractères ataviques que nous avons décrits, c'est-à-dire la largeur du nez, l'épaisseur des lèvres, la couleur de la peau, la pauvreté du système pileux, la conformation particulière des membres inférieurs, ainsi que sur les caractères nigritiques de certains crânes égyptiens, nous croyons que les Égyptiens sont le produit de la transformation d'une race noire, nègre ou éthiopienne », *Ibid.*

[26] Sainte Bible : Genèse chapitre 12 ; Genèse chapitre 39 ; Genèse chapitre 46 ; Matthieu chapitre 2, versets 13-15.

[27] J. Berard, « Les Hyksos et la légende d'Io. Recherches sur la période mycénienne », *Syria*, T. 29, 1952, pp. 1-43.

[28] S. Wackenier, « Les Grecs à la conquête de l'Egypte. De la fascination pour le lointain à l'appréhension du quotidien », *Hypothèses*, n°11, 2008/1, pp. 27 à 35.

[29] A. Degioanni, G. Gourjon, « La race blanche. Retour sur les tentatives trompeuses de classification et de hiérarchisation de l'espèce humaine », in S. Laurent, T. Leclère (dir.), *De quelle couleur sont les blancs ?, Des « petits Blancs » des colonies au « racisme anti-Blancs »*, La Découverte, 2013, p. 206.

[30] « Géographiquement, la race sert à reconstituer des mouvements humains de grande envergure ou l'organisation des grands espaces géographiques passés, ou à expliquer les

quatre races biologiques, fondées sur des couleurs noire, blanche, jaune ou rouge de la peau.

Pour le cas spécifique de l'Égypte ancienne, la subtilité est de prétendre que les Égyptiens seraient de races brune, métisse, méditerranéenne[31], qui ne sont pas réellement des races[32]. Ces expressions ne sont utilisées en réalité que pour promouvoir une race méditerranéenne génitrice des grandes civilisations antiques[33], alors qu'aucun indice physique scientifique ne peut présumer une origine sémitique des Égyptiens[34].

Ceux qui font recours à ce discours, ne précisent malheureusement pas les caractéristiques de ces races. Des auteurs relèvent l'ambiguïté de la thèse de l'origine sémitique de l'Egypte antique[35]. Ils font remarquer qu'on ne connaît pas les caractères distinctifs d'un squelette méditerranéen, métis ou négroïde, si jamais de tels squelettes existent. Partant de ce que la race noire biologiquement plus variée que la race blanche[36], des études rationnelles ont préconisé d'aborder le sujet de la race égyptienne à partir

---

fondements biologiques de civilisations originales », H. Dorion, « Races, nations, peuples… Une terminologie à préciser », *Cahiers de géographie du Québec*, vol. 9, n° 18, 1965, p. 244.

[31] G. Boëtsch, « Noirs ou blancs : une histoire de l'anthropologie biologique de l'Égypte », *Égypte/ Monde arabe*, n° 24, 1995, https:// journals.openedition.org/ ema/643, consulté le 07 juillet 2024.

[32] J. Vercoutter, « Le peuplement de l'Egypte ancienne », *Le peuplement de l'Egypte ancienne et le déchiffrement de l'écriture méroïtique Actes du colloque tenu au Caire du 28 janvier au 3 février 1974*, Unesco, 1978, p. 18 ; G. Sergi, *Africa* (*Antropologia della stirpe camitica*), Bocca, Turin, 1897 ; G. Guiffrida-Ruggerl, « Were the Predynastic Egyptians Libyans or Ethiopians ? » *Man,* XXXII, 1915, pp. 51-56 ; G. Elliot Smith, *The Ancient Egyptians and their Influence on the Populations of Europe,* Harperand Bro., Londres, 1911; H. Weisgerber, *Les Blancs d'Afrique,* Doin, Paris, 1910.

[33] W. Macgaffey, « Concepts of Race in the Historiography of Northeast Africa », *Journal of African History*, 7, 1966, pp. 1-17.

[34] R. Hartmann, Les *Peuples de l'Afrique,* Germer Balllière, Paris, 1880, p. 14.

[35] UNESCO, *Le Peuplement de l'Egypte ancienne et le déchiffrement de l'écriture méroïtique*, Actes du colloque tenu au Caire du 28 janvier au 3 février 1974, Histoire générale de l'Afrique: études et documents, 1, 136 p., https://unesdoc.unesco.org/ark:/48223/pf0000192572, consulté le 11 novembre 2024.

[36] « A Kosseir... nous avons vu des pèlerins de toutes les parties de l'Afrique... J'ai acquis la conviction que la race nègre est encore plus variée que la race blanche. On y trouve tous les profils, depuis celui du caucasien le plus pur jusqu'à celui du crétin et presque de l'imbécile », G. Flaubert, *Correspondance*, vol. I, p. 655 (Lettre à Frédéric Baudry du 21 juillet 1850), Paris, La Pléiade, 19.

du peuplement méditerranéo-africain[37]. Elles insistent sur la continuité morphologique que les Égyptiens présentent avec les populations voisines. Ce qui revient à rejeter définitivement toute idée d'un peuple exogène ayant porté avec lui le génie égyptien[38]. Des scientifiques ont découvert et révélés des forts taux de mélanine sur les corps des anciens égyptiens[39], ouvrant le chemin aux travaux de Cheikh Anta Diop, sur la négritude des populations égyptiennes et leur civilisation.

Le quatrième argument en faveur de la négritude des anciens égyptiens de la similarité entre la langue égyptienne avec les autres langues africaines, notamment sur les mots, la sémantique et les terminologies utilisés pour l'eau et son champ lexical, à savoir le Nil et de ses affluents[40]. Deux arguments soutiennent cette identité de langues. En premier, l'absence d'identité entre les signes de l'écriture sémitique et ceux de l'écriture égyptienne[41]. En second, les conclusions de plusieurs études de linguistique historique et comparative, qui établissent la similarité entre la langue de l'Egypte ancienne et les autres langues africaines, que sont le

---

[37] F. Lenormant, *Histoire ancienne de l'Orient,* t.1 : *Les origines, les races et les langues,* Lévy, Paris, 1881 ; G. Maspero, *Histoire ancienne des peuples de l'Orient classique,* Hachette, Paris,1895.

[38] « L'Égypte très peuplée n'a jamais été une colonie de peuplement » ? H. Ayrout, *Mœurs et coutumes des Fellahs,* Payot, Paris, 1938, p. 91.

[39] « Sandison a mis en évidence la présence de mélanine très bien conservée sur des coupes de peau de momies égyptiennes de la période dynastique et des corps desséchés de la période copte. Il a noté la présence de petits granules de mélanine dans les cellules de la couche basale [...] L'analyse histologique du tissu épithélial, particulièrement laborieuse à cause de la fragilité de ce dernier, a permis finalement de mettre en évidence la stratification typique de l'épiderme et de relever la présence de granules de mélanine dans le cytoplasme des cellules de la couche basale [...] Un test plus approfondi, fait sur les strates épidermiques, a mis en évidence, dans la région cytoplasmique des cellules basales, des granules de mélanine », E. Rabino-Massa, « Étude de la peau des égyptiens prédynastiques », *Bulletins et Mémoires de la Société d'anthropologie de Paris*, XIII° Série, T. 8, 1981, p. 291-296 ; A.-T. Sandison, « Diseases of the eyes », in D. Brothwell and *al.* (dir.), *Diseases in Antiquity*, (Eds), Springfield, 1967.

[40] A.-M. Lam, « Égypte ancienne et Afrique noire : autour de l'eau », *Ankh*, n°6/7, 1997-1998, pp. 54-73.

[41] « Il n'y a rien de commun entre les signes sémitiques et égyptiens : c'est immédiatement perceptible. Pour moi, ces signes linguistiques montrent deux traditions différentes. Pour Vernus, il s'agit d'une même tradition. Qu'il le prouve techniquement », T. Obenga, « L'égyptien ancien n'est pas une langue sémitique, ni une langue chamito-sémitique, mais une langue négro-africaine. Réponse à Pascal Vernus », *Ankh*, n°10/11, 2001-2002, p. 75.

Yoruba, le *Dagara*, le *Baoulé*, le *Dogon* et les Langues du *Bahr el Ghazal*[42].

Le cinquième et dernier élément, favorable aux origines noires de l'Egypte, est empirique. Il se fonde sur l'absence de pyramides et d'autres vestiges égyptiens dans les prétendus territoires asiatiques des colons blancs, qui se sont déplacés pour s'installer sur le territoire *khémite*. Comment ces sémites, indoeuropéens venus d'ailleurs n'ont-ils pas laissé dans leurs territoires d'origine, des traces ou des vestiges de civilisations pareils à celles de l'Egypte ? Curieusement, ce n'est que dans l'ancienne Nubie qu'on retrouve des cultures et des vestiges[43] identiques à ceux de l'Egypte antique. Nul doute que l'origine de la civilisation égyptienne est noire[44], bien que ce pays a progressivement subi un métissage, pour avoir accueilli plusieurs peuples en exode et subi trois invasions à des périodes bien précises[45].

Après cette digression nécessaire sur la négritude de l'Egypte antique, il importe d'examiner l'absence de référence au droit négro-pharaonique dans les ouvrages et les enseignements de droit. Dans plusieurs ouvrages, l'acte de naissance du droit est écrit par la civilisation grecque et consolidé

---

[42] « L'unité de l'égyptien et des langues africaines est un fait qu'on ne peut pas détruire », C.-A. Diop, *Nations nègres et culture*, Présence africaine, Paris, 1979, p. 418.

[43] V. Francigny, « L'île de Saï en Nubie soudanaise », *Pharaon Magazine*, 2020, 40, pp. 53-58 ; M. Maillot, « Un siècle de fouilles archéologiques au Soudan », in O. Cabon (dir.), *Histoire et civilisation du Soudan*, Africae, 2017, https://doi.org/10.4000/books.africae.2847; J. Vercoutter, *Fouilles et travaux archéologiques au Soudan (1956-1957)*, n°3, 1957, pp. 291-297 ; C. Bonnet et *al.*, *Les fouilles archéologiques de Kerma (Soudan), Rapport préliminaire sur les campagnes de 2003-2004 et 2004-2005*, Geneva, 2005, 79 p. ; J. Leclant, « Fouilles et travaux au Soudan, 1955-1960 », *Orientalia*, Vol. 31, n° 1, 1962, pp. 120-141.

[44] M. Bilolo, « La civilisation pharaonique était-elle KAME/KMT/NÈGRE ?, L'état de la question en égyptologie avant et après Nations Nègres et Culture », *Présence Africaine*, 1989/1-2, n° 149-150, p. 68 à 100 ; A.-M. Lam, « Egypte ancienne et Afrique noire chez Cheikh Anta Diop », *Présence Africaine*, 1989/1-2, n° 149-150, pp. 203-213.

[45] « L'histoire de l'Égypte ancienne s'étend de 3000 ans environ av. J.-C., époque de la fondation de l'État égyptien par la première dynastie, jusqu'en 332 ans av. J.-C., date de l'arrivée d'Alexandre. Ce long espace de temps inclut les trois grandes périodes suivantes : l'Ancien Empire (c. 2670-2160 av. J.-C.), qui vit la construction des pyramides, le Moyen Empire (c. 2020-1730 av. J.-C.), le Nouvel Empire (c. 1530-1075 av. J.-C.). Ces trois époques prestigieuses sont suivies de périodes dites « intermédiaires », marquées par une division du territoire, des invasions et des régressions, et leur succède une dernière période faste, la Basse Époque (712-342 av. J.-C.), qui précède elle-même la période hellénistique », M. Ballard, « L'Égypte ancienne », *Antiquité et traduction*, Presses universitaires du Septentrion, 2019, p. 13.

par l'empire romain[46]. En droit international privé, droit de la famille, droit des obligations, droit pénal, nulle référence à l'Egypte antique, mais plutôt aux sources gréco-romaines, infiniment abondantes. Pourtant, selon la tradition, de nombreux poètes et philosophes grecs se rendirent en Égypte pour y être instruits[47]. Le droit ne fait-il pas partie des champs de connaissance que les scientifiques étrangers venaient découvrir en Egypte antique ? Le concept et la matérialité du droit échappaient-elles à la connaissance égyptienne ? Ou alors, l'idée et l'application que le royaume pharaonique avait du droit étaient si précaires, qu'elles ont simplement disparu en faveur des conceptions du droit, que les conquérants grecs et romains ont successivement imposées aux habitants de ce territoire ?

Les contrats, les décrets royaux et les usages qui ont transformé les institutions égyptiennes au fil des siècles, permettent de répondre par la négative[48]. L'Egypte négro-pharaonique a véritablement inspiré les législations et les législateurs des royaumes de son époque. Le législateur grec Solon et plusieurs grands philosophes du monde hellénique y firent leurs classes[49]. D'autres y avaient été avant lui, entre autres peut-être celui

---

[46] Il faut donc obligatoirement observer à partir du monde grécoromain l'émergence hésitante de l'Afrique noire à l'histoire », J. Desanges, « L'Afrique noire et le monde méditerranéen dans l'Antiquité (Éthiopiens et Gréco-romains) », *Revue française d'histoire d'outre-mer*, T. 62, n° 228, 3[è] trimestre 1975, p. 392.

[47] L. Brisson, « L'Égypte de Platon », *Les Études philosophiques*, 2-3, 1987, p. 113-125 et p. 153-168 ; B. Mathieu, « Le voyage de Platon en Égypte », *Annales du Service des Antiquités de l'Égypte LXXI*, 1987, p. 153-167 ; L. Brisson, « Platon, Pythagore et les Platoniciens », in M. Dixsant, A. Brancacci (dir.), *Platon, source des présocratiques*, Exploration, Bibliothèque d'Histoire de la Philosophie, Paris, Vrin, 2003, p. 21-66 ; J. Friedrich Quack, « Le scribe et le processus de traduction du corpus égyptien » in *Charles Méla*, F. Möri et *al.* (dir.), Genève, La Baconnière, 2014, p. 87-91 ; C. Froidefond, *Le mirage égyptien dans la littérature grecque d'Homère à Aristote*, Aix-en-Provence, Ophrys, 1971, 403 p.

[48] B. Van De Walle, « Pirenne (Jacques). Histoire des Institutions et du Droit privé de l'ancienne Egypte. Tome I : Des origines à la fin de la IVe Dynastie », *Revue belge de philologie et d'histoire*, T. 13, 1934, p. 348.

[49] E. Revillout, *Les origines égyptiennes du droit civil romain : nouvelle étude faite d'après les textes juridiques hiéroglyphiques, hiératiques et démotiques, rapprochés de ceux des Assyro-Chaldéens et des Hébreux, avec un premier supplément sur les Contrats égypto-araméens d'Eléphantine, un index alphabétique des questions juridiques, économiques et historiques, un index alphabétique des noms propres et des Addenda*, Paris, Ed. P. Geuthner, 1912, p. 1.

qui, parmi les Doriens d'Italie, parut être la plus haute incarnation de la loi vivante et auquel on donna en conséquence le nom de *Numa*[50].

La présente réflexion ne se contente pas de rechercher des traces de droit dans le royaume égyptien. Elle ambitionne de prolonger l'interrogation à la question de savoir, si l'humanité n'a reçu aucun legs des concepts juridiques établis dans le royaume négro-pharaonique. Le droit négro-pharaonique a-t-il survécu dans le droit moderne ? Deux mille ans après Jésus Christ, peut-on encore identifier, dans le droit moderne, l'idée que l'Egypte antique avait du droit et de son application ?

On peut répondre affirmativement à cette question, sur la base des deux critères qui fondent la modernité du droit, à savoir : l'attachement à la raison humaine impliquant la liberté d'une part[51], et la pluralité des choix[52] d'autre part.

Sur le premier critère impliquant le rattachement à la raison humaine, la modernité est comprise comme l'expression rationnelle d'une correspondance entre l'action humaine et l'ordre du monde, entre la régulation sociale et les individus libres de toute contrainte[53]. La modernité, c'est d'abord, et avant tout, non plus la soumission aux lois de la nature, mais la croyance dans les vertus de la Raison[54]. Le droit moderne est fondé sur la figure de l'individu, censé être premier par rapport à l'organisation sociale et détenteur de droits subjectifs[55]. L'idée selon laquelle les individus sont titulaires de droits, constitue un élément

---

[50] « TiLe-Live. I, XVIII, dit de Numa : instructum non tam pereyrenis aribus.... Le synchronisme entre Bocchoris et Numa est aussi frappant que celui que nous signalerons plus loin entre le moment où Hérodote faisait, aux juifs rassemblés, aux jeux olympiques, l'éloge d'Amasis dans son histoire, et celui où peu d'années après, une mission fut envoyée par les décemvirs en Grèce pour préparer la loi des XII tables et aboutit à une imitation si singulière du code d'Amasis. Seulement, pour Amasis, on peut absolument préciser les années. Il n'en est pas tout à fait de même pour Bocchoris », *Ibid.*

[51] B. Oppetit, *Droit et modernité*, Paris, PUF, 1998, p. 3.

[52] M.-A. Tessler, « Le concept de la modernité dans les sciences sociales », *Rev. C. Soc.*, Vol. II, n°2, 1971, p. 149.

[53] *Ibid.*

[54] « Le « dynamisme de la modernité », qui s'est traduit par la diffusion à l'échelle planétaire d'un modèle institutionnel apparu en Occident, et caractérisé par le capitalisme, l'industrialisme, l'Etat-Nation et le contrôle des moyens de violence », A. Giddens, *Les conséquences de la modernité*, 1990, L'Harmattan, 1994 ; J. Chevallier, « Vers un droit post-moderne ? Les transformations de la régulation juridique », *Revue du droit public et de la science politique en France et à l'étranger*, 1998, n° 3, p. 660.

[55] J. Chevallier, « Vers un droit post-moderne ? Les transformations de la régulation juridique », *op. cit.*, p. 665.

fondamental de la modernité juridique, un moyen de libération et un instrument de justice[56], qu'on retrouve aisément dans le droit égyptien.

Deuxièmement, la modernité du droit oblige aussi de constater une réalité nouvelle : la diversité. L'une des valeurs qui caractérise donc la condition moderne est le choix[57], car être moderne signifie une vision de la vie en termes d'alternatives, préférences, choix. Ce choix implique une rationalité plus que délibérée et consciente d'elle-même[58]. La modernité ne diffère pas seulement du traditionalisme en termes de quantité d'informations reçues, mais aussi par rapport à la gamme des sources d'où l'on peut tirer les données[59]. La diversité du droit moderne suppose une diversité des valeurs, des règles et des manières de les consacrer[60]. Elle survient une fois que sont établies la diversité des cultures et des modes de vies, la diversité des croyances et des religions, la diversité des sociétés et des moyens de les réguler.

Attribuée à tort à un modèle de construction sociale occidental[61], la modernité du droit n'est pas contemporaine. On retrouve dans l'Égypte antique, un dispositif juridique riche et diversifié, dont la substance et la mission protectrice sont respectivement un vestige (I) et un héritage (II) recueillis par le droit moderne et pérennisés dans ses fondamentaux.

I – La substance du droit moderne, un vestige du droit négro-pharaonique

Un vestige désigne ce qui reste d'une chose disparue ou qui a été détruite, un reste plus ou moins reconnaissable de monuments, d'une activité humaine[62]. Le droit suppose deux sens. Spécifiquement d'abord, il désigne une prescription ou un ensemble de prescriptions, normes ou

---

[56] J. Chevallier, *L'Etat de droit*, Montchrestien, Coll. Clefs, 2ème éd. 1994, p. 56.
[57] D.-E. Apter, *The Politics ot Modernization*, The University of Chicago Press, 1965, p.10.
[58] M.-A. Tessler, « Le concept de la modernité dans les sciences sociales », *op. cit.*, p. 149.
[59] *Ibid*, p. 151.
[60] F. Gouttefarde, « Positivisme juridique et Modernité », *Revue générale de droit*, vol. 37, n°1, 2007, p. 9.
[61] « Le concept de modernité renvoie à un contexte socio-historique précis : il permet de rendre compte du mode de construction sociale qui s'est imposé en Occident, s'appuyant sur la référence à certaines valeurs et débouchant sur certains équilibres sociaux », J. Chevallier, « Vers un droit post-moderne ? Les transformations de la régulation juridique », *op. cit.*, p. 663.
[62] H. Parret, « Vestige, archive et trace : Présences du temps passé », *Protée*, 32(2), 2004, p.37–46.

dispositions, diversement groupées ou agencées[63]. Plus globalement ensuite, il est un ordre dans son intégralité et son unité, c'est-à-dire, une institution, qui est préalablement pensée, conçue et apprivoisée dans les consciences collectives et individuelles[64]. Cette activité de connaissance demeure et survit au fil des siècles. On retrouve cette double dimension du droit moderne dans le droit pharaonique, dont la substance était imprégnée de multipolarité (A) utile et nécessaire pour la réalisation de l'impératif de justice au sein des communautés vivant dans le royaume (B).

A – La multipolarité du droit négro-pharaonique

Les traces de modernité du droit négro-pharaonique résultent de la coexistence des ordres juridiques (1) et de la pluralité des appareils normatifs (2).

1 – La coexistence des ordres juridiques

Le pluralisme juridique préconise que des normes non juridiques régulent les rapports sociaux, parfois mieux que ne le fait le droit étatique, avec qui elles sont dans un lien de complémentarité, voire de concurrence[65]. Le pluralisme des ordres juridiques comprend le droit, comme un univers intégrant de nombreux pôles de normativités, qui produisent différents types de règles juridiques[66], droit mou[67], droit flexible, droit flou[68], survivant au côté du droit rigide[69].

La pluralité des ordres juridiques n'est pas récente[70]. En Egypte antique, le concept de droit recouvrait déjà bien plus de composantes que le seul droit étatique[71]. Alors que le seul ordre juridique pris en considération par

---

[63] S. Romano, *L'ordre juridique*, Paris, Dalloz, 1975, p. 19.

[64] *Ibid.*

[65] J. Carbonnier, *Sociologie juridique*, Paris, PUF, 2004, p. 320 ; A. Lacroix, « L'éthique et les limites du droit », *RDUS*, 2002-2003, n° 33, p. 315.

[66] G. Rocher, *Études de sociologie du droit et de l'éthique*, Montréal, Thémis, 1996, p. 52.

[67] J.-G. Belley (dir.), « Le droit soluble. Contributions québécoises à l'étude de l'internormativité », coll. *Droit et Société*, 1996, Droit et société, n° 41, 1999, p. 171-174.

[68] M. Delmas-Marty, *Le flou du droit*, Paris, PUF, 1986.

[69] E. Bernheim, Le « pluralisme normatif » : un nouveau paradigme pour appréhender les mutations sociales et juridiques ?* », *RIEJ*, 2011, 67, p. 3.

[70] En Angleterre par exemple, plusieurs droits coexistent simultanément, à savoir, droit naturel, droit divin, droit des nations, *common law* anglaise, droits coutumiers locaux, droit romain, droit ecclésiastique, droit commercial, droit législatif, *equity* ; v. W. Blackstone, *Commentaries on the Laws of England*, vol. 4, Londres (R-U), Dawsons of Pall Mall, 1966.

[71] B. Dupret, « Pluralisme juridique, pluralité de droits et pratiques juridiques : théories, critiques et reformulation praxéologique », *Revue générale de droit*, 49(2), 2019, p. 593.

les juristes et les philosophes ait été étatique dans l'antiquité romaine[72], le droit négro-pharaonique s'inscrit en tête de l'ordre des sociétés ayant consacré la pluralité des ordres juridiques, longtemps avant que cette orientation ne soit reprise, par les seigneuries féodales de l'Europe médiévale[73]. A côté des textes relevant de l'ordre du droit positif négro-pharaonique, cohabitent des règles coutumières et religieuses, relevant du droit spontané.

L'ordre du droit positif est consacré par l'action normative écrite. La notion de positivité s'entend de « ce qui est établi par l'autorité sociale compétente, en particulier l'autorité étatique »[74]. L'autorité étatique égyptienne est représentée par le Pharaon, qui édicte des lois[75]. Bien avant le Code d'*Hammurabi*[76], le droit négro-pharaonique avait quitté les consciences individuelle et collective, pour être formalisé en droit écrit[77]

---

[72] S. Romano, *L'ordre juridique*, Paris, Dalloz, 1975, p. 79.

[73] « Mais, durant les siècles qui ont suivi la chute de l'Empire romain, la division et le morcellement de l'Europe ont aussi divisé et morcelé le droit pour engendrer la coexistence de plusieurs droits — ecclésiastique, royal, seigneurial — pendant tout le Moyen Âge et jusqu'au 18e siècle », G. Rocher, « La pluralité des ordres juridiques », *Revue générale de droit*, 49(2), 2019, p. 449.

[74] A. Dufour, « Droit naturel/Droit positif », *APD*, 1990, p. 62.

[75] « [Plusieurs] rois sont spécialement mentionnés comme ayant réglementé telles et telles matières (p. ex. le bon roi Sésoosis, le même que d'autres auteurs grecs appellent Sésostris, c'est-à-dire Senusret II, 12e dynastie, est présenté comme l'auteur de toute la législation se rapportant aux fiefs, ou majorats, des guerriers, [...] Boccoris [...] des législateurs qui auraient spécialement réformé dans certaines parties un *Corpus iuris* déjà en vigueur » ; V. Arangio-Ruiz, « La codification dans l'Egypte ancienne », *The Journal of juristic papyrology*, n°11-12, 1957/1958, p. 30.

[76] Hammurabi monte sur le trône de Babylone aux alentours de 1792 avant J-C.

[77] « Sur le terrain archéologique on a retrouvé effectivement un nombre considérable de décrets royaux émis à différentes époques et provenant de lieux divers. Ces décrets, qui se caractérisent par un schéma typique, sont formulés comme des ordonnances édictées par les souverains. En remontant dans le temps jusqu'à la deuxième moitié du 3ème millénaire, nous nous rendons compte de l'existence d'une longue série de tels décrets », S. Allam, « juristes inconnus dans l'Egypte pharaonique », *Baede* n° 16, p. 16.

et publié[78] sur l'ensemble du territoire égyptien[79]. La formalisation de la norme ou sa production conformément à une norme préétablie[80], que les positivistes considèrent, comme la condition de validité de la règle juridique, est bien établie dans le processus normatif égyptien[81]. Le Pharaon adopte des lois, des codes, où tous les rapports du droit public et privé trouvent leur réglementation[82]. L'action normative du Pharaon est illustrée sans contestation par Diodore, qui énumère six grands rois législateurs, dont les actes de codification ont été connus par le savant grec. Il s'agit notamment des Pharaons, Ménès, Sasychès, Sésostris, Bocchoris, Amasis et Darios.

Lors de l'invasion de l'Egypte par la Perse, le roi Darius a ordonné à son satrape, de rassembler les savants et érudits égyptiens, afin qu'ils consignent par écrit, dans un recueil aujourd'hui appelé « Chronique démotique », le droit égyptien issu d'une époque lointaine et antérieure à

---

78 « Par exemple une charte décrétée par le roi Néferirkarê (25e siècle avant notre ère), et adressée au grand prêtre de la ville d'Abydos en Haute Égypte. Le roi lui enjoint de ne pas déplacer le personnel (depuis le sacerdoce jusqu'aux humbles travailleurs) d'un sanctuaire dans la ville afin d'être en mesure d'exécuter n'importe quel travail en dehors du sanctuaire en question ; en même temps, le monarque prescrit une menace obligatoire à l'adresse de quiconque passerait outre à la volonté royale. C'est ainsi que le roi met les sanctuaires de cette ville à l'abri de tout travail extraordinaire, qui leur serait imposé par des seigneurs ou des fonctionnaires » ; R. Weill, *Les Décrets royaux de l'Ancien Empire égyptien*, Paris, 1912, p. 67 s ; J. Pirenne, *Histoire des institutions et du droit privé de l'Ancienne Egypte*, vol. II Bruxelles 1934, p. 252 ; H. Goedicke, « Königliche Dokumente aus dem Alten Reich » *Wiesbaden*, 1967 p. 22 s.

79 « Décret d'Horemheb [...] Décret d'Antef Noubkheperrê à Coptos », P. Vernus, « L'écriture du pouvoir dans l'Égypte pharaonique. Du normatif au performatif », in A. Bresson et *al.* (dir.), *L'écriture publique du pouvoir*, Ausonius Éditions, 2005, pp. 123-142.

80 « Le droit positif se reconnaît en ce qu'il s'intéresse aux procédés formels de création extériorisés et préétablis », R. Ago, « Droit positif et droit international », *AFDI*, n° 3, 1957, p. 19.

81 « En ce sens, Diodore attribue aux rois d'Egypte (tellement excellentes, ces lois, que les plus grands esprits de la Grèce, à partir d'Orphée et y compris Solon, seraient venus dans la vallée du Nil pour les étudier) se présentent à la réflexion de l'historien comme des ensembles » ; F. Chamoux, « L'Égypte d'après Diodore de Sicile », in *Entre Égypte et Grèce*, Actes du 5ème colloque de la Villa Kérylos à Beaulieu-sur-Mer du 6 au 9 octobre 1994, Paris, Académie des Inscriptions et Belles-Lettres, Cahiers de la Villa Kérylos, n°5, 1995, p. 38.

82 « Diodore attribue aux rois d'Egypte tellement excellentes, ces lois, que les plus grands esprits de la Grèce, à partir d'Orphée et y compris Solon, seraient venus dans la vallée du Nil pour les étudier », *Ibid.*

l'invasion perse[83]. De l'ordre des lois de nature procédurale, figure un texte de l'an 540 avant Jésus Christ, communément appelé « Code de procédure », promulgué à l'an 29 du règne du Pharaon Amasis, qui organisait les conditions de saisine des juges[84]. A l'appui de ce raisonnement relatif à l'activité législative des pharaons, un document papyrus *BM 10591* en écriture démotique[85], représentant le procès-verbal judiciaire d'un litige décidé dans la ville de *Siout* en l'an 170 avant notre ère, fait référence à maintes reprises, à une loi dite « de l'année 21 » destinée à régler les situations complexes déterminées par l'existence d'enfants de différents lits[86].

La production formelle de l'ordre juridique positif est plus ancienne que le règne du pharaon Amasis[87]. A travers l'exigence d'écriture des lois et décrets royaux, suivie de leur publication et de leur transmission aux institutions et aux sujets du royaume. La production formelle des textes respecte le postulat plus ancien de l'origine divine du Pharaon. A partir de ce postulat, des textes des pyramides de la VIème dynastie (vers 2550-2400) révèlent des doctrines religieuses où la monarchie memphite puise son statut de droit divin[88]. C'est sur la base de la divinité du législateur pharaonique, que les tombes bien antérieures des rois *thinites*, à *Negadah*, *Abydos*, *Hiérakonpolis*, montrent des protocoles royaux, des sceaux de fonctionnaires des premières organisations centralisées de l'Egypte[89]. Cette origine divine du droit découle de *Maât*, qui est un ordre juridique extra formelle à partir duquel, le droit positif négro-pharaonique s'est déployé dans l'Egypte ancienne.

---

[83] W. Spielberg, *Die sog. Demotische Chronik des Papyrus 215 der Bibliotheque National zu Paris*, Leipzig, 1914, 30 sv ; S. Allam, « Traces de codification en Egypte ancienne (à la basse époque) », *Revue internationale des droits de l'antiquité*, 1954, 1993, vol. 40, p. 25.

[84] S. Allam, « Traces de codification en Egypte ancienne (à la basse époque) », *Revue internationale des droits de l'antiquité,* 1954, 1993, vol.40, p. 17.

[85] H. Thompson, « A Family Archive from Siut (from Papyri in the British Museum) – Including an Account of a Trial before the Laocritae in the Year B.C », 170, Oxford, 1934, p. 49 s.

[86] S. Allam, « Juristes inconnus dans l'Egypte pharaonique », *Baede*, n° 16, p. 12.

[87] S. Allam, « Réflexions sur le Code légal‘ d'Hermopolis dans l'Egypte ancienne », *CdE*, n° 61, 1986, p. 50-75.

[88] B. Van De Walle « Pirenne (Jacques). Histoire des Institutions et du Droit privé de l'ancienne Egypte. Tome I : Des origines à la fin de la IVe Dynastie », *Revue belge de philologie et d'histoire*, T. 13, 1934, p. 347-354.

[89] A. Moret, « Institutions et droit privé de l'ancien empire égyptien », *Journal des savants*, mai-juin 1935, p. 98.

Le droit est venu des cieux[90]. Cette conception divine du droit est largement partagée dans l'antiquité. Le droit a d'abord été une affaire de religion[91], particulièrement en Egypte, où dire le droit revient à convoquer la notion de *Maât*, qui en est le centre absolu[92]. Or, la religion repose sur la tradition[93], et donc sur la coutume, les deux derniers termes étant identiques dans ce contexte[94]. Avant de devenir l'outil par lequel le pouvoir soumet les individus au droit, le principe cosmique religieux, qui est *Maât*, s'imprègne et se colore fortement des coutumes et des traditions préexistantes au sein de la communauté[95]. La civilisation de l'Égypte antique, à l'instar des premières civilisations, présente par la structure de sa pensée et le fondement de ses croyances de nombreuses caractéristiques propres aux sociétés, qu'Edward Goldsmith qualifie de « chtoniennes »[96], synonymiques de gaïennes ou de vernaculaires. Les peuples chtoniens ont développé une mémoire collective qui fut à l'origine de la première forme de tradition juridique[97]. La religion égyptienne est généralement considérée comme le produit d'une large fusion de conceptions locales et régionales héritées des populations relativement indépendantes des temps préhistoriques[98]. Il s'en suit une confusion des ordres de droit coutumier et

---

[90] Jean Gaudemet, *Les Naissances du droit Le temps, le pouvoir et la science du droit*, Paris, Montchrestien, 1997.

[91] E. Agostini, *Droit comparé*, Puf, 1988, p. 29 ; M.-J. Javid, *Droit naturel et droit divin comme fondements de la légitimité politique. Une étude comparative du christianisme et de l'islam*, Thèse, Université de Toulouse 1, 2005, p. 20.

[92] B. Menu, « La notion de Maât dans l'idéologie pharaonique et dans le droit égyptien », in B. Anagnostou-Canas (dir.), *Dire le droit : normes, juges, jurisconsultes*, Ed. Panthéon Assas, 2007, p. 32.

[93] « Le propre de la religion est de rattacher la tradition à une révélation originelle qui conforte son autorité et justifie par là même le pouvoir de contrôle de ceux qui se proclament ses gardiens », A. Mary, « Religion de la tradition et religieux post-traditionnel », *Enquête*, n° 2, 1995, p. 4.

[94] « De prime abord, les deux mots orientent vers des idées qui ne sont pas les mêmes [...] En fait, il y a une grande accointance entre les deux et l'on trouverait sans peine des exemples qui démentiraient ce que je viens d'écrire » ; H. Hatzfeld, *Les Racines de la religion : tradition, rituel, valeurs*, Paris, Seuil, 1993, p. 41.

[95] « La religion se présente toujours comme un discours traditionnel », H. Hatzfeld, *op.cit.*, p. 13 ;

[96] H. Decœur, « Maât, entre cosmologie et mythe : le principe constitutionnel d'un État de racine chtonienne en ancienne Égypte », *RJT*, n° 45, 2011, p. 347 ; E. Goldsmith, « The Way : An Ecological WorldView », *Rev., Athens*, University of Georgia Press, 1998.

[97] H.-P. Glenn, « Legal Traditions of the World », *Oxford University Press*, 3e éd., 2007, pp. 58-92.

[98] S. Bickel, *La cosmogonie égyptienne : avant le Nouvel Empire*, Thèse mult., Zurich, 1994, p. 285.

de droit religieux, qui coexistent avec le droit positif institutionnel au sein du royaume égyptien, à travers le principe cosmogonique de *Maât*[99].

Maât se rapporte à la justice et à la vérité. Cette notion reçoit les traductions suivantes : authentique, équitable, juste, vrai, véridique[100]. Loin de revenir sur la divinité et le culte de *Maât*, qui ont fait l'objet de nombreuses littératures très riches[101], il est difficile de dissocier cette philosophie religieuse de l'esprit du droit négro-pharaonique, ainsi que des coutumes qu'elle a fédérées, avant de s'imposer dans les consciences collectives.

Cette influence de la croyance religieuse sur l'ordre social, économique et juridique de la société est formellement établie par le droit négro-pharaonique. Loin d'être négative, on retrouve dans le droit moderne, l'accueil et la pérennisation des croyances religieuses dans les législations contemporaines[102]. *Maât* est la philosophie de vie, que les Égyptiens ont adoptée et qui a fortement influencé la pensée juridique pharaonique. *Maât*

---

[99] H. Decœur, « Maât, entre cosmologie et mythe : le principe constitutionnel d'un État de racine chtonienne en ancienne Égypte », *op. cit*,, p. 357.

[100] *Ibid.*

[101] B. Menu, « Maât, ordre social et inégalités dans l'Égypte ancienne. De l'apport égyptien au concept gréco-romain de justice », *Droit et Cultures*, 69, 2015-1, pp. 51-73 ; B. Menu, « La notion de Maât dans l'idéologie pharaonique et dans le droit égyptien », in B. Anagnostou-Canas (dir.), *Dire le droit : normes, juges, jurisconsultes*, Ed. Panthéon Assas, 2007 ; B. Menu, « Le tombeau de Pétosiris (2). Maât, Thot et le droit », *Bifao* 95, 1995, p. 281-295 ; J. Assmann, « Maât, l'Égypte pharaonique et l'idée de justice sociale », *Archives de sciences sociales des religions*, n°72, 1990. pp. 227-228 ; F. Daumas, *La civilisation de l'Égypte pharaonique*, Arthaud, 1965.

[102] « La religion, pas nécessairement la religion catholique mais bien plutôt la religion chrétienne, a eu aussi une influence indirecte sur la formulation des règles de droit privé québécois. Le nier serait nier l'importance considérable de la tradition issue du droit canon et peu à peu assimilée dans la législation elle-même au fil des siècles. Les exemples en sont nombreux. Dans le droit des obligations, pour ne citer que cet exemple, la plupart des grands principes codifiés tirent leur origine du droit canon et donc des règles de morale religieuse face aux actes ou aux faits juridiques. On peut songer, entre autres, à la règle selon laquelle le contrat doit être conclu et exécuté de bonne foi », J.-L., Baudouin, « L'influence religieuse sur le droit civil du Québec », *Revue générale de droit*, 15(3), 1984, p. 568 ; J.-L. Baudouin, *Les obligations*, Montréal, Éd. Yvon Biais, 1982, n* 54 et s., p. 58 et suiv. ; J.-L. Baudouin, *La responsabilité civile délictuelle*, Montréal, Les Presses de l'Université de Montréal, 1973, no 65 et suiv., p. 55 et suiv. ; « La meilleure illustration de l'influence religieuse sur la règle de droit jurisprudentielle nous paraît venir de la conception que les tribunaux québécois ont développée de la notion de bonnes mœurs» ; A. Billette, *Donations et testaments*, Montréal, 1933, no 99, p. 69, no 133, p. 76 ; G. Challies, « What Are Public Order and Good Morals? » *Travaux de l'Association Henri Capitant*, Montréal, Doucet, 1956, p. 645.

définit l'idéal éthique et moral de la relation entre l'homme et la nature. Mais en tant que pilier constitutionnel et identitaire de l'État pharaonique, *Maât* fonde aussi la légitimité d'un pouvoir structuré. *Maât* est à l'origine de la distinction entre la justice universelle et la justice individuelle, entre la justice objective et celle subjective[103]. Pour mieux cerner ce concept religieux qui gouverne la justice et le droit en Egypte, on peut comprendre la désignation *Maât* pour évoquer l'entité divine, c'est-à-dire le concept divinisé d'ordre cosmique source d'ordre social et de prospérité universelle, que le pharaon a pour mission de maintenir sur terre. A l'inverse, le terme *maât* pour recouvrir la notion de justice/droit, à la fois justice générale et justice particulière appliquée dans la communauté humaine, et dont les Egyptiens se prévalent, lorsqu'ils comparaissent à leur mort devant leurs juges divins[104]. A travers *Maât*, la pensée mystique égyptienne s'est développée bien au-delà des frontières du religieux et fut directement à l'origine d'une structure politique évoluée[105].

La Basse Époque est, après la Troisième Période intermédiaire, la période de l'histoire de l'Égypte antique qui va des environs de 664 à 332 av. J.-C. Elle débute par la réunification du pays par un roi originaire de Saïs, Psammétique Ier.

2 –La pluralité des appareils normatifs

A l'exclusion de la jurisprudence, source de droit, qui sera évoquée dans le cadre des institutions modernes de la justice, les appareils normatifs découlant de la pluralité des ordres juridiques sont de trois types : le premier type, suffisamment évoqué dans les précédents développements, est naturellement de source souverainiste à travers les décrets de pharaon ; le deuxième est religieux et le troisième appareil normatif est purement administratif.

---

103 « Par l'intermédiaire de Platon qui, on le sait, a séjourné longuement en Égypte, la *maât* idéologique, cosmique, dans ses expressions politiques, et la *maât* sociale, humaine, dans sa traduction particulièrement judiciaire, ont probablement inspiré Aristote et sa lumineuse distinction de l'*Éthique à Nicomaque*, entre justice universelle, générale, et justice individuelle, particulière. Les anciens Égyptiens avaient déjà fait la différence entre, d'une part, une justice générale, cosmique, du ressort de la morale et d'une conduite subjective conforme à l'Ordre garanti par le roi et, d'autre part, une justice particulière, à la fois individuelle et sociale, du ressort du droit et du juge, pour l'objectivité d'un partage équitable des biens », B. Menu, *Maât, l'ordre juste du monde*, Paris, Michalon (coll. Le Bien commun), 2005, réimpr. 2010, p. 12.

104 B. Menu, « Maât fille de Rê », *DBAT 12*, Heidelberg, 1991, pp. 55-60

105 *Ibid.*

L'appareil religieux est permanent dans le périmètre clérical et accidentel hors de ce périmètre. L'Egypte antique, bien avant les théories modernes sur la décentralisation administrative, avait mis en place une administration autonome au plan « communal »[106], confiée à l'autorité religieuse. Un décret de *Homreheb* datant de la fin 14è siècle avant JC, apprend aux juristes que ce sont les prêtres de temples, les prophètes des dieux, qui composeront tout conseil qu'ils voudront, pour administrer tous les habitants[107]. Le collège de religieux égyptiens était des sortes d'autorités normatives locales, qu'on assimilerait aux communes actuelles[108]. Le pouvoir normatif de l'appareil religieux se décline en deux volets.

Le premier volet révèle une action normative permanente de l'autorité religieuse, de type interne, de nature purement sacerdotale, rigoureusement suivie par les prêtres membres du temple concerné. Le *Gnomon de l'idiologue*, par exemple, est un texte normatif, provenant des coutumes très anciennes, dont la version écrite définitive a été composée entre 150 et 161 apr. J.-C., durant le règne des pharaons *ptolémaïques*[109]. Ses paragraphes 71-97 précisent que les prêtres ne peuvent pas s'habiller en laine ni garder leurs cheveux. Ce qui était une coutume ancienne négro-pharaonique, on pourrait dire une norme interne à l'usage et aux règles autochtones, devient une loi acceptée par l'autorité romaine[110]. Hérodote précise au milieu du Ve siècle av. J.-C., que les prêtres égyptiens se distinguent par des éléments extérieurs, concernant leur aspect : ils se rasent complètement le corps, et la tête[111], ils utilisent seulement des vêtements en lin et des souliers en papyrus[112]. De même, les rituels adoptés au sein du corps sacerdotal constituent de véritables règles, qui élèvent la classe des prêtres au rang de pouvoir normatif. Le caractère sacré attaché aux rites, en particulier, pris dans sa dimension symbolique tend, à les

---

106 S. Allam, « Quenebete et administration autonome en Égypte pharaonique», *Revue internationale des droits de l'antiquité*, (1954), 1995-01, Vol.42, p. 39.

107 J.-M. Kruchten, *Le décret d'Horemheb, 1981*, p. 148.

108 S. Allam, « Aspects de la vie sociale, juridique et municipale à Deir el-Médineh », in *Egypte pharaonique : pouvoir et société*, B. Menu (Dir.), Méditerranées 6/7, L'Harmattan, Paris, 1996, pp. 195-231 ; E. Bresciani, « Cambyse, Darius I et le droit des temples égyptiens », in B. Menu (dir.), *Egypte pharaonique : pouvoir et société*, *Méditerranées*, 6/7, 1996, *p.* 103-113.

109 S. Bussi, « Entre codification et diversification : le clergé égyptien d'époque gréco-romaine et sa prétendue identité », *Dialogues d'histoire ancienne*, 42/2, 2016, p. 41.

110 *Ibid.*

111 Hérodote, *Histoires*, II, 36.

112 *Ibid.*, II, 37.

transformer en un vecteur efficace de cohésion sociale[113]. En Occident par exemple, les rites ont fortement imprégné la société médiévale, tant le geste signifiant, à valeur symbolique, y apparaît omniprésent sous de multiples formes. Le rite est une suite ordonnée de gestes, de sons, paroles, musique et d'objets mis en œuvre par un groupe social à des fins symboliques, imposé par l'autorité et observé par le public avec un effet contraignant[114]. La classe sacerdotale veillait au maintien inaltérable des traditions de l'antiquité, à tel point que si l'un de ses membres s'en écartait, même dans les choses d'une faible importance, il était à l'instant même dégradé et expulsé du sanctuaire[115].

Ce type de normativité s'apparente au modèle corporatiste. Très tôt, le royaume égyptien avait compris la nécessité d'admettre la possibilité pour les corporations, de produire elles-mêmes, une partie des règles internes qui gouvernent leurs usages et leurs pratiques. Le droit moderne n'a donc pas créé le droit corporatiste. Il l'a plutôt reçu des vestiges du droit pharaonique. Les autorités négro-pharaoniques ont pensé la société non comme un récipient d'atomes dans le vide, mais comme un organisme moral composé de parties hétérogènes, douées d'une certaine autonomie, jouissant d'une activité propre et unies dans la poursuite du bien commun : la marche, le mouvement harmonieux et équilibré de tout[116]. En dépit de ce que certains auteurs font remonter l'origine de la corporation et de son rôle normatif à l'époque gallo-romaine[117], les institutions égyptiennes ont permis l'émergence d'un droit corporatif produit par les professions érigées en institution d'un corps officiel, intermédiaire entre les entreprises

---

[113] J.-C. Schmitt, « La notion de sacré et son application à l'histoire du christianisme médiéval », *Cahiers du Centre de recherches historiques*, 9, 1992, pp. 19-27.

[114] « Comme le couronnement d'un souverain, la distribution des rôles conduit à un face à face entre les acteurs de la cérémonie, qui accomplissent le rite au sens propre, et le public, foule anonyme mais compacte, auquel est donné à voir ce qui est accompli. La transaction en jeu dans ce cas est double, à la fois verticale et horizontale : elle concerne, d'une part, ce qui se joue près de l'autel, entre le prélat et le souverain, et se noue dans les gestes accomplis là, mais aussi, d'autre part, ce qui s'opère entre le souverain et le public », J.-C. Schmitt, « Rites », in *Dictionnaire raisonné de l'Occident médiéval*, Jacques Le Goff, Jean-Claude Schmitt, (dir.), Paris, 1999, p. 969-984.

[115] Porphyre, *De abstinentia*, liv. IV, § 8, édition d'Utrecht, 1765.

[116] « La société est un ensemble de sociétés particulières, différenciées, hiérarchisées, reliées entre elles et fondues en un tout organique et au sein desquelles les individus, en dehors de l'État et sans contrainte externe, sont déjà réunis par des liens naturels et spontanés », P. Ferland, « Le droit des corporations professionnelles », *L'Actualité économique*, 36(2), 1960, p. 199.

[117] E.-M. Saint-Leon, *Histoire des corporations de métiers, Depuis leurs origines à leur suppression en 1791*, Paris, Guillemin et Cie, 1897, p. II.

privées et l'État, chargé de la gérance du bien commun d'une profession déterminée.

Le second volet de l'action normative de l'autorité religieuse est de type accidentel. Il correspond aux périodes intermédiaires, durant lesquelles le pouvoir central du pharaon est affaibli à cause des invasions militaires étrangères. Le corps sacerdotal se substitue alors au pouvoir pharaonique et adopte des règles applicables à la société. Ces périodes de troubles politiques, qui affectent le pouvoir central, laissent apparaître le pouvoir normatif des prêtres[118], qui s'arrogent les prérogatives de législateur, sur la base de la *Mâat*. Au sortir de la crise de la première période intermédiaire par exemple, les prêtres de *Thot*, le dieu juriste et comptable lié à la *Mâat*, qui réutilisent les expressions *« ir maât »*, *« djed maât »*, qui signifient « créer le droit » ou « dire le droit », pour le compte du Moyen Empire égyptien renaissant, après les invasions ayant mis fin au Premier Empire[119].

Cette prérogative est aussi exercée par un troisième pôle normatif, à savoir, l'administration, chargée d'exécuter les règles édictées par le pharaon. Dès l'origine de la monarchie égyptienne, environ 3500 ans avant notre ère, le pays est réparti en territoires administratifs distincts, d'abord les domaines royaux *(hw.w.t.)* puis, très vite, dès la IIIe dynastie, les *nomes*[120]. Les *nomes* et leurs subdivisions, dès le Moyen Empire, disposent chacun d'un territoire agricole (*ww*) cadastré et d'un canal principal. Ces

---

[118] « Il appert ainsi que ce clergé, qui n'était pas certainement pas étranger à des préoccupations théoriques et pédagogiques, compilait et rédigeait, entre autres manuscrits, des manuscrits, des ouvrages relatifs au droit » ; S. Allam, « Juristes inconnus dans l'Egypte pharaonique », *op. cit.*, p. 15.

[119] B. Menu, « La notion de Maât dans l'idéologie pharaonique et dans le droit égyptien », in *Dire le droit : normes, juges, jurisconsultes*, B. Anafnostou Carras (dir.), Ed. Panthéon Assas, 2006, p. 36.

[120] J.-C. Goyon, « Ébauche d'un système étatique d'utilisation de l'eau : Égypte pharaonique de l'ancien au nouvel empire », in *L'Homme et l'eau en Méditerranée et au Proche Orient. II. Aménagements hydrauliques, État et législation*, Séminaire de recherche 1980-1981, Lyon, Maison de l'Orient et de la Méditerranée Jean Pouilloux, 1982, p. 63.

territoires sont confiés à des nomarques[121], le plus souvent héréditaires, qui ont sous leurs ordres un personnel spécialisé et fortement hiérarchisé[122].

Les décisions portant sur l'organisation des sols sont ratifiées et notifiées par le collège des terres agricoles (*knbt xutü*) du nome[123]. Chaque district *(nome*) était divisé en provinces, avec un *nomarque* qui administrait l'ensemble du *nome,* puis des fonctionnaires provinciaux de moindre importance, et enfin les maires des villes. Les Nomarques jouèrent un rôle important dans l'administration de l'Egypte au même titre que les membres de la bureaucratie centrale. En période de paix où le pouvoir central est puissant, les nomarques sont les relais du Pharaon dans l'administration des nomes. À la fin de l'Ancien Empire, l'affaiblissement de l'autorité royale avait favorisé les nomarques. Les fonctionnaires des provinces prennent de plus en plus poids et d'autonomie[124] et deviennent des autorités normatives légitimes. Les périodes intermédiaires sont marqués par des pouvoirs exorbitants des nomarques, qui exerçaient un véritable normatif, qui disparaissait dès la restauration du pouvoir centrale du pharaon. Ce pouvoir normatif disparaissait dès que Pharaon retrouvait son trône, avec l'expulsion des étrangers envahisseurs du territoire égyptien[125]. Comme pour les prêtres, les périodes intermédiaires sont des moments privilégiés de l'expression du pouvoir normatif des nomarques. Le retour au pouvoir du pharaon égyptien consolidait l'impératif de justice sur l'ensemble du territoire.

B – L'impératif de justice dans le droit négro-pharaonique

« Quelle loi transgresse celui qui agit injustement ? La loi écrite et particulière de sa cité ou la loi commune et non écrite nous dit Aristote »[126].

---

[121] Le nomarque était « le chef d'un territoire plus ou moins vaste reproduisant, en petit, les principaux éléments constitutifs d'un Etat : des terres, un centre administratif et judiciaire, diverses agglomérations d'importance variable, des défenses, une troupe et quelques sanctuaires », G. Husson, D. Valbelle, *L'Etat et les institutions en Egypte, des premiers pharaons aux empereurs romains,* Paris, Armand Colin, 1992, p. 55.

[122] Scribe, porte-parole de justice, administrateurs de domaines et bourgmestres.

[123] J.-C. Goyon, « Ébauche d'un système étatique d'utilisation de l'eau : Égypte pharaonique de l'ancien au nouvel empire », *op. cit.*, p. 64.

[124] C.-A. Manzenza, « Le pouvoir de pharaon durant la première période intermédiaire (2263-2160 av. J.-C.) », *Recherches et regards d'Afrique*, vol. 2, juillet 2022, p. 143.

[125] *Ibid.*, p. 145.

[126] L. Sancho-Rocher, « Justice et légalité chez Aristote et dans la pratique démocratique », *Revue Internationale des droits de l'Antiquité LIV*, 2007, p. 149.

La justice revêt une double dimension valeur et institution[127]. D'une façon générale, la justice désigne l'institution dont la fonction est d'appliquer les lois, c'est-à-dire le pouvoir judiciaire. Mais la justice désigne aussi la valeur qu'on attache au jugement rendu et aux lois au nom desquelles ce jugement est rendu[128]. Très tôt, la conception négro-pharaonique de la justice a intégré la dualité de la justice, à la fois comme valeur (1) et institution (2).

1 –La justice valeur

La justice est perçue en Égypte comme une valeur. Préconisée, imposée par *Maât* et acceptée de tous, l'idée de justice est spirituelle, puisque Pharaon, garant de la réalisation des principes de *Maât*, fait partie de la descendance directe des dieux, avec pour mission, mettre en œuvre la règle de *Maât* sur terre, c'est à dire assurer l'ordre et l'harmonie entre les hommes et le ciel[129]. Cet ordre harmonieux passe par les principes de légalité, de liberté et d'égalité.

Aux origines du principe de la légalité négro-pharaonique, on retrouve le dieu *Thoth*, personnification vivante et vigoureuse de l'intelligence divine. Il a écrit, sous l'ordre du dieu suprême, les lois destinées à présider au gouvernement des créatures intelligentes, en apportant des lois sur la terre, jusque-là plongée dans une barbarie abjecte[130]. Des quarante-deux livres qu'écrivit *Thot*, le deuxième prescrivait aux rois les règles qu'ils étaient obligés de suivre aussi bien dans leur vie privée, que dans l'exercice de l'autorité suprême, tandis que dix autres livres, qui traitaient de l'ordre sacerdotal, du gouvernement de l'État et de l'administration de la cité, renfermaient les règles fondamentales des lois civiles et criminelles[131].

Matériellement, l'activité normative des pharaons a renforcé le principe de la légalité. Bien qu'il soit fait des reproches à l'Egypte ancienne de ne nous avoir pas transmis de code de lois comparable au code d'*Hammourabi*, plusieurs documents ont établi sans aucun doute,

---

[127] A. Gourd, « Le concept de la justice dans la philosophie du droit de Giorgio Del Vecchio », *Revue générale de droit*, 1(2), 1970, pp. 332-368 ; B. Lemesle et M. Nassi (dir.), *Valeurs et justice. Écarts et proximités entre société et monde judiciaire du Moyen Âge au XVIIIe siècle*, Pur, 2011.

[128] E. Clément, *La justice*, Textes expliqués, sujets analysés, glossaire, Hatier, 2019, p. 1.

[129] C.-A. Manzenza, *op.cit.*, p. 151.

[130] J.-J. Thonissen, « Mémoire sur l'organisation judiciaire, les lois pénales et la procédure criminelle de l'Égypte ancienne », in *Mémoires de l'Académie royale des sciences, des lettres et des beaux-arts de Belgique,* Tome 35, 1865, p. 29.

[131] J.-J. Thonissen, *op. cit.*, p. 4.

l'existence de lois, qui consacrent le principe de la légalité en Egypte[132]. Ces textes et bien d'autres attestent du souci des égyptiens d'établir de manière formelle et publique, les rapports juridiques entre les personnes d'une part, et les personnes et les administrations, d'autre part. Soutenus par une organisation administrative et judiciaire basée sur un système de procédure conçu avec netteté et appliqué avec rigueur, les textes établissement clairement l'idée de l'existence du principe de la légalité en Egypte ancienne[133]. Cette légalité est le pilier de l'exercice de la liberté individuelle.

La liberté est l'état d'une personne, qui n'est pas sous la dépendance d'une autre, comme c'est le cas pour un captif, pour un esclave. En Egypte, la liberté est décelable par une pratique très réduite de l'esclavage. Il n'est pas dans les mœurs égyptiennes, de mettre un homme en esclavage et de l'y maintenir le long de sa vie. L'esclavage ne devient une pratique institutionnalisée qu'à l'époque de l'invasion grecque, sous l'ère ptolémaïque[134]. L'esclavage était résiduel en Egypte ancienne. On y accédait volontairement, par hérédité, par capture, suite à un achat, sans que des sévices et mauvais traitements soient appliqués, d'autant plus que l'esclave pouvait se marier à une femme libre[135]. Le droit négro-pharaonique est fortement imprégné de liberté. Entre les mains des pharaons égyptiens, les personnes que l'on considérerait comme des esclaves, généralement des captifs de guerre, bénéficient d'un programme d'éducation et d'apprentissage, avant d'être insérées dans les filières du travail comme individus libres, relevant administrativement de structures institutionnelles mais disposant d'une pleine capacité juridique[136]. La

---

[132] A. Théodoridès, « A propos de la loi dans l'Egypte pharaonique », *Revue internationale des droits de l'antiquité*, 14, 1967, p. 107 et s. ; « sur les reliefs de la tombe du vizir Rekhmirê un recueil de dispositions légales en 40 rouleaux placés à l'audience devant le vizir » ; S. Allam, « Le droit égyptien ancien* Etat de recherches et perspectives », *Zeitschr. für Ägypt*, Sprache, 105, 1978, Band, p. 1.

[133] *Ibid.*

[134] B. Legras, « Les Romains en Égypte, de Ptolémée XII à Vespasien », *Pallas*, vol. 96, 2014, p. 278 ; B. Legras, *L'Égypte grecque et romaine*, Paris, 2004, p. 16.

[135] H. De Morant, « Aspects sociaux de l'Egypte pharaonique », *Annales, Economies, sociétés, civilisations,* 12e année, n° 3, 1957. p. 478.

[136] « A la différence du traitement généralement admis des guerres menées par l'Egypte comme visant à capturer des esclaves, les captifs de guerre eux-mêmes n'étaient pas réduits en esclavage mais intégrés à la société égyptienne par des procédés éducatifs, avant d'être insérés dans les filières du travail comme individus libres, relevant administrativement de structures institutionnelles mais disposant d'une pleine capacité

pratique séculaire de la réinsertion sociale de l'esclave temporaire est une piste, qui mène vers le principe universel d'égalité entre les hommes.

L'égalité est un des concepts essentiels des droits et libertés fondamentaux. D'une façon générale, tous les instruments internationaux visant à protéger l'ensemble des droits et libertés fondamentaux contiennent des dispositions de portée générale proscrivant toute forme de discrimination[137]. Mais la notion d'égalité a évolué depuis des siècles. De nos jours, elle est plus large. Elle intègre aujourd'hui, l'égalité au sens moral et juridique, l'égalité en dignité et en droit, l'égalité des chances[138]. Le droit à l'égalité est actuellement considéré comme ayant aussi une existence propre et plus large que la non-discrimination préconisée par les instruments internationaux. Bien que l'Egypte antique pratiquait une sorte de discrimination sélective, en raison de la transmission héréditaire des fonctions publiques et sacerdotales d'une part, et du pouvoir discrétionnaire du pharaon dans la désignation des dignitaires et l'attribution des titres honorifiques d'autre part, le droit négro-pharaonique consacrait l'égalité d'accès aux institutions et l'égalité de genre.

Tout habitant de la vallée du Nil, qu'il fût Egyptien ou étranger, libre ou esclave de durée temporaire, avait le droit de prendre le rôle d'accusateur à l'égard des crimes dont il était le témoin ou la victime. Un droit uniforme s'applique à tous les hommes[139]. Cette égalité des hommes devant les institutions n'est pas une affirmation gratuite. Ce qui caractérise en effet la civilisation égyptienne, c'est qu'elle n'a pas connu l'esclavage[140].

---

juridique », B. Menu, *Égypte pharaonique. Nouvelles recherches sur l'histoire juridique, économique et sociale de l'ancienne Égypte*, L'Harmattan, 2004, p. 13.

[137] Art. 2 (2) de l'acte relatif aux droits économiques, sociaux et culturels ; art. 2 (1) du Pacte relatif aux droits civils et politiques ; article 14 de la Convention européenne.

[138] B.-G. Ramcharan, « Equality and Nondiscrimination », *The International Bill of Rights*, ed. L. Henkin, New York, 1981, p. 253 ; C.-A. Kiss, « Le concept d'égalité : définition et expérience », *Les Cahiers de droit*, 27(1), 1986, p. 147.

[139] A. Moret, « Institutions et droit privé de l'ancien empire égyptien », *Journal des savants*, mai-juin 1935, p. 104.

[140] « Sans doute, comme tous les peuples, elle a mis au travail les prisonniers de guerre. Mais outre qu'il y en eut fort peu en somme — la plupart des périodes de l'histoire de l'Egypte étant pacifiques — ces prisonniers, à part ceux que l'État envoyait travailler dans les mines de cuivre, ne furent pas vraiment des esclaves. Pas plus ces jeunes femmes et ces jeunes travailleurs que des marchands syriens venaient vendre en Égypte. L'esclave, en effet, jouit en Égypte d'une personnalité civile. Un nom égyptien lui est donné à côté de son nom national. Les noms de ses père et mère sont inscrits à l'état civil. Il peut célébrer son culte, posséder, ester en justice, se marier — sans que son mariage entraîne sa femme dans la servitude. Quantité de textes montrent d'ailleurs des esclaves traités comme des

L'égalité de genre était bien plus poussée en terre égyptienne qu'ailleurs dans l'antiquité. Le droit de l'Egypte antique a consacré une sorte de non-discrimination entre l'homme et la femme, bien avant les droits de l'homme onusiens. Le Nouvel Empire livre une documentation considérable, les femmes possédaient, géraient, décidaient, gouvernaient. Contrairement aux femmes grecques et romaines de l'antiquité, elles étaient les égales des hommes devant la loi. Appuyé sur une économie prospère, le pays avait les coudées franches pour pourvoir au bien-être et à la dignité de ses sujets, y compris les femmes - si ce n'est à égalité, du moins davantage que dans d'autres civilisations antiques[141]. De toutes les civilisations antiques, l'Égypte pharaonique fut sans doute la plus favorable à la condition féminine[142]. Empreint des valeurs fondamentales de légalité, de liberté et d'égalité, le droit égyptien préserve la justice à travers des institutions judiciaires.

2 – La justice institution

Une des définitions de la justice la désigne comme l'institution chargée de veiller au respect de l'application des lois, c'est-à-dire le pouvoir judiciaire. Le droit égyptien préserve la justice à travers des institutions diverses associant fonctionnaires, prêtres, corps spécialisés permettant d'assurer la proximité entre le juge et le justiciable. Ces institutions sont organisées en collégialité, dans le but de garantir l'impartialité. Plusieurs documents attestent de l'activité judiciaire de l'Egypte antique[143].

---

membres de la famille, mariés aux enfants de leurs maîtres et, de ce fait, devenant libres, sans que dès lors, aucune différence existe encore entre eux et les citoyens égyptiens » ; J. Pirenne, « La morale dans l'Egypte antique », *Bulletin de la Classe des lettres et des sciences morales et politiques*, T. 48, 1962, p. 119.

[141] P. Kayne, *Les conquérants d'Aton,* Beaudelaire Editions, 2019, 429 p.

[142] P. Vernus, « La femme en Égypte : une liberté conditionnelle », https://www.histoire-et-civilisations.com/thematiques/antiquite/la-femme-en-egypte-une-liberte-conditionnelle-2332.php, 24/11/2020, consulté le 09 octobre 2024.

[143] « Le Papyrus judiciaire de Turin, instruction et jugement d'un procès criminel à l'occasion d'une conspiration de palais sous le règne de Ramsès III, chef de la XXe dynastie ; le Papyrus Lee, acte d'accusation et jugement contre un fonctionnaire supérieur d'ordre administratif ; un Papyrus Rollin, dont le contenu se rapporte au procès qui fait l'objet du Papyrus Lee, sus-indiqué ; le Papyrus Abbott, enquête judiciaire et acte d'accusation à l'occasion d'une dénonciation de vols commis dans les hypogées de Thèbes, daté de l'an 26 du règne de Ramsès cn-ra, neuvième des Ramsès dans la XXe dynastie ; le Papyrus hiératique Sait du Musée Britannique, plainte contre un malfaiteur et accusation de prévarication à la charge d'un magistrat de l'ordre judiciaire et d'un scribe ; le Papyrus Amhurst relatif à la violation de sépultures royales, daté de l'an 8 et de l'an 16 de Ramsès IX ; un Papyrus hiératique du musée de Turin, où se trouvent quelques détails sur les

En son sens vertical, durant l'Ancien Empire, l'analyse prosopographique du personnel de la Cour de Pharaon au IIIè millénaire avant Jésus Christ, montre l'existence d'un département de la justice au sein du gouvernement central, ainsi qu'à l'échelon provincial, doté de délégués qui possédaient des compétences et responsabilités différentes[144].

Au Moyen Empire, une documentation plus fournie explique, que l'organisation judiciaire pharaonique se décline en cours supérieure, en collèges sacerdotaux semblables aux cours d'appel et en tribunal d'unité administrative[145]. La cour suprême, était composée de trente et un juges. Trois collèges sacerdotaux de Memphis, de Thèbes et d'Héliopolis en fournissaient chacun dix. Les trois cités où la science antique comptait ses plus nobles interprètes jouissaient du privilège de fournir les représentants les plus élevés de la magistrature nationale[146]. Les trois collèges de tribunaux des trois capitales, laissent penser qu'ils constituaient des sortes de juridictions d'appel, chargés de connaître des contestations des décisions de justice rendues par les juges inférieurs implantées dans chaque unité administrative appelée *nome*. Le tribunal du *nome* est composé de juges et de scribes royaux, et possède simultanément la juridiction civile et la juridiction pénale[147].

A côté de ces juridictions qualifiables de droit commun, s'ajoutent un tribunal spécial et un tribunal d'exception. Le tribunal spécial est de nature sociale. Il est destiné à résoudre les litiges entre ouvriers. Ce tribunal est formé d'ouvriers, présidé par un contremaître, assisté d'un scribe devant lequel la procédure se fait par écrit[148]. Il en est ainsi en raison de la subtilité des litiges de type corporatiste, qui exige des juges, une certaine expertise

---

grèves des ouvriers employés aux hypogées ; Le Papyrus magique Harris », O. Beauregard, « La justice et les tribunaux dans l'ancienne Egypte », *Bulletins de la Société d'anthropologie de Paris*, IV° série, tome 1, 1890. pp. 716-717.

144 A. Philip-Stéphan, *Dire le droit en Égypte pharaonique. Contribution à l'étude des structures et mécanismes juridictionnels jusqu'au Nouvel Empire*, Bruxelles, Éditions Safran, 2008, p. 19-59 ; S. Esposito, « Malfaiteurs et juges. Crimes et châtiments dans les sources égyptiennes du IIIe millénaire avant J.-C. », *Camenulae*, 16, décembre 2017, p. 1, https://lettres.sorbonne-universite.fr/sites/default/files/media/2020-06/l3-2_0.pdf.

145 J.-J. Thonissen, « Mémoire sur l'organisation judiciaire, les lois pénales et la procédure criminelle de l'Égypte ancienne », *op. cit.*, p. 24.

146 « Les Égyptiens choisissaient les trente juges parmi les premiers habitants des trois villes citées », Diodore, *liv*. I, c. 75.

147 J.-J. Thonissen, « Mémoire sur l'organisation judiciaire, les lois pénales et la procédure criminelle de l'Égypte ancienne », *op. cit.* p. 21.

148 J. Pirenne, « La morale dans l'Egypte antique », *Bulletin de la Classe des lettres et des sciences morales et politiques*, T. 48, 1962, p. 121.

et des compétences avérées dans le domaine d'activité concerné par les différends.

Cette spécificité des corps de métiers du royaume égyptien a amené les autorités à mettre sur pied, une instance propre au personnel militaire. Les soldats jouissaient du privilège d'être jugés par un tribunal exceptionnel, où l'élément militaire figurait en grande majorité, avec le privilège d'être défendu par des avocats[149]. L'ensemble des *Papyrus judiciaire de Turin*, *Lee* et *Liollin* fournit un total de trente-deux condamnations appliquées aux criminels[150]. Cet échantillonnage révèle l'activité judiciaire des institutions négro-pharaoniques, ainsi que le privilège de système juridique et judiciaire, précurseur des grands principes modernes du droit que sont, les voies de recours, la multiplicité des ordres juridiques, le double degré des juridictions et la nécessaire spécialité de certaines juridictions.

II – La mission protectrice du droit moderne, un héritage du droit négro-pharaonique

Selon Jean Carbonnier, le droit est fondé sur trois piliers, à savoir, la famille, la propriété et le contrat[151]. A son époque, le droit négro-pharaonique avait déjà identifié ces piliers, qu'il a protégés selon qu'ils appartiennent à la catégorie des personnes (A) ou à la catégorie des biens (B).

---

[149] « Un papyrus grec du musée de Turin fournit à ce sujet de curieux renseignements. Hermogène, l'un des commandants de la station militaire d'Ombos, cite en justice Horus, fils d'Arsiési, et autres colchytes[149], qu'il accuse de s'être frauduleusement emparés d'une maison qu'il possède à Thèbes. Le tribunal saisi de la contestation est présidé par Héraclide, préfet du nome et l'un des commandants des gardes du corps du roi. Avec lui siègent deux autres commandants des gardes, Polémon et Héraclide ; Apollonius et Hermogérie, des amis du roi (titre de cour) ; Pancrate, officier du second ordre ; Paniscus·, habitant du pays, et plusieurs autres militaires. Le demandeur expose ses griefs et récapitule, en deux colonnes et demie du manuscrit, ses droits de propriété sur la maison contestée. PhiloClès et Dinon, avocats des deux parties plaidantes, échangent ensuite les mémoires usités dans la procédure égyptienne. Le président résumé les moyens opposés de part et d'autre, et le jugement ; daté du mois d'athyr de l'an XXIV du règne de Ptolémée Evergète II, repousse les prétentions du Grec et donne raison aux colchytes », J.-J. Thonissen, *op. cit.*, p. 24.

[150] O. Beauregard, « La Justice et les Tribunaux dans l'ancienne Égypte (suite) », *Bulletins de la Société d'anthropologie de Paris*, IVe série, T. 2, 1891, p. 92.

[151] J. Carbonnier, *Flexible droit. Textes pour une sociologie du droit sans rigueur*, Paris, LGDJ, 1969 ; E. Rude-Antoine, « Jean Carbonnier et la famille. Transformations sociales et droit civil », *L'Année sociologique*, vol. 57, n°2, 2007, pp. 527-543.

A – La protection des personnes dans le droit négro-pharaonique

Les personnes protégées par le droit pharaonique sont deux types. Le premier regroupe celles qui sont vulnérables (1). Le second concerne les personnes qui viennent de l'étranger, pour s'installer sur le territoire égyptien (2).

1 – La protection des personnes vulnérables

La vulnérabilité se rapporte sommairement à la fragilité et à la faiblesse. Sociologiquement, la vulnérabilité désigne l'insécurité à laquelle est exposé le bien-être des individus, des ménages et des groupes face à un environnement changeant[152]. Le rapport de la Cour de cassation française de 2009 identifie plusieurs hypothèses de personnes vulnérables[153]. Mais du temps de l'Égypte négro-pharaonique, les personnes vulnérables identifiables étaient constituées de la femme, de l'enfant et du travailleur ouvrier, artisan ou paysan, puisque l'esclave n'était ni un état permanent des personnes, ni une pratique institutionnalisée.

S'agissant du travailleur, les règles en vigueur dans le royaume font de l'Égypte ancienne, le berceau des droits sociaux et du droit de contester les conditions de travail indignes[154]. Ils jouissent de l'organisation

---

[152] M. Garrau, *L'importance de la vulnérabilité : essai sur la signification et les implications de la catégorie de vulnérabilité dans la philosophie morale et politique contemporaine*, Thèse mult., Paris X, 2011.

[153] « […] les enfants, les étrangers placés en zone de rétention, les majeurs protégés, les emprunteurs adhérents à une assurance de groupe, toutes les personnes prises en qualité d'assurés sociaux, les bénéficiaires de l'aide juridictionnelle, les particuliers surendettés, partie des locataires de leur logement principal, les investisseurs, les emprunteurs et les cautions profanes, les professionnels en situation de dépendance économique, les personnes âgées ou celles dont la santé est altérée, les salariés précaires, les salariés protégés, les stagiaires, les personnes physiquement et psychologiquement faibles, les nouveaux esclaves », ; Cour de cassation, *Les personnes vulnérables dans la jurisprudence de la Cour de cassation, Rapport annuel de la Cour de cassation 2009*, Paris, La documentation française, 2009, https://www.courdecassation.fr/ publications_26/ rapport_annuel_36/rapport_2009_3408 ; X. Lagarde, « La protection des personnes vulnérables, entre audace et tempérance. À propos du rapport annuel 2009 de la Cour de cassation », *La semaine juridique*, édition générale, n° 17, 26 avril 2010, p. 463 ; L. Fin-Langer, « La vulnérabilité en droit privé », *Cahiers de la recherche sur les droits fondamentaux*, n°18, 2020, pp. 11-19.

[154] « Le 10 du deuxième mois de *péret* de l'an 29 de Ramsès III, les ouvriers de Deîr el-Médînéh cessèrent le travail, quittèrent leur village et sortirent de la zone de la nécropole thébaine dans laquelle ils étaient théoriquement astreints à résidence, pour venir manifester en masse auprès de diverses instances de la rive gauche de Thèbes, afin d'exiger le versement de leur salaire, qui leur était dû depuis une vingtaine de jours. Ce fut le début

corporatiste, de congé, de médecine de travail et du droit de grève[155]. Le salaire est un droit inaliénable, qui comporte des rations de grain, de vivres divers, d'onguents, de parfums, de vêtements, de sandales et de cuivre. Ces ouvriers sont protégés par des règlements relatifs à l'hygiène du travail[156].

La femme, quant à elle, jouit de très grandes prérogatives[157]. Associée au pouvoir institutionnel et à faire valoir ses opinions, la femme égyptienne, qu'elle soit noble ou paysanne[158], jouit de prérogatives inexistantes dans les autres royaumes de l'époque. La vulnérabilité de la femme est mineure, grâce aux coutumes égyptiennes et aux textes, qui l'exemptent de la tyrannie du genre masculin, telle que pratiquée dans les cités grecques et romaines. Les femmes égyptiennes bénéficient de l'égalité des genres. Elles jouissent et disposent des droits identiques aux

---

d'un cycle de grèves qui ne devaient prendre fin que trois mois plus tard environ, et qui sont souvent qualifiées, non sans complaisance, de « premières grèves de l'histoire de l'humanité », P. Grandet, « Les grèves de Deîr el-Médînéh », in *Les régulations sociales dans l'Antiquité*, Michel Molin (Dir.), *Presses universitaires de Rennes*, 2006, pp. 87-96 ; E.-F. WENTE, « The Strikes in Ramses III's Twenty-Ninth Year », *JNES*, 10, 1951, pp. 137-145 ; P.-J. FRANDSEN, *Editing Reality : The Turin Strike Papyrus*, in *Studies in Egyptology presented to Myriam Lichtheim* I, S. I. GROLL (ed.), Jérusalem, 1990, pp. 166-199 ; P. GRANDET, *Ramsès III, Histoire d'un règne*, Paris, 1993, pp. 324-330 ; W. HELCK, *Die datierten und datierbaren Ostraka, Papyri und Graffiti von Deir el-Medineh*, bearbeitet von A. Schlott, Ägyptologische Abhandlungen 63, Wiesbaden, 2002, pp. 308-314 ; « La grève est vieille comme le monde, comme le monde du travail. La première trace écrite de faits de grève remonte à l'Égypte antique, des hiéroglyphes faisant état d'un arrêt de travail des bâtisseurs de pyramides », C. Tonnelier, « La bataille du droit de grève », *FO Hebdo*, n°34, 2019, https://www.fo-dgfip-sd.fr/044/IMG/pdf/fo-hebdo_no34-2019.pdf, consulté le 16 novembre 2024.

155 « Les travailleurs étaient regroupés en confréries religieuses où s'exerçait une démocratie représentative. Ils élisent un conseil local présidé par deux chefs nommés par le roi, pour administrer le village. Ils jouissent d'un congé de deux jours congé, la semaine comptant dix jours. Lors de la fête royale, les ouvriers disposent de 4 jours de congé. Les ouvriers sont groupés par brigades, la hiérarchie dans chacune étant assurée par un contremaître, qui tient à jour le carnet de présence. La médecine du travail est aussi établie. Tous les dix jours un médecin passe la visite des ouvriers, parmi lesquels il en est un qui remplit le rôle d'infirmier », J. Pirenne, « La morale dans l'Egypte antique », *Bulletin de la Classe des lettres et des sciences morales et politiques*, T. 48, 1962, p. 121.

156 H. De Morant, « Aspects sociaux de l'Egypte pharaonique », *Annales. Economies, sociétés, civilisations,* 12e année, n°3, 1957, pp. 467-473.

157 F. Jaber, « L'évolution du statut de la femme d'après le manuel scolaire égyptien d'Education patriotique », *Revue Langues, cultures et sociétés*, vol.7, n° 2, décembre 2021, pp. 65-78.

158 A. Moret, *Le Nil et la civilisation égyptienne*, Decopman, 1926, p. 101.

hommes[159]. La femme égyptienne est libre de contracter mariage et de divorcer selon son gré. Elle possède des biens personnels et en dispose selon sa convenance[160]. Elles sont admises à l'école où elles suivent des programmes d'éducation, leur permettant d'occuper des hautes fonctions dans des métiers d'expertise[161], comme la médecine[162], la magistrature[163], hauts fonctionnaires[164] et reines souveraines. Les enfants que les femmes mettent au monde sont tenus de certaines obligations très tôt.

Contrairement à la philosophie contemporaine orientée vers la protection de l'enfant exempt de certaines obligations avant sa majorité, l'enfant égyptien bénéficie de droits, en même temps qu'il est soumis à des obligations. D'un côté, l'enfant bénéficie des droits à l'alimentation, à la santé, à l'éducation et à la succession, qui incombent majoritairement au père, tenu de faciliter son insertion dans la société, mais également à la mère. Dans le sens moderne de nos concepts, ces prérogatives reconnues aux enfants ne sont pas à proprement parler des droits de l'enfant dans le contexte pharaonique. Ils apparaissent comme des acquis de sa relation à ses parents[165]. Contrairement au droit contemporain, des obligations de nature économique pèsent sur l'enfant, qui est appelé à produire à un âge très jeune. Selon les emplois de ses parents, il peut être appelé à les assister dans leurs domaines d'activité, principalement l'agriculture, l'élevage, la

[159] « Chez les égyptiens, la femme jouit d'une situation libre et possède un droit personnel de propriété ».

[160] Les papyrus araméens d'Éléphantine en témoignent, qui content la vie d'une certaine Mibtahyah, née vers -475 : *« Mariée à quinze ans avec un juif d'Éléphantine, son père la dote d'une maison et d'un terrain. Veuve sans enfant treize ans plus tard, propriétaire d'une seconde maison que lui donne son père, mariée à un Égyptien, cette fois, divorcée en -440. Elle garde les maisons, selon le contrat de mariage, et intente un procès qu'elle gagne pour récupérer les autres biens du ménage. Elle épouse un autre Égyptien, qui la laisse veuve avec deux fils vers -420 et meurt dix ans plus tard* » ; Joseph Mélèze-Modrzejewski, *Les Juifs d'Égypte de Ramsès II à Hadrien*, Armand Colin, 1991, traduit de l'anglais *Jews of Egypt from Ramsès II to Emperor Hadrien*, Princeton University Press, 1995, p. 26-34.

[161] D. Ragai (Schafik), *La femme et le droit religieux de l'Egypte contemporaine*, Paris, Librairie orientaliste Paul Geuthner, 1940, p. 10.

[162] Psechet a porté le titre de grand médecin sous la IVème dynastie.

[163] Nepet, belle-mère du roi Pépi 1er de la VIème dynastie, fut magistrate.

[164] « Des femmes scribes ont accédé aux postes de directrices, chef de département des dépôts, observatrice des dépôts royaux, femme d'affaires, prêtresse », https://www.sis.gov.eg/Story/1327/La-femme-dans-l%26rsquo%3BEgypte-pharaonique?lang=fr.

[165] B. Kasparian, « La condition de l'enfant et du fils aîné dans l'Egypte ancienne », in J. Bouineau (dir.), Enfant et romanité,), L'Harmattan, 2007.

pêche et la forge. L'enfant représente pour la société négro-pharaonique, une force de travail très jeune, un apport matériel, dont la famille ne peut se priver[166]. Lorsqu'il est étranger, une protection supplémentaire lui est aménagée dans sa communauté d'origine installée sur le sol égyptien.

2 – La protection de l'étranger

L'étranger est celui qui n'appartient pas à la nation du territoire à l'intérieur duquel il séjourne à long terme ou à court terme. Il est aussi celui qui n'a pas la nationalité du pays qui l'accueille. La question de la protection de l'étranger n'est pas contemporaine. Certains enseignent les origines romaines du droit international privé[167], ignorant sans raison, que l'Égypte est pionnière des questions impliquant les situations impliquant des citoyens de diverses nationalités sur des territoires étrangers. D'autres, enferment l'étranger dans une situation de marginalité, légitimant les discriminations qui le frappent en les faisant apparaître comme naturelles et normales[168]. Comme à Rome à certaines périodes[169], dans la Grèce antique, Platon considérait le mélange des peuples comme inévitable mais aussi comme une des causes de la dégradation des mœurs[170]. Il propose par ailleurs, une série de mesures visant à réglementer l'accueil des étrangers[171], parmi lesquelles, l'expulsion. L'Égypte pharaonique affichait deux attitudes à l'égard des étrangers, l'une hostile mais précaire et la seconde qui est le principe largement affirmé de l'hospitalité[172].

---

[166] *Ibid.*

[167] « [...] les étapes historiques de l'évolution du droit international privé, soit de son origine sous l'impérialisme romain jusqu'aux développements des courants universalistes de l'Europe continentale et territorialistes anglos-saxons des XIXe et xx e siècles », G. Goldstein, E. Groffier, *Droit international privé*, t. 1, Cowansville, Éditions Yvon Blais, 1998, ; R. Encinas De Munagorri, « Droit international privé et hiérarchie des normes », *Revue de théorie constitutionnelle et de philosophie du droit*, n° 21, 2013, pp. 71-89 ; .

[168] D. Lochak, *Etrangers : de quel droit ?*, Puf, 1985, p. 8.

[169] Loi Dio, XXXVII, 9, 5, en 41 de notre ère, qui expulsait « tous les étrangers résidents à Rome, exceptés ceux qui habitaient l'Italie » ; M. Miquel, « L'étranger à Rome dans les sources littéraires du Ier siècle avant J.-C. : au miroir de la conquête" », *Siècles*, n°44, 2018, https://journals.openedition.org/siecles/3269, consulté le 23 novembre 2024.

[170] C. Moatti, « Le contrôle de la mobilité des personnes dans l'Empire romain », in *Mélanges de l'École française de Rome*, Antiquité, tome 112, n°2. 2000, p. 926.

[171] Platon, *Lois XII*, 952 d.

[172] « Tu n'auras point en abomination l'Édomite, car il est ton frère; tu n'auras point en abomination l'Égyptien, car tu as été étranger dans son pays », Sainte Bible, Deutéronome, chapitre 23, versets 7-8 ; « Joseph se leva ; dans la nuit, il prit l'enfant et sa mère, et se retira en Égypte, où il resta jusqu'à la mort d'Hérode, pour que soit accomplie la parole du

Le refus des étrangers est une attitude exceptionnelle en Égypte. Cette hostilité se caractérisait par la surveillance des frontières. Elle est accidentelle parce que cette réticence surgissait, lorsque l'arrivée des masses de populations étrangères présentait des menaces, du fait de l'insuffisance des ressources[173], durant les périodes de disette[174]. Néanmoins, certaines périodes de sécheresse et de famine n'effritaient pas l'hospitalité égyptienne. L'épisode de l'hospitalité égyptienne durant les sept années bibliques de sècheresse et de famine, correspond à l'exode du patriarche Jacob en terre pharaonique. L'Égypte a accueilli des étrangers durant cette période et le pharaon leur a même accordé des terres[175]. Ce qui révèle que l'hostilité à l'égard des étrangers était véritablement exceptionnelle.

En dehors de ces périodes difficiles, l'accueil et l'hospitalité caractérisent le comportement permanent du pharaon. Des découvertes, faites à *Tell ed-Dab'a*, ont démontré qu'une communauté culturelle

---

Seigneur prononcée par le prophète : D'Égypte, j'ai appelé mon fils. », Sainte Bible, Matthieu, chapitre 2, versets 13-15.

[173] « C'était le cas des véritables chasses à l'homme que les Égyptiens menaient à l'ouest et au sud du Delta contre les Libyens et les Ethiopiens. Lorsqu'aux XIIIème et XIIème av. J.-C. les Libyens étaient contraints par la faim, à cause de la désertification de leur milieu, à frapper aux portes du grand voisin, ils n'étaient pas les bienvenus. Les pharaons Séthi I et Ramsès II avaient, par exemple, dressé des barrières sur leurs points de passage et y avaient posté des soldats », B. Diouf, « Les migrations en Afrique ancienne : causes et conséquences », *Heródoto, Unifesp*, Guarulhos, v.5, n°2, 2020/2, pp. 28 à 29.

[174] *Papyrus Giessen* 40, III-IV : « les Égyptiens qui sont à Alexandrie, notamment les paysans qui sont venus de toutes les parties de l'Égypte et peuvent aisément être retrouvés, doivent être expulsés de la cité par tous les moyens... Les Égyptiens de naissance peuvent être facilement reconnus par leur langue, s'ils ont pris l'habillement et l'apparence des autres ; bien plus, par leur mode de vie et leurs coutumes moins civilisées, ils se dénoncent comme des paysans égyptiens », M. Claudia, *op. cit.*, p. 932 ; « Cette réaction s'explique bien. Les autochtones occupaient des endroits pourvus en eau et en nourriture dont dépendait leur survie. Et les ressources disponibles pouvaient ne plus être suffisantes pour satisfaire aux besoins des occupants. Ainsi, par instinct de survie, ils barraient la route à tout étranger qui s'approchait de leur habitat. Les réactions manifestées pour repousser les migrants étaient violentes afin de les éloigner à jamais », *Ibid.*

[175] Sainte Bible, Genèse, versets 47-50 : « Nous sommes venus séjourner dans le pays, car la famine sévit durement au pays de Canaan et il n'y a plus de pâturage pour les troupeaux de tes serviteurs là-bas. Permets donc à tes serviteurs de s'installer dans la région de Goshen. Le pharaon dit à Joseph : Ton père et tes frères sont venus te rejoindre ; le pays est à ta disposition. Installe-les dans la meilleure province du pays : qu'ils habitent dans la région de Goshen. Et si tu sais qu'il y a parmi eux des hommes de valeur, tu les établiras comme responsables de mes troupeaux ».

originale pouvait mener une vie autonome en contexte égyptien[176]. Là se trouve assurément le vrai cosmopolitisme avant la lettre, qui offrait à des communautés un cadre, à l'intérieur duquel, chaque groupe culturel pouvait non seulement s'exprimer, mais encore être compris des autres et les comprendre. C'est ce terrain commun qui permettait alors sans doute, même à des étrangers, de se définir comme égyptiens, sans rien perdre de leur personnalité culturelle propre[177]. Ce traitement favorable s'accompagne de plusieurs droits accordés aux étrangers, de sorte à leur aménager une protection et un véritable épanouissement en terre égyptienne.

Du droit au travail, en passant par la liberté de culte[178], à la liberté culturelle de toute communauté de vivre en terre égyptienne selon ses propres traditions[179], le droit pharaonique avait consacré une politique du vivre ensemble multiculturel. L'étranger jouissait du droit au travail dans l'Egypte antique. Les Asiatiques étaient employés aux grands travaux d'aménagement du *Fayoum*, à proximité duquel les souverains du Moyen Empire avaient établi leur capitale *Itj-taouy*, et de construction des villes,

---

[176] « Le palais *Minoen* édifié dans la capitale de *Pi-Ramsès* ne relevait en rien d'une quelconque égyptianisation », N. Grimai, « L'Egypte et le monde égéen préhellénique : entre commerce et histoire », in *Actes du colloque Entre Grèce et Egypte*, Cahiers de la Villa « Kérylos », n° 5, Académie des Inscriptions et Belles-Lettres, Paris, 1995, pp. 11-28.

[177] N. Grimal, « L'Un et les autres », in *Actes du 9ème colloque Alexandrie : une mégapole cosmopolite,* Villa Kérylos à Beaulieu-sur-Mer les 2 & 3 octobre 1998, *Académie des Inscriptions et Belles-Lettres*, Cahiers de la Villa Kérylos, n°9, 1999, p. 59.

[178] « On a trouvé [...] une station juive à Eléphantine, la frontière du sud de l'Egypte, station renfermant même un temple à Jéhovah. Certains contrats « dans la langue de Chanaan, » provenant de cette station et appartenant à des commerçants et banquiers juifs, remontent aux premiers rois persans qui succédèrent, en Egypte, au fils d'Amasis. Mais ce n'étaient sans doute pas les premiers, et il est possible que les juifs, pour établir ce sanctuaire, aient profité de la permission donnée par Amasis aux étrangers d'amener leurs dieux » ; E. Revillout, *Les origines égyptiennes du droit civil romain, op. cit*, p. 24.

[179] « On connaît bien aujourd'hui la communauté de *Deir al-Medîna*, qui a livré des dizaines de milliers de documents, de toutes natures, [...] Ceux-ci montrent clairement que la cohabitation culturelle y était aussi réelle que durable, chaque communauté conservant ses caractéristiques propres, à l'intérieur d'un système qui tenait compte de chacun », D. Valbelle, « Les ouvriers de la tombe. Deir el-Médineh à l'époque ramesside », *Institut français d'Archéologie orientale* (Bibliothèque d'Étude, XCVI), Le Caire, 1985, pp. 305-340 ; S. Allam, « Aspects de la vie sociale, juridique et municipale à Deir el-Médineh », in *Egypte pharaonique : pouvoir, société*, Méditerranées 6/7, 1996, L'Harmattan, Paris, pp. 195-231 ; pour les cultes à l'époque perse : E. Bresciani, « Cambyse, Darius I et le droit des temples égyptiens », *op. cit.*, pp. 103-113 ; pour le cas d'Éléphantine : J. Mélèze Modrzejewski, *Les Juifs d'Egypte, de Ramsès II à Hadrien*, édition revue et complétée, Puf, Paris, 1997, pp. 37-67.

des pyramides et des temples des rois de la XIIe dynastie, à la fois comme ouvriers et responsables[180]. Un papyrus, provenant d'*Illahun* conserve un tableau de services, établit pour la célébration des fêtes religieuses, démontre que des étrangers asiatiques font partie du personnel et certains portent des noms égyptiens[181]. De manière globale en période de paix et de prospérité, les étrangers sont traités comme des membres à part entière de la maisonnée qui, outre la parentèle, comporte collègues et amis[182].

Le droit négro-pharaonique a également aménagé un espace, en faveur de l'extranéité des lois étrangères en terre égyptienne. Un tribunal d'exception existait à *Naucratis*, en faveur des citoyens grecs qui venaient faire le commerce dans la vallée du Nil. Après leur avoir assigné cette résidence, qui fut longtemps le seul point du sol égyptien où les étrangers pussent établir leurs comptoirs, Amasis, dont le génie s'élevait au-dessus des préjugés de ses contemporains, leur accorda le droit de bâtir des temples et de se faire juger par des magistrats de leur propre nation[183]. Le dispositif juridique construit autour des étrangers en Égypte est facilité par la politique souveraine et coutumière de facilitation d'installation des colonies sur les terres pharaoniques[184].

---

[180] « C'est à un architecte syrien que Ramsès II confiera l'édification des deux temples d'Abou Simbel », B. Menu, « Onomastique et statut des immigrés syro-palestiniens dans l'Égypte du Moyen Empire », *Droit et cultures*, n°64, 2012, p. 51-68, https://journals.openedition.org/droitcultures/2789, consulté le 04 novembre 2024.

[181] *Ibid.*

[182] « « Les gens de maison asiatiques sont énumérés sur les stèles privées juste après la famille et sont même parfois représentés mêlés aux parents ; ils portent des noms égyptiens et ni le type physique, ni la coiffure, ni l'habillement ne les distinguent des indigènes » ; G. Posener, « Les Asiatiques en Égypte sous les XIIe et XIIIe dynasties (à propos d'un livre récent) », *Syria* 34, 1957, p. 152.

[183] « Les Ioniens de Chios, de Téôs, de Phocée et de Clazomène, les Doriens de Rhodes, de Cnide, d'Halicarnasse et de Phasélis, joints aux Éoliens, de Mytilène, y érigèrent un sanctuaire magnifique, l'Hellénion , où des juges , nommés par toutes ces villes, rendaient la justice à leurs nationaux. On a cru, en se basant sur une fausse interprétation du texte d'Hérodote, que ces magistrats ne possédaient qu'une juridiction purement commerciale. Leur rôle était beaucoup plus étendu. Ils statuaient sur toutes les infractions commises par les Grecs résidant sur le territoire de Naucratis, et les prêtres mêmes se trouvaient au nombre de leurs justiciables. Athénée parle d'amendes qu'ils infligèrent à des sacrificateurs, qui, dans les fêtes d'Apollon et de Bacchüs, avaient irrégulièrement préparé et distribué les portions de la victime réservées aux assistants », Hérodote, *liv.* H, c. 178 ; Athénée de Naucratis, *Deipnosophist., liv. IV*, § 52.

[184] « Rassembler des colons de diverses origines, qu'ils soient Grecs ou non ; faire venir au contraire un même peuple, à condition qu'il soit uni, pour éviter de reproduire dans la nouvelle cité les dissensions antérieures », Y. Charbit, « Migration et colonisation dans la

B –La protection du patrimoine dans le droit négro-pharaonique

La documentation, qui nous vient de l'Égypte antique, a établi clairement, que le système juridique de son époque a mis l'accent sur la protection de la propriété (1) et du contrat (2).

1 – La propriété

La propriété est le droit de jouir et de disposer des choses de la manière la plus absolue, pourvu qu'on n'en fasse pas un usage prohibé par les lois ou les règlements[185]. La prérogative d'aliénation du bien, oscille globalement entre deux philosophies antinomiques : l'une de type communautariste originellement égyptienne et l'autre de type libéral, accidentelle, inspirée des Égyptiens de la station d'Eléphantine et usitée en Grèce. Ces deux conceptions ne s'apparentent-elles pas aux philosophies modernes du capitalisme et du communisme, jadis attribuées à tort à Platon[186] ?

La première conception de la propriété et du pouvoir d'aliénation du bien est établie par les traditions antiques. Elles ont perduré et peuvent être considérées comme la principale et permanente caractéristique du droit de propriété. A l'origine, seul le pharaon détient le droit de propriété du sol égyptien du fait de sa filiation divine. Il en délègue l'exercice aux grands dignitaires, aux collectivités locales et aux directeurs des temples, représentants des dieux sur terre, aux roturiers *emhouat*, quand l'Etat ne faisait pas cultiver directement les terres[187]. Au roi, revient la propriété éminente ou directe universelle, tandis que ses délégués exercent la propriété utile. Une cascade de démembrement de la propriété permet le fractionnement des droits fonciers susceptibles d'être aliénés entre les membres de la même famille ou de la même tribu. Du temple au paysan

---

pensée de Platon », *Revue européenne des migrations internationales*, vol. 17, n°3,2001, p. 200.

[185] D. Vincelette, « Définition et notion de la propriété. Plaidoyer pour la vraisemblance », *RGD*, vol. 31, n° 4, 2001, p. 679.

[186] P. Veremen, « Platon communiste, la philosophie de fait et la philosophie de droit », *Cahiers de Fontenay*, n° 51-52, 1988, pp. 165-187 ; A. Deschamps, « L'idée communiste chez Platon », *Revue d'histoire économique et sociale*, Armand Colin, vol. 18, n° 4, 1930, pp. 413-426 ; S. Said, « La *République* de Platon et la communauté des femmes », *L'antiquité classique*, n° 55, 1986, pp. 142-162 ; « Ce qui caractérise Platon, c'est la communauté à la fois des femmes, des enfants et des biens », Aristote, *La Politique*, II.

[187] E. Revillout, *Les origines égyptiennes du droit civil romain, op. cit.*, p. 38.

laboureur, les situations juridiques sont variées : tenures en censives, bail à long terme, fermage, métayage[188].

La seconde conception, de type libéral, est amorcée par le pharaon *Bocchoris* et vulgarisée par le pharaon *Amasis*. S'inscrivant dans la même lignée que le pharaon *Bocchoris*, qui impulsa la propriété individuelle, sans pour autant rompre avec les traditions antiques, le pharaon *Amasis* a instauré ce qui s'apparente aujourd'hui à la philosophie capitaliste de la propriété. Imprégné de libéralisme modéré, *Bocchoris* a initié une réforme permettant la transmission de la propriété, mais à des conditions ne heurtant pas les coutumes. La propriété foncière et sa transmission étaient essentiellement familiales. Le bien se transmettait héréditairement, à l'intérieur de la famille ou du clan, par un acte établi en présence des témoins des parties, approuvé par le prêtre d'*Amon* et du roi[189]. Le bien immobilier appartenait aux groupements, tandis que l'effort fournit par les personnes, notamment la peine prise dans la construction d'une maison, était du droit de l'individu.

Il rompit modérément avec ces traditions, pour permettre à l'individu de ne céder qu'à l'intérieur de sa famille, non pour vendre pour de l'argent, mais pour échanger son bien contre d'autres biens familiaux possédés par d'autres branches, avec le consentement exprès des acceptants. Ce qui assurait une bilatéralité complète pour les transmissions proprement dites[190]. Dans le but d'assurer l'authenticité de l'acte on exigea, de plus, qu'en dehors du notaire, chacun des témoins, après la mention de son témoignage, écrivit soit le résumé, soit la copie du contrat[191]. Cette formalité resta indispensable, jusqu'à l'arrivée au pouvoir, du pharaon *Amasis*.

---

[188] « Tenures en censives, bail à long terme, fermage, métayage. L'immortalité de la personne humaine, permet d'envisager l'attribution en jouissance perpétuelle, de génération en génération, de revenus agricoles aliénables, stipulées par des contrats à durée illimitée, relevant du bon vouloir royal, créant de nouvelles fondations funéraires qui participent à l'économie », B. Menu, *Histoire économique et sociale de l'ancienne Égypte*, vol. 1, T.1, CNRS Editions, 2018.

[189] E. Revillout, *Les origines égyptiennes du droit civil romain, op. cit.*, p. 39.

[190] *Ibid.*, p. 10.

[191] « Ce qu'il y a de plus capital dans la période juridique à laquelle appartient l'acte de transmission, c'est l'intervention du prêtre d'Amon et du roi » ; E. Revillout, *Les origines égyptiennes du droit civil romain , op. cit.*, p. 13.

Le fort penchant d'*Amasis* en faveur de la conception libérale de la propriété s'explique par ses origines certes[192], mais beaucoup plus par sa volonté de renforcer son pouvoir et son règne en s'appuyant sur les communautés grecques[193], auxquelles ce pharaon a attribué des terres au moyen de la libre disposition foncière contraire à la communautarisation familiale de la propriété immobilière. *Amasis* ne pouvait pas se passer des Grecs, tant sur le plan intérieur que sur le plan extérieur[194]. Il dépouilla ainsi les privilèges des prêtres thébains, mit fin à l'aliénation familiale de la propriété immobilière et consacra la liberté individuelle d'aliéner les biens selon le bon vouloir du propriétaire[195].

Cette orientation libérale de la propriété suppose l'existence d'une science juridique du contrat bien établie dans le royaume égyptien.

---

[192] « C'était un ancien chef de voleurs que les oracles des dieux avaient souvent condamné et parfois absous. En définitive, il en avait gardé une forte rancune contre les dieux et contre la police du royaume. Il voulait renverser, autant que possible, tout l'ordre de choses existant alors, débarrasser le droit de l'ingérence des prêtres, tout autant que des scrupules familiaux. L'individu, celui qui avait la fortune en mains, lui semblait seul respectable », E. Revillout, *Les origines égyptiennes du droit civil romain, op. cit.*, p. 22 ; C. Thiers, « L'an 44 d'Amasis sur la grande stèle ptolémaïque d'Héracléion », in D. Devauchelle (dir.), *La XXVIe dynastie : continuités et ruptures,* Actes des journées d'étude tenues à l'Université de Lille, 26-27 novembre 2004, Ed. Cybèle, 2011, pp. 247-251.

[193] T. Haziza, « Les Sept Sages et l'Égypte », *Kentron*, n° 34, 2018, pp. 129-160.

[194] T. HAZIZA, « Ladiké et Phérétimé. Deux Cyrénéennes en Égypte (Hérodote, II, 181 et IV, 165-167 ; 200-205) », in J.-C. Couvenhes (dir.), *L'Hellénisme, d'une rive à l'autre de la Méditerranée. Mélanges offerts à André Laronde à l'occasion de son 70e anniversaire*, Paris, De Boccard (De l'archéologie à l'histoire), 2013, pp. 311-324.

[195] « Amasis, lui, est partisan de la liberté pleine, du moins pour lui et son entourage [...] Il fut un libéral dans le sens vénal et bourgeois du mot » ; E. Revillout, *Les origines égyptiennes du droit civil romain, op. cit.* pp. 27 à 28.

2 – Le contrat

Dans leur orientation commune, bon nombre d'auteurs rattachent le contrat à la tradition gréco-romaine[196], tant par la sémantique[197] que par sa définition[198]. Pourtant des siècles avant les empires grec et romain,

---

[196] « Si le langage courant s'avère moins précis que le vocabulaire juridique, tous deux s'accordent sur le sens du terme obligation : être obligé signifie être contraint à quelque chose. En droit romain, il s'agit de la contrainte qui pèse sur une personne pour qu'elle fasse quelque chose, pour qu'elle s'acquitte de quelque chose » ; J.-L. Elzéar Ortolan, *Explication historique des Instituts de l'empereur Justinien*, 6e éd., Paris, 1857, t. 3, n° 1177-1179, pp. 127-128 ; « La coïncidence est loin d'être fortuite si l'on songe que les pontifes, dépositaires auprès du sénat et des magistrats de la connaissance des rites traditionnels du culte public ou privé (*publica priuataque sacra*) des Romains, sont les premiers juristes, les ancêtres du jurisconsulte laïque dont la figure se dégage à l'orée du droit classique, sur fond de lutte entre les patriciens et les plébéiens, au tournant des IIIe et IIe siècles av. J.-C » ; F. VAN HAEPEREN , *Le collège pontifical (IIIe s. av. J.-Chr.-IVe s. ap. J.-Chr.). Contribution à l'étude de la religion publique romaine,* Rome-Bruxelles, s.n., 2002 ; M. Brunet, et *al.*, « Les contrats agraires dans la Grèce antique. Bilan historiographique illustré par quatre exemples », *Histoire & sociétés rurales*, 1998, 9, p. 211-245 ; *A. Biscardi*, « *Introduction* à l'*étude* des *pratiques commerciales* dans l'*histoire* des *droits* de l'antiquité », *RIDA*, n° 29, 1982, pp. 37-44 ; L. Gernet, « Hypothèses sur le contrat primitif en Grèce », *Revue des Études Grecques*, T. 30, juillet-septembre 1917, p. 249-293.

[197] « Il suffit de penser à Aristote qui, dans l'*Éthique à Nicomaque* (1131a), détaille sous le nom de *synallagma* volontaires ou involontaires les principaux contrats et les principaux délits tels que le droit romain en conçut la formule spécifiquement juridique. De même, les hommes n'ont pas attendu Rome pour s'approprier les choses et s'assurer des garanties de paiement, mais c'est bien Rome qui qualifie juridiquement la propriété au lieu d'une appartenance exclusive et dégage la double figure juridique de l'obligation et du paiement », A. Ruelle, « La parole antique en procès. Droit romain, théâtre grec, langue latine », *Le droit malgré tout*, Yves Cartuyvels et *al.* (Dir.), Presses universitaires Saint-Louis Bruxelles, 2018, p. 501 ; « Le mot contrat vient du latin contractus, dérivé de contrahere, et signifie rassembler, réunir, conclure. Pour préciser l'origine sémantique du mot contrat, on se réfère à la convention. Le mot convention vient du latin conventio, dérivé de convenire qui signifie venir ensemble, d'où être d'accord » ; H.-M. Moneboulou Minkada, « La question de la définition du contrat en droit privé : essai d'une théorie institutionnelle », *Juridical Tribune*, vol. 4, n°1, June 2014, p. 88.

[198] « Obligatio est juris vinculum quo necessitate astringimur alicujus solvendae rei secundum nostrae civitatis jura (L'obligation est le lien de droit par lequel nous sommes tenus de payer quelque chose à quelqu'un en vertu du droit de notre cité)», Ulpien (jurisconsulte, 170-223), Institutes de Justinien [533], 3, 13 ; « Obligationum sbstantia non in eo constitit ut aliquod corpus nostrum vel aliquam servitutem nostram faciat sed ut alium abstinget ad dandum aliquid vel faciendum vel praestandum (La substance des obligations ne consiste pas à nous rendre propriétaire d'une chose ou titulaire d'une servitude, mais à astreindre une autre personne envers nous soit à transférer la propriété, soit à faire, soit à fournir quelque chose) », Paul (jurisconsulte, 160-230), Digeste de Justinien [533], 44, 7, 3 ; Comité de rédaction, *Vocabulaire juridique*, Association Henri

plusieurs artefacts démontrent l'existence d'un dispositif qui encadrait la formation, la force obligatoire et l'opposabilité du contrat[199], dans le royaume pharaonique.

L'échange contractuel est pratiqué entre les Égyptiens, sous sa forme bilatérale, vente, louage, prêt et sous sa forme unilatérale, donation et testament.

Tous ces contrats, unilatéraux ou non, sont ancrés sur le principe de la liberté contractuelle[200]. Les contrats tels que la vente étaient consensuels[201], bien que certains voient à chaque fois un commencement d'exécution au moment du consentement des parties, à travers le versement du prix, la tradition de la chose ou la conjugaison des deux choses[202]. La liberté de contracter et le consentement existaient également entre employeurs et employés[203] et pour le testament. Le papyrus de *Turin 2021* présente l'acte d'un prêtre, père de plusieurs enfants, qui, vivant à *Thèbes* à la fin du 12è siècle, entendait distribuer des biens en toute liberté[204]. Cet acte a été rédigé conformément à une sentence d'un pharaon non identifié dans le texte, qui précisait l'adage suivant lequel, « chacun fasse ce qu'il désire de ses biens »[205]. La libre disposition des biens ne

---

Capitant, Gérard Cornu (Dir.), Puf, 1re éd., Paris, 1987, p. 266 ; Ph. Malinvaud et D. Fenouillet, *Droit des obligations*, 11e éd., Litec, Paris, 2010, p. 45.

[199] A. Theodorides, « Du rapport entre un contrat et un acte de disposition appelé « imyt-per » en égyptien », *Revue internationale des droits de l'antiquité*, 3e Série, Tome XL, 1993, pp. 77-105 ; C. Chehata, « *La notion de contrat dans l'ancien droit égyptien »*, in *Studi... Arangio-Ruiz*, III, 1950, pp. 498 et 499 ; C. Chehata, « Le testament dans le droit égyptien », *Cahiers d'histoire égyptienne*, 1953 ; B. Kasparian, « Le contrat de prêt et ses variantes de l'Ancien au Nouvel Empire égyptien », in *The loan contract in ancient societies*, VIIe rencontre du *LDAS (legal documents in Ancient societies)*, Aug 2015, Paris, France, pp. 87-110.

[200] A. Théodoridès, « L'acte (?) de vente d'Ancien Empire {26è s. av. J.-C) », *Revue Internationale des Droits de l'Antiquité*, 3è série, T. XXVI, 1979, pp. 31-85.

[201] J. Pirenne, *Histoire des Institutions et du Droit privé de l'Ancienne Égypte*, T. 1, Des Origines à la fin de la IVe Dynastie, 1932, Ed. de la Fondation égyptologique Reine Elisabeth.

[202] A. Theodorides, « L'acte de vente d'Ancien Empire (26è s. av. J.-C) avec 2 planches », *Revue internationale des Droits de l'Antiquité*, n°*26*, 1979, p. 37.

[203] « Le carrier Pépi se trouve satisfait du contrat que j'ai passé avec lui » ; Fl. Petrie, « Gizeh and Rifeh », pl. VII A, fig . 1-2, in *ASA*, XLII, 1943, p. 38.

[204] A. Theodorides, « Le Testament dans l'Egypte ancienne », *Revue Internationale des Droits de l'Antiquité*, t. 17, Bruxelles, 1970, p. 183 s.

[205] A. Theodorides « L'Acte de disposition de la statue stéléphore Caire 42.208», *Chronique d'Egypte (= CdE)*, T. 60, Bruxelles, 1985, p. 341 s

portait que sur les biens meubles, jusqu'à la prise de pouvoir du pharaon *Amasis*[206], qui l'élargit aux immeubles.

Cette liberté contractuelle était tempérée par des textes pharaoniques, qui, soucieux de maintenir l'équilibre entre les parties, fixaient des modalités de résolution de potentiels litiges, notamment en cas de difficulté d'exécution du fait de la sècheresse. La publication en 1975, d'un papyrus découvert dans les nécropoles situées à *Touna-el-Gébel* près de la ville antique de *Hermopolis Magna* en Moyenne Égypte, datable de la première moitié du 4è siècle, se rapporte aux questions d'imprévision dans les cas de l'utilisation du sol et aux litiges qui peuvent se produire, à l'occasion, entre fermier et bailleur. Le paragraphe *col. II, 10* de ce papyrus apporte une solution aux cas d'imprévision du fait de l'absence de pluies. Il dispose que « quand un homme conclut un bail au sujet d'une terre arable, et que le bailleur lui fournit la semence, au cas où la terre ne recevrait pas d'eau la même année, pour cause de sécheresse « que l'on ne fasse pas en sorte qu'il [le fermier] donne une redevance, [mais] que l'on fasse en sorte qu'il rende (seulement) la semence [au bailleur] »[207].

Le droit négro-pharaonique entoure le contrat d'un formalisme rigoureux. Cela est vérifié dans le cas du mariage et des transactions immobilières. Les Égyptiens contractaient mariage en présence d'un prêtre, comme chez les Romains[208]. Pour la propriété foncière, jusqu'à la prise de pouvoir d'*Amasis*, le formalisme était fortement encadré par la présence du prêtre d'*Amon*, qui intervenait pour dire le droit, éviter les abus et authentifier le contrat[209]. Pour assurer l'authenticité de l'acte, on exigea, de plus, qu'en dehors du notaire, chacun des témoins, après la mention de son témoignage, écrivit soit le résumé, soit la copie du contrat. Cette

---

206 « La mancipation avec prix entièrement payé, ou mieux, d'une façon plus large, la vente reposant sur une double promesse, ne pouvait s'appliquer d'abord qu'aux objets mobiliers et non aux champs ou aux maisons », E. Revillout, *op. cit.*, p. 7.

207 S. Allam, « Réflexions sur le Code légal d'Hermopolis dans l'Egypte ancienne », *Chronique d'Egypte,* n°61, 1986.

208 E. Revillout, *Les origines égyptiennes du droit civil romain, op. cit.*, p. 4.

209 « Pour empêcher les abus qu'il est toujours licite de prévoir, les contractants durent obtenir le consentement du dieu Amon qui, du temps de la 21° dynastie, réglait seul l'état des biens — en admettant même certaines exceptions au droit établit pour certaines personnes privilégiées. L'obligation de consulter le prêtre d'Amon, prêtre du roi, qui disait le droit, en interrogeant au besoin la statue du dieu, comme autrefois, dans certaines fêtes solennelles, devint donc absolue tant pour les questions d'aliénation que pour les questions d'antichrèse chaldéenne, etc., et, sous Shabaku comme sous Tahraku. La signature de ce haut personnage vint de plus authentifier les contrats » E. Revillout, *Les origines égyptiennes du droit civil romain, op. cit.*, pp. 10-11.

formalité resta indispensable pendant la première comme pendant la seconde dynastie éthiopienne. Sous *Amasis*, cette coutume est abrogée au profit du libéralisme individuel.

On retrouve dans la pratique égyptienne, deux préoccupations contemporaines, la reconnaissance de la liberté contractuelle d'une part, et le formalisme de validité et de preuve du contrat, à travers, le recours au témoin, au rituel et à la présence du prêtre officiant comme notaire.

....

Le droit négro-pharaonique démontre une complétude historiquement établie, qui explique et justifie sa pérennisation dans le droit moderne. Il a survécu aux diverses civilisations qui se l'ont transmise de l'antiquité à l'époque contemporaine. Le droit, comme système, ne peut pas prétendre à son auto-fondation. L'appel au passé est une source, un des fondements possibles du droit[210]. C'est pourquoi dans ses productions scientifiques, la doctrine ne doit pas limiter les origines historiques du droit aux civilisations gréco-romaines, qui, elles-mêmes, les tirent du droit négro-pharaonique. L'édifice du droit, comme système et comme activité, s'enracine et se construit à partir de son passé qui lui sert de cadre et de soubassement[211]. Il importe de mettre en lumière cette historicité séculaire du droit. Le droit de l'Egypte antique se transmet depuis des millénaires de société en société, de civilisation en civilisation, sans considération de race, de genre, de religion, de courant politique. Cette survie du dispositif négro-pharaonique permet d'inscrire l'idée et la conception du droit dans la catégorie des patrimoines inaltérables de l'humanité, qui incitent plus à l'unité qu'à la division. Il est évident de conclure que dans la société humaine, de l'ordre des choses les mieux partagées comme le bon sens, figure l'idée permanente et rationnelle du droit.

---

[210] A. Macaya Lizano, *Histoire, mémoire et droit : les usages juridiques du passé*, Thèse mult., Paris 1, 2014, p. 50.
[211] *Ibid.*

La contribution aux charges du ménage en droit sénégalais

Abdoulaye David SOW

Docteur en Droit privé
Enseignant-chercheur
Université Gaston Berger de Saint-Louis
Sénégal

Résumé. Le mariage crée des effets extrapatrimoniaux et des effets patrimoniaux. Parmi ces derniers, la contribution aux charges ménagères occupe une place centrale puisqu'il s'agit d'organiser et de répartir les dépenses quotidiennes de la famille. Pendant toute la durée du mariage, le législateur enjoint aux époux, entre eux et à l'égard des tiers, à pourvoir à l'entretien du ménage et des enfants communs. Il s'agit de faire une analyse de ce régime à la lumière d'une lecture formelle, qui énonce ses principes cardinaux, et substantielle en vue d'illustrer toute la complexité qui se cache dernière la simplicité apparente que le législateur a voulue donner à la contribution ménagère.

Mots clés : Mariage, Charges ménagères, ménage, enfants communs, sanctions.

En matière de mariage, le droit s'intéresse autant aux rapports personnels[1] qu'aux relations économiques. La famille appelle naturellement le couple à s'investir pour la satisfaction de ses besoins et dépenses ; ce qui emporte nécessairement des conséquences sur les biens et les intérêts pécuniaires des conjoints, créant ainsi une confusion des patrimoines. Le mariage modifie en effet les exigences individuelles en nécessité commune, propice à sa cohésion et sa vitalité. Un dicton populaire énonce « qu'on ne vit pas d'amour et d'eau fraiche » pour rappeler qu'à côté des sentiments, la communauté de vie implique nécessairement une imbrication des intérêts patrimoniaux.

---

[1] A.-M. Leroyer, *Droit de la famille*, PUF- Thémis, 2022, §°3.

Le législateur sénégalais ignore, pour le moment, le pluralisme des couples. En prenant en considération que le mariage[2], il fait moins que son homologue français qui a prévu en plus un régime matrimonial des pacsés à l'exclusion des concubins[3]. Le législateur sénégalais ne consacre de relations économiques entre fiancés que dans une très moindre mesure. Les fiançailles ne sont qu'une promesse de mariage[4] au caractère facultatif. Elles n'engendrent pas de rapports patrimoniaux. Les fiancés ne sont tenus à aucune obligation alimentaire, à aucun devoir de secours et d'entretien, ni entre eux ni à l'égard des tiers[5]. Ils peuvent, tout au plus, se faire des cadeaux ou entreprendre des dépenses qui sont sujets à répétition en cas de rupture fautive.

En revanche, le législateur sénégalais organise les conséquences patrimoniales des mariés[6]. C'est dans les régimes matrimoniaux que le Code sénégalais de la famille consacre la contribution aux charges du ménage. Il donne une définition large des régimes matrimoniaux entendus comme toutes les dispositions qui règlent « les effets patrimoniaux du mariage dans les rapports des époux entre eux et à l'égard des tiers »[7]. Il en reteint deux aspects. D'une part, ce qu'il est convenu de nommer le régime primaire impératif ou régime matrimonial de base, qui regroupe l'ensemble des règles applicables aux époux, sans qu'ils puissent l'écarter, quel que soit leur régime matrimonial *stricto sensu*[8]. Ce régime a un

---

[2] N.-C.-M. Ndiaye, « La notion de famille en droit sénégalais : réflexions sur l'approche d'un "Code de compromis" », in Ndiaw Diouf, Mohamed Bachir Niang et Abdoul Aziz Diouf (dir.), *Le droit africain à la quête de son identité, Mélanges offerts au Professeur Isaac Yankhoba Ndiaye*, L'Harmattan Sénégal, 2021, pp. 891-920.

[3] Cass. 1ère civ., 19 mars 1991, n°88-19.400 « Aucune disposition légale ne réglant la contribution des concubins aux charges de leur vie commune, chacun d'eux doit, en l'absence de volonté exprimée à cet égard, supporter les dépenses de la vie courante qu'il a exposées » ; A. Molière, « Le droit peut-il être pervers ? L'exemple de la contribution des époux aux charges du ménage », *D.* 2019, 721 ; Civ., 1re, 9 janv. 1979, n°77-12-991 ; Civ., 1re, 19 déc. 2018, §° 18-12.311.

[4] Art 101 CF.

[5] Art 16 CF.

[6] Art. 100 CF : « Le lien matrimonial crée la famille par l'union solennelle de l'homme et de la femme dans le mariage. » ; S. Guinchard, *Droit patrimonial de la famille au Sénégal*, LGDJ, NEA, 1980, p. 82 « Le régime matrimonial concerne les gens mariés et eux seulement. Deux règles expriment cette idée : Première règle : pas de régime matrimonial sans époux, sans mariage [...] Seconde règle : pas d'époux sans régime matrimonial ».

[7] Art. 368 CF, *adde* S. Guinchard, *Droit patrimonial de la famille au Sénégal*, *op. cit.*, p.79.

[8] S. Melone, « Les effets du mariage dans l'ordre des rapports patrimoniaux », *in* Stanislas Melone (dir.), *Encyclopédie Juridique de l'Afrique,* NEA, 1982, spéc. p. 243.

caractère général et d'ordre public[9]. Il met l'accent sur l'alliance entre un minimum d'autonomie et un minimum d'association entre les époux, sans évoquer le statut de leurs biens antérieurs au mariage ou acquis durant. En ce sens, il s'avère incomplet ou insuffisant puisque les époux doivent nécessairement soumettre leur union à l'un des trois régimes prévus par l'article 368 du Code de la famille. C'est pourquoi, d'autre part, le Code sénégalais de la famille règlemente le régime matrimonial *stricto sensu* (ou régime des biens des époux, ou régimes matrimoniaux secondaires), que sont le régime de séparation des biens, le régime dotal et, enfin, le régime communautaire de participation aux meubles et acquêts. La présente étude porte principalement sur le régime primaire, plus précisément la contribution ménagère, sans pouvoir ignorer totalement les règles propres à chaque régime matrimonial. En effet, le régime matrimonial choisi a forcément des conséquences sur la mise en œuvre de la contribution aux charges du ménage[10].

La contribution aux charges du ménage s'entend, selon le vocabulaire juridique Henri Capitant, « d'un ensemble de dépenses découlant de la vie en mariage (dépenses de ménage, entretien des enfants) auxquelles les époux sont tenus de contribuer [...] ». En ce sens, il s'agit de dépenses qui n'ont pas pour objet l'intérêt personnel d'un époux. Eliette Abitbol écrit qu'elle est l'obligation la plus « prosaïque, banale et ponctuelle » qui incombe aux époux et qu'« à cette fin utilitaire, à ce renouvellement perpétuel, elle doit son importance et sa noblesse »[11]. Néanmoins, à la lecture du Code sénégalais de la famille, le législateur alimente une nébuleuse entre la contribution aux charges du ménage et certaines notions voisines que sont le devoir de secours et d'assistance, l'obligation d'entretien et l'obligation alimentaire. La subtilité provient du fait que le régime primaire énonce des principes de nature patrimoniale, mais qui sont en relation très étroite avec les aspects extrapatrimoniaux du mariage[12].

Le devoir de secours et d'assistance est une partie intégrante des droits et devoirs réciproques des époux relevant des effets extrapatrimoniaux du

---

[9] J. Carbonnier, *Droit civil, t. 2, La famille, l'enfant, le couple*, Puf- Thémis, 2002, p. 493.

[10] A. Tisserand-Martin, « La contribution aux charges du mariage, mécanisme régulateur du régime matrimonial », in *Mélanges en l'honneur du Professeur Gérard Champenois*, Defrénois, 2012, pp. 803-813 ; M. Cottet, « La double nature de l'obligation de contribuer aux charges du mariage », *RTD civ.*, 2021, p. 1.

[11] E. Abitbol, « La contribution aux charges du ménage et son contentieux différé », *Mélanges Pierre Raynaud*, Dalloz, 1985, pp. 1-25, spéc. p. 1.

[12] M. Grimaldi (dir.), *Droit patrimonial de la famille*, 7e éd. Dalloz action, 2021/2022, n°11.12.

mariage[13]. Toutefois, il revêt un aspect pécuniaire en ce sens qu'il consiste à remédier à l'état d'impécuniosité d'un époux, à lui fournir les ressources nécessaires à la vie. Ainsi, pour le professeur Christian Larroumet « il fait appel à l'idée de subordination socio-économique : il suppose qu'un des époux a des ressources et que l'autre n'en a point »[14]. En cas de communauté de vie, le devoir de secours est compris dans la contribution aux charges ménagères sans s'y diluer. En effet, la contribution est due en tout état de cause, elle ne requiert pas l'état de besoin comme pour le devoir de secours. Celui-ci disparait et prend la forme d'une pension alimentaire lorsque les époux vivent séparés[15]. Par ailleurs, l'article 151 du Code de la famille, ne traiterait en réalité que du devoir d'assistance proprement dit[16]. Celui-ci consiste à apporter au conjoint des soins en cas de maladie ou d'infirmité et un soutien dans le travail. Il manifeste une solidarité dans les vicissitudes de la vie et requiert ainsi une communauté de vie. A défaut de cohabitation, il s'exécute sous forme financière et se confond avec le devoir de secours[17].

La contribution aux charges ménagères peut être appréhendée comme une obligation de fournir au conjoint une condition de vie égale à la sienne. L'article 262 du Code sénégalais de la famille installe néanmoins une confusion entre obligation alimentaire, obligation d'entretien et contribution aux charges du ménage. Cette disposition énonce que « dans le mariage, l'obligation alimentaire entre époux et des époux envers les enfants fait partie des charges du mariage et s'exécute comme obligation d'entretien dans les conditions prévues au titre des régimes matrimoniaux. » L'obligation alimentaire contraint la personne assujettie, qui a les moyens, à assurer la satisfaction des besoins essentiels à la vie d'une autre personne, qui se trouve dans le besoin. Entre époux et durant le mariage, cette obligation alimentaire prend les reliefs d'une obligation d'entretien, composante de la contribution aux charges du ménage. Dans l'hypothèse de relâchement du mariage, par séparation de corps ou dissolution, l'obligation d'entretien disparait pour laisser la place à la pension alimentaire[18]. L'obligation alimentaire diffère de la contribution aux

---

[13] Art. 151 CF.

[14] C. Larroumet, notes sous Cass. 23 juin 1979, D. 1971, jurisp. p. 162.

[15] P.-G. Pougoué, « Les effets des mariages dans l'ordre des rapports personnels », in Stanislas Melone (dir.), *Encyclopédie Juridique de l'Afrique*, NEA, 1982, p. 209.

[16] S. Guinchard, *Droit patrimonial de la famille au Sénégal*, *op. cit.* p.111.

[17] P.-G. Pougoué, « Les effets des mariages dans l'ordre des rapports personnels », *op. cit.*, .

[18] Art 178 et 262 CF.

charges du ménage par ses sujets, notamment ses bénéficiaires qui sont plus nombreux et variés[19] ainsi que par son objet[20]. Elle est une obligation unilatérale qui pèse sur son seul débiteur alors que la contribution est une obligation bilatérale d'exécution conjointe, qui envisage, entre époux, la répartition des dépenses occasionnées par le mariage. L'obligation alimentaire suppose que le créancier soit dans le besoin et que le débiteur ait les moyens d'y subvenir[21]. En revanche, la contribution vise à faire partager le train de vie du couple[22] sans considération du besoin ou de l'état de nécessité de l'époux[23]. En plus, la règle « aliments ne s'arréragent pas », énoncée à l'article 271 du Code de la famille, ne s'applique pas à la contribution aux charges du ménage[24]. Aussi, la jurisprudence française a-t-elle bien marqué la distinction en énonçant que « la contribution aux charges du mariage, [est] distincte, par son fondement et son but, de l'obligation alimentaire »[25].

Par ailleurs, la contribution aux charges du ménage suppose inéluctablement qu'il y ait mariage, ce qui n'est pas le cas de l'obligation alimentaire et de l'obligation d'entretien. Ainsi, par exemple, l'article 278, alinéa 2, du Code de la famille énonce qu'en cas de divorce ou de séparation de corps, et quelle que soit la personne à laquelle les enfants sont confiés, les père et mère « contribuent à l'entretien et à l'éducation

---

[19] Art. 263, 265 et 266 CF.

[20] Art. 267 CF.

[21] Art. 261 CF.

[22] M.-B. Niang « Solidarités familiales et prise en charge des vulnérabilités économiques en droit sénégalais de la famille », *Nouvelles Annales Africaines*, n° 2, 2011, pp. 235-264.

[23] Cass. 1re civ., 23 juin 1970, n° 68-13491, *D.* 1971, juris. p. 162, notes C. Larroumet : « Vu l'article 214 du Code civil ; attendu qu'il résulte de ce texte que chacun des époux X… est tenu de contribuer aux charges du ménage selon ses facultés, même si son conjoint n'est pas dans le besoin ; Attendu que pour rejeter la demande de pension alimentaire formée par la dame y... contre son mari, sur le fondement de l'article 214 du Code civil, la cour d'appel s'est bornée à constater " qu'il n'était pas possible de dire que (la demanderesse) était dans le besoin ", sans rechercher l'étendue des ressources de son mari ».

[24] Cass. 1re 9 mai 1967 « Mais attendu, d'une part, que la contribution aux charges du mariage prévue par l'article 214 du Code civil […]est distincte par son fondement et son but de l'obligation alimentaire ; Que les époux doivent contribuer aux charges du mariage même lorsque leur conjoint n'est pas dans le besoin ; Qu'ainsi la règle aliments n'arréragent pas, fondée sur la présomption selon laquelle le créancier qui ne réclame pas les termes échus de la pension est considéré comme à l'abri du besoin, est sans application en ce qui concerne la contribution aux charges du mariage… ».

[25] Civ., 1re 18 déc. 2013, n°12.17.420.

des enfants dans la mesure de leur ressource ». L'obligation d'entretien est maintenue au profit du mineur après le décès de ses deux parents[26]. De même, entre ex-époux l'article 262 alinéa 3 du Code de la famille énonce que l'obligation d'entretien est exécutée sous forme de pension alimentaire au profit de la femme divorcée pour cause d'incompatibilité d'humeur ou de maladie grave et incurable. En outre, l'article 179 du Code de la famille prévoit une allocation de dommages-intérêts à l'époux non fautif pour compenser notamment la perte de son obligation d'entretien. En l'espèce, l'obligation d'entretien n'apparait que si la contribution aux charges ménagères aura disparu.

Le droit sénégalais prescrit la contribution ménagère, c'est-à-dire l'obligation contributive et l'obligation à la dette ménagère dans la même disposition à la faveur de l'article 375 du Code de la famille. Son homologue français procède autrement en consacrant chaque obligation dans une disposition propre. Ainsi, l'obligation contributive est prévue à l'article 214 du Code civil tandis que les dettes ménagères procèdent de l'article 220 du même code. La portée de cette démarche réside dans les sanctions prévues en cas de manquement à l'une ou à l'autre, en ce que l'exécution forcée est l'unique sanction envisagée en cas de violation de la contribution aux charges du ménage[27], les mesures privatives, d'interdiction sont énoncées par les dispositions relatives aux dettes ménagères.

En droit sénégalais, l'article 375 du Code de la famille prévoit à la fois l'obligation contributive et la solidarité ménagère. L'alinéa 3 dudit article réserve l'exécution forcée comme sanction exclusive du non-respect de l'obligation aux charges ménagères. Les sanctions prévues à l'article 376 du Code de la famille concernent *a priori* le manquement à la contribution et la solidarité aux dettes ménagères. Il faut comprendre que la contribution recouvre plus que les dettes ménagères. Dit autrement, les dettes ménagères entrent dans la contribution aux charges du mariage, mais il y a d'autres dépenses qui, sans engendrer une solidarité, entrent dans la contribution aux charges du ménage. En droit sénégalais, la contribution a un caractère impératif ; elle n'est pas abandonnée à la liberté des conventions matrimoniales comme c'est le cas en droit français.

---

[26] Art. 280 CF.

[27] X. Guédé, et F. Letellier, « L'exécution de l'obligation aux charges du ménage », *Dossier Charges du ménage*, *Actualité Juridique Famille*, 2015, p. 320.

Dans le cadre de cette étude, il sera question, au-delà de la lettre de l'article 375 en particulier et du Code de la famille en général, de rechercher l'esprit et le régime effectif de la contribution aux charges du ménage à la faveur de sa mise en œuvre quotidienne, ce dans la perspective d'un contexte actuel somme toute différent de l'époque de son adoption. Dans cette optique, les dispositions textuelles ne sauraient être lues, interprétées, analysées en ignorance totale de la sociologie, de l'évolution et de l'essence de la famille sénégalaise, voire africaine. La notion d'enfant commun, celle de ménage désignée comme créanciers de la contribution jurent soit avec la conception large de la famille sénégalaise et africaine, soit avec le modèle de famille recomposée. L'exécution au quotidien de la contribution, telle que prévue par le législateur, repose sur une perception pacifique voire idéaliste du ménage qui met à mal les époux et le juge en cas de contentieux. Inspiré d'une clause contractuelle dans les contrats matrimoniaux séparatistes, le régime semble incomplet à bien des égards. En cas de contentieux, il pose un problème de preuve de l'exécution défectueuse ou d'absence totale d'exécution de la contribution. Par ailleurs, le choix d'une contribution principale pesant sur le mari suscite des réserves sous-jacentes à une conception actuelle de plus en plus individualiste et égalitaire des époux que d'une vision holiste du mariage. La mutation du pouvoir économique, jadis quasi exclusivement entre les mains du mari, vers un équilibre financier au sein de la famille soulève la question sur la pertinence du maintien de la contribution principale. A bien des égards, on a comme l'impression que toute la disposition est récalcitrante à une lecture purement herméneutique[28] ; qu'elle est faite et prévue que pour les couples heureux, sans contentieux. C'est dire, en somme, que l'article 375 du Code de la famille n'a que les apparences de la simplicité.

De ce fait, une étude sur la contribution aux charges du mariage est un prétexte pour interroger les choix de politique juridique du législateur sénégalais à l'aune d'une société orientée résolument vers l'égalité des époux, l'émancipation de la femme, mais dont les diverses sources d'inspiration, parfois difficilement conciliables, créent une hybridation mal équilibrée. Instituer une contribution de la femme dans son ménage, lui conférer le pouvoir de conclure seule des dettes solidaires, limiter les charges au ménage et aux enfants communs, opèrent une double rupture de maintien de la femme sous une incapacité même après le mariage et de rejet de la famille large, traditionnelle, favorable à l'oisiveté et contraire à

[28] E. Abitbol, « La contribution aux charges du ménage et son contentieux différé », préc.

l'esprit de travail, d'entreprise et de développement humain. Mais, dans le même temps, faire du mari le principal contributeur, indifféremment de la fortune et des revenus de la femme, participe d'un stéréotype de genre qui maintient la femme dans un état de dépendance envers l'homme et résume ainsi principalement sa contribution à l'exécution de tâches ménagères. Une autre lecture, toujours politique, permet de s'apercevoir de l'approche opportuniste de la famille par le législateur sénégalais, car en fonction des enjeux sociaux et des finalités économiques, le cercle familial connait une extension ou un rétrécissement. Ainsi, la perception restrictive du groupe familial dans la contribution ménagère contraste avec une conception plus extensive de la famille dans l'obligation alimentaire.

Ces diverses préoccupations suggèrent de passer sous silence les conditions requises pour l'existence de la contribution ménagère. Elles conduisent davantage à s'interroger sur sa mise en œuvre effective dans l'optique d'une lecture dynamique, donc non figée et immuable du texte. Elle suggère une analyse plus globale du régime de la contribution ménagère, qui ne se limite pas au seul code sénégalais de la famille. Il s'agit alors, dans une perspective systémique, de déterminer comment le droit sénégalais organise la contribution aux charges du ménage ?

En droit sénégalais, la contribution ménagère est une obligation légale qui pèse sur les deux époux durant le mariage pour l'entretien du ménage et des enfants et son régime dépasse le cadre strict du Code de la famille. Son exécution s'impose même si les époux doivent emprunter pour y subvenir, ce qui nécessite qu'ils se tournent au besoin vers les tiers. Le caractère impératif de l'obligation contributive et de son exécution ne souffre d'aucune concession ou dispense. Il requiert, si nécessaire, une mise en œuvre énergique qui pourrait se traduire par une saisie diligentée par un époux contre l'autre. De plus, le contentieux de la contribution aux charges du ménage transforme l'essence d'une obligation, qui en principe doit exprimer une collaboration et une solidarité familiale, vers une véritable source de pathologie. Plus précisément, le législateur prévoit, dans l'occurrence d'un refus d'exécution de la contribution et partant de mise en péril de la famille, une panoplie de sanctions notamment privative de liberté ou encore dissolvante du lien matrimonial. En somme, en droit sénégalais, la contribution aux charges du ménage repose sur l'exigence de l'exécution de la contribution ménagère (I) assortie de sanctions en cas de non-respect (II).

I – L'exigence de l'exécution de la contribution aux charges du ménage

Même s'il existe une part d'individualisme dans le mariage, la communauté de vie conjugale engendre une collectivisation des besoins que les époux sont appelés à prendre en charge ensemble et réciproquement. Parce qu'il s'agit de besoins communs, à l'exclusion de ceux purement personnels, la contribution aux charges ménagères doit être saisie par son objet. Ce sont alors les dépenses communes, et non personnelles, que les époux sont tenus d'exécuter, si nécessaire au moyen d'une contrainte. Ainsi, l'étude de l'objet de l'obligation contributive renvoie aux dépenses à exécuter (A) ainsi qu'à ses modes d'exécution (B).

A – Des dépenses obligatoires au profit du ménage et des enfants

La contribution a pour objet toutes sortes de dépenses, mais seulement celles destinées au besoin du ménage et des enfants communs. Cette diversité des dépenses ménagères obligatoires qui incombent aux époux (1) contraste avec le caractère restreint de ses sujets (2).

1 – La diversité des dépenses ménagères obligatoires pour les époux

En droit sénégalais, la contribution aux charges du ménage couvre les « dépenses relatives à l'entretien du ménage et à l'éducation des enfants ». Le législateur sénégalais semble avoir adopté une conception restrictive en limitant l'objet de la contribution à ces deux charges. L'argument est renforcé par son mutisme sur le logement familial notamment[29]. En l'espèce, les époux sont tenus par toutes les dépenses qui ne peuvent dépasser le strict entretien de la famille et l'éducation des enfants. Cette perception convient mieux aux ménages modestes, en particulier dans les pays en développement comme le Sénégal, où les effets combinés de la pauvreté, du chômage, de la cherté de la vie et surtout de la famille élargie, dictent un arbitrage serré des dépenses eu égard aux faibles moyens et ressources du couple. Toutefois, les notions « d'entretien du ménage » et « d'éducation des enfants » sont suffisamment souples, et suggèrent aussi une conception extensive de la contribution ménagère[30]. Son avantage, à l'opposer de la conception restrictive, consiste à pouvoir englober les

---

[29] S. Guinchard, *Droit patrimonial de la famille au Sénégal*, *op. cit.*, p. 110 ; M. Ngom, « Le logement familial en droit sénégalais », in *L'enfant du droit entre pouvoir et société. Servir par la plume et les arpents de la terre. Mélanges en l'honneur de Samba Traoré,* T. 1, L'Harmattan Mali, 2021, pp. 389-418.

[30] P. Bourel, *Droit de la famille au Sénégal, Successions, Régimes matrimoniaux, Libéralités*, Economica, 1981, n°305, p. 170.

diverses dépenses du couple, qui se renouvellent sans cesse au gré des besoins, des évolutions sociétales et de la fortune du couple. Les époux ont ainsi la latitude de « pourvoir à tout ce qu'impose le train de vie du ménage, ce qui peut entrainer des dépenses dépassant le strict entretien de la famille »[31].

Certaines dépenses sont considérées à l'évidence comme des dépenses ménagères alors que d'autres sont exclues. Ainsi, les dépenses d'entretien du ménage et des enfants sont constituées des dépenses indispensables relatives au loyer, les dépenses de consommation liées par exemple à l'eau, à l'électricité, à la nourriture, aux employés de la maison, les dépenses de santé, de scolarité des enfants. Compte tenu du niveau de richesse dans nos États, les charges ménagères peuvent inclure les dépenses d'agrément, de loisir et de vacances à condition qu'elles soient conformes au train de vie du couple. En revanche, sont exclues les dépenses d'investissement qui concourent à l'accroissement du patrimoine familial, à l'augmentation de la richesse familiale sans rapport avec l'objet et/ou la nature ménagère des dépenses, comme les immeubles de rapport[32] et les travaux d'embellissement de la demeure du couple[33].

Les époux sont les débiteurs de l'obligation contributive. Il incombe alors au mari et son épouse d'exécuter les diverses dépenses ménagères. Toutefois, en cas de polygamie, la contribution s'effectue non pas dans la famille, mais au sein de chaque ménage[34]. Pour rendre effectif ce cloisonnement, le législateur exige du mari une contribution dans chaque ménage tout en lui interdisant formellement d'« utiliser les revenus de l'une des époux aux profits des autres »[35] ménages.

Le législateur établit toutefois une répartition inégale de la contribution entre le mari tenu à titre principale, et la femme à titre incident. Il est resté cohérent : la contribution à titre principal pesant sur le mari est la rançon

[31] P. Bourel, *Droit de la famille au Sénégal, Successions, Régimes matrimoniaux, Libéralités, op. cit.*

[32] Cass. 1re civ, 5 octobre 2016 n° 15.25944.

[33] Cour Suprême, SN 03 mai 2017, *BX c/ A. Y. C* arrêt n° 53, https://juricaf.org/arret/senegal-coursupreme-20170503-53, [consulté le 22 avril 2024].

[34] Cf. par exemple art. 320 du Code malien des personnes et de la famille.

[35] Cf. Art. 369 al. 2 CF.

de la chefferie du foyer qui lui est conférée[36]. De ce fait et contrairement à une certaine opinion[37], l'article 375 du Code de la famille n'est que partiellement d'inspiration islamique. En islam, le mari est tenu, en raison de la place prépondérante qu'il occupe, de subvenir à l'entretien de sa femme, quelle que soit la fortune de celle-ci. Il n'a pas le droit d'exiger d'elle une quelconque contribution aux charges du ménage[38]. Le droit sénégalais s'inscrit plutôt dans une répartition traditionnelle des rôles dans le couple. Il adopte l'archétype du modèle de la famille traditionnelle dans lequel les rôles sont affectés de manière cristallisée entre les membres de la famille en fonction de critères rigides, invariables que sont le sexe et l'âge[39]. Ce modèle se caractérise par une dépendance non seulement de l'enfant vis-à-vis du père, mais également une dépendance de la mère par rapport au mari, qui remplit la fonction d'autorité. En droit sénégalais, le mari est le chef de famille, il est logique qu'il soit contributeur à titre principal[40].

Cependant, le fondement économique avancé jadis pour expliquer cette contribution inégale est devenue discutable, en raison de l'activité et de la place croissante des femmes dans la vie économique[41]. Des voix s'élèvent à cet effet pour défendre une contribution proportionnelle aux revenus des époux voire une participation égalitaire. Le droit sénégalais n'ignore pas

---

[36] L'article 152 CF énonce la puissance maritale « Le mari est le chef de la famille, il exerce ce pouvoir dans l'intérêt commun du ménage et des enfants. » ; *adde* article 319 du Code malien des personnes et de la famille.

[37] F.-K. Camara, « Le Code de la famille du Sénégal ou de l'utilisation de la religion comme alibi à la légalisation de l'inégalité de genre », *Nouvelles Annales Africaines*, n°02/8, pp.11-50.

[38] M.-L. Milliot, « l'islam », in André Rouast (dir.) *Le régime matrimonial légal dans les législations contemporaines*, Travaux et Recherche de l'Institut de droit comparé de l'Université de Paris XIII, Les éditions de l'épargne, p. 221 et s, spéc. p. 222.

[39] A. Michel, « Modèles sociologiques de la famille dans les sociétés contemporaines » in réforme du droit de famille, *APD*, t. 20, Sirey, 1975, p. 127 et s., spéc. p. 128.

[40] S. Melone, « Les effets du mariage dans l'ordre des rapports patrimoniaux », in Stanislas Melone (dir.) *Encyclopédie Juridique de l'Afrique*, NEA, 1982, pp. 225-226 : « Ce statut ne peut être aménagé par le législateur qu'en fonction d'une conception éthique déterminée. Plus que tout autre partie du droit patrimonial, celle-ci évolue en fonction de considérations qui ne sont pas de pure technique juridique ; les mœurs font le droit et non le contraire : la règlementation des rapports pécuniaires entre époux et entre parents traduit toujours une conception déterminée du mariage et de la famille. *» ; adde.* S. Guinchard, *Droit patrimonial de la famille au Sénégal*, *op. cit.* p. 80.

[41] F. Sarr, « De la transformation des rapports de genre et de solidarité. La redéfinition du développement social l'expérience des femmes entrepreneures du Sénégal », *Revue sénégalaise de sociologie*, n°10, janv 1997, UGB, p. 105 et s.

cet ajustement proportionné de la contribution ménagère. A titre d'illustration, dans l'hypothèse d'une fixation judiciaire de la contribution, l'article 593 du Code de procédure civile permet au juge, en tout temps et même lorsque le jugement est devenu définitif, de modifier la contribution à la requête de l'un des époux « quand cette modification est justifiée par un changement dans leurs conditions respectives ». Une certaine doctrine, avec des arguments forts tirés de l'égalité de tous devant la loi ou d'effet pervers de l'article 375 du Code de la famille qui énonce une répartition inégalitaire des charges ménagères entre époux et égalitaire envers les tiers, milite en faveur d'une parfaite égalité[42]. Le Code de la famille n'exclut pas toute contribution financière égalitaire. On peut retenir l'article 151 du Code de la famille qui appelle les époux à une assistance « réciproque pour la sauvegarde des intérêts moraux et matériels du ménage et des enfants ». Ces derniers sont les bénéficiaires attitrés de la contribution ménagère.

2 – **La limitation volontaire des créanciers des dépenses ménagères**

Les dépenses sont exécutées au profit du ménage et des enfants communs. Le Code de la famille, retient une vision très restrictive des créanciers de l'obligation contributive. D'une part, la notion de ménage, et donc de dépenses ménagères, est plus réductrice que celles de dépenses liées au mariage. Le ménage renvoie, au « groupe formé par les époux eux-mêmes et, le cas échéant, par les enfants qui vivent avec eux »[43]. En droit sénégalais, les époux sont le mari et sa femme, dont l'union résulte du mariage. La contribution ménagère n'existe qu'entre eux et à cette seule condition.

D'autre part, le législateur retient la notion d'« enfants communs ». En l'espèce, le Code de la famille adopte une approche opportuniste de la famille et des bénéficiaires de la contribution dans le sens d'un rétrécissement de la famille sénégalaise[44]. La notion d'enfant commun évoque *a priori* les enfants issus du couple marié, dont la filiation est établie dans un acte de naissance. Elle marque une rupture avec la logique

---

[42] F.-K. Camara, « Le Code de la famille du Sénégal ou de l'utilisation de la religion comme alibi à la légalisation de l'inégalité de genre », préc., p. 31 et s.

[43] G. Cornu, (dir.), *Vocabulaire Juridique*, 14e éd., PUF, p. 655.

[44] N.-C.-M. Ndiaye, « La notion de famille en droit sénégalais : réflexions sur l'approche d'un "Code de compromis" », préc., S. Kane, « Discours d'usage », in *Le statut de la famille en droit sénégalais, audience solennelle de rentrée des cours et tribunaux*, vol. 2, 1994-1995, pp. 9-34, spéc. p. 10.

communautaire et élargie de la famille sénégalaise et africaine. Elle définit un certain type de famille, la famille nucléaire.

Toutefois, elle ne doit surtout pas servir de base discriminatoire entre les principaux bénéficiaires des œuvres et prestations familiales. En la matière, sans doute, le législateur sénégalais n'a pas pris en considération la variété des membres de la famille et la variabilité des configurations familiales[45]. La notion d'enfant commun exclut, *a priori,* l'enfant d'un seul des époux, c'est-à-dire celui qui est issu du premier mariage, celui qui est né hors mariage ou adopté unilatéralement. De même, elle distingue, au sein des familles recomposées, partageant le même foyer, les enfants communs du couple des enfants non communs, c'est à dire les demi-frères et/ou demi-sœurs. Ainsi, il est impensable que cette notion soit prise au quotidien dans toute sa rigueur, au risque d'engendrer un traitement différentiel au regard du statut de l'enfant. Il convient de placer tous les enfants sur un même pied, les parents devant exécuter l'obligation contributive sans distinction. Au demeurant, les bénéficiaires de la contribution dépassent ses créanciers légaux que sont « les époux et leurs enfants communs » pour s'étendre à tous les résidents du foyer. La notion de membres du foyer conviendrait le mieux dans la réalité quotidienne.

Outre le législateur, la détermination stricte des créanciers de la contribution ménagère est l'œuvre d'une certaine doctrine qui se fonde sur la jurisprudence[46]. Pour cette doctrine « les époux et enfants auxquels la loi fait référence sont ceux dont l'état est établi et prouvé par les actes de l'état civil. La jurisprudence fait une application stricte de l'article 146[47] du Code de la famille [...] Sur le fondement de cette disposition, les juges déclarent irrecevables les actions en contribution aux charges du ménage lorsque l'union n'est pas prouvée par un acte de l'état civil »[48]. Dès lors, lorsque le mariage n'a été ni célébré ni constaté, l'action de l'épouse en

---

[45] F. Dekeuwer-Defossez, « Familles éclatées, familles reconstituées », *D.* 1992, chron. p. 133.

[46] M.-B. Niang, « Solidarités familiales et prise en charge des vulnérabilités économiques en droit sénégalais de la famille », préc., p. 242.

[47] Aux termes de l'article 146, aliéna 1er CF « Lorsque les époux ont choisi de ne pas faire célébrer leur mariage par l'officier de l'état civil, si pour une raison quelconque la conclusion de leur union n'a pas été constatée par l'officier de l'état civil ou son représentant, le mariage non constaté est valable, mais ils ne peuvent s'en prévaloir à l'égard publiques et des établissements publics ou privés pour prétendre notamment au bénéfice des avantages familiaux. »

[48] M.-B. Niang, « Solidarités familiales et prise en charge des vulnérabilités économiques en droit sénégalais de la famille », préc.,.

vue d'exiger la contribution est irrecevable, celle du mari polygame en vue d'obtenir une réduction de la contribution née du chef du premier mariage est également rejetée[49]. Dit autrement, en droit sénégalais, l'obligation contributive est l'apanage du ménage résultant du mariage célébré ou constaté et de surcroit dont les enfants issus de cette union sont déclarés à la naissance. Cette perception est critiquable puisqu'il fait de la forme du mariage un critère discriminatoire d'application de l'ordre public matrimonial dont le juge est pourtant le garant. Certes le mariage non célébré et non constaté est inopposable à l'État, mais en pratique lorsque le juge connait du contentieux y relatif, il fait procéder à l'enregistrement puis exerce son office[50]. L'article précité énonce clairement que ce mariage est valable, seulement les époux ne peuvent s'en prévaloir pour obtenir des avantages familiaux notamment. Il n'est donc pas question de soustraire les époux à l'ordre public matrimonial. La forme du mariage ne devrait pas être invoquée pour exonérer les débiteurs légaux de son exécution et corrélativement priver ses créanciers de ses bénéfices. Les époux sont tenus de son exécution quelles que soient ses modalités.

B – La diversité des modes d'exécution des dépenses ménagères obligatoires

En tant que conséquence impérative du mariage, l'obligation contributive s'impose aux époux. Le Code de la famille énonce que les époux sont tenus d'y satisfaire entre eux et envers les tiers, de manière volontaire ou forcée. La solidarité ménagère n'est pas un aspect à part de la contribution, mais, bel et bien une conséquence de celle-ci. Elle matérialise le crédit ménager dans l'exécution volontaire de la contribution. Elle est comprise en son sein, elle a le même objet et la même nature. Ainsi, l'exécution de l'obligation contributive recouvre deux modes d'exécution : l'exécution volontaire (1) et l'exécution forcée (2).

1 – L'exécution volontaire de la contribution ménagère

L'exécution de la contribution ménagère se fait au jour le jour entre époux. Ceux-ci doivent au besoin et si nécessaire recourir au crédit pour honorer leur obligation. Le Code de la famille évoque cette réalité en prévoyant une présomption d'exécution quotidienne des dépenses et la possibilité de contracter des dettes ménagères. La présomption d'exécution quotidienne des dépenses ménagères résulte de l'article 375 du Code de la

49 TGI Dakar, jugement n°1956 du 5 mai 2000, inédit, cité par M.-B. Niang, *ibid.*

50 P.-T. Fall, « La rupture du mariage coutumier en droit sénégalais : l'imbroglio juridique », *Nouvelles Annales Africaines*, 2011, n° 2, pp. 217-234.

famille : « Les époux sont réputés avoir fourni leur part contributoire, jour par jour, sans être tenus à aucun compte entre eux, ni à retirer aucune quittance l'un de l'autre. » Cette disposition consacre une présomption légale d'exécution des charges ménagères sous tous les régimes matrimoniaux. Elle postule que les époux sont dispensés d'une comptabilité fastidieuse voire impossible. Elle manifeste en cela la singularité du droit sénégalais, puisqu'en droit français cette dernière résulte d'une clause générale et habituelle du régime de séparation des biens, dite clause d'amnistie. Elle est complétée par une autre clause dite de non-recours : « les époux n'auront pas de recours l'un contre l'autre pour les dépenses de cette nature ». Il est généralement admis qu'elle facilite la tâche du notaire liquidateur, lui évitant une reconstitution des comptes des époux et une reddition des comptes[51]. En droit français, la tendance jurisprudentielle est d'affirmer qu'il s'agit d'une présomption irréfragable [52] même si certaines décisions ont pu retenir une présomption simple[53] ou ont laissé au juge du fond le soin d'apprécier souverainement la nature de la présomption en fonction de l'interprétation de la volonté stipulée par les parties[54]. Le droit sénégalais ne devrait pas connaître ces variations, le juge doit logiquement décider qu'il s'agit d'une présomption simple. En vérité, la présomption de contribution aux charges ménagères n'empêche pas le conjoint de prouver sa sur-contribution ou la sous-contribution de l'autre. De même, elle ne constitue pas un obstacle à une action en exécution forcée de la contribution.

Les modalités d'exécution de la contribution sont définies, de manière cumulative ou séparée, dans leur expression la plus simple. D'abord, il est loisible aux époux de procéder par une exécution en numéraire, par exemple, par le versement périodique de sommes et, au besoin, par l'ouverture d'un compte joint réputé indivis en cas de régime séparatiste. Cette exécution en numéraire peut se faire aux moyens de leurs revenus ou de leur capital. Ensuite, la contribution peut s'exécuter en industrie par un travail domestique ou professionnelle. Traditionnellement, on considérait que la femme mariée, sans activité professionnelle, pouvait s'acquitter de sa propre contribution par son activité domestique ou, en

---

[51] A.-S Brun-Wauthier, *Régimes matrimoniaux et régimes matrimoniaux des couples non mariés*, 11e éd. Bruylant, Collec. Paradigme, 2023, p. 55.

[52] Cass. 1re civ., 1 avril 2015, 14-14.349, Publié au bulletin ; Cass. 1re civ., 21 juin 2023, 21-25.326.

[53] Cass. 1re, civ., 3 mars 2010, 09-11.005.

[54] Cass., 1re civ., 25 septembre 2013, 12-21.892.

droit français, par sa collaboration à l'activité professionnelle de son mari. Cette réalité est en voie de diminution à mesure de l'ampleur qu'ont prise le salariat et la vie professionnelle de la femme à l'extérieur de sa maison[55]. Aujourd'hui c'est une réalité qui peut aller dans les deux sens. En pratique, les deux modalités de la contribution, numéraire et en industrie, sont cumulées. Enfin, la contribution peut être exécutée en nature ou en équivalence, notamment en cas d'apport en nature d'avantages propres ou personnels ou de mise à disposition d'un bien personnel à l'usage familial. Il en est ainsi également lorsqu'un des époux met, à titre gratuit, son bien immobilier à la disposition de l'autre pour assurer le logement, ou bien lorsqu'il rembourse seul l'emprunt destiné à acquérir le logement indivis.

Aux termes de l'article 375 du Code de la famille « chacun des époux a pouvoir pour passer seul les contrats relatifs aux charges du ménage. L'autre répond solidairement des dettes ainsi contractées ». De cette manière, les époux exécutent toujours leurs charges contributives, cette fois-ci en ayant recours au crédit. Ils s'adressent donc aux tiers pour obtenir un moyen de satisfaire leur obligation contributive. Ainsi, les époux contractent des dettes, présentes ou futures relatives aux charges du ménage, c'est-à-dire dont l'objet est l'entretien du ménage et l'éducation des enfants[56]. La finalité ménagère de la dette est d'exclure hors du champ de la solidarité toutes celles qui ne tiendraient pas directement compte de son objet. De ce fait, les dettes non contractuelles, par exemple celles délictuelles ou quasi délictuelles et les engagements professionnels du conjoint sont clairement exclus car étant, par essence, personnelles à un époux[57].

Toutefois, le primat accordé à la finalité et la nature de la dépense sur sa source permet de faire l'économie d'une controverse sur son objet ménager direct ou indirect. Ainsi, si les emprunts étaient jadis exclus parce que *a priori* destinés à se procurer des fonds[58], l'article 220 du Code civil français prévoit qu'ils puissent donner lieu à solidarité à la double

---

[55] H. Sinay, « Le travail non rémunéré au sein du couple », in *Mélanges à la mémoire de Danièle Huet-Weiller, Droit des personnes et de la famille*, PUS, LGDJ, 1994, p. 437 et s., spéc. p. 437.
[56] Civ. 1re 9 octobre 1991, §°89-16.111 « Mais attendu que l'article 220 du Code civil, qui fait peser sur les époux une obligation solidaire, a vocation à s'appliquer à toute dette, même non contractuelle, ayant pour objet l'entretien du ménage ou l'éducation des enfants, et n'opère aucune distinction entre l'entretien actuel et futur du ménage ».
[57] M. Grimaldi (dir.), *Droit patrimonial de la famille*, *op. cit.*, n°111. 60 ; Cass. 1re Civ., 17 décembre 2014, n° 13-25.117.
[58] J. Carbonnier, *Droit civil, t. 2, La famille, l'enfant, le couple*, *op. cit.*, p. 449.

condition qu'ils soient modestes et qu'ils aient eu pour objet de faire face, au jour le jour, aux besoins pressants du ménage. Bien plus, le juge français a affirmé que l'article 220 du Code civil s'applique « à toute dette même non contractuelle ayant pour objet l'entretien du ménage ou l'éducation des enfants »[59]. Cette extension se justifie par l'esprit de la disposition, à savoir la nécessité de pourvoir aux besoins matériels et à l'éducation des enfants qui supposent des engagements à honorer[60]. En effet, sa véritable portée réside principalement dans la solidarité des époux. Une extension des dettes au champ extracontractuel est donc concevable dès lors que la finalité ménagère n'est pas dévoyée.

A l'égard des tiers, l'exécution de l'obligation contributive incombe aux deux époux sur un pied d'égalité. Chacun des époux, le mari ou la femme, a le pouvoir pour passer seul les contrats relatifs aux charges du ménage et engage solidairement l'autre. En l'espèce, l'homme et la femme ont un pouvoir ménager équivalent. Le pouvoir propre de contracter est un pouvoir individuel que chaque époux tient de la loi pour traiter avec les tiers, sans un rôle prédominant de l'un ou de l'autre[61] et sans recours à la pirouette du mandat tacite ou légal pour conférer à la femme le pouvoir d'engager les biens du ménage.

Les époux sont naturellement associés au paiement des dépenses[62]. De ce fait, la dette ménagère souscrite par un époux engendre une solidarité légale. Il s'agit d'une solidarité passive, qui donne au créancier le droit de poursuivre chacun des débiteurs pour le tout et jusqu'à complet paiement. L'époux ne peut échapper aux poursuites qu'en invoquant, d'une part la mauvaise foi parce que le tiers connaissait la situation financière du couple et ne pouvait douter du caractère disproportionné de la dépense et, d'autre part, le caractère manifestement excessif de la dette qui suppose une appréciation quantitative, perceptible aux yeux du tiers, que la dépense est excessive. La dépense incombe aux époux, même s'ils doivent s'endetter. En cela, il manifeste son caractère impératif que l'exécution par contrainte conforte.

---

[59] Cass 1re civ, 7 juin 1989, n° 71-12.863.

[60] M. Grimaldi (dir.), *Droit patrimonial de la famille*, *op. cit.*, n°111.52.

[61] P. Bourel, *Droit de la famille au Sénégal, Successions, Régimes matrimoniaux, Libéralités*, *op. cit.*, n°307.

[62] Civ., 1re 28 févr. 2006, n°03-12.540.

2 – L'exécution forcée de la contribution ménagère

Les difficultés de la vie ou les vicissitudes du couple peuvent impacter l'exécution normale de leurs devoirs moraux et matériels. Le conjoint peut rencontrer un refus de contribuer aux charges ménagères auquel on assimile la contribution défectueuse. En pareille situation, l'autre époux peut saisir le juge pour requérir l'exécution forcée de la contribution. En droit sénégalais, la contribution défectueuse suggère une appréhension limitée, moins pour des raisons pratiques, liées à l'absence de tenu de compte ou de quittance, que pour des raisons légales relatives à la consécration d'une sur-contribution du mari et une sous-contribution de la femme. Pour retenir la contribution défectueuse, faut-il se rapporter uniquement à l'occurrence d'une absence totale ou, au moins, à un manquement grave dans l'exécution de la contribution ménagère.

Toute compte fait, si un époux n'exécute pas sa contribution aux charges ménagères, l'autre peut demander au juge du tribunal d'instance, saisi par requête, de fixer le montant de la contribution et d'en ordonner l'exécution forcée en application de l'article 593 du Code de procédure civile[63]. Il est possible de demander tous les arriérés dont l'époux récalcitrant ne s'était pas acquitté ; la règle « aliments ne s'arréragent pas » ne s'applique pas en l'espèce.

Le juge convoque les deux époux qui sont tenus de comparaître en audience contradictoire, en personne, sauf empêchement absolu et dûment justifié. Si le juge accède à la demande, il fixe le montant de la

[63] Cette disposition énonce que : « faute par l'un des époux de remplir son obligation de contribuer aux charges du mariage dans les conditions prévues par la loi, l'autre époux peut obtenir du tribunal départemental [aujourd'hui Tribunal d'Instance] l'autorisation de saisir-arrêter [aujourd'hui saisie-attribution] et de toucher dans la proportion de ses besoins une part du salaire, du produit du travail ou des revenus de son conjoint ». On peut s'interroger sur le point de savoir si l'article 593 du CPC ne correspondrait pas mieux à la saisie de créances d'aliments, cf. Articles 213 et suivants AUPSRVE.

contribution[64], compte tenu des moyens de l'époux défaillant[65]. La signification du jugement au conjoint et aux tiers saisis vaut attribution, sans autre procédure, des sommes saisies. Il y a une sorte de saisie simplifiée de créance alimentaire par une dénaturation de la saisie attribution de créance. La décision est exécutoire par provision nonobstant appel ou opposition.

L'Acte uniforme portant organisation des procédures simplifiées de recouvrement et des voies d'exécution règlemente l'exécution forcée de la contribution aux charges ménagères sous la procédure simplifiée pour les créances d'aliments[66]. Cette solution est identique à bien des égards à celle de l'article 593 du Code de procédure civile. La seule différence réside dans le recouvrement sans, *a priori*, l'intervention du juge[67]. La procédure se fait par une saisine du débiteur par lettre recommandée avec accusé de réception ou par tout moyen laissant trace écrite de l'agent d'exécution qui avise le débiteur par simple lettre. Huit jours après la réception, et en l'absence de contestation, le tiers saisi verse directement à l'époux saisissant, contre quittance, le montant de sa créance alimentaire. Les contestations relatives à la procédure ne sont pas suspensives d'exécution. En outre, le créancier bénéficie d'une préférence absolue puisque, aux termes de l'article 213, alinéa 2, de l'Acte uniforme portant organisation des procédures simplifiées de recouvrement et des voies d'exécution, sa

---

[64] TI Ziguinchor, jugement n° 157/2016 rendu le 08 juillet 2016, inédit : « Attendu qu'en vertu des dispositions de l'article 375 du Code de la famille, les époux s'engagent entre eux et à l'égard des tiers à pourvoir à l'entretien du ménage et à l'éducation des enfants communs ; que les charges du ménage pèsent à titre principal sur le mari ;
Attendu que la somme offerte par le mari au titre de la contribution aux charges du ménage est insuffisante au regard de ses ressources (salaire mensuel de 420 693 F CFA) et des besoins de la famille en nourriture ; qu'il y a lieu eu égard aux charges du mari, de condamner Monsieur N. à payer à Y. B. la somme mensuelle de 75 000 F CFA au titre de la contribution au charges du ménage relativement aux frais de nourriture outre les frais médicaux, pharmaceutiques et scolaires » ; *adde*, TGI de Dakar, *Jugement* n° 2621 du 22. 08. 2017, inédit.

[65] Cass., SN, 15 février 1995, arrêt n°33, https://juricaf.org/arret/senegal-courdecassation-19950215-033 [consulté le 2 février 2024].

[66] Cf art. 213 et s. ; A-M.-H. Assi-Esso et Nd. Diouf, *Recouvrement des créances*, Bruylant, coll. droit uniforme africain, n°403 : « Le créancier d'aliments peut être un conjoint qui veut contraindre l'autre, en justice, à contribuer aux charges du mariage ou à verser une pension alimentaire au titre du divorce ou de la séparation de corps. Il peut s'agir, aussi, d'un parent créancier d'aliments qui veut contraindre le créancier de l'obligation alimentaire à s'exécuter. »

[67] A-M. H. Assi-Esso et Nd. Diouf, *Recouvrement des créances, op. cit.*, n° 405.

« créance est préférée à toutes autres quel que soit le privilège dont ces dernières peuvent être assorties ».

Doit-on comprendre que cette procédure simplifiée évince celle de l'article 593 du Code de procédure civile ? Une réponse affirmative est défendable en raison de la portée abrogatoire de l'article 336 de l'Acte uniforme portant organisation des procédures simplifiées de recouvrement et des voies d'exécution, de la nature des voies d'exécution et de l'indifférence de la nature de la créance quant à l'application dudit Acte uniforme[68]. En pratique, il nous semble que la procédure de l'article 593 du Code de procédure civile s'impose tant en amont en raison de l'exigence d'un titre exécutoire, qu'en aval parce que le juge reçoit les contestations ou incidents de la procédure à l'occasion de laquelle il peut modifier le montant de la créance. Cette modification advenue, rend caduque le montant de la demande de paiement directe. Par ailleurs, l'absence de contribution aux charges ménagères est passible de qualification pénale d'abandon de famille et infraction assimilée. Par exemple, l'article 351 du Code pénal punit le refus persistant du conjoint d'exécuter une décision exécutoire l'ayant condamné à verser une pension alimentaire ou la contribution ménagère. Il en ressort que la contribution aux charges ménagères est passible de sanction à l'encontre de l'époux défaillant.

II – Les sanctions en cas d'inexécution de la contribution aux charges du ménage

Outre son obligatoriété, la contribution aux charges du ménage présente un fort aspect coercitif. Le législateur sénégalais ne fait pas de concession quant au respect de l'exécution de l'obligation contributive. Il expose l'époux défaillant à de fortes sanctions qui touchent autant sa personne que son patrimoine, ses droits et ses libertés. Le législateur sénégalais énonce explicitement que ces sanctions, pénales et civiles, privatives de droit, se justifient par le manquement direct à l'exécution de la contribution (A). Cependant, sans qu'il soit expressément prévu par l'article 166 du Code de la famille, l'inexécution de la contribution ménagère peut entrainer le divorce qui apparaît, en l'espèce, comme une sanction indirecte (B).

[68] Art. 28 AUPSRVE.

A – Les sanctions directes privatives de droits

Le législateur édicte spécialement des sanctions à l'encontre de l'époux qui se soustrait à l'exécution de la contribution ménagère. En l'espèce, le défaut d'exécution de la contribution constitue une condition d'application de la sanction civile ou un élément matériel de l'infraction. Les sanctions directes de l'inexécution des charges ménagères sont soit des sanctions civiles d'interdiction d'accomplir certains actes juridiques (1) soit des sanctions pénales de privation de liberté (2).

1 – Les sanctions civiles à l'encontre de l'époux récalcitrant

Les sanctions civiles énoncées à l'article 376 du Code de la famille sont des mesures d'interdiction qui supposent un manquement grave à la contribution aux charges du ménage. Il s'agit de mesures conservatoires, ayant un caractère négatif puisqu'elles consistent à empêcher un époux d'effectuer certains actes qu'il aurait, en principe, le droit d'accomplir[69]. Elles tendent, par la voie judiciaire, à édicter les précautions nécessaires en vue de neutraliser les comportements d'un époux qui mettent en péril les intérêts de la famille[70]. Bien évidemment l'inexécution de la contribution aux charges du ménage peut installer la famille dans une situation financière difficile, voire précaire. En l'espèce, le juge dispose des plus larges pouvoirs pour prendre toutes les mesures urgentes que requiert la protection des intérêts de la famille.

Les mesures d'interdiction et les sanctions en cas de non-respect de celles-ci sont soumises à la réunion d'un certain nombre de conditions. En premier lieu, il est requis que l'époux manque gravement à son obligation de contribution aux charges du ménage pour justifier l'application de la mesure. Il en est ainsi, par exemple, lorsqu'un époux compromet l'exécution normale de la contribution par le fait de dissiper ou de dilapider les biens du couple, de disposer librement de ses biens personnels qui devraient servir aux intérêts de la famille. Cette condition exclut les simples légèretés, sauf si elles se renouvellent. Par cette exigence de gravité ou de répétition, on rappelle aux époux qu'il doit exister un vaste champ de tolérance et au juge qu'il ne doit pas à intervenir dans les conflits insignifiants[71]. Le manquement d'ordre patrimonial comprend aussi bien l'obligation contributive que la dette ménagère. Ensuite, l'application de

---

[69] J. Carbonnier, *Droit civil, t. 2, La famille, l'enfant, le couple, op. cit.*, n° 551, p. 1254.
[70] S. Gaudemet, « "L'intérêt de la famille", élément de l'ordre public familial », in *Mélanges en l'honneur du Professeur Gérard Champenois*, Defrénois, 2012, p. 287 et s.
[71] J. Carbonnier, *Droit civil, t. 2, La famille, l'enfant, le couple, op. cit.*, n° 5709, p. 1293.

la mesure suppose la mise en péril des intérêts familiaux. Du fait du manquement, celle-ci doit subir un préjudice présent ou à venir ; la probabilité certaine de ce dernier suffit[72]. En l'espèce, la prise en compte de l'intérêt de la famille est une prérogative à vocation familiale sur laquelle veille le juge. En ce sens, il constitue un mécanisme régulatoire[73] qui permet de sanctionner un époux qui met en péril les moyens de subsistance de la famille. Par ailleurs, l'intérêt de la famille comme régulateur de la contribution ménagère renvoie à une conception stricte du groupement familial, celui composé du couple et des descendants[74]. Cette perception oblige à centrer les ressources familiales aux besoins immédiats et complets du ménage avant toutes autres dépenses et/ ou tous autres bénéficiaires. Enfin, le juge doit agir dans l'urgence ; son intervention est nécessaire pour faire cesser un manquement grave ou prévenir un dommage imminent. En effet, sans l'intervention du juge, le préjudice ce serait produit ou ce serait aggravé.

Lorsque ces conditions sont réunies, le juge d'instance, statuant en référé, prend des mesures de protection et de sauvegarde des intérêts de la famille. Il interdit les actes de disposition sur les biens meubles et immeubles, si l'époux est en mesure de les aliéner seul. A cette indisponibilité juridique, s'ajoute une indisponibilité matérielle d'interdiction de déplacer des meubles. La mesure portant interdiction de disposer est publiée lorsqu'elle porte sur un bien dont l'aliénation est sujette à publicité. Les interdictions de déplacement des biens meubles sont notifiées au conjoint pour le constituer gardien de la chose et, si nécessaire, aux tiers pour le constituer de mauvaise foi. Ces mesures d'interdictions prononcées par le juge sont normalement provisoires. Celui-ci doit nécessairement déterminer leur durée, qui ne peut excéder trois ans. Ce caractère temporaire justifie que le juge puisse revenir sur sa décision en levant l'interdiction, lorsque la situation se normalise.

L'étendue des pouvoirs du juge ne l'autorise toutefois pas à prendre des mesures d'aliénation des biens, non plus d'ordonner une séparation des biens si tel n'était pas le régime des époux. Pour assurer l'effectivité des mesures d'interdictions, les actes accomplis par le conjoint en violation de celles-ci sont frappés de nullité. De toute évidence, il s'agit d'une nullité

---

[72] A.-S Brun-Wauthier, *Régimes matrimoniaux et régimes matrimoniaux des couples non mariés, op. cit.*, n° 177.

[73] S. Gaudemet, « "L'intérêt de la famille", élément de l'ordre public familial », préc.

[74] S. Gaudemet, « "L'intérêt de la famille", élément de l'ordre public familial », préc., n° 14, p. 297.

relative. La demande en nullité doit être introduite dans un délai de deux ans par l'autre conjoint. Cependant, la nullité énoncée par l'article 376 du Code de la famille semble mieux correspondre au non-respect de l'interdiction d'aliéner. Pour l'interdiction de déplacer les meubles, le conjoint est considéré comme gardien de la chose. Ainsi, outre la nullité en cas de vente du bien, la violation de cette obligation est passible de sanction pénale prévue à l'article 373, alinéa 1, du Code pénal qui dispose que : « Sera puni d'une peine d'un à cinq ans d'emprisonnement le saisi qui aura détruit, détourné ou tenté de détruire ou de détourner des objets saisis sur lui et confiés à sa garde ou à celle d'un tiers ». L'Acte uniforme portant organisation des procédures simplifiées de recouvrement et des voies d'exécution incrimine le détournement ou l'aliénation ou le déplacement des biens saisis[75]. Ainsi, le droit pénal n'est pas étranger à l'inexécution de la contribution ménagère.

2 – Les sanctions pénales à l'encontre de l'époux récalcitrant

L'époux qui refuse d'exécuter sa contribution aux charges ménagères se trouve sous la menace d'une sanction pénale pour abandon de famille. En effet, par le moyen d'une qualification pénale, le législateur donne force coercitive aux modes d'exécutions volontaire ou forcée de la contribution.

L'article 350 du Code pénal renvoie davantage à la coercition de l'exécution volontaire de la contribution. Il ressort de l'alinéa 1er de cette disposition que « Sera puni d'un emprisonnement de trois mois à un an et d'une amende de 20.000 à 250.000 francs : 1) le conjoint qui abandonne sans motif grave, pendant plus de deux mois, la résidence familiale et se soustrait à tout ou partie des obligations d'ordre moral ou d'ordre matériel résultant du mariage ainsi que de la puissance paternelle ; le délai de deux mois ne pourra être interrompu que par un retour au foyer impliquant la volonté de reprendre définitivement la vie familiale». L'infraction est constituée lorsque pendant plus de deux mois et sans motif valable, le conjoint abandonne la résidence familiale et n'exécute pas ses obligations d'ordre matériel résultant du mariage, dont la contribution ménagère. L'inexécution de la contribution est un élément constitutif de l'infraction d'abandon de famille. Ce critère est fondamental puisque la poursuite est subordonnée à une interpellation du mis en cause de retourner à la maison familiale et d'honorer ses obligations dans un délai de quinze jours.

---

[75] Cf. Art. 335-1 et 335-2 AUPSRVE.

L'article 351 du Code pénal apparaît comme le pendant des articles 375 du Code de la famille et 593 du Code de procédure civile. Il dispose que « Sera puni des mêmes peines [que celles prévues à l'article 350] toute personne qui, au mépris d'un acte exécutoire ou d'une décision de justice l'ayant condamné à verser une pension alimentaire à son conjoint, à ses ascendants, à ses descendants, sera volontairement demeurée plus de deux mois sans fournir la totalité des subsides déterminés par le jugement ni acquitter le montant intégral de la pension. » Le jugement rendu en application de l'article 593 du Code de procédure civile est exécutoire par provisoire nonobstant appel ou opposition. L'Acte uniforme organise une procédure extrajudiciaire de saisie des créances d'aliments[76]. Le tiers saisi, qui accède la demande du créancier saisissant, verse directement, contre quittance, le montant de créance alimentaire. Les contestations relatives à cette procédure ne sont pas suspensives d'exécution. Le créancier attend légitiment une parfaite exécution de la créance alimentaire par son conjoint, au besoin sous la menace d'une sanction pénale[77]. C'est qu'en pratique, l'exécution de la saisie est « souvent inefficace car [l'époux], sauf dans le cas où il est agent de l'État, bénéficie parfois de la complicité de son employeur pour se soustraire à la condamnation »[78]. En plus, le droit sénégalais ne connait pas encore, en la matière, les procédures de recouvrement public des pensions alimentaires en cas d'échec des voies d'exécution de droit privé ou, encore, la procédure par laquelle le créancier peut solliciter de l'organisme débiteur de la prestation familiale une aide au recouvrement[79]. Ainsi, le juge saisi de cette infraction n'hésitera point à appliquer l'article 351 du Code pénal dès lors qu'il résulte suffisamment des éléments du dossier que le conjoint ne s'est pas exécuté de la pension alimentaire dont il a été condamné et est présumé s'être volontairement abstenu de le faire[80]. Cette décision est applicable par analogie au refus du conjoint d'exécuter le jugement de condamnation à l'exécution forcée de la contribution.

---

[76] Cf. art. 213 et suivants AUPSRVE.

[77] Cour Suprême SN, Ch. pén., 02 déc. 2010, *Ab Aa A C/ Ndèye Marème Fall, affaire n° J/01/RG/10,* arrêt n° 140, https://juricaf.org/arret/senegal-coursupreme-20101202-140. [Consulté le 2 février 2024]

[78] S. Kane, « Discours d'usage », in *Le statut de la famille en droit sénégalais, audience solennelle de rentrée des cours et tribunaux,* préc., p. 20.

[79] S. Kane, « Discours d'usage », préc. ; A.-S Brun-Wauthier, *Régimes matrimoniaux et régimes matrimoniaux des couples non mariés, op. cit.*, n° 71.

[80] CA Dakar, Ch. correctionnelle 1, arrêt du -05/07/2010, inédit ; CA Dakar, Ch. correctionnelle 1, arrêt du 2//12/2005, inédit.

L'abandon de famille a des relents de justice économique en ce sens qu'il prévoit une sanction justifiée par les manquements d'un époux aux obligations matérielles relatives au mariage. Il entraine le prononcé d'une peine d'emprisonnement et d'une amende. Ainsi, pouvons-nous constater, même si c'est de manière indirecte, une situation devant laquelle une obligation civile inexécutée est sujette à une contrainte par corps. Cette mesure est d'ailleurs très rarement mise en application puisque, d'une part, les femmes généralement créancières et donc demanderesses « ne veulent pas exposer le père de leur enfant au public, leur faire risquer la prison »[81]. Ainsi, les craintes peuvent être justifiées d'affirmer que les chances de survie du mariage soient très hypothétiques après ces sanctions pénales. D'autre part, quand il y a abandon de famille ou de domicile conjugal par la femme, c'est souvent pour impulser une recherche de solution aux problèmes du couple par l'intervention de médiateurs sociaux[82]. Au demeurant, la voie du divorce est admise en cas de manquement à l'obligation contributive.

B – Le divorce comme sanction indirecte de l'inexécution de la contribution ménagère

Le droit sénégalais connait, à la faveur de la pratique judiciaire approuvée par la doctrine, des situations de rupture du lien matrimonial tirées de l'inexécution de la contribution aux charges ménagères[83]. Par le truchement de l'abandon de famille ou de domicile conjugal d'une part, et du défaut d'entretien de la femme par le mari d'autre part, un époux peut invoquer le non-respect de l'obligation contributive pour demander et obtenir le divorce. Il faut admettre une bienveillance de la pratique judiciaire, qui fait œuvre d'une interprétation créatrice en l'espèce[84], puisque le défaut de contribution ménagère n'apparait pas explicitement parmi les causes de divorce limitativement énumérées à l'article 166 du Code de la famille. En matière civile, l'article du 375 Code de la famille

---

[81] M. N'diaye « Au croisement des inégalités de genre et de classe : les défis de la justice familiale au Sénégal », préc., p. 64.

[82] A.-T. Ndiaye, « Le Code de la famille, quarante ans après son entrée en vigueur », *Annales africaines*, vol. 2, déc 2015, n° 5, pp. 157-186, spéc. p. 180.

[83] S. Guinchard, *Droit patrimonial de la famille au Sénégal, op. cit.*, n° 207 ; Y. Ndiaye, *Le divorce et la séparation de corps,* Préface de Kéba Mbaye, NEA, 1979, n° 50 l'auteur cite un Jugement du TPI Dakar, jugement du 5 janvier 1971 (*Recueil ASERJ*, 1971, n°1, p. 3).

[84] M. Dia « Le juge et les causes de divorce en droit sénégalais de la famille : un regard critique de l'article 166 du Code de la famille », *Revue Africaine des Sciences Juridiques, Administratives et Politiques*, n° 3/30 Juin 2024, p. 67 et s.

énonce comme solution une exécution forcée au moyen d'une saisie simplifiée en application de l'article 593 du Code de procédure civile. Une procédure quasi identique de saisies de créances d'aliments est prévue aux articles 213 et suivants de l'Acte uniforme portant organisation des procédures simplifiées de recouvrement et des voies d'exécution. L'article 376 du Code de la famille édicte des mesures conservatoires d'interdiction d'aliéner ou de déplacer les biens immeubles et meubles. En matière pénale, les articles 350 et 351 du Code pénal prévoient un emprisonnement et une amende. Il n'apparait pas alors strictement et nulle part dans les dispositions susmentionnées une sanction de dissolution du lien conjugal[85]. C'est pourquoi, le lien entre l'inexécution de la contribution et les causes de divorce doit être soumis à une analyse minutieuse pour établir la corrélation véritable.

A cet effet, si l'abandon de famille et le défaut d'entretien de la femme par le mari sont défendables (1), en revanche l'abandon de domicile conjugal souffre d'un défaut de base juridique plus nette (2).

1 – L'abandon de famille et le défaut d'entretien de la femme par le mari comme causes de divorce liées à l'inexécution de la contribution ménagère

L'abandon de famille renferme l'idée de faute conjugale constitutive d'une cause de divorce. En l'espèce, le lien peut être établi avec l'inexécution des charges ménagères puisque l'époux se soustrait à l'exécution de ses obligations matérielles issues du mariage, d'une part lors de la consommation de l'infraction, d'autre part, par refus volontaire d'exécuter la décision de condamnation à payer la contribution[86]. Ainsi, il apparait clairement que l'inexécution de la charge ménagère, matérialisée par la soustraction de l'époux à ses obligations matérielles et patrimoniales du mariage, constitue un des éléments matériels de l'incrimination et de la sanction de l'abandon de famille.

Le défaut d'entretien de la femme par le mari procède également du même esprit que l'abandon de famille puisqu'il s'agit de sanctionner

[85] P. Bourel, *Droit de la famille au Sénégal, Successions, Régimes matrimoniaux, Libéralités*, *op. cit.*, n° 306 et 308 ; l'auteur ne traite que des sanctions énoncées aux articles 375 du Code de la famille (lequel renvoie à l'article 593 CPC) et 376 du Code de la famille.

[86] Cf. Art. 350 et 351 CP.

notamment le non-respect des obligations matérielles nées du mariage[87]. Cette cause de divorce fréquemment invoquée par la femme dans le contentieux conjugal[88], couvre l'hypothèse d'un défaut de contribution aux charges et dettes ménagères ou d'une sous-contribution imputable au mari[89]. C'est une cause de divorce exclusivement réservée à la femme mariée, contrairement à l'abandon de la famille ou du domicile conjugal que chaque époux peut exciper[90].

La sanction du non-respect de l'obligation contributive par le truchement du défaut d'entretien de la femme par le mari apparait en effet comme une sanction de substitution. Elle suscite néanmoins des réserves. La première réside dans les moyens probatoires qui s'avèrent difficiles voire impossibles. La preuve du défaut de la contribution devient-elle dès lors une preuve diabolique du fait de la présomption légale édictée par l'article 375, alinéa 3, du Code de la famille ? Dans la pratique judiciaire, en l'absence de reçus, de quittance et de comptabilité, le défaut de contribution du mari est analysé en défaut d'entretien de la femme par le mari[91], permettant à certaines juridictions, en pareille situation, de se contenter des simples affirmations de la femme. D'autres opèrent une inversion de la charge de la preuve en demandant au mari de prouver l'exécution de son obligation. Toutefois, la tendance générale converge à l'exigence d'une preuve par la femme du défaut d'entretien ou de contribution dont elle se plaint[92]. La seconde réserve porte une critique sur l'exclusivité accordée à la femme pour invoquer cette cause de divorce. Dès lors que l'on admet que cette cause de divorce consacre une sanction de la violation de l'article 375 du Code de la famille, le mari devrait, autant

[87] M. Niane, « La faute conjugale au Sénégal », *Revue Africaine de Sciences Politiques et Scociales*, n° 6, Mai 2015, p. 265 et s., spéc. p. 279 : « Le défaut d'entretien comporte une dimension économique incontestable. Il consacre la violation de l'obligation de contribution aux charges du ménage » ; Y. Ndiaye, *Le divorce et la séparation de corps*, préf. de Kéba Mbaye, NEA, 1979, n° 50 p. 50 : « Cette obligation du mari est fondée sur le fait que l'entretien du ménage et l'éducation des enfants communs lui incombent à titre principal (article375) ».

[88] Y. Ndiaye, *Le divorce et la séparation de corps, op. cit.*, n°51, p. 50 ; M. Niane, « La faute conjugale au Sénégal » préc.., S. Diouf et P. Diémé, *Sociologie de la famille au Sénégal*, préface. Moustapha Tamba, L'harmattan Sénégal, 2022, p. 235.

[89] Y. Ndiaye, *Le divorce et la séparation de corps,op. cit.*, n° 50, p. 49.

[90] S. Guinchard, *Droit patrimonial de la famille au Sénégal, op. cit.*, n° 207, p. 119.

[91] S. Kane, « Discours d'usage », préc., p. 26.

[92] S. Kane, « Discours d'usage », *ibid.*

que la femme, pouvoir soulever le non-respect de la contribution ménagère dans une action en dissolution du mariage.

2 - Le caractère discutable de l'abandon de domicile conjugal comme cause de divorce liée à l'inexécution de la contribution ménagère

L'abandon de famille et le défaut d'entretien de la femme par le mari entretiennent des liens objectifs avec le défaut de contribution aux charges du ménage et permettent, en conséquence, de fonder alors une action en divorce en ce sens. En revanche, l'abandon de domicile conjugal n'offre pas une telle certitude *a priori*. A la différence de l'abandon de famille, l'abandon de domicile est une faute purement civile. Dans ses composantes, la communauté de vie renvoie à une communauté de toit, de lit et d'activité[93]. L'abandon de domicile peut ainsi résulter de la rupture de logement commun imputable à l'un des époux soit parce que la femme refuse d'y habiter sans motif valable ou dispense, soit parce que le mari refuse injustement de l'y recevoir[94]. Il peut aussi être le refus de communauté de lit, en l'absence de force majeure. Enfin, on peut admettre l'existence d'abandon de domicile en cas de disparition de la communauté tant matérielle qu'affective des époux qui transmue la « cohabitation entre époux [en] un simple rapport de colocataires ou de voisins »[95].

A priori, Le lien direct entre l'abandon de domicile conjugal et l'inexécution de la contribution ménagère ne se perçoit pas aisément. Celle-ci est purement économique, patrimoniale, alors que celui-là concerne les rapports personnels, extrapatrimoniaux, dont le domicile, ou plus concrètement la résidence, constitue le lieu de réalisation[96]. Sous la cause de divorce pour « l'abandon de domicile », le législateur sénégalais sanctionne au premier chef l'inexécution de la communauté de vie dans ses diverses composantes, principalement la cohabitation. Il réprime également la violation de la communauté de toit ou de résidence qui permet davantage de matérialiser l'abandon ou la désertion, sauf motif légitime.

Le législateur ne détermine pas un seuil ou un critère d'identification du lien entre l'abandon de domicile et le défaut de contribution ménagère, comme il l'a fait pour l'abandon de la famille. Dit autrement, il n'y a pas la référence explicite à la durée de l'abandon, à la soustraction aux

---

[93] A. Bénabent, *Droit de la famille*, 5e éd, LGDJ, 2020, n° 141.
[94] Art. 153 CF.
[95] A. Bénabent, *Droit de la famille, op. cit.*, n° 149.
[96] M. Ngom, « Le logement familial en droit sénégalais », préc.

obligations morales et matérielles. Concrètement, l'abandon de domicile peut bel et bien être indépendant de l'exécution ou de l'inexécution de la contribution ménagère, comme c'est le cas en cas de rupture de la cohabitation *stricto sensu*. Il peut y avoir abandon de domicile sans violation de l'obligation contributive. D'ailleurs, la communauté de vie peut exister sans communauté de toit[97] si les époux vivent séparément pour des raisons objectives. En cas d'abandon de domicile, le juge, saisi par la partie demanderesse, devra prononcer le divorce pour cette seule et unique cause.

Il faut, pour accepter un lien entre l'abandon de domicile conjugal et l'inexécution de la contribution ménagère recourir à la casuistique. Dans ce sens, on peut estimer que l'époux resté au foyer peut, au regard des circonstances dans lesquelles l'autre conjoint a quitté la résidence, suspendre son exécution à la contribution financière sans être fautif de surcroit. Comme, on peut dire, avec Jean Carbonnier, que la communauté de vie comprend un aspect matériel, économique, une communauté de table, qui oblige les époux « de vivre à même pot et même feu » et fait naître « une sorte de coopérative de consommation »[98]. En pareille situation, l'abandon de domicile conjugal pourrait constituer ou bien une forme d'inexécution de l'obligation contributive ménagère, ou bien un défaut d'entretien de la femme par le mari, voire de non-respect du devoir de secours et d'assistance. Mais là encore, la difficulté réside dans l'absence de détermination explicite du seuil critique à partir duquel l'abandon du domicile conjugal entraine le non-respect de la contribution aux charges du ménage. En somme, l'abandon de domicile conjugal est une cause de divorce qui se suffit d'elle-même. Le constat d'un manquement à l'obligation contributive est donc nécessaire pour pouvoir l'associer au défaut de la contribution.

....

La contribution aux charges du ménage est réglementée sous les règles relatives aux rapports pécuniaires nés du mariage. Elle enjoint aux époux ensembles et réciproquement à pourvoir à l'entretien du ménage et à l'éducation des enfants communs par une exécution volontaire ou forcée de la contribution, sous la menace de sanctions civiles et pénales applicables en cas de manquement.

---

[97] Cass. 20 mars 2002, *Ndèye Y C c/ Aa Ab,* arrêt n° 058 https://juricaf.org/arret/senegal-courdecassation-20020320-058 [consulté le 2 février 2024].
[98] J. Carbonnier, *Droit civil, t. 2, op. cit.*, n° 547, p. 1217.

Une analyse du régime de la contribution ménagère a permis de surpasser sa simplicité apparente. Ainsi, l'objet de la contribution s'émancipe des dépenses ménagères et d'éducation des enfants *stricto sensu* certes compréhensible dans nos États, mais pour mieux être en phase avec les revenus du ménage et les habitudes de consommation. En ce sens, d'une part, la notion de dépenses ménagères gagne en extension mais perd sa précision. D'autre part, elle pourrait ainsi alimenter un contentieux des dépenses remboursables et des créances entre époux. Également, la répartition des charges entre le mari et son épouse repose sur un modèle de famille qui perd de plus en plus ses adeptes et ses justifications économiques. Des modèles légalistes et égalitaires prônent une répartition proportionnelle voire égalitaire. En outre, les bénéficiaires de la contribution dépassent ses créanciers légaux, de sorte que les notions d'enfants communs et de ménage ne sont pas toujours opératoires dans des hypothèses de plus en plus nombreuses.

Par ailleurs, le régime de la contribution est taillé pour une exécution apaisée, pour les ménages sans problème. Pourtant, sa pathologie engendre divers contentieux insuffisamment pris en compte par le législateur. La présomption légale d'exécution de la contribution suscite des difficultés probatoires dans son contentieux différé. De même, les peines d'emprisonnement pour défaut de contribution peuvent être source d'un divorce qui n'était pas véritablement souhaité par l'époux. En l'absence de solution alternative instituée, le contentieux de la contribution ménagère trouve une réponse exclusivement judiciaire. Elle induit des dénouements trop abrupts de rupture du lien matrimonial ou favorisant sa dissolution. Pourtant, la non maîtrise de l'incertitude liée aux crises économiques, la hausse de la cherté de la vie, du coût d'entretien du ménage et de l'éducation des enfants, devraient favoriser l'aménagement de mesures alternatives adaptées. L'application du régime de la contribution aux charges du ménage doit s'affranchir d'un rigorisme juridique ou du « panjurisme » selon l'expression du Doyen Jean Carbonnier.

L'opinion dissidente devant les juridictions internationales

Lamine MAKANGUILE,

Docteur en droit public
Membre du Centre de Recherche en Ingénierie Financière (CERIF)
Enseignant tuteur à l'Université Numérique Cheikh Hamidou Kane (ex UVS)

Résumé **:** L'opinion dissidente est l'instrument juridictionnel qui confère au juge des juridictions internationales la possibilité de participer individuellement à l'exercice des fonctions de la juridiction. Bien qu'elle soit un écrit individuel, elle demeure un acte institutionnel. Elle est une manifestation de la pluralité au sein des juridictions internationales. En outre, cet instrument juridictionnel constitue un moyen d'action offert au juge lui permettant de remplir certaines fonctions. Elle garantit aussi la liberté d'expression et d'opinion du juge international. Malgré l'attirance des juridictions internationales envers l'institution de l'opinion dissidente, elle reste controversée. Car, son usage n'est ni formellement ni substantiellement encadré, son rôle et sa fonction mal compris. L'opinant dispose d'une liberté plus ou moyen large quant à la tonalité dans l'écriture, ce qui peut craindre un usage sensationnel de l'instrument. Pour beaucoup d'auteurs, un collège qui se montre divisé, une justice qui se montre hésitante verra son autorité morale diminuée, sa capacité de dissuasion réduite.

Mots-clés : opinions séparées – opinion dissidente – opinion individuelle – juge international – juridiction internationale

……………..

Lorsqu'une juridiction internationale a un caractère collégial et que ses arrêts sont motivés, le contenu de l'arrêt est déterminé par une décision majoritaire[1]. Dans certains cas, les règles qui gouvernent son fonctionnement confèrent aux membres de la juridiction, qui ne sont pas entièrement d'accord avec le contenu de la motivation ou le sens du

[1]« Les décisions de la Cour sont prises à la majorité des juges présents » ; v. article 55 du statut de la CIJ, article 28. 2 du protocole relatif à la CADHP, article 83.4 du statut de la CPI, article 23 du statut la CIADH, article 23 du Règlement intérieur de la CEDH.

dispositif, la faculté de joindre à l'arrêt leurs « opinions personnelles[2] ». Ce privilège est accordé à tout juge ayant siégé dans une affaire. Le but de celles-ci est de permettre aux juges placés dans la minorité, en désaccord en tout ou en partie avec la décision rendue par la majorité, d'exprimer publiquement et officiellement leur point de vue sur l'affaire[3]. Bien vrai qu'elle ne fait pas partie de la décision, donc n'impose aucune obligation juridique, cette pratique des opinions dissidentes[4] est très largement

---

[2] L'introduction des opinions dissidentes aux statuts des juridictions internationales s'explique par plusieurs phénomènes : 1. Par la polarisation de la société internationale à travers la coexistence de deux concepts difficilement conciliables : celui de *civil law* et celui de *common law*, l'un traduisant la culture et les usages juridiques des pays *romano-germaniques,* alors que l'autre, ceux propres au droit des pays *anglo-saxons.* L'un acceptant et l'autre objectant une telle pratique des opinions individuelles. Cette lutte entre les deux systèmes s'est poursuivie au moment de la création de la première juridictions internationales après la première guerre mondiale, et le constat est que la justice internationale sur cette problématique, tend en général plutôt vers le concept du *common law*. 2. Pour d'aucuns, *la décision d'introduire les opinions dissidentes dans le statut des juridictions internationales répondait à une volonté de protéger la souveraineté des États, notamment leur prérogative exclusive de déterminer et d'interpréter ce qu'est le droit international, en présence d'une Cour internationale qui pourrait avoir les mêmes prétentions.* 3. Pour d'autres, l'opinion dissidente est la trace de l'arbitrage. En effet, l'usage des opinions séparées des juges des tribunaux internationaux se rattache historiquement aux caractères particuliers de l'arbitrage international moderne, qui remonte au XVIIIème siècle ; qui se ramenait à deux grands types de tribunaux d'arbitrage : la première catégorie de tribunal était constituée par un juge unique, pour ce genre de tribunaux, le problème d'expression des opinions séparées ne se posait pas. Les tribunaux collégiaux constituaient la seconde catégorie ; parmi lesquels on peut citer *les commissions mixtes instituées entre la Grande-Bretagne et les Etats-Unis par le traité de JAY du 29 novembre 1794.*

[3] H. Isaïa, « Les opinions dissidentes des juges socialistes dans la jurisprudence de la Cour internationale de justice », *R.G.D.I.P.*, 1975, p. 658.

[4] Sur le plan statistique, rien qu'en se focalisant sur la pratique devant la Cour africaine des droits de l'homme de l'UA, de sa création à nos jours, sur les 239 affaires vidées, que ce soit en matière contentieuse ou consultative, les membres de la Cour ont eu à joindre aux arrêts 188 opinions séparées et simple déclaration de concordances ou de dissidence ; dont 101 opinions dissidentes, v. www.african-court.org/, consulté le 25 novembre 2024. La pratique internationale généralement favorable aux opinions séparées connaît certaines exceptions. Il existe des fors dont les règles, tant écrites que non écrites, ne permettent pas la divulgation des opinions dissidentes. Il s'agit, au niveau universel de l'organe d'appel de l'OMC qui n'a pas accordé à ses membres le droit à une opinion dissident. Les juridictions internationales diamétralement hostiles à la pratique des opinions dissidentes sont celles des juridictions communautaires. En s'interrogeant sur les causes de ce rejet, il est d'emblée possible d'affirmer que la raison singulière était d'accroître l'autorité de la Cour et, partant, celle du droit communautaire dans le cadre de ses rapports avec le droit des États membres.

répandue devant les juridictions internationales, qu'elles soient anciennes ou nouvelles, universelles ou régionales. S'agissant des juridictions universelles, imitant la CPJI, la CIJ[5] et le TIDM[6] ainsi que la CPI[7], elles accordent depuis leur création à leurs juges respectifs le droit à une opinion dissidente. Il en est de même pour les trois juridictions régionales des droits de l'homme : la CEDH[8], de la CIADH[9] et la Cour africaine des droits de l'homme et des peuples CADHP[10]. Les deux tribunaux pénaux internationaux : le tribunal pour l'ex-Yougoslavie[11] et pour le Rwanda[12] accordent également ce droit à leurs membres. Dans la pratique, les juges internationaux recourent aux opinions dissidentes assez fréquemment[13].

Par ailleurs, la reconnaissance solennelle de l'opinion dissidente devant les juridictions internationales rend le sujet de plus en plus présent dans l'esprit des juristes, néanmoins il n'est pas certain qu'il soit appréhendé clairement. Car cette affirmation est accompagnée d'une confusion. Il y a une absence de règles uniformes de consacrassions[14], tantôt on parle d'opinion individuelle, tantôt d'opinion dissidente et tantôt d'opinion

---

[5] Article 57 du Statut du CIJ disponible sur www.icj-cij.org/org/fr/statut, consulté le 25 novembre 2024.

[6] L'article 30 du statut TIDM. www.htitlos.org/fileadmin/itlos/documents/basic texts/statute, consulté le 25 novembre 2024.

[7] Article 74. 5 et l'article 83.4 du statut de la CPI, disponible sur www.icc-cpi.int/fr/resource, consulté le 25 novembre 2024.

[8] Article 45 de la Convention européenne des droits de l'homme, disponible sur www.eur-lex.europa.eu, consulté le 26 novembre 2024. V. F. Tulkens, « La nouvelle Cour européenne des droits de l'homme : attentes, réalités et perspectives », *Revue Québécoise de droit international*, 2020 /13-1, p. 349.

[9] Article 24 al.3 du statut CIADH, disponible sur www.cidh.org, consulté le 26 novembre 2024.

[10] Article 28. 7 protocole relatif à la charte africaine des droits de l'homme et des peuples portant création d'une Cour africaine des droits de l'homme et des peuples et l'article 44 du protocole de la CADHP, disponible sur www.african-court.org, consulté le 26 novembre 2024.

[11] Article 23. Al. 3 du statut TPIY du 25 mai 1993 actualisé en 2009, disponible sur www.icty.org, consulté 25 novembre 2024.

[12] Article 22 du statut Tribunal pour le Rwanda, disponible sur www.unictr.irmct.org, consulté le 25 novembre 2024.

[13] A.-P. Sereni, « Les opinions individuelles et dissidentes des juges des tribunaux internationaux », *RGDIP*, 1964, p. 825. V. aussi, J. Malenovsky, « Les opinions séparées et leurs répercussions sur l'indépendance du juge international », *CDI*, Vol. 3, 2010 p. 22 ; disponible sur www.persee.fr, consulté en septembre 2024.

[14] A.-P. Sereni, « Les opinions individuelles et dissidentes des juges des tribunaux internationaux (…) », préc., p. 838.

séparée[15]. On parle aussi d'opinion divergente ou concordante. La diversité des termes utilisés pour les désigner ne facilite pas leurs distinctions.

La doctrine aussi entretient une confusion en utilisant les termes « opinions dissidentes » pour désigner l'ensemble des opinions émises par les juges des juridictions internationales. Or, les opinions dissidentes ne représentent qu'une forme des opinions émises par des juges[16]. Certes, cet amalgame peut s'expliquer par le fait que toutes les opinions expriment une dissidence, c'est-à-dire un désaccord avec la décision majoritaire[17]. Malgré cela, l'utilisation des seuls termes « opinions dissidentes » est impropre puisqu'elle ne reflète pas la diversité des opinions des membres des juridictions internationales.

Par ailleurs, toute opinion dissidente est une opinion séparée alors que toute opinion séparée n'est pas forcément dissidente. De même, l'opinion dissidente peut être individuelle[18] ou conjointe[19]. Ceci explique que dans la présente étude, nous nous intéresserons uniquement qu'aux opinions dissidentes. Seule cette catégorie d'opinions séparées permettra, en effet, une meilleure compréhension des arrêts des juridictions internationales et la position des opinants, de celle de la majorité qui a rendu la décision.

L'identification ou la distinction des opinions des juges internationaux peut être approfondie grâce à leur définition. En effet, on peut définir une opinion séparée comme étant la faculté, pour un juge participant à une instance collégiale, de joindre par écrit l'exposé officiel de son avis

---

[15] V. la convention européenne de sauvegardes des droits de l'homme article 45. 2 qui stipule : « Si l'arrêt n'exprime pas en tout ou partie l'opinion unanime des juges, tout juge a le droit d'y joindre l'exposé de son opinion séparée ». V. aussi l'article 74. 2 du Règlement intérieur de la Cour EDH.

[16] W. Mastor, « Opinions séparées et interprétations concurrentes de la Constitution », *in*, *Revue des droits de l'homme*, n°21, 2022, disponible sur www.journals.openedition.org/rvdh/13695, consulté en juillet 2024.

[17] A. Ramseier et D. Scalia, « Quand la dissidence devient jugement : retour sur les opinions séparées en droit international pénal », Champ pénal/Penal field, disponible sur www.doi.org/10.4000/champpenal.11968 consulté le 3 janvier 2025.

A. Ramseier et D. Scalia, « Quand la dissidence devient jugement (…) », préc., p. 33.

[18] Ici, l'opinion dissidente est dite individuelle dans la mesure où elle est émise par un seul juge de la formation collégiale.

[19] Elle est dite conjointe lorsque plusieurs juges de la formation collégiale ou la minorité dissidente émettent une seule et unique opinion. C'est le cas lorsque, les opinants ont les mêmes justifications et qui ont conditionné les votes des juges contre la décision majoritaire. Une pratique très répandue à la Cour ADHP.

personnel à l'égard d'une décision au délibéré de laquelle il a participé[20]. Elle est une alternative à celle de la majorité de la Cour, rédigé par un ou plusieurs juges, soit parce qu'elle propose une solution différente, soit parce qu'elle offre un fondement différent pour une solution identique. Cette définition est basée sur l'objet de l'opinion. Une opinion séparée peut-être, individuelle ou concordante et dissidente ou divergente[21].

Selon une résolution de la CIJ en date de 1948, lorsque l'opinion d'un juge exprime son désaccord à l'égard d'un arrêt ou d'un avis, elle sera qualifiée « d'opinion dissidente ». Au contraire, lorsque l'opinion d'un juge, tout en approuvant le point de vue de la majorité, y joint d'autres motifs ou apporte des nuances aux motifs de la majorité, elle sera qualifiée « d'opinion individuelle »[22]. Au regard de cette affirmation, l'opinion individuelle est celle qui énonce les motifs pour lesquels le juge, tout en votant pour les dispositifs de la décision, n'accepte pas en tout ou en partie la motivation du jugement[23]. Appelée en outre opinion concordante, l'opinion individuelle est en accord avec la décision adoptée puisque l'opinant vote avec la majorité et pour la solution retenue dans l'arrêt. Toutefois, il émet une réserve quant aux motifs qui ont conduit à cette décision. En outre, il propose une autre motivation aboutissant à la même solution. Sans doute, des critiques à l'égard de la motivation majoritaire. Dans tous les cas, le juge qui émet une opinion individuelle ou concordante se rattache à la décision majoritaire qu'il vient toutefois nuancer par des éléments qu'il juge essentiels[24].

S'agissant du terme utilisé dans notre sujet, « l'opinion dissidente », est le contraire de l'opinion individuelle, car elle se rattache nécessairement à un vote contraire à la majoritaire. En effet, un juge exprime sa dissidence lorsqu'il est en désaccord plutôt complet avec la décision majoritaire. Dans celle-ci, le juge développe une argumentation et propose une solution contraire à ce qui a été adopté dans l'arrêt. Par ailleurs, « Je n'adhère pas

---

[20] Y. Lécuyer, « Le secret du délibéré, les opinions séparées et la transparence », *RTDH*, 2004, p. 200.

[21] F. Rigaux, « Opinions dissidentes, opinions séparées et opinions convergentes : l'unanimité dans l'exercice dans la fonction judiciaire », *in Mélanges à Jacques Van Comërnolle*, Dalloz, 2004, p. 574.

[22] H. Isaïa, « Les opinions dissidentes des juges socialistes dans la jurisprudence de la Cour internationale de justice (…) », préc. p. 659.

[23] A.-P. Sereni, « Les opinions individuelles et dissidentes des juges des tribunaux internationaux (…) », préc., p. 827.

[24] F. Rigaux, « Opinions dissidentes, opinions séparées et opinions convergentes : l'unanimité dans l'exercice de la fonction judiciaire (…) », préc., p. 575.

aux analyses de mes honorables collègues sur cette affaire. Je me dissocie de la méthodologie d'examen utilisée et des questions de droits supposées comme pertinentes dans cette instance. Ainsi, en intégralité, le dispositif de l'arrêt m'oblige à cette opinion dissidente ». Au regard de ces expressions du juge Blaise Tchikaya dans son opinion dissidente dans l'arrêt *Jebra Kambole*[25], signifie que l'opinion dissidente constitue une opposition totale et frontale à la décision majoritaire. Ce désaccord s'étend sur l'ensemble des parties de l'arrêt notamment, le vote contraire de l'opinant.

Une juridiction internationale est une entité individuelle ou collective ayant pour fonction de régler, sur la base du droit international, une ou plusieurs controverses entre sujets du droit international. Les caractères d'un tribunal international sont aux nombres de deux : il décide sur la base du droit international. Les parties agissent devant lui en qualité de sujets du droit international. Les parties peuvent être des États souverains, des organisations internationales possédant la personnalité internationale[26] et des particuliers[27].

Au regard de ce qui précède, la nature juridique ambigüe de l'opinion dissidente, son usage facultatif et souvent sensationnel, sa fonction mal identifiée, la diversité de dénomination, la profondeur du désaccord exprimé dans l'opinion dissidente, l'atteinte à l'autorité de la décision, au secret du délibéré ou encore l'impact de l'opinion dissidente sur le droit international, sur l'indépendance du juge international, son impartialité, sont autant d'éléments, qui obligent un débat quant à l'opportunité d'une telle pratique au sein des juridictions internationales. Dès lors, l'on peut se poser la question de savoir : quelle perception fait-on de l'opinion dissidente devant les juridictions internationales **?**

Cette problématique relative à la pratique de l'opinion dissidente, outre sa consécration, revêt un double intérêt théorique et pratique. Sur le premier plan, cette étude permet une visibilité de cette institution au sein des juridictions internationales, notamment devant la CADHP. En effet, même consacrée par le droit positif ou dans les statuts des juridictions

---

[25] CADHP, arrêt du 15 juillet 2020, *aff. Jebra Kambole c. République Unie de Tanzanie,* requête n° 018/2018. Opinion dissidente du juge Blaise Tchikaya. disponible sur https://www.african-court.org/cpmt/fr/details-case/0182018, consulté 10 juillet 2024.

[26] A.-P. Sereni , « Les opinions individuelles et dissidentes des juges des tribunaux internationaux (…) », préc., p. 820.

[27] C. Santulli, *Droit du contentieux international*, 2e éd. LGDJ, 2015, p. 44. S.-N. Tall, *Droit du contentieux international africain*, Paris, L'Harmattan, 2018, p. 30.

internationales, publiée au même moment que la décision, l'opinion dissidente reste méconnue du grand public des juristes du grand continent (Afrique)[28]. Son étude contribue à l'actualisation du débat doctrinal relatif à l'opinion dissidente. C'est-à-dire de faire étalage des nouvelles justifications du pour et du contre de l'opinion dissidente. Également, de mesurer son ampleur, qui ne se limite pas seulement devant les juridictions internationales, mais aussi devant les juridictions internes, précisément constitutionnelles. Cette étude nous permet aussi d'appréhender le régime juridique des opinions dissidentes.

Sur le second plan, son étude permet de montrer l'impact de cette pratique sur le développement du droit international, surtout au sein de la CADHP, le raffinement de certaines notions, de certaines pratiques jurisprudentielles démodées, de certaines hésitations de la Cour. Singulièrement, sa contribution à la compréhension de la position majoritaire. Certaines sont particulièrement notables, soit par la pertinence de leur argumentaire juridique, soit par le trouble qu'elles ont provoqué ou encore par le changement de cap jurisprudentiel qu'elles peuvent susciter.

Dissidentes et individuelles, les opinions séparées méritent donc une attention particulière. Elles permettent ensuite de plonger au cœur du délibéré des juridictions internationales. Critiques internes, précisions jugées indispensables par leurs auteurs, elles révèlent ensuite les faiblesses et les forces de la jurisprudence des cours internationales. Elles facilitent enfin la compréhension des principales tendances et des influences. Commentaire judiciaire, ces dissidences démontrent une dynamique consciente, ou non, imprimée par leurs auteurs ; qu'ils soient partisans, enseignants, complaisants ou indépendants, ils y laissent nécessairement la trace des tensions existant au sein des juridictions internationales. Vu sous ces angles, son étude constitue un apport indéniable à la science juridique, car elle éclaire un champ d'étude qui était jusque-là mal exploré par la doctrine africaine.

Sur le plan méthodologique, Ce travail a pu être réalisé grâce à l'exploitation et à l'analyse des opinions dissidentes, principalement celles de la Cour africaine des droits de l'homme et subsidiairement celles de la CIJ et les autres juridictions internationales. Ensuite, les textes relatifs aux juridictions internationales notamment, les statuts et les règlements

---

[28] Au cours de notre recherche sur la thématique, nous n'avons trouvons aucun article, aucune thèse dans les États Ouest- africains noirs francophones qui abordent la question des opinions dissidentes.

intérieurs. De même, l'apport de la doctrine a été considérable pour justifier la présence des opinions dissidentes dans les statuts des juridictions internationales, mais aussi, pour commenter ces opinions dissidentes jointes à la décision majoritaire.

La méthode étant un ensemble concerté d'opérations mises en œuvre pour atteindre un ou plusieurs objectifs, un corps de principes précédent à toute recherche organisée. Par ailleurs, l'utilisation d'une méthode permet la découverte de la vérité scientifique, abstraite ou concrète[29]. Après l'utilisation des méthodes prédéfinies, deux tendances sortent comme réponse à la problématique posée. La première est que l'opinion dissidente est la manifestation d'une démocratisation des juridictions internationales (I). Elle est aussi considérée comme la manifestation, sur la place publique, de l'existence de tensions au sein des juridictions internationales (II).

I - Un signe de démocratisation des juridictions internationales

Les opinions dissidentes devant les juridictions internationales sont en effet considérées comme un signe de démocratisation, car elles reflètent plusieurs principes fondamentaux des systèmes démocratiques, tels que la transparence, le pluralisme et le respect de la diversité d'opinions. Laisser l'opposition s'exprimer dans un collège de magistrats au sein d'une juridiction internationale est un gage de légitimité, de transparence des juridictions internationales (B) qui permet en effet d'établir la confiance entre l'institution et ses usagers. De même, elle contribue à garantir l'indépendance des juges des juridictions internationales (A).

A – Un mécanisme d'indépendance du juge international

Selon le dictionnaire Salmon, l'indépendance signifie le « fait pour une personne ou une entité de ne dépendre d'aucune autre autorité que la sienne propre »[30]. L'indépendance, tant institutionnelle que personnel du juge international, ainsi que leurs garanties formelles se trouvent au cœur de l'existence et du fonctionnement du pouvoir judiciaire international[31].

---

[29] M. Grawitz, *La méthode des sciences sociales,* Paris, Dalloz, 1993, p. 42.

[30] *Dictionnaire de droit international public*, p. 570. V. aussi les Principes de *Bangolar* sur la déontologie judiciaire, 1re valeur « Indépendance », disponible, www.unodc.org/ji/trainersmanual.html,

[31] L'article 2 du statut de la CIJ dispose que « La Cour est un corps de magistrats indépendants, élus, sans égard à leur nationalité, parmi les personnes jouissant de la plus haute considération morale » ; nous retrouvons cette même formulation dans le statut de plusieurs autres juridictions internationale notamment : l'art. 12 du protocole sur la CADHP.

L'indépendance constitue donc la pierre angulaire sur laquelle repose la justice internationale.

S'il n'existe pas pour le moment un contenu précis des exigences d'indépendance ; néanmoins, au concept d'indépendance, est normalement associée l'idée que le juge doit exercer ses fonctions à l'abri de toute ingérence ou influence indues d'origines externe et interne[32]. En droit international, singulièrement dans le contentieux international, plusieurs éléments garantissent cette indépendance du juge international, dont le plus singulier est la possibilité offerte à ces juges d'émettre une opinion séparée (concordante ou dissidente) à la sentence. Une opinion dissidente traduit l'exercice d'un droit subjectif, qui préserve l'indépendance du juge international qui est la liberté d'expression (1), de même, elle responsabilise le magistrat international (2).

1 – La garantie de la liberté d'expression du juge international

Le droit relatif à la dissidence peut être analysé sous la perspective des juges en tenant compte de leur droit à la liberté d'expression. Une liberté consubstantielle à leur indépendance et à l'autonomie de ces derniers[33]. En effet, l'indépendance des juridictions internationales se décline en une notion susceptible de plusieurs formes et de différents degrés suivant les domaines, les contentieux, mais aussi les attentes placées dans le juge. Elle est externe quand elle s'apprécie au regard des relations de la juridiction avec le pouvoir et elle est dite interne si on envisage les garanties offertes à l'intérieur de la juridiction vis-à-vis des autres collègues. Elle est organique et elle est fonctionnelle[34]. Il y a aussi l'indépendance de la juridiction en tant qu'institution vis-à-vis des autres acteurs politiques qui doit être différenciée de l'indépendance du juge pris individuellement[35].

---

[32] J. Malenovsky, « Les opinions séparées et leurs répercussions sur l'indépendance du juge international (…) », préc., p. 24.

[33] P. Gaffet et K.-L. Geoffory, « Liberté d'expression des juges de la Cour européenne des droits de l'homme versus secret des délibérations », *Revue Québécoise de droit international,* 2020, pp. 155-165, disponible sur https/ www.persee.fr/doc/rqdi, consulté en septembre 2024.

[34] J.-L. Ropers, « L'indépendance des juges », *in Revue internationale de droit comparé*, v.5, 1953, pp. 699-709, disponible sur http/www.persee.fr/doc/ridec, consulté en septembre 2024.

[35] E. Jouannet, « Indépendance et impartialité des juges internationaux », *in Collection du Contentieux international*, Hélène Ruiz Fabri et Jean-Marc Sorel, éd. A. Pedone, 2010, p. 287.

Il est indéniable que l'opinion dissidente constitue un élément d'indépendance individuel du juge international ; non seulement contre une influence externe, mais aussi vis-à-vis de ses collègues[36]. En ce sens qu'un juge international peut avoir la liberté pour démontrer, par le biais de l'opinion dissidente, les vicissitudes argumentatives de la décision majoritaire. Dans ce cas, l'opinion dissidente serait un véritable devoir inhérent à sa fonction de juger. De façon générale, par ce moyen, les juges peuvent élaborer leur propre doctrine, laquelle pourra, dans certains cas, influencer l'évolution de la jurisprudence ultérieure des juridictions internationales[37].

En disposant de la possibilité de dissentir publiquement, l'on peut déduire de cette pratique du juge international, la garantie de deux libertés, fondamentale à toute société ou institution qui se veut être démocratique, la liberté d'opinion et la liberté d'expression. En effet, les catalogues internationaux attachent invariablement à ces droits, à « toute personne », dans la mesure où la liberté d'expression constitue l'un des fondements essentiels d'une société démocratique. La liberté d'expression est garantie par des instruments juridiques internationaux notamment, le Pacte International relatif aux Droits Civils et Politiques (PIDCP)[38], de la Convention européenne des droits de l'homme (CEDH)[39], de la Charte Africaine des Droits de l'Homme et des Peuples[40].

La liberté d'expression constitue la justification contemporaine de la pratique de l'opinion dissidente[41]. Cette dimension de la question relève des droits de l'Homme. En effet, Ce processus de transformation est facilité et accéléré par l'effet d'une évolution d'envergure du droit

[36] E. Mirina, « La légitimité du juge de la Cour européenne des droits de l'Homme : observations sur la représentativité et l'indépendance du juge de Strasbourg » *in Revue Québécoise de droit international*, volume 13-1, 2000. Cinquantenaire de la Convention européenne des Droits de l'Homme, disponible sur https://www.persee.fr/doc/rqd , consulté en septembre 2024, voir aussi les Principes de *Bangalore* disponible sur https://www.unodc.org/documents/corruption/bangalore.fr.pdf, consulté en septembre 2024.

[37] E. Mirina, « La légitimité du juge de la Cour européenne des droits de l'Homme (…), préc., p. 151.

[38] Article 19 du Pacte International relatif aux droits civils et politiques (PIDCP).

[39] L'article 10 de la Convention européenne des droits de l'homme, *précité*.

[40] Article 9 de la CADHP, *précité*.

[41] P. Gaffet et K.-L. Geoffroy, « Liberté d'expression des juges de la Cour européenne des droits de l'homme versus (…), préc., p. 167.

international dans le domaine de la protection des droits de l'Homme, et avant tout en matière de liberté d'expression[42].

Le droit à la liberté d'expression a une double dimension, individuelle et collective. Sous l'angle individuel, il est protégé en tant que droit subjectif ; ainsi, l'expression ou l'usage est d'émanation individuelle[43]. Dans sa dimension collective, la liberté d'expression fait partie des éléments structurants d'un régime ou d'une entité véritablement démocratique[44]. Cette dimension duale de la liberté d'expression se manifeste devant les juridictions internationales par l'expression d'une dissidence, qui peut être exprimée soit individuellement, soit collectivement.

Le droit à la liberté d'expression apparaît comme le garant d'un débat public ouvert au pluralisme des idées, mais aussi comme un moyen de participer à la surveillance éclairée de l'exercice du pouvoir par ceux qui en sont les dépositaires. Selon Jean-Pierre Ancel, « la publication de l'opinion minoritaire lève le voile sur le vrai débat »[45]. Il est évident que la dissidence est le signe manifeste d'un débat et du pluralisme des idées au sein d'une juridiction internationale. Elle est le signe manifeste de la participation d'un juge à l'activité juridictionnelle. Dans la mesure où ce droit est accordé uniquement aux juges qui ont participé à la délibération[46].

Cette liberté d'expression offerte au juge via l'institution de l'opinion dissidente garantie aussi la bonne administration de la justice internationale. En effet, les décisions des juridictions internationales sont le fruit d'une œuvre collégiale et votée à la majorité des juges composant la formation de jugement dans une affaire donnée, on peut y exiger une unanimité qui bloquerait son fonctionnement régulier et, de surcroit,

---

[42] P. Gaffet et K.-L. Geoffroy, « Liberté d'expression des juges de la Cour européenne des droits de l'homme versus (…), préc., p. 169.

[43] M.-A. Ailincal, « Le droit à la liberté d'expression dans la jurisprudence de la Cour africaine des droits de l'homme et des peuples », *in*, *Institut international des droits de l'homme*, 2023, p. 1, disponible sur https://www.shs.hal.science , consulté en décembre 2024.

[44]. M.-A. Ailincal, « Le droit à la liberté d'expression dans la jurisprudence (…), préc., p.2.

[45]J.-P. Ancel, « Une opinion dissidente », *in La création du droit par la jurisprudence, Mélanges à J. Boré*, Dalloz, 2007, p. 1.

[46] C'est nous qui le soulignons.

prolonger dans le temps la décision juridictionnelle. Ainsi, la dissidence permettrait de faire naître la célérité dans l'adoption de la décision[47].

2 – Un moyen de responsabilisation du juge international

L'opinion dissidente n'est pas une obligation, elle est une liberté pour le juge, qui peut l'utiliser ou non. Il ne s'agit que d'un outil qui lui permet, lorsqu'il le pense nécessaire, de briser l'apparence d'unanimité afin de délivrer un avertissement public sur le développement de la décision majoritaire. En cela, il s'expose et expose sa formation, il s'agit d'un acte de responsabilité et de responsabilisation[48].

C'est un acte de responsabilité dans la mesure où c'est une action ou une décision prise en toute conscience, dans le but d'assumer les conséquences de ses choix et d'agir en respectant ses devoirs envers soi-même, les autres ou la société. Il implique souvent de faire preuve de réflexion, de courage et d'intégrité pour protéger les intérêts collectifs ou individuels, même lorsque cela peut être difficile ou contraignant[49].

Ensuite, c'est un acte de responsabilisation, c'est-à-dire une action qui vise à encourager une personne ou un groupe à prendre conscience de ses responsabilités, à les assumer pleinement, et à agir de manière autonome pour gérer les conséquences de ses décisions ou actions. Il s'agit souvent d'un processus collaboratif, qui vise à développer l'autonomie, le sens du devoir et l'engagement. Par ailleurs, l'opinion dissidente contribuerait à renforcer le sens de la responsabilité personnelle du juge, son appartenance à la minorité apparaissant clairement ainsi que les raisons de cette appartenance[50].

En effet, celui qui livre une opinion dissidente engage son autorité vis-à-vis de ses collègues. Pour ne pas paraître de mauvaise foi et intellectuellement faible, le dissident est dans l'obligation de modérer sa critique de la décision vis-à-vis de ses collègues[51], pour ne pas, le moment venu et devenu majoritaire, s'exposer à des contre-arguments qui fragiliseraient dangereusement son interprétation et celle de ses collègues de la majorité. L'opinant dissident est dans l'obligation d'étayer sa motivation au risque d'apparaître non comme un juge respecté, mais

---

[47] B.-M. Metou, *Le rôle du juge dans le contentieux international*, Bruylant, 2012, p. 554.

[48] A. Langenieux-Tribalat, *Les opinions séparées des juges de l'ordre judiciaire français*, thèse mult., 2007, p. 161.

[49] *Ibid.*, p. 163.

[50] B.-M. Metou, *Le rôle du juge dans le contentieux international, op. cit.*, p. 555.

[51] V. les principes de Bamgolar « 4e valeur : Convenance », préc., p. 12.

comme un juge partisan, un juge politique. Il se déshonorerait rapidement au point de perdre toute crédibilité auprès de ses collègues.

Par ailleurs, au stade des discussions, dans le but de convaincre ses collègues, le dissident s'adonne à une véritable gymnastique argumentaire ; on ne peut que louer les effets d'un tel dialogue approfondi, en ce qu'il participe assurément à la qualité de l'exercice dialectique. C'est un acte de responsabilisation dans la mesure où la dissidence témoigne que l'auteur de cette dernière prend sa fonction au sérieux en apportant sa contribution personnelle à l'édifice du droit[52].

C'est un acte de responsabilité, car, l'opinion dissidente est révélatrice aussi de la qualité intrinsèque du juge. En outre, le succès du règlement juridictionnel international est fondamentalement lié au profil du juge. Sa compétence et sa diligence sont des exigences préalables pour un exercice de la charge judiciaire. Son intégrité est essentielle pour donner convenablement décharge à la fonction judiciaire. À travers sa conduite, il doit réanimer la confiance du public à l'appareil judiciaire[53] ; et montrer que la justice a véritablement été rendue. Il est une figure emblématique de la confiance dans la justice internationale. En disposant de la possibilité de dissentir, il ressentirait de manière plus concrète sa capacité à se distinguer de ses collègues. Ainsi, l'opinion dissidence stimule l'ouverture d'esprit ou l'épanouissement intellectuel des juges internationaux. De même, il réaffirme son intégrité par la suite et montre que la justice fût véritablement rendue, car elle est le résultat d'une opposition d'idées, d'une discussion qui a vu apparaitre deux blocs, une majorité décisionnelle et une minorité dissidente.

C'est un acte de responsabilisation du juge, car la dissidence est considérée comme un moyen de raffinement ou une condition de sa légitimité personnelle[54]. En effet, être légitime, « c'est, en termes les plus courants, être comme justifié, être accepté pour ce que l'on est et ce que

---

[52] C'est nous qui le soulignons.

[53] Cette intégrité est très essentielle dans les juridictions internationales au regard des usagers de cette justice qui ont besoin, à tout moment, que le comportement et la conduite du juge soient réaffirmés pour assurer la confiance du public dans l'intégrité de l'appareil judiciaire. La justice ne doit pas seulement être rendue, mais le public doit également considérer que justice a véritablement été rendue.

[54] La légitimité du juge est un concept multidimensionnel qui repose sur des fondements juridiques, institutionnels et sociaux. Elle est indispensable pour garantir la confiance dans le système judiciaire et la préservation du fonctionnement de la justice.

l'on fait »[55]. Rapportée au juge international, cette reconnaissance ne peut être que celle des justiciables (les États), à travers le travail qu'il accomplit au sein de la juridiction (les jugements et les opinions dissidentes). Par ailleurs, le juge est légitime grâce à son statut[56] et grâce à son jugement[57]. La présence de l'opinion dissidente comme liberté, dans son statut, permet au juge de faire accepter sa présence au sein de la juridiction par les justiciables notamment à travers la qualité de son jugement personnelle sur l'affaire.

En rendant publiques les dissensions internes, les juridictions internationales seront responsables de leurs décisions. Elles permettent ainsi aux observateurs externes d'évaluer la solidité des arguments majoritaires et, le cas échéant, de critiquer ou de soutenir des positions dissidentes. Leur présence obligerait la majorité du tribunal à apporter un soin plus grand à la rédaction de la motivation, rendant ainsi cette dernière plus complète et plus cohérente[58].

De suite, l'opinant, à travers sa dissidence, expose sa formation collégiale, notamment ses collègues magistrats, à plus de vigilance. D'abord, à ce que l'exercice de la liberté d'expression dont dispose le dissident, préserve la dignité de la fonction judiciaire ainsi que l'impartialité et l'indépendance de l'appareil judiciaire. Ensuite, à plus de vigilance de la majorité décisionnelle à ce que l'opinion dissidente, substantiellement, ne soit que l'œuvre de son auteur, afin de préserver et promouvoir l'indépendance institutionnelle et opérationnelle de l'appareil judiciaire.

L'opinion dissidente constitue aussi un gage de transparence devant les juridictions internationales.

---

[55] M. Barthélemy, « La légitimité du juge », *Revue Internationale de Droit Comparé*, vol. 54 n°2, avril-juin 2002. pp. 277-291. Disponible sur https://www.persee.fr/doc/ridc, consulté en décembre 2024.

[56] Ici, nous faisons allusion au processus relatif au choix du juge, c'est-à-dire, les modalités ou le système choisi pour son recrutement. Mais aussi, par l'exercice de ses fonctions.

[57] Cette légitimité s'analyse à travers la qualité du jugement rendu par le juge. Autrement dit, par le « bien jugé » des questions soumissent à ses appréciations.

[58] M. Manouvel, *Les opinions séparées à la Cour internationale comme instrument de contrôle du droit international prétorien par les États*, collection logique juridique, L'Harmattan, 2005, p. 14.

B – Un instrument de transparence des juridictions internationales

Il importe d'insister sur l'effort à opérer pour rendre la justice plus accessible aux justiciables, en occurrence ici les États. La logique veut que la justice soit adaptée aux usagers ; leur donner les moyens de la comprendre passe par une plus grande transparence procédurale. La dissidence favoriserait cette transparence en donnant l'image d'une juridiction ouverte. Elle laisserait apparaître le processus décisionnel transparent (1), sans chercher à dissimuler, au prix d'une distorsion de la réalité, le fait que la collégialité ne signifie pas forcément unanimité et par là, elle contribue à l'intelligibilité de la décision majoritaire (2).

1 – La transparence du processus décisionnel

L'acceptabilité d'une décision d'une juridiction internationale s'analyse à l'aune du degré de transparence qu'elle professe tout au long de la procédure de prise de l'arrêt. Le culte du secret, de la dissimulation est en contradiction avec la justice internationale, car les justiciables de cette justice souhaitent toujours plus de transparence pour de multiples raisons[59]. Avec la dissidence, les fondateurs des tribunaux internationaux ont privilégié la transparence sur la confidence. La dissidence reflète, en quelque sorte, le déroulement des débats au sein d'une composition collégiale. Elle procure le sentiment, pour la partie perdante, que lors de la prise de l'arrêt, tous les points, toutes les questions de l'affaire ont été débattues ; une majorité s'est dégagée après discussion contradictoire. Elles montrent que les décisions des juridictions internationales ne sont pas imposées de manière autoritaire, mais résultent d'un processus délibératif où toutes les voix ont été entendues.

L'on a l'habitude de faire camoufler l'absence d'unanimité des juges sous prétexte que cela participe à l'autorité des décisions, à leur caractère indiscutable[60]. Ou encore, au nom du secret du libéré ou au nom de l'indépendance des magistrats. Or, personne ne peut croire que toutes les décisions sont prises à l'unanimité et que jamais un juge n'exprime ni ne critique tous les arrêts. En revanche, nombreux sont ceux qui imaginent les tractations des juges et la partialité de leurs décisions. Ce qui est caché est immanquablement suspecté. Ce culte du secret, de la dissimulation est en

---

[59] N. Fricero, « Délibération des juges : entre secret et transparence », *Les cahiers de la justice*, v. 3, 2014, p. 417.

[60] P. Gaffet , K.-L. Geoffroy , « Liberté d'expression des juges de la Cour européenne des droits de l'homme (…), préc. p. 161.

contradiction avec les attentes des justiciables qui évoluent dans une société qu'ils souhaitent toujours plus transparente[61]. Dans ce même ordre d'idées de transparence, la rationalité de la décision est construite à partir de la rigueur du raisonnement juridique élaboré à la faveur du débat qui a animé le délibéré, et il est certain que la dialectique est un élément essentiel de la transparence. En effet, le pour et le contre s'affrontent et se fécondent mutuellement, avec des arguments juridiques spécifiques, les nuances sont les bienvenues, les oppositions admises, voire provoquées[62].

La publication de l'opinion dissidente est la preuve que la décision des juridictions internationales est née d'une confrontation des idées, ou suite à un débat juridique de qualité sur les concepts, des raisonnements, des appréciations, d'une réflexion approfondie ; elle est bâtie sur du solide, et elle a été construite rationnellement et de façon démocratique et transparente[63].

La dissidence peut être considérée aussi comme un signe manifeste d'impartialité[64] du juge ou de l'institution juridictionnelle, gages de transparence et de légitimité des décisions des juridictions internationales. En effet, l'impartialité d'un juge ou d'une institution est présumée ; chaque fois qu'une allégation de partialité ou une crainte raisonnable de parti pris est formulée, de ce fait, l'intégrité décisionnelle, non pas seulement d'un juge pris individuellement, mais de l'administration judiciaire dans son ensemble est remise en question ; des preuves incontestables sont nécessaires pour affirmer ou confirmer cette présomption. L'opinion dissidente permet de diluer cette impression de partialité qui plane sur le

---

[61] J.-P. Ancel, « Une opinion dissidente », préc., p. 3.

[62] M. Bedjaoui, B. Favreau, et autres, *La méthode de travail du juge international*, Bruylant Bruxelles, 1997, p. 41.

[63] J.-P. Ancel, « Une opinion dissidente (…) », préc., p. 4.

[64] L'impartialité a été définie par la Cour africaine des droits de l'homme dans son arrêt *Alfred Agbesi WOYOME c. République du Ghana du 4 juillet 2019, requête n°001/2017 ;* dans son sens juridique comme « l'attitude qui doit permettre d'éliminer toute subjectivité dans un jugement. Elle implique que le juge laisse de côté ses sentiments de sympathie ou d'antipathie à l'égard de tous ceux qu'il va juger et se d6barrasse de toutes idées préconçues, de préjugés fondés sur n'importe quelle raison de discrimination (genre, religion, couleur, morale, opinion, etc.) ou de stéréotypes et qu'il se prononce avec le plus d'objectivité possible. Comme le dit la Cour, elle affirme que l'impartialité suppose l'absence de parti pris, de préjugés, de conflits d'intérêts chez un juge. Un arbitre, un expert ou une personne analogue par rapport aux parties se présentant devant lui ou par rapport à la question qu'il doit trancher. »

juge individuellement, mais aussi sur l'institution juridictionnelle internationale.

2 – L'intelligibilité de la décision

L'avantage des opinions dissidentes est qu'elles offrent aux juristes, et aux justiciables ou les parties, des solutions alternatives à celles retenues par la majorité des membres de la formation de jugement. Celles-là éclairent celles-ci, et enrichissent le débat. Elles fournissent aux parties et aux observateurs une présentation doctrinale de l'affaire qui est plus au moins différente de celle de la décision. Elles enrichissent le débat juridique, rappelant que le droit et la justice ne sont pas des sciences exactes[65]. De ce fait, l'opinion dissidente est très largement utilisée par les juges des juridictions internationales.

La publicité des opinions dissidentes met en avant l'absence d'accord entre les juges sur la manière de résoudre le problème juridique qui leur est soumis. En d'autres termes, une majorité s'est portée sur la décision tandis que certains de ces points n'ont pas convaincu les juges minoritaires[66]. En tant que doctrine judiciaire, les opinions dissidentes seraient donc des instruments d'information de l'évolution jurisprudentielle au sein des juridictions internationales. Grâce à leurs écritures et leurs dynamismes, elles permettraient de renseigner le lecteur sur la précision de la décision et de prévenir un revirement jurisprudentiel de la juridiction internationale[67]. Les juges des juridictions internationales sont libres d'exprimer officiellement, par écrit, leur opinion. Du point de son contenu, une opinion dissidente doit donc se limiter à retranscrire l'avis personnel du juge qui en est l'auteur à l'égard d'une décision au délibéré de laquelle il a participé. Il doit faire œuvre de retenue, expliquant seulement pourquoi il a voté contre la décision majoritaire. De ce fait, l'analyse des opinions dissidentes montre que l'auteur de la dissidence commence toujours par une brève présentation des faits, ou de la question de droit dont il n'adhère pas à l'interprétation faite par la majoritaire[68].

---

[65] J.-P. Costa, « Les opinions séparées des juges : est-ce une bonne institution dans une juridiction internationale ? », *in Le droit dans une Europe en changement*, Liber Amicorum Pranas kuris, 2008, p. 114

[66] Sur ce point, on reconnait aux opinions dissidentes un double effet positif sur l'intelligibilité de la décision rendue : elles complètent, réexpliquent et remettent en question cette dernière.

[67] H. Isaïa, *Les opinions dissidentes des juges socialistes dans la jurisprudence de la Cour internationale de justice, op. cit.*, p. 659.

[68] C'est nous qui le soulignons.

Les opinions dissidentes contribuent de façon importante à l'approfondissement des raisonnements mentionnés dans la décision majoritaire, de surcroit au développement du droit international ou à la compréhension de la position adoptée par la majorité[69]. Considérées comme de la doctrine judiciaire, les opinions dissidentes expriment, de même garantissent, la continuité de la réflexion juridique. Préserver l'ouverture de cette réflexion est primordiale pour le progrès du droit international. En effet, une opinion dissidente exprimée dans un tribunal de dernier ressort est un appel à l'esprit toujours présent du droit, à l'intelligence d'un jour futur ou une décision ultérieure rectifiera, peut-être, l'erreur dans laquelle le juge qui émet cette opinion croit que le tribunal est tombé.

Les juges qui s'expriment individuellement sont amenés à développer leur propre interprétation de la règle de droit, en sus de celle déjà opérée par la majorité. Ils proposent une analyse alternative à celle qui a été faite dans la décision. Il est essentiel pour permettre l'évolution de la règle de droit de laisser s'exprimer les opinions minoritaires. Dominique Rousseau estime d'ailleurs que « … la publication des opinions dissidentes offre sa légitimité à la décision majoritaire en signifiant que la décision majoritaire s'inscrit dans un processus de discussion continue… »[70]. La discussion est une condition du devenir d'une règle. Les opinions dissidentes ont cette capacité d'ouvrir un certain espace de dialogue, un certain espace d'incertitude qui permettrait le progrès ultérieur de la jurisprudence.

De même, la dissidence peut souligner que le débat juridique sur le point de droit international en question n'est pas clos et que la réponse du tribunal international ou de la majorité n'est qu'une réponse parmi d'autres. Elle peut également, comme le souligne Angelo Pietro Sereni « empêcher qu'une sentence manifestement inexacte n'acquière une autorité qui ne lui appartient pas »[71].

Ce dynamisme est le fait aussi que la dissidence est généralisée à l'ensemble de la production judiciaire des juridictions internationales. En effet, elle n'est réservée à aucune procédure spécifique ; elle peut être exercée lors de la procédure contentieuse que pendant une procédure

---

[69] W. Mastor, « Les opinions séparées sont-elles raisonnables (…) », préc., *p.* 2124.
[70] D. Rousseau, « Pour les opinions dissidentes » in *Mélanges à Patrice Gelard*, Montchrestien, 2000, Paris, p. 328, cité par A. Langenieux -Tribalat, *Les opinions séparées des juges, op. cit.*, p. 131.
[71] A.-P. Sereni, « Les opinions individuelles et dissidentes des juges (…) », préc., p. 833.

consultative[72]. De même, ce droit s'exerce indépendamment du score[73]. De même, les juges sont libres de joindre leurs opinions dissidentes non seulement aux arrêts[74], mais aussi à ses ordonnances[75] (celles indiquant les mesures conservatoires, celles constatant le désistement, celles sur l'admission d'une requête à fin d'intervention), sur les conditions de recevabilité d'une requête[76]. De même aucune limite n'est imposée aux membres de la minorité. En outre, chaque juge de la minorité a le droit d'exprimer son opinion dissidente soit individuellement, soit collectivement ou conjointement[77].

Nonobstant le caractère majoritaire et collégiale des décisions des juridictions internationales, la dissidence a pour importance de mettre sous la lumière le caractère caduc de la position majoritaire par rapport à l'évolution du droit international. Cette caducité peut porter sur la décision, c'est-à-dire les dispositifs, sur la motivation des arrêts, sur le caractère routinier de certaines positions jurisprudentielles qui sont en inadéquation avec l'évolution du droit applicable en la matière, comme l'illustrent les propos de l'opinant Blaise Tchikaya dans l'arrêt *Dexter Eddie Johnson c. Ghana, «* La décision prise est en retrait au regard de l'évolution des droits de l'homme *»*[78].

Elle vise aussi à garantir une cohérence dans la décision de la majorité selon les propos du juge Ben Kioko et autres dans leur dissidence

---

[72] B.-M. Metou, *Le rôle du juge dans le contentieux international, op. cit,* p. 554.

[73] Par score, nous faisons allusion au nombre de juge mis en minorité dans la décision. Au sein des juridictions internationales, la minorité constitue les membres qui ont voté contre la décision.

[74] Cour ADH, requête 001/2011, *Arrêt Femi FALANA c. Union africaine*, Opinion dissidente du juge Sophia A. B. Akuffo, et 2 autres juges, arrêt du 26 juin 2012.

[75] Devant la Cour ADH, parmi les 91 ordonnances de mesures provisoires, les juges ont émis 9 opinions dissidentes, disponible sur www.african-court.org , consulté le 22 décembre 2024.

[76] CADH de l'UA, arrêt du 2 décembre 2021, *aff. Laurent Munyandilikirwa c. République du Rwanda,* requête n° 023/2015, opinion dissidente du juge Rafaâ Ben Achour, disponible sur https://www.african-court.org/cpmt/fr/details-case/0232015, consulté en juin 2024.

[77] CADH de l'UA, arrêt du 13 juin 2023, *aff. Thomas MGIRA c. République -Unie de Tanzanie,* Opinion dissidente conjointe des juges Ben Kioko, Tujalane Chizumila et du juge Dennis Adjel, requête n°003/2019, disponible sur https://www.african-court.org/cpmt/fr/details-case/0032019, consulté en juin 2024.

[78] CADH de l'UA arrêt du 28 mars 2019, *aff., Dexter Eddie Johnson c. Ghana*, requête n°016/2017, opinion dissidente du juge Blaise Tchikaya, disponible sur https://www.african-court.org/cpmt/fr/details-case/0162017, consulté en juin 2024.

conjointe[79]. C'est-à-dire assurer une certaine continuité jurisprudentielle entre les décisions postérieures et antérieures comme démontre cette illustration « nous ne saurions partager la décision de la majorité de la Cour, dans la mesure où la position adoptée par celle-ci n'est pas conforme à la jurisprudence de la Cour… nous estimons que la majorité aurait dû se conformer aux décisions antérieures de la Cour, en matière d'appréciation du délai raisonnable *»*[80].

Au sein d'une juridiction internationale, la dissidence en tant qu'outil d'expression peut permettre à la minorité individuelle ou collective de mettre en lumière le manque d'audace de la majorité notamment, dans le cadre de sanctions qu'elle peut prononcer en cas de violation des droits de l'homme par les usagers de la juridiction internationale ; tel est le sens de l'opinion dissidente du juge Rafâa Ben Achour dans *l'affaire Mohamed Abubakari c. République de Tanzanie* dans laquelle il considère que la majorité aurait dû prononcer la mise en liberté du requérant au regard des violations de l'article 7 de la charte africaine des droits de l'homme et l'article 14 du Pacte international relatif aux droits civil et politiques, mais aussi la violation de plusieurs de ses droits, soit lors de son arrestation, soit lors de sa garde à vue, soit encore lors de son procès[81].

La menace d'une opinion dissidente et sa publication peut amener la majorité à améliorer la qualité de la motivation de la décision[82]. En effet, les principes fondamentaux de la rédaction d'un arrêt international sont « la clarté, la cohérence et la concision » et, bien sûr, la fidélité au droit et aux faits, toutes les autres considérations étant secondaires[83]. Ces principes sont importants, car peu de gens lisent chaque mot d'un jugement ; des rares personnes qui lisent chaque mot d'un arrêt, s'attardent en général sur la partie consacrée au droit ; de ce fait l'opinion dissidente, grâce à sa

---

[79] CADHP de l'UA, arrêt du 1 décembre 2022, *aff. Igolo Iguna c. République Unie de Tanzanie,* requête n°020-2017, opinion dissidente conjointe du juge Ben Kioko et autres, disponible sur https://www.african-court.org/cpmt/fr/details-case/0202017, consulté en juin 2024 ;

[80] CADH de l'UA 1 décembre 2022, *aff. Igolo Iguna c. République Unie de Tanzanie,* opinion dissidente conjointe du juge Ben Kioko, préc.

[81] CADH de l'UA, arrêt du 3 juin 2016 *aff. Mohamed Abubakari c. République-Unie de Tanzanie,* Requête n°007/2013, Opinion dissidente du juge Rafâa Ben Achour, disponible sur https://www.african-court.org/cpmt/fr/details-case/0072013, consulté juin 2024.

[82] M. Gounelle, *La motivation des actes juridiques en droit international public, contribution à une théorie de l'acte juridique en droit international public,* éd. Pédone, 1979, p. 90.

[83] *Ibid.*, p. 95.

forme[84], sa courtoisie rédactionnelle ou son style narratif contribue directement à cerner l'affaire. En cela, elle a des vertus pédagogiques évidentes et permet au justiciable de vérifier que tous les aspects de la cause ont été entendus.

II - Un signe de tensions au sein des juridictions internationales

Le droit à l'opinion dissidente demeure un droit controversé. Considérée comme de la doctrine judiciaire ; elle présente des vertus mises en perspectives par diverses études spécialisées[85]. Cependant, ce qui est redouté n'est pas l'opinion dissidente, mais plutôt sa publication, le fait qu'elle soit jointe à la décision et publiée au même titre et au même moment que la décision[86] ; ce qui peut irriter les esprits moins avertis du bien-fondé ou qui redoutent un usage sensationnel, voire une exploitation médiatique très éloignée de l'objectif poursuivi.

Négative ou positive, la publication des opinions dissidentes est révélatrice d'un secret insoupçonné au sein des juridictions internationales qui doivent statuer en collégialité : l'opposition entre les membres de cette collégialité (A). Cette opposition peut être source de déflagration de l'autorité de la décision (B).

A - Un signe révélateur des oppositions internes

L'opinion dissidente exprime un désaccord frontal avec la position majoritaire, manifestant ainsi à la place publique la tension qui règne au sein de la collégialité. Cette opposition entre les juges peut être de nature idéologique (1) et peut entrainer une personnification de la fonction de juger (2).

1 – La révélation des controverses idéologiques

C'est probablement dans les caractères même du « droit » et de la « société » internationale qu'il faut chercher les raisons profondes des controverses idéologiques au sein des juridictions internationales[87]. En

[84] En effet, l'analyse des opinions dissidentes émises par les juges au sein de la Cour africaine des droits de l'homme et des peuples nous renseigne que les opinions dissidentes sont présentées sous forme de dissertation juridique en principe avec deux parties et des sous parties. Du point de vue de la longueur, elles oscillent en principe entre 2 et 20 pages.
[85] J.-P. Ancel, « Opinion dissidente (…) », préc., p. 5.
[86] L'article 70. 2 du Règlement intérieur de la Cour africaine des droits de l'homme et des peuples.
[87] N. Zakr, « Les aspects institutionnels de la Cour pénale internationale », *Journal du droit international*, 2002, n° 2, p. 452.

effet, la composition des juridictions internationales constitue l'un des reflets de la polarisation de la société internationale qui est la première justification des controverses idéologiques et, par la suite, la standardisation de l'expression de l'opinion dissidente[88]. Au sein des juridictions internationales, universelles[89] ou régionales[90], la position des juges est au confluent de plusieurs systèmes juridiques[91], à l'orée de la souveraineté des États membres, signataires de plusieurs instruments juridiques contraignant visant à instaurer un standard minimum de règles de protection des droits fondamentaux.

Au sein des juridictions internationales, la désignation des juges est le résultat d'une répartition géographique et politique des États créateurs[92], cependant, derrière cette façon de faire, se dissimule une réalité. En effet, chaque répartition ou chaque bloc correspond à une idéologie[93]. Ce faisant, les questions ou litiges portés devant eux peuvent faire apparaître de difficultés pratiques, dans la manière de juger, dans la compréhension de la situation juridique, dans la manière d'interpréter les concepts juridiques[94]. De même, des tensions politiques peuvent apparaître concernant les effets de la décision à venir. Le règlement des différends sur la base du droit international ne peut ignorer les données nationales internes des problèmes soumis à la juridiction internationale. Cette

---

[88] A.-P. Sereni, « Les opinions individuelles et dissidentes des juges (…) », préc., 829.

[89] L'article 9 du statut de la CIJ prévoit que le corps des juges, dans son ensemble, doit être représentatif des grandes formes de civilisation et des principaux systèmes juridiques du Monde. Voir l'article 14.2 du Protocole relatif à la Cour ADHP.

[90] L'article 3 du statut de la Cour africaine des droits de l'homme stipule que « Chacune des régions géographiques de l'Afrique, telles que définies par les décisions de la conférence, est représentée, dans les cas où cela est possible, par trois (3), à l'exception de la région Ouest, qui est représentée par quatre (4) juges. Son titre II, article 20 stipule que « la Cour se compose d'un nombre de juge égal à celui des Hautes Parties contractantes ».

[91] S.-A. Ndiaye, « Libres propos sur la notion de droits de l'homme en Afrique », *RGDIP*, 2022, p. 13.

[92] N. Zakr, « Les aspects institutionnels de la Cour pénale (…) », préc., p. 452. ; v. aussi, G. Abline, « La désignation des juges et du procureur de la Cour pénale internationale », *Journal du droit international*, 2004, n° 2, p. 474.

[93] Sur ce point la composition de la CIJ est symptomatique en effet, cette juridiction internationale est composée de telle sorte que les États membre permanents du Conseil de sécurité de *facto* ont toujours un juge de leur nationalité au sein de la Cour qui, d'une certaine manière, correspond aux deux blocs essentiels qui composent l'ONU ; les autres juges sont répartis compte tenu des équilibres politiques réalisés au niveau de l'Assemblée générale.

[94] M.-B. Sicart, *Les juges du tiers monde dans la Cour internationale de justice*, Economica, 1986, p. 15.

cohabitation des juges venant d'horizons différents favorise une guerre culturelle, idéologique et civilisationnelle ne disant pas son nom qui se manifeste publiquement, très souvent à travers leurs opinions dissidentes[95].

La désignation des membres des juridictions internationales par les organes politiques fait que, par le biais de l'officielle représentation des grandes formes de civilisation et principaux systèmes juridiques du monde ou, par plus tard, par le biais de l'inofficielle représentation des groupes régionaux, les divisions qui séparent les électeurs sur un plan politique risque quelque peu, avec des proportions et des modalités diverses, de séparer les élus sur le plan juridique[96]. C'est dire l'importance, aux yeux des États, de la composition des juridictions internationales.

C'est, cette composition qui va, dans bien des domaines, déterminer fondamentalement les conditions de majorité qui vont souvent déterminer l'aptitude d'une décision de la juridiction à créer effectivement du droit ou non[97].

Sur le plan individuel, les juges des juridictions internationales sont très réputés et expérimentés[98], nommés ou élus pour une durée de mandat limité[99], en vertu de procédures de sélection au cours desquelles les organes politiques pèsent beaucoup. De même, ces juges n'appartiennent pas à la même société, ni au même courant de pensée juridique, et n'ont pas non plus les mêmes parcours professionnels ; au sein d'une telle juridiction, les différences de points de vue entre les juges sont inévitables et justifiées. Ils entrent généralement dans leurs fonctions à un âge mûr, munis d'expériences et de connaissance élevées, ils arrivent du milieu universitaire par définition libéral et aussi près de la fin de carrière. Ils chérissent leur propre intégrité intellectuelle et sont mal à l'aise dans des

---

[95] Si la composition des juridictions internationales obéit au principe démocratique de la pluralité à la fois juridique, intellectuelle et géographique qui contribue à une meilleure prise en compte de la diversité des approches juridiques dans la construction des normes internationales ; cependant, cette pluralité peut constituer aussi un danger pour dégager des principes juridiques solides.

[96] M. Bedjaoui, *Droit international : bilan et perspectives*, A. Pedone, 1991, t1, p. 561.

[97] *Ibid.*, p. 562.

[98] S. Szurek, « La composition des juridictions internationales permanentes : de nouvelles exigences de qualité et de représentativité », *Annuaire français de droit international*, volume 56, 2010. pp. 41-78.

[99] J.-P. Bufferne, « La fonction de la Cour internationale de justice dans l'ordre juridique international : quelques réflexions », *RQDI*, v. 15, n°1, 2002, p. 144.

rapports trop hiérarchisés[100]. En outre, tout homme est profondément marqué par l'environnement qui l'a vu naître et dans lequel il est devenu adulte, la terre, la race et la classe, la langue, l'histoire de la collectivité dont il est membre. Dès lors, la fonction de juge international ne fait pas disparaître forcément « l'homme situé ». Elle ne signifie pas pour autant qu'il puisse rompre réellement tous ces liens même étant juge international. Ceux-ci sont synonymes de tensions et de controverses au sein de la juridiction internationale[101].

À ceci, l'on peut ajouter le caractère même du droit international ; un droit fragmenté[102] grâce à la multiplicité de ses sources, la diversité des interprètes et enfin la diversité des théories sur l'origine du droit international[103] ; qui sont des éléments à même de favoriser des conflits au sein des juridictions internationales, de surcroit l'expression d'une opinion dissidente[104].

2 – La personnification de la fonction de juger

Les juridictions internationales doivent être assimilées à l'image d'une autorité dépersonnalisée qui exprime une volonté unique, à la formation de laquelle participe un certain nombre de fonctionnaires internationaux « les juges », dont les opinions personnelles ne jouent un rôle que dans la mesure où elles concourent, en tant qu'éléments anonymes, à la synthèse permettant de déterminer cette volonté unique, officielle et seule pertinente. Autrement dit, la justice est rendue collectivement, mais d'une seule voix[105]. Ce principe sacré de la justice est remis en cause par la publication de l'opinion dissidente.

---

[100] S. Szurek, « La composition des juridictions internationales permanentes : de nouvelles exigences de qualité et de représentativité », *AFDI*, 2010, pp. 41-78.

[101] H. Isaïa, « Les opinions dissidentes des juges socialistes dans la jurisprudence (…) », préc. p. 661.

[102] « Fragmentation du droit international : difficultés découlant de la diversification et de l'expansion du droit international », Rapport du groupe d'étude de la Commission du droit international lors de la cinquante-huitième session à Genève, 2006.

[103] M. Benchikh, R. Charvin et autres, *Introduction critique au droit international*, Presse universitaire de Lyon, 1986, pp. 5-63. ; v. aussi ; M. St-Hilaire, *Les positivismes juridiques au XXe siècle*, Presses de l'Université Laval, 2020, p.15 ; E. Decaux, O. De Frovile , *Droit international public*, éd. Dalloz, 2023, pp. 21-25.

[104] S.-M. Ntsigou, *La fragmentation du droit international public : l'œuvre de codification à la lumière de la fragmentation du droit international*, thèse mult., 2013, p.145.

[105] J. Malenovsky, « Les opinions séparées et leurs répercussions sur l'indépendance (…) », préc., pp. 37-38

En effet, la faculté d'émettre des opinions dissidentes favorise une application routinière de la fonction de juger. Mais, c'est aussi une pratique qui peut remettre en cause la finalité de la fonction de juger. C'est une pratique qui peut flatter l'*ego* des juges que l'on se prend à craindre[106]. Le travail de juger n'est pas un travail de militant ; cependant, la liberté d'expression qui lui est offerte à travers l'expression d'une opinion dissidente peut l'amener à contre-courant de la fonction de juger afin de servir un intérêt transcendantal, un intérêt qui le dépasse, c'est-à dire se servir du mécanisme de l'opinion dissidente pour diffuser de manière large ses idées personnelles ou encore pour apporter la preuve de sa fidélité aux instances responsables de son élection.

Elle peut être utilisée comme un moyen de manifestation de capacité intellectuelle par rapports aux autres collègues[107]. Son usage excessif peut signifier souvent un sentiment de supériorité intellectuelle, entrainant ainsi une remise en cause des capacités intellectuelles des autres qui l'utilisent moins ou jamais. Ce qui risque de dévaloriser la fonction de juger[108].

Pour certains, la liberté d'exprimer sa dissidence inciterait les membres des juridictions internationales à prendre des positions jugées partiales. D'abord, des positions souhaitées par les autorités de nomination, ce qui serait contradictoire avec leur serment[109]. Ensuite, envers une partie au litige ou envers une culture ou une société, venant ainsi déformer la finalité de la fonction de juger.

Par ailleurs, si l'opinion dissidente est gage d'indépendance, cette dernière n'est pas synonyme d'impartialité. En effet, l'indépendance ne signifie pas l'impartialité à moins de réduire drastiquement le sens de ces notions. Conceptuellement, ce sont bien des notions différentes qui ont des effets différents à l'égard du juge et de la juridiction. On a vu qu'être indépendant pour un juge ou une juridiction internationale, c'est se trouver

---

[106] F. Rigaux, « Opinions dissidentes, opinions séparées et opinions convergentes : l'unanimité dans l'exercice de la fonction judiciaire », *in SFDI*, 2014, pp : 573-589.

[107] On peut prendre l'exemple, devant la CADH de l'UA, le cas du juge Blaise Tchkaya , qui a émis 44 opinions séparées dont 16 opinions dissidentes, 17 opinions individuelles et une déclaration ; ou encore celui du juge Rafaâ Ben Achour, qui a émis 32 opinions séparées dont 17 dissidentes, 11 individuelles et 4 déclaration dissidentes.

[108] C'est nous qui le soulignons.

[109] En effet, au moment d'entrer en fonction, les membres des juridictions internationales prêtent serment de remplir leurs fonctions en toute transparence et impartialité. Voir : l'article 16 du protocole relatif à la cour ADH et la Règle 3 du règlement intérieur sur la Cour ADH, l'article 3 du règlement intérieur de la Cour EDH, article 11 du statut de la Cour IADH,

dans une situation, garantie par un statut, qui leur permet de ne pas être soumis à un rapport de subordination et de résister aux pressions extérieures. L'indépendance permet ainsi la liberté de jugement indispensable à l'exercice de la justice[110]. Mais cette liberté peut justement poser des problèmes.

En effet, un juge peut être indépendant et pourtant être partial dans son jugement dissident. Par ailleurs l'impartialité selon le *dictionnaire de droit international public* est « l'absence de parti pris, de préjugé et de conflit d'intérêt chez un juge, un arbitre, un expert ou une personne en position analogue par rapport aux parties se présentant devant lui ou par rapport à la question qu'il doit trancher »[111]. La partialité est le contraire de l'impartialité[112] ; or, c'est justement le caractère d'une opinion dissidente, une prise de position individuelle face une question juridique ou un fait politique et social contre une position majoritairement dégagée après une discussion approfondie en collégialité.

L'expression de l'opinion dissidente peut se heurter aussi à d'autres principes implicites, notamment le principe de courtoisie entre les membres de la juridiction internationale[113]. En effet, dans une juridiction, de surcroit internationale, c'est-à-dire dont les membres ont des nationalités et des traditions différentes, ceux-ci se doivent mutuellement estime et respect. La vigueur des convictions exprimées dans l'instrument dissident peuvent être des propos blessants, voire outrageants, dans ce cas de figure l'opinion dissidente peut être considérée comme une défiance à la majorité[114].

Ensuite, l'existence de l'opinion dissidente encourage le travail personnel des juges au détriment du travail collectif. Cette individualité

---

[110] V. *Les Principes de BANGOLAR sur la Déontologie judiciaire*, 1re valeur, « l'indépendance », préc.

[111] *Dictionnaire de droit international public, Anglais, français, allemand*, éd. Lamy, 1992, p. 222.

[112] Il existe deux types d'impartialités : elle est soit objective, c'est-à-dire extérieure à l'égard de l'objet de l'instance, celle-là, exclut la participation à la formation de jugement de personnes ayant un lien avec l'affaire. Ce lien peut être sociologique ou fonctionnel (la connaissance antérieure de l'affaire, en tant que juge) ; elle est soit subjective, c'est-à-dire qu'elle fait obstacle à la participation au jugement de personnes ayant exprimé une hostilité à l'endroit d'une partie aux litiges ; peu importe, à cet égard que cette hostilité concerne la partie individuellement ou le groupe auquel elle appartient. V. C. Santulli, *Droit du contentieux international, op. cit.* p. 483.

[113] V. *Les principes de Bangolar, op. .it, 4e valeur,* « Convenances ».

[114] J.-P. Costa, « les opinions séparées des juges (…), préc., p. 116.

dans l'exercice de la fonction de juger conduit à affaiblir le caractère collégial au sein des juridictions internationales, remettant ainsi en cause la nature collégiale du délibéré au sein des juridictions internationales ; et qui s'étend à un moment d'échange d'idées et d'opinions ; supposant un travail véritablement commun et une réunion physique des juges[115].

B - Un signe d'atteinte à la crédibilité de la décision

Les opinions dissidentes ne font juridiquement pas parties de la décision des juridictions internationales. Même au simple plan formel, elles constituent un document distinct de la sentence. Il n'en demeure pas moins vrai qu'elles fournissent un apport considérable à l'œuvre des tribunaux internationaux en contribuant à la recherche du droit[116]. De même, elles peuvent stimuler ou freiner, souvent le cas, l'orientation que donne la majorité à la règle de droit, en limitant la portée de la décision. Dans l'ensemble, c'est l'existence même des opinions séparées qui est source d'ambiguïté et plus particulièrement l'opinion dissidente. Cette dernière est une atteinte au secret du délibéré (1), mais, aussi dans certaine mesure, elle réduit la portée de l'autorité des arrêts des juridictions internationales (2).

1 – La violation du secret du délibéré

Selon Natalie Fricero, « le secret maintenu sur les divergences internes à la juridiction permet de sauvegarder l'unité substantielle de la décision, à laquelle doivent être attachées une autorité de la chose jugée et une force exécutoire incontestable »[117]. Au demeurant, le délibéré est et demeure secret[118]. Le secret consiste en ce qui est mis à part séparé de ce qui est apparent, donc éloigné de la connaissance que pourrait en avoir autrui[119]. Le délibéré correspond à la période pendant laquelle les juges s'octroient

---

[115] B.-M. Metou, *Le rôle du juge dans le contentieux international*, *op. cit.*, p. 553.

[116] Le cas contraire sèmerait la zizanie chez les justiciables qui pourraient se prévaloir des arguments qui leur conviendraient le mieux, cela résultant en une application anarchiste de la justice. Le principe veut donc qu'aucun effet légal ne soit attaché aux opinions. On leur reconnaît une simple valeur doctrinale mais cela ne les empêche pas d'influencer de manière indirecte la jurisprudence en ce que celle-ci ne s'y réfère pas expressément. Voir Y. Lecuyer, « Le secret du délibéré, les opinions séparées (…) », préc., p. 209.

[117] N. Fricero, « Délibération des juges (…) », préc., p. 413.

[118] L'article 54 al. 3 du statut de la CIJ ; article 22 du règlement de la Cour EDH ; l'article 67.2 du Règlement intérieur de la CADHP ; article 74. 4 du statut de la CPI. V. M. Bendjaoui, *Droit international : Bilan et perspective »*, *op. cit.*, p. 566.

[119] G. Cornu, *Vocabulaire juridique*, 10e édition, Puf, 2015, p. 947.

un moment de réflexion avant de trancher l'affaire dont ils sont saisis[120]. Pour ce qui est des jugements prononcés par les juridictions internationales, le délibéré correspond à la phase qui suit les débats dans le prétoire et au cours de laquelle les juges se consultent pour rendre leur décision[121]. Lors du délibéré, les juges discutent du droit applicable, apprécient les preuves examinées au procès ; ils examinent les différents aspects d'une question, pèsent les avantages et les inconvénients avant de prendre une décision[122]. C'est un cadre d'expression de plusieurs opinions, de discussion et d'échange de points de vue aux fins de conclure sur les questions soumises à leurs sagacités[123]. La règle du secret du délibéré[124] est universelle et doit être respectée en toutes circonstances[125]. D'aucune manière les parties ne doivent être impliquées dans cette phase cruciale de la procédure. Le secret du délibéré évoque aussi l'idée de confidentialité des discussions qui ont précédé la prise de la décision de justice.

Par ailleurs, cette obligation[126] qui s'impose à la formation collégiale d'une juridiction internationale favorise la légitimité d'une décision et évite des arrêts impersonnels ou une justice dialectique[127]. Le secret du délibéré implique que « rien de ce qui s'y dit ne doit transparaître » ; cela permet d'éviter une individualisation de la solution rendue au nom de la juridiction dans son entier. Le secret maintenu sur les divergences internes à la juridiction permet de sauvegarder l'unité substantielle de la décision,

---

[120] S.-N. Tall, *Droit du contentieux international africain*, *op. cit.*, p. 152.

[121] C. Santulli, *Droit du contentieux international*, *op. cit.*, p. 485.

[122] Tous les juges délibèrent, qu'ils siègent en formation à juge unique ou en collégialité. Cet examen doit être tenu secret. Généralement, le secret des délibérations est lié à la collégialité des juridictions.

[123] A. Bolz, « Le délibéré ou les mystères de la fabrication du droit », *GP*, Paris, 2003, p. 5.

[124] En France, le secret des délibérations trouve son fondement dans deux textes à savoir : les ordonnances de Philippe de Valois de 1344 et celle de Charles VII de 1446 et 1453 ; dans lesquelles on interdisait aux magistrats de révéler leurs opinions personnelles après la décision.

[125] K.-L. Geoffroy et P. Gaffet « Liberté d'expression des juges de la Cour européenne des droits de l'homme (…) », préc. p. 155.

[126] Le secret entraine plusieurs obligations : il impose aux juges de délibérer hors de la présence de tiers, du public, des parties et de leurs avocats ; il leur interdit la divulgation de ce qu'ont été les discussions et de la façon dont chacun des juges de la collégialité s'est prononcé.

[127] M. Bendjaoui, B. Favreau et autres, *La méthode de travail du juge international*, *op. cit.*, p. 40.

à laquelle doivent être attachées une autorité de la chose jugée et une force exécutoire incontestables[128].

Toutefois, les points de vue divergents qui ont pu prévaloir au moment du délibéré peuvent se refléter dans les opinions dissidentes qui accompagnent la décision et lever de ce fait, au moins en partie, le mystère qui entoure le secret du délibéré[129]. En effet, la publication d'une opinion dissidente trahit le secret du délibéré[130] : d'abord, en levant le voile sur la confidentialité du vote[131] ; une confidentialité censée protéger le juge et garantir son indépendance. Par ailleurs, Le juge doit être à l'abri de toute pression extérieure, de toute éventualité de sanctions qui pourraient être prises à son encontre, en raison des critiques émises par ce dernier sur un jugement. Plus généralement, le secret du délibéré constitue un rempart contre les rancunes, les menaces, les représailles ou de l'intimidation de la partie succombant ou l'Etat d'origine du juge[132].

Ensuite, sur le caractère unanime de la décision, la publication de l'opinion dissidente est la preuve manifeste que la décision n'acquiert pas l'adhésion de l'ensemble des membres qui composent la juridiction internationale ; qu'il y a des réfracteurs, des dissidents de surcroit réduire la portée de l'acte juridictionnel[133]. Le secret du délibéré procure à la décision internationale sa légitimité, elle est rendue obligatoire par le pluralisme attaché aux juridictions internationales[134]. Seulement, l'existence de l'opinion dissidente rend peu probable une décision unanime ou consensuelle[135]. En ces cas, les décisions des juridictions internationales peuvent avoir du mal à s'imposer[136].

---

[128] N. Fricero , « Délibérations des juges : entre secret et (…) », préc., p. 2.

[129] P. Daillier et A. Pellet, *Droit international public*, LGDJ, 2001, p. 883.

[130] J.-P. Ancel, « Une opinion dissidente (…) », préc. p. 1.

[131] Cet argument peut être virtuel dans la mesure où le texte des arrêts des juridictions internationales, notamment la CIJ, indiquent le nombre et les noms des juges ayant constitué la majorité et les noms des juges ayant voté contre l'arrêt. V. art. 95 du règlement de la CIJ.

[132] Y. Lecuyer, « Le secret du délibéré, les opinions séparées et (…) », préc., p. 216.

[133] Max Gounelle, *La motivation des actes juridiques en droit international public ; contribution a une théorie de l'acte juridique en droit international public. op. cit.*, p. 98.

[134] Y. Lécuyer, « Le secret du délibéré, les opinions séparées et (…) » préc., p. 218.

[135] Le caractère collégial d'une décision ne signifie pas forcément que la décision est unanime. Elle renvoie seulement à l'idée que la procédure d'adoption a été collective et transparente.

[136] A.-C. Fortas, *La surveillance de l'exécution des arrêts et décision des cours européenne et interaméricaine des droits de l'homme : contribution à l'étude du contentieux international*, éd. Pedone, 2014, p. 12.

2 – L'affaiblissement de l'autorité de la décision

Les décisions juridictionnelles doivent être respectées. C'est par l'autorité de la chose jugée que cette obligation est exprimée et les techniques d'exécution permettent sa réalisation[137]. En droit international, les principaux arguments en faveur de l'interdiction ou de la limitation de la faculté pour le juge d'exprimer un désaccord avec la décision de la majorité tiennent également à la nécessaire garantie de l'autorité morale de la chose jugée et à la nécessaire crédibilité des juridictions internationales. Il s'agit d'éviter tout ce qui pourrait amoindrir la confiance que doivent avoir dans les juridictions internationales les justiciables, c'est-à-dire les États et, au-delà d'eux, les peuples.

En effet, porter le dissentiment des juges devant l'opinion publique internationale risquerait d'amener celle-ci à nourrir des doutes sur les mérites de la décision retenue et contribuer au maintien ou à la résurgence du litige alors même qu'une décision l'aurait, en principe, tranché. D'autant plus que les juridictions internationales sont victimes d'une certaine marginalisation du fait de l'absence d'une compétence juridictionnelle obligatoire[138], du fait aussi de l'absence de monopole dans l'interprétation du droit international et la divergence méthodologique dans l'utilisation des règles d'interprétation[139] et enfin du fait de l'absence de moyens de coercition dans l'exécution de leurs arrêts[140].

La révélation des hésitations de certains juges de la formation collégiale, ou de leur opposition à la décision, pourrait affaiblir l'autorité morale de la sentence, dès lors qu'il apparaîtrait que la décision a été prise à une très courte majorité et qu'elle a suscité des oppositions véhémentes[141].

---

[137] C. Santulli, *Droit du contentieux international*, *op. cit.* p. 502.

[138] J.-P. Bufferne, « La fonction de la Cour internationale de justice dans l'ordre juridique international : quelques réflexions », *RQDI*, v. 15, n°1, 2002, p. 141.

[139] V. B. Eveno, *L'interprétation des traités par les juridictions internationales. Étude comparative*, thèse mult., 2004, p. 119.

[140] Certes la société internationale a connu certaines formes d'intégration au niveau régionale, mais elle demeure pour l'essentiel composée d'Etats souverains, qui demeurent les garants de la vie des peuples et de l'existence de la société internationale. Ce sont donc les États eux-mêmes qui créent l'essentiel du droit. Ce sont le plus souvent les États seuls qui peuvent saisir le juge. Ce sont enfin les États qui assurent eux-mêmes l'exécution des décisions des juridictions internationales.

[141] J.-P. Costa, « les opinions séparées des juges : est-ce une bonne institution (…) », préc., p. 117.

Les juges ont une obligation déontologique générale, qui sous-entend de nombreux devoirs professionnels, de ne pas porter atteinte au crédit de la justice et à l'image de l'institution juridictionnelle, et de ne pas donner de la justice internationale une image dégradée ou partisane[142]. La révélation du fait que la décision a été obtenue à l'issue d'une très courte majorité ; ou encore une décision accompagnée par une ou plusieurs opinions dissidentes[143] est de nature à jeter un doute dans l'esprit du justiciable sur le bien-fondé de la solution et par conséquence rendre difficile l'exécution de la sentence[144].

Selon Mila Manouvel, l'une des raisons pour lesquelles les États ont accepté l'expression des opinions séparées généralement et dissidentes particulièrement est celle du contrôle indirect du droit prétorien par les États. Pour elle, cette fonction a été jugée centrale par les États dans l'élaboration du statut de la première juridiction internationale permanente (CPJI). À travers les opinions séparées, les États contrôlent indirectement la jurisprudence de la Cour internationale ou, plus précisément, la portée que cette jurisprudence est susceptible d'acquérir[145].

De même, ce qui porte atteinte à l'autorité des décisions des juridictions internationales, ce n'est pas l'existence elle-même de l'opinion dissidente, mais c'est l'éventuel manque de solidité de son argumentation juridique. C'est ce que redoutent les adversaires des opinions dissidentes, c'est ce qu'exprimait magnifiquement Albert de la Pradelle, adversaire de toujours des opinions séparées, « il ne faut pas que les considérants de la minorité puissent mettre en mauvaise posture ceux de la majorité »[146].

Selon un principe déontologique des magistrats, « le magistrat ne commente pas ses propres décisions qui, par leur motivation, doivent se suffire à elles-mêmes ». En effet, dans le système judiciaire international,

---

[142] J.-P. Costa, « les opinions séparées des juges : est-ce une bonne institution (…) », préc p. 16.

[143] CADHP de l'UA, *aff. Emil Touray et autres c. République de Gambie*, Requête n° 026/2020, Opinion dissidente conjointe du juges Rafaâ Ben Achour et Blaise Tchikaya. Disponible sur https://www.african-court.org/cpmt/fr/details-case/0262020, consulté en juin 2024.

[144] E. Hambro, *Les opinions individuelles et dissidentes des membres de la Cour internationale de justice*, *op. cit.*, p. 181.

[145] M. Manouvelle, *Les opinions séparées à la Cour internationale comme instrument de contrôle du droit international prétorien par les États*, *op. cit.*, p. 18.

[146] A. de La Pradelle, cité par M. Manouvel, *Les opinions séparées à la Cour internationale comme instrument de contrôle du droit international prétorien par les Etats*, *op. cit.*, p. 21.

la motivation est l'image de la rigueur du processus décisionnel ; cette rigueur est favorisée par l'exigence d'une motivation unique, la rédaction des motifs sous la forme de syllogisme. L'absence d'indication du nombre de voix défavorables à la décision et l'absence de la publication de l'acte de dissidence, envisage la décision comme un acte d'autorité et non comme un acte de persuasion[147]. C'est en cela que l'existence d'opinions dissidentes rend difficile l'exécution des décisions des juridictions internationales dans la mesure où elle fait perdre à la décision son caractère d'acte d'autorité ou sa normativité pour en faire un simple acte de déclaration.

En principe, une décision doit permettre de mettre un terme à un litige[148]. Or, ce but est difficile à atteindre en présence d'opinions dissidentes. Elles ont justement pour objet de proposer des analyses alternatives à celles retenues par la majorité. Les critiques qui en ressortent peuvent atteindre de plein fouet la crédibilité de la décision, suscitant chez le perdant un manque de confiance dans la justice à résoudre un problème juridique[149] et de surcroit la mauvaise foi dans l'exécution de l'arrêt. Le caractère normatif de l'arrêt est ainsi remis en cause.

---

[147] M. Gounelle, *La motivation des actes juridiques en droit international public : contribution à une théorie de l'acte juridique en droit international public*, *op. cit.*, p. 136.
[148] G. De Geouffre de La Pradelle, « La fonction des juridictions de l'ordre international », *Journal du droit international*, 1998, n°2, p. 395.
[149] A.-L. Tribalat, *Les opinions séparées des juges*, *préc.*, p. 45.

VARIA

Sauver l'éducation. Contre l'école néolibérale, penser pour désobéir

Ibrahima Malick THIOUNE

Juriste

Membre associé au Laboratoire d'Étude et de Recherche Critiques sur le Droit en Afrique Guy Adjété Kouassigan (LERCDA-GAK).

Résumé *:* Dans un contexte global de marchandisation de l'éducation, cette publication plaide pour une rupture avec la logique néolibérale fondée sur la gouvernance par les nombres, qui réduit l'école à une fonction instrumentale au service du marché. L'auteur dénonce la reddition du politique face à l'économétrique et appelle à une repolitisation de l'éducation, fondée sur les humanités, les savoirs endogènes et les langues nationales. En Afrique, cette aliénation prend une forme spécifique : celle d'un abandon du projet postcolonial de souveraineté cognitive. La domination devient autant épistémique que budgétaire, renforçant la dépendance intellectuelle des États africains. L'enjeu est de restaurer une éducation émancipatrice, ancrée dans les cultures locales et pensée comme un acte de souveraineté.

Mots-clés *:* Gouvernance par les nombres-Néolibéralisme éducatif-Souveraineté cognitive-Humanités-Université africaine.

L'éducation constitue, dans les sociétés modernes, bien plus qu'un simple service public : elle est le fondement même de la citoyenneté, le levier principal de la transmission intergénérationnelle des valeurs, des savoirs et des imaginaires collectifs. Pourtant, à l'heure d'une gouvernance globalisée marquée par l'obsession de la performance, par la standardisation des politiques publiques et par la rétraction des États sous la pression des marchés, l'éducation subit une réduction de ses ambitions au nom de l'efficacité budgétaire. Ce tournant s'inscrit dans ce qu'Alain Supiot a qualifié de « gouvernance par les nombres », c'est-à-dire une logique technocratique dans laquelle les finalités sont évacuées au profit des seuls instruments de mesure. L'éducation, dès lors, n'est plus envisagée comme un droit fondamental inaliénable, mais comme un investissement soumis aux impératifs de rentabilité.

Ce paradigme, fondé sur une rationalité instrumentale, affecte tant les pays du Nord que ceux du Sud. Cependant, en Afrique, les effets de cette transformation prennent un relief particulier, dans la mesure où l'école et l'université ont historiquement été investies d'une mission de refondation postcoloniale, de reconstruction des souverainetés intellectuelles et de désaliénation culturelle. Le renoncement à cette vocation au nom de la compétitivité, de l'employabilité et des indicateurs de performance signe une double capitulation : d'une part, du politique face à l'économétrique, d'autre part, de la souveraineté face aux logiques normatives imposées par les institutions financières internationales.

Aussi faut-il déployer une réflexion en deux temps pour scruter d'abord la manière dont les politiques d'austérité éducative traduisent un changement (une défaite j'allais dire) idéologique majeur dans la conception de l'école, réduite à un outil d'ingénierie sociale au service des marchés. Il s'agit d'une interrogation sur le recul des finalités humanistes et démocratiques de l'éducation. Ensuite et plus spécifiquement sur le contexte africain, il y a lieu, en retraçant les ambitions initiales de l'école postcoloniale de montrer comment celles-ci ont été compromises par les réformes dictées par les institutions de Bretton Woods. Il s'agira, à terme, de plaider pour une souveraineté éducative, fondée sur les savoirs endogènes, les langues nationales et une revalorisation des humanités, comme condition de la reconquête intellectuelle et politique du continent.

I – Contre l'austérité éducative : l'éducation, un bien commun rétif à la gouvernance par les nombres

Dans un contexte d'austérité budgétaire généralisée, les coupes envisagées dans les budgets de l'éducation ne relèvent pas d'un simple ajustement conjoncturel. Elles sont le symptôme d'un glissement profond dans les finalités mêmes de l'État, une réorientation idéologique vers une gouvernance par les nombres, selon l'expression magistrale d'Alain Supiot. Cette logique comptable et gestionnaire fondée sur la calculabilité, en prétendant substituer aux fins politiques des instruments de mesure, réduit l'éducation à une fonction instrumentale et marchande, au mépris de sa portée émancipatrice, civique et républicaine.

Historiquement, l'éducation a été conçue dans les États modernes comme une fonction régalienne, inséparable du projet de constitution d'une citoyenneté éclairée. En France comme dans de nombreux pays africains postcoloniaux, l'école fut investie d'une mission fondatrice : fabriquer des citoyens, transmettre un patrimoine culturel commun, et corriger les inégalités sociales de départ. Ce rôle fut notamment pensé par Jules Ferry dans un cadre républicain et laïque, et prolongé dans les États postcoloniaux par les figures de la décolonisation comme Amadou Hampâté Bâ ou Cheikh Anta Diop, pour qui l'école devait être l'instrument de la réappropriation identitaire et du développement endogène.

Or, ce modèle est aujourd'hui chahuté et fragilisé par l'importation de catégories de pensée néolibérales qui transforment l'éducation en service mesurable, comparable et, au fond, *marchandisable*. Les politiques publiques ne s'attachent plus à garantir un droit fondamental, mais à optimiser des « flux », à calibrer des « outputs » et à réduire les « coûts » selon des indicateurs exogènes à la finalité même de l'acte éducatif. En cela, les coupes budgétaires ne sont pas techniques mais normatives, elles entérinent une vision du monde où l'école est sommée de devenir une entreprise de formation de capital humain pour les marchés, et non un espace de formation du jugement critique.

A – La gouvernance par les nombres comme impensé de l'austérité

Alain Supiot[1], dans son œuvre majeure, *La gouvernance par les nombres*, a magistralement montré comment les États modernes ont cédé à une rationalité instrumentale inspirée du management privé, au détriment des principes de justice, de responsabilité et de finalité collective. Selon lui, la montée en puissance des indicateurs, benchmarks, tableaux de bord et critères de performance n'est pas anodine. Elle insinue et établit un régime de normativité qui évacue le politique au profit du pilotage technocratique.

Dans le cas de l'éducation, cette évolution est particulièrement dramatique. L'évaluation des politiques scolaires repose désormais sur des classements internationaux (type PISA ou TIMSS), la standardisation des compétences, et l'adéquation des formations aux besoins immédiats des entreprises. Mais que deviennent alors la liberté pédagogique, la culture générale, ou l'idéal d'un esprit critique ? La norme chiffrée dépossède les enseignants de leur vocation, les élèves de leur subjectivité, et l'État de sa capacité à formuler une politique à long terme. Ce que Supiot nomme le « désencastrement du droit », c'est-à-dire sa subordination aux calculs d'optimisation, trouve ici une application directe : l'éducation n'est plus un droit, mais une variable signant ainsi une cuisante défaite idéologique.

---

[1] A. Supiot, *La gouvernance par les nombres*. Cours au Collège de France (2012–2014). Fayard, 2015.

1 – Une défaite idéologique : la reddition du politique devant l'économétrique

Dans cette perspective, les coupes budgétaires ne sont pas neutres. Elles incarnent la reddition du politique devant les impératifs de l'économétrique. Elles signalent que l'éducation n'est plus un horizon, mais un poste de dépense. Que la formation des citoyens ne pèse pas face aux contraintes de la dette. Que la République, au sens fort, celle qui élève et libère, peut être amputée au nom de la rigueur.

Or, cette vision est économiquement inefficace et moralement ruineuse. Amartya Sen, prix Nobel d'économie, a démontré que l'investissement dans l'éducation constitue l'un des leviers les plus puissants du développement humain, et que l'approche par les capabilités c'est-à-dire la liberté effective de chacun à être ou à faire ce qu'il valorise – doit primer sur les logiques de rentabilité[2]. Adam Smith, chantre indécrottable du marché a cédé sur ce point considérant l'éducation comme une fonction indéclinable et non marchande de l'État. De même, Martha Nussbaum rappelle que les démocraties meurent lorsque l'école cesse de former à la pensée critique et à l'altérité, au profit d'une utilité strictement économique[3].

Le gouvernement des sociétés contemporaines, est marqué par une métamorphose du politique sous l'empire de la rationalité économétrique. La gouvernance, autrefois ancrée dans la délibération démocratique, les conflits idéologiques et les visions du bien commun, s'est progressivement effacée au profit de l'administration par les nombres. Ce glissement n'est pas seulement une transformation technique de la gestion publique, mais une défaite idéologique majeure, où la finalité du politique d'instituer le monde commun cède devant l'impératif de performance, d'efficacité et de compétitivité. Il s'agit d'une montée d'une gouvernementalité néolibérale, où l'État n'agit plus en gardien du bien public, mais en producteur de marché. L'université, espace autrefois dédié à la recherche libre et à la formation critique, est aujourd'hui asphyxiée par la culture de l'évaluation, des rankings, des appels à projets compétitifs. Ce triomphe de la logique économétrique installe une forme d'hétéronomie du politique. Les élus eux-mêmes ne gouvernent plus : ils administrent des contraintes budgétaires, appliquent des normes supranationales, se plient aux verdicts

---

[2] A. Sen, *Development as Freedom*. Oxford University Press, 1999.

[3] M.-C. Nussbaum, *Not for Profit: Why Democracy Needs the Humanities*. Princeton University Press, 2010.

des agences de notation. La légitimité politique est subordonnée à la « confiance des marchés », selon une rhétorique qui évacue toute conflictualité. L'espace public devient le théâtre d'un consensus technique, et non d'un débat démocratique, sur la « bonne gestion ». Ce que cette « reddition du politique » manifeste, au fond, c'est la désymbolisation du pouvoir : l'oubli de sa vocation instituante. Résister à cette défaite idéologique suppose donc de réhabiliter la finalité politique de l'action publique : non pas gérer la société comme une entreprise, mais la gouverner comme un espace de délibération et de justice. Cela implique de sortir du fétichisme des chiffres, de réinscrire les politiques dans une éthique du commun, et de repenser la souveraineté démocratique au-delà des carcans technocratiques en la repolitisant.

2 – Repolitiser l'éducation : une urgence démocratique

Il est urgent de repolitiser l'éducation, c'est-à-dire de refuser qu'elle soit abandonnée aux impératifs de la rentabilité à court vue qui la dépolitise. Cette dépolitisation est cependant un leurre en ce qu'elle constitue en réalité une modalité subtile d'occultation des enjeux de pouvoir, de valeurs, et de transformation sociale qui la traversent. Repolitiser l'éducation, ce n'est pas l'instrumentaliser au profit d'une idéologie particulière, mais en restaurer la portée démocratique, critique et émancipatrice, en refusant sa réduction à une simple fabrique de capital humain. Cela suppose de réaffirmer que l'éducation est un droit fondamental, un commun non réductible à un service, et une mission structurante de l'État. Cela exige également de rompre avec le culte des indicateurs pour restaurer le primat du sens, des finalités, et des humanités dans le pilotage des politiques éducatives. La gestion publique vectrice à son insu d'une colonialité[4], postule une éducation devenue un espace de performance, où les logiques comptables remplacent les finalités éducatives. Le sujet apprenant devient une ressource, les enseignants des opérateurs d'objectifs, et les savoirs des compétences exploitables. Cette technicisation de l'acte éducatif détourne l'école de sa mission fondatrice, qui est, à titre principal et non exclusif de former des citoyens libres, critiques et capables d'autonomie morale[5]. L'idéologie de la neutralité scolaire masque le fait que toute éducation est socialement située, historiquement orientée, politiquement significative. Il faut ici s'en

---

[4] 4 A.-A. Diouf, « Faut-il brûler les Facultés de droit du Sénégal ? » - Propos irrévérencieux d'un universitaire citoyen sur l'actualité politico-judiciaire !, www.mpact.sn. Vendredi 24 Juin 2022.

[5] H. Arendt, *La crise de la culture*. Gallimard, 1972.

remettre à la vision de Pierre Bourdieu pour qui « *l'école contribue à la reproduction sociale en naturalisant l'arbitraire culturel* »[6]. En prétendant évacuer le politique, l'école renforce l'ordre social existant au lieu de le questionner.

Repolitiser l'éducation suppose alors de dévoiler ses implicites normatifs, de rendre visible la part de choix, de conflit et de dissensus dans les contenus enseignés, les formes pédagogiques et les critères d'évaluation. Une éducation repolitisée repose sur la prise de conscience critique (*conscientização*) des déterminismes sociaux, économiques, culturels qui façonnent l'expérience des élèves et des étudiants[7]. Cela implique de repenser la place de l'apprenant, non comme objet de transmission, mais comme acteur délibératif. Il ne s'agit pas simplement de transmettre des savoirs, mais de les relier à une praxis, à un agir collectif visant l'émancipation.

Cela suppose une refondation des curricula (incluant les études postcoloniales, les pensées critiques, les savoirs situés), une ouverture à l'interdisciplinarité, et une implication réelle des élèves dans les choix pédagogiques. L'éducation devient alors un acte politique au sens noble et plein : une tentative de transformer la société à travers la formation de sujets capables d'en contester les normes.

Edgar Morin écrit en ce sens que « L'éducation ne doit pas seulement transmettre des connaissances, elle doit apprendre à vivre[8]. » Cela ne se mesure pas en ratios, mais en valeurs, en projets collectifs, en émancipations individuelles. Réduire les moyens de l'éducation, c'est donc abdiquer l'avenir. C'est consentir à ce que la République renonce à ses promesses fondatrices. C'est, enfin, capituler devant une vision du monde où l'homme n'est plus qu'un coût à contenir et non un sujet à élever. En Afrique cette réalité se dévoile avec plus de persistance.

II – En Afrique, l'école au défi de la souveraineté : entre mémoire postcoloniale et injonctions néolibérales

La question éducative en Afrique ne peut être abordée indépendamment de son épaisseur historique, tant l'école y a été au cœur de la fabrique

---

[6] P. Bourdieu, et J.-C. Passeron, *La reproduction. Éléments pour une théorie du système d'enseignement*. Éditions de Minuit, 1970

[7] P. Freire, *Pédagogie des opprimés*. Traduit du portugais par Monique Macedo. Éditions Maspero, 1974.

[8] E. Morin, *La tête bien faite. Repenser la réforme, réformer la pensée*, Seuil, 1999.

coloniale des élites que du projet postcolonial de reconstruction nationale. Si les politiques d'austérité qui affectent aujourd'hui l'éducation dans les États africains peuvent paraître mimétiques des modèles occidentaux, elles prennent, dans ce contexte particulier, la forme d'un renoncement à la souveraineté intellectuelle et d'une reconduction des dépendances structurelles dénoncées par les pionniers du tiers-mondisme.

A – Une fonction stratégique dans le projet postcolonial

Dans les lendemains des indépendances, l'école fut pensée par les dirigeants africains non seulement comme un instrument de modernisation, mais surtout comme un levier de libération. Amadou Hampâté Bâ insistait sur la nécessité de « replanter l'arbre à palabres dans la cour de l'école », c'est-à-dire d'enraciner l'enseignement dans les valeurs endogènes et les savoirs autochtones, rompant avec l'école coloniale conçue comme appareil d'aliénation culturelle et de sélection des intermédiaires.

Cheikh Anta Diop, quant à lui, appelait à une réappropriation historique et linguistique de l'enseignement, seule voie pour rompre avec les structures et clôtures mentales du colonialisme et construire un véritable développement autonome. L'éducation était ainsi envisagée comme un instrument de désaliénation, un processus de réécriture de soi par soi. Elle devait refonder les États africains sur des imaginaires politiques et culturels décolonisés.

Mais ce projet fut rapidement compromis en raison d'au moins deux considérations.

D'une part, selon Abdoul Aziz Diouf, dès sa constitution ainsi, l'université sénégalaise a été déconnectée de la société humaine à laquelle elle est rattachée[9]. Le professeur de droit développe l'idée que dès son institutionnalisation, l'université sénégalaise s'est constituée en marge de la société humaine à laquelle elle aurait dû être intimement arrimée. Cette distanciation structurelle vis-à-vis des réalités sociales endogènes a engendré une posture épistémologique dogmatique, annonciatrice d'une institution productrice de savoirs désincarnés, marquée par un autoritarisme latent dans sa relation à la diversité des expériences sociales. En cela, elle s'est inscrite dans une logique de reproduction coloniale, où le savoir universitaire restait majoritairement tributaire des épistémologies

---

9 A. A. Diouf, « Réécrire la justice pour fonder un État de droit au Sénégal », *Revue Sénégalaise de Droit,* n° 39. 2024, pp 167-202.

européennes, au détriment des savoirs endogènes et des langues africaines. La relation de distanciation qu'elle entretient avec les singularités de l'ordre social sénégalais n'est pas simplement le fruit d'une carence d'adaptation, mais bien le symptôme d'une violence symbolique plus profonde : celle d'une université née sans enracinement, sans articulation organique avec les aspirations populaires ni avec les formes locales de production de sens.

Ce déficit d'enracinement a favorisé l'émergence d'une posture dogmatique, dans laquelle le savoir universitaire est érigé en autorité autonome, souvent indifférente à sa fonction civique, éthique ou politique. L'université devient alors une instance de légitimation savante, qui parle depuis un surplomb, sans dialogue réel avec les dynamiques sociales. Cette posture autoritaire du savoir se traduit aussi bien dans les contenus enseignés que dans l'organisation institutionnelle : rigidité disciplinaire, hiérarchies professorales, faiblesse de la collégialité intellectuelle, et mépris latent pour les formes alternatives de connaissance. Ainsi, l'université sénégalaise peine à se faire lieu de médiation entre les savoirs formels et les réalités vécues, entre la tradition critique et les urgences sociales, entre l'histoire et l'utopie. Cependant, si cette thèse a le mérite de souligner les limites historiques du modèle universitaire hérité de la colonisation et la nécessité d'un arrimage plus fort aux réalités sociales locales, elle tend néanmoins à produire une vision homogénéisante, voire téléologique, de l'université africaine, en sous-estimant à la fois sa diversité interne, sa capacité d'auto-réflexivité et son potentiel critique. D'abord, l'affirmation d'une déconnexion originelle présuppose une homogénéité de l'institution universitaire, comme si celle-ci était, dès l'origine, entièrement soumise à une rationalité coloniale ou postcoloniale mimétique. Or, les universités africaines y compris celle de Dakar ont toujours été traversées par des tensions, des résistances, des initiatives alternatives. Dès les premières décennies post-indépendance, des figures comme Cheikh Anta Diop, Pathé Diagne ou encore le philosophe Souleymane Bachir Diagne ont œuvré, au sein même des structures universitaires, à une refondation épistémique des savoirs. Réduire l'université à un dispositif d'aliénation, c'est méconnaître les dynamiques internes de critique, d'invention et de contre-pouvoir qui ont toujours existé en son sein.

Dans cette continuité, qualifier l'université de « dogmatique » ou d'« autoritaire » peut prêter à confusion, si l'on ne précise pas ce que l'on entend par là. Il ne s'agit pas de nier l'existence de rigidités institutionnelles, de hiérarchies professorales ou de pesanteurs bureaucratiques, mais d'éviter une généralisation simplificatrice qui ferait de l'université un bloc monolithique, imperméable au changement. En réalité, nombre d'enseignants, de chercheurs et d'étudiants s'engagent quotidiennement pour une transformation des contenus, des méthodes, et des finalités de l'enseignement supérieur, en lien avec les enjeux sociaux, politiques et culturels contemporains[10].

Ultimement, la thèse de la déconnexion radicale repose implicitement sur une conception romanesque et ingénue de la société, envisagée comme un tout organique auquel l'université devrait se conformer. Cette vision oublie que la fonction même de l'université, héritée des Lumières mais aussi des humanismes africains, est précisément de produire une distance critique vis-à-vis des évidences sociales. En d'autres mots, l'université n'a pas pour vocation de refléter mécaniquement et fidèlement la société, mais de l'interroger, de la contester, de l'éclairer. La tension entre savoir et société n'est pas une pathologie ; elle constitue l'essence même de la vocation universitaire.

C'est dire donc que si la critique d'une université importée, élitiste et coupée des réalités locales est légitime et nécessaire, elle doit s'accompagner d'une vigilance conceptuelle. Il ne s'agit pas de substituer à l'université coloniale un modèle populiste ou culturaliste, mais de penser une université capable de conjuguer rigueur critique, enracinement et ouverture. Cela suppose de reconnaître que la réforme universitaire n'est pas un acte de rupture brutale, mais un processus dialectique, nourri par les tensions internes, les expériences collectives et les transformations du monde.

D'autre part, par la dépendance financière des jeunes États, qui, contraints par les ajustements structurels imposés par la Banque mondiale et le Fonds Monétaire International dès les années 1980, durent adopter

---

[10] On peut prendre l'exemple du laboratoire LERCDA qui rappelle cette position a travers le droit en ces termes : « *La production du savoir juridique en Afrique subsaharienne demeure historiquement marquée par une disjonction entre l'ordre juridique et l'ordre social. Résultant d'un processus de transplantation coloniale, où le droit fut mobilisé comme instrument de domination politique et culturelle, ce décalage n'a guère été corrigé par les indépendances. Au contraire, les nouveaux États ont largement reconduit les catégories et les schèmes normatifs hérités des systèmes occidentaux, au détriment d'une véritable prise en compte des structures et dynamiques locales. Cette persistance du hiatus entre positivité juridique et normativité sociale contribue aujourd'hui encore à alimenter une crise profonde de légitimité du droit en Afrique subsaharienne, rendant indispensable une entreprise de refondation critique du savoir juridique.* » https://lercda.org/a-propos.

des politiques d'austérité drastiques. L'enseignement supérieur, les filières littéraires et les programmes d'alphabétisation furent sacrifiés, au profit de formations techniques jugées « rentables ». C'est à ce moment que l'école, en Afrique, cessa d'être un espace de formation des citoyens pour devenir un lieu de fabrication d'agents économiques ajustés au marché.

Les réformes éducatives pilotées par les institutions de Bretton Woods, en Afrique comme ailleurs, ont consisté à aligner l'éducation sur des indicateurs d'efficacité définis hors du cadre démocratique. Dans *L'arme invisible de la Françafrique*[11], Fanny Pigeaud et Ndongo Samba Sylla montrent comment le contrôle monétaire exercé via le franc CFA s'accompagne d'un encadrement idéologique des politiques publiques, notamment en matière d'éducation, de santé et d'infrastructure.

En ce sens, la « gouvernance par les nombres » décrite par Alain Supiot trouve une actualisation brutale dans les États africains : l'éducation y est évaluée à travers des matrices standardisées (objectif de scolarisation, taux de réussite, insertion professionnelle, nombre de boursiers, etc.) sans prise en compte des enjeux locaux, linguistiques, historiques ou sociaux. La domination n'est plus seulement matérielle ; elle devient épistémique.

La conséquence en est une école de plus en plus déconnectée des réalités africaines : programmes inadaptés, langues d'enseignement étrangères, absence de prise en compte des savoirs traditionnels ou des besoins communautaires. L'élève africain est souvent formé pour un monde qui n'est pas le sien, dans une langue qu'il ne parle pas à la maison, selon des référentiels qu'il ne peut mobiliser dans sa réalité économique. Cette situation constitue une double violence : pédagogique et identitaire.

B – Pour une souveraineté éducative africaine

Face à cette situation, il convient de réaffirmer le droit des États africains à définir souverainement leur politique éducative. Il ne s'agit pas de rejeter tout apport extérieur, mais de recentrer l'éducation sur les besoins des sociétés africaines, leurs langues, leurs savoirs endogènes, leurs projets politiques. L'universalité de l'éducation ne suppose pas l'uniformité, mais le dialogue entre les cultures du monde. Or, ce dialogue est aujourd'hui asymétrique, biaisé par des instruments d'évaluation et des conditionnalités budgétaires imposées de l'extérieur.

---

[11] F. Pigeaud et N.-S. Sylla, *L'arme invisible de la Françafrique : une histoire du franc CFA*, La Découverte, 2018.

Comme le soutient Joseph Tonda, dans *Le souverain moderne*[12], les États africains doivent reconstruire leur capacité à formuler des politiques depuis leurs propres référentiels. Il en va de la décolonisation intellectuelle et de la refondation d'un contrat social africain. Cela suppose de sortir de l'obsession du pilotage par la performance pour renouer avec une pensée éducative politique, centrée sur la citoyenneté, l'appartenance, et le développement humain intégral.

Une telle souveraineté ne peut être pensée sans une revalorisation du rôle de l'État comme garant des téléonomies collectives. Loin d'être un opérateur neutre, l'État est ici l'espace où se définissent les grandes orientations culturelles, historiques et éthiques du vivre-ensemble. Réduire son rôle à celui d'un régulateur budgétaire revient à disqualifier le politique, au profit d'une gestion dépersonnalisée et souvent néocoloniale de l'avenir.

La situation actuelle, marquée par une régression budgétaire et une marchandisation rampante de l'éducation, ne peut être interprétée comme une simple erreur de gestion. Elle relève d'un choix idéologique : celui d'un modèle de société où l'éducation n'est plus un droit, mais un investissement, où l'élève n'est plus un sujet, mais un coût, et où l'État n'est plus stratège, mais comptable.

Contre cette vision réductrice, il faut affirmer, à la suite d'Alain Supiot, Amartya Sen, de Martha Craven Nussbaum, Cheikh Anta Diop ou d'Amadou Hampâté Bâ, une autre conception de l'éducation : comme un acte de souveraineté, un engagement de la société envers elle-même, un pari sur l'intelligence collective, un refus de l'hétéronomie.

C'est à ce prix que l'Afrique pourra construire une éducation à sa mesure — non pas une éducation ajustée au marché c'est-à-dire une formation professionnelle, mais une éducation fidèle à ses peuples, à ses langues, à ses imaginaires, et à son avenir.

III – L'université n'est pas un centre de formation professionnelle, mais le lieu des humanités

Dans le contexte actuel de marchandisation croissante de l'enseignement supérieur, cette tribune entend réaffirmer la vocation fondamentale de l'université : celle d'un lieu consacré aux humanités, à la quête du sens, à la pensée critique. Contre la réduction de l'université à un

[12] J. Tonda, *Le souverain moderne. Le corps du pouvoir en Afrique centrale (Congo, Gabon)*, Karthala, 2005.

dispositif d'ajustement aux « besoins du marché », elle défend une conception humaniste, politique et profondément émancipatrice de l'université.

A – La réduction utilitariste de l'université : symptôme d'une crise civilisationnelle

Depuis deux décennies, les réformes de l'enseignement supérieur se succèdent sous le signe d'une grammaire néolibérale : contractualisation, autonomie financière, évaluation par la performance, standardisation des curricula, mise en concurrence des établissements. Dans ce paradigme, l'université est sommée de devenir un acteur économique, un producteur de « compétences », et un moteur d'innovation au service du marché de l'emploi.

Cette orientation répond à une logique économétrique où l'éducation n'est plus conçue comme une fin en soi, mais comme un moyen d'optimiser la croissance, l'employabilité, la compétitivité nationale. En Afrique, cette tendance se manifeste dans les programmes d'ajustement éducatif proposés (ou imposés) par la Banque mondiale ou les agences bilatérales, où les filières littéraires, juridiques et philosophiques sont marginalisées au profit des Science, Technologie, Ingénierie et Mathématiques et des filières dites « professionnalisantes ».

Il s'agit là, pour reprendre Alain Supiot[13], d'un basculement anthropologique : le sujet de droit devient un objet de gestion, piloté par indicateurs, indices et critères d'évaluation externe. Le savoir n'est plus une valeur, mais un produit ; le chercheur, un entrepreneur académique ; l'étudiant, un futur salarié adaptable.

B – L'université comme espace de formation de la pensée libre

Or, cette vision trahit l'essence même de l'université. Dans la tradition de Wilhelm von Humboldt[14], l'université est un lieu de formation intégrale de la personne, où l'on apprend à penser par soi-même, à s'orienter dans la complexité du monde, à formuler des jugements autonomes. Loin de viser une simple insertion professionnelle, l'université humaniste vise la formation du citoyen.

---

[13] A. Supiot, *La gouvernance par les nombres*, *op. cit*,.

[14] W. V. Humbolt, *The Limits of State Action*. Cambridge University Press, 1969 [rédigé en 1792].

Sous une autre formulation, Jacques Derrida, dans *L'université sans condition*[15], défend l'idée d'une institution capable d'interroger toutes les normes, y compris celles qui la fondent. Il voit dans l'université le lieu d'un « droit inconditionnel à poser la question ». Cette capacité critique, fondamentale pour toute démocratie, est étrangère à l'approche utilitariste qui veut transformer l'université en entreprise de services éducatifs.

Martha Nussbaum[16], va dans le même sens en expliquant qu'une société démocratique doit, pour survivre, former des citoyens capables d'argumenter, d'imaginer, de comprendre autrui. Les humanités à savoir la philosophie, les lettres, l'histoire, les arts, etc. sont alors indispensables à la santé morale du corps politique. Les supprimer ou les dévaloriser revient à fabriquer des techniciens sans conscience, des experts sans éthique, des citoyens amputés de la pensée critique.

Ce combat prend une dimension particulière dans le contexte africain. Là où l'université fut pensée comme un lieu de refondation postcoloniale qui a malgré tout charrier des axiologies greco-romaine, la réduction à une logique de compétence technique constitue une seconde aliénation. Cheikh Anta Diop insistait sur la nécessité d'une décolonisation des savoirs, d'un retour aux langues africaines, aux épistémologies endogènes, à l'histoire longue du continent[17].

Mais les logiques d'austérité et de financiarisation ont fragilisé cette ambition. Le financement des universités est désormais souvent conditionné à leur « performance » dans des domaines étroits ; les chercheurs sont évalués à la quantité de publications dans des bases occidentales, non à l'impact intellectuel ou social de leur travail. L'université africaine devient alors un périphérique académique, absorbé dans une division internationale du savoir où elle est condamnée à l'imitation.

Or, l'université africaine doit être un lieu de pensée de soi, un espace de souveraineté cognitive, un foyer de reconstruction des savoirs à partir de l'expérience propre des sociétés africaines. Cela suppose une

---

[15] J. Derrida, *L'université sans condition*, Galilée, 2001. Une méditation sur la liberté universitaire et l'impératif de questionnement radical. Le philosophe défend une université capable de penser « hors des normes ».
[16] M. C. Nussbaum, *Not for Profit: Why Democracy Needs the Humanities*, *op. cit.*
[17] C.-A. Diop, *Civilisation ou barbarie : anthropologie sans complaisance*, Présence Africaine, 1981.

revalorisation des humanités, non comme luxe superflu, mais comme condition de possibilité d'un projet politique émancipateur.

Réaffirmer que l'université n'est pas un centre de formation professionnelle, mais un lieu des humanités, ce n'est pas refuser les impératifs d'adaptabilité ou de pertinence économique. C'est, plus profondément, refuser la réduction de l'université à un dispositif technique, et rappeler qu'elle est un lieu de pensée, de liberté, de contestation et de transmission du sens.

Ce n'est pas d'une université performante que nos sociétés ont besoin, mais d'une université pensante. Non d'un outil de formation professionnelle, mais d'un foyer de conscience. Il en va de notre démocratie, de notre dignité intellectuelle, de notre avenir commun.

Dans un contexte mondial marqué par la montée des logiques néolibérales, l'éducation, souvent considérée comme bien commun par excellence, se trouve cantonnée aux impératifs de performance chiffrée et de rentabilité. Au Sénégal, cette tension trouve un écho dans les récentes orientations du ministère de l'Enseignement supérieur. En effet, lors d'une conférence de presse tenue le 15 juillet 2025, le ministre Abdourahmane Diouf a dévoilé l'ampleur des engagements financiers de l'État : un budget annuel de 45 milliards de FCFA dédié à la restauration universitaire, bénéficiant à 286 169 étudiants répartis dans neuf universités publiques et structurés autour de 2 495 enseignants-chercheurs. Ce financement traduit certes une volonté d'investissement, mais Diouf (le ministre ?) a également insisté sur la nécessité d'*"établir un état des lieux exhaustif"* afin de lancer des réformes structurelles, notamment en matière d'infrastructures, de recrutement et d'intégration du numérique.

Mais à y regarder de plus près, cette position gestionnaire, loin d'être neutre, manifeste une adhésion explicite à une vision économétrique de l'université, dans laquelle le savoir, les filières et les fonctions intellectuelles sont évalués à l'aune de leur utilité immédiate et de leur rendement. Une telle approche réduit l'université à un centre de coût qu'il faudrait optimiser, voire rationaliser, et fait ainsi l'impasse sur sa vocation fondamentale : être le lieu de la pensée libre, de la formation du jugement, et de l'élaboration d'un projet collectif. C'est précisément cette tendance que dénonce Alain Supiot dans *La gouvernance par les nombres* (2015), lorsqu'il montre que les instruments de mesure peuvent devenir des instruments de domination normative, substituant aux finalités humanistes des objectifs chiffrés et exogènes. En se félicitant de ses efforts budgétaires tout en appelant à des réformes centrées sur la rationalisation, le ministre sénégalais participe, consciemment ou non, à la soumission de la politique à des critères gestionnaires. L'invocation récurrente d'une « commission d'évaluation » ou d'un « audit exhaustif » dans le discours des autorités ministérielles, comme celle récemment formulée par le ministre Abdourahmane Diouf, relève moins d'une volonté réelle de réforme démocratique que d'un dispositif de légitimation, à visée performative. Elle participe d'un processus de « magie statistique », où l'usage des chiffres, des indicateurs, des ratios et des tableaux de bord sert moins à éclairer le réel qu'à produire un effet d'autorité incontestable. Loin de toute neutralité, cette rhétorique statistique fonctionne comme un argument d'autorité, une manière de fermer le débat démocratique en le déplaçant sur le terrain technique, prétendument objectif pour opérer un coup. La « commission » ainsi brandie n'est pas un outil d'amélioration, mais un instrument d'hétéronomie déguisée, au service d'une décision déjà prise : celle d'un casse progressif de l'université publique, par asphyxie budgétaire, externalisation des fonctions, et précarisation des statuts. Ce recours aux catégories gestionnaires permet de dissimuler la violence symbolique de décisions qui relèvent en réalité du politique. Autrement dit, « le langage de la gestion n'est pas un langage neutre, c'est un langage d'imposition, qui vise à faire passer des intérêts particuliers pour des nécessités universelles »[18].

Cette dérive est d'autant plus préoccupante que l'université, en Afrique, fut historiquement pensée comme un outil de souveraineté intellectuelle, un lieu de réappropriation identitaire, de critique sociale et de libération postcoloniale. De Cheikh Anta Diop à Amadou Hampâté Bâ, en passant par les penseurs contemporains de la souveraineté cognitive comme Achille Mbembe ou Joseph Tonda, l'université africaine devait être le cœur d'un projet politique endogène, enraciné dans les langues, les savoirs et les expériences du continent. C'est ça le souverainisme du Parti Patriotes Africains du Sénégal pour le Travail, l'Éthique et la Fraternité. Or, en épousant une logique gestionnaire dictée par les injonctions des institutions financières internationales et des modèles importés ou des marges budgétaires contraintes, les politiques éducatives africaines y compris celles que revendique le ministre actuel signent une reddition du politique devant l'économique.

[18] P. Bourdieu, *Sur la télévision*, Liber/Raisons d'agir, 1996.

CHRONIQUES LÉGISLATIVES

Le compte en banque entre droit et obligation dans la CEMAC. Contribution à l'étude des finalités du compte bancaire

Achille SUNKAM KAMDEM

Agrégé des Facultés de droit
Maître de conférences en droit privé
Université de Buéa
Cameroun

Résumé : La présente contribution vise à mettre en évidence l'émergence de nouvelles finalités assignées au compte en banque en droit bancaire contemporain. Elle s'appuie sur la consécration du droit au compte et de l'obligation de payer par moyen scriptural dans la CEMAC. Ces deux consécrations qui visent respectivement à renforcer le lien social au moyen d'une bancarisation poussée des masses et à garantir davantage de sécurité financière, placent le compte en banque au cœur de ces solutions. Sous l'angle théorique, elles invitent par conséquent à se demander si à travers ces solutions ce ne sont pas les finalités du compte en banque qui sont ainsi subrepticement renouvelées. S'appuyant sur l'exégèse et l'approche téléologique, l'analyse aboutit à l'affirmation selon laquelle le droit bancaire contemporain s'inscrit dans un mouvement de dépassement des finalités classiques du compte en banque et l'enrichit de finalités nouvelles dans un but d'intérêt général. Cela se concrétise non seulement par la finalité d'inclusion bancaire mais également par la finalité de lutte contre la criminalité financière à lui dévolues.

Mots clés : Compte en banque-Droit au compte-Obligation de payer par moyen scriptural-Inclusion bancaire-Criminalité financière.

…………..

A l'instar des grandes notions du droit privé telles qu'élaborées par la doctrine[1], le compte en banque mérite d'être rangé dans la catégorie des notions fondamentales du droit bancaire. En effet, son ouverture que certains auteurs assimilent à juste titre à la conclusion d'une convention[2], est le point de départ de la relation bancaire et dans le même temps le

---

[1] J. Rochfeld, *Les grandes notions du droit privé*, Paris, PUF, 2022 ; R. Demogue, *Les notions fondamentales du droit privé. Essai pour servir d'introduction à l'étude des obligations*, Paris, Arthur Rousseau, 1911.

[2] J.-L. Rives-Langes et M. Contamine-Raynaud, *Droit bancaire,* Paris, 6e éd. Précis Dalloz, 1995, p. 175.

fondement de son existence. C'est sur la base de ce compte qu'un volume plus ou moins important de services est fourni par la banque[3], influençant par la même occasion l'étendue des obligations des parties. De manière plus globale, le compte en banque semble structurer la conception contemporaine du droit bancaire, notamment en zone CEMAC. L'analyse de la réglementation bancaire actuelle de cette zone laisse observer qu'au-delà de ses finalités classiques[4], les autorités communautaires semblent lui en avoir conféré de nouvelles portées par le droit au compte et l'obligation de payer par moyen scriptural. Un bref aperçu historique des législations nationales des États membres avant l'avènement de la CEMAC permet de s'en convaincre. En effet, dans ces législations, les dispositions applicables au compte bancaire et relatives au droit au compte sont presqu'inexistantes. L'analyse du décret n°366/PR-MENPM-DAE du 02/11/1964 portant réglementation de la profession bancaire au Gabon et créant des organismes destinés à assurer l'étude et la mise en œuvre de la politique de crédit ainsi que le contrôle de la profession bancaire, le décret du 04 février organisant la profession bancaire au Tchad, la loi n°23/86 du 10/12/1986 complétant la loi n°24/63 du 15/06/1963 portant réglementation de la profession bancaire et créant des organismes destinés à assurer l'étude et la mise en œuvre de la politique de crédit ainsi que le contrôle de la profession bancaire au Congo, permet de le constater. Le

---

[3] On considère la convention de compte comme un contrat-cadre de services bancaires non seulement parce qu'elle fixe les conditions générales de la relation bancaire mais également, parce qu'elle établit une relation qui facilitera postérieurement l'offre de services.

[4] La notion de finalité est entendue en droit comme « ce à quoi est ordonnée une action et l'action d'y tendre ; ce qu'il s'agit d'obtenir ». G. Cornu (dir.), *Vocabulaire juridique*, 12e éd. Quadrige/PUF, 2018. p. 461. L'auteur ajoute qu'il s'agit d'un critère important pour juger de l'orientation, des tendances, de la nature et de la valeur d'une réforme, d'une opération commerciale, d'un montage financier, de toute activité consciente organisée. La notion de finalité a donc pour synonyme, les notions de but et d'objectif. Appliquée au compte bancaire, envisager les finalités du compte bancaire revient à rechercher son objectif, c'est-à-dire le but vers lequel son ouverture et son fonctionnement sont orientés, les fins auxquelles son ouverture et son fonctionnement le destinent. Les plus classiques de ces finalités sont les suivantes : d'abord, permettre le commerce de banque puisqu'il est l'instrument à travers lequel la banque propose un certain nombre de services, prestations et produits à sa clientèle. M.-R. Tcheumalieu Fansi, *Droit et pratique bancaire dans l'espace OHADA*, L'Harmattan 2013, p. 169. C'est à ce titre qu'il est susceptible d'usages divers : épargne, crédit, les parties pouvant même en faire un outil de garantie. Ensuite, il est destiné à constater les opérations juridiques entre la banque et son client et à en exprimer les résultats. G. Ripert et R. Roblot, *Traité de droit commercial*, t. 2, LGDJ, 16e éd. 2000, p. 339.

Cameroun consacrait néanmoins, à l'article 20 de l'Ordonnance n°85/002 du 31 Août 1985 relative à l'exercice de l'activité des établissements de crédit, le droit au compte, amorçant ainsi la dynamique de l'inclusion bancaire au Cameroun. C'est le Règlement n°02/03/CEMAC/UMAC/CM du 04 avril 2003 relatif aux systèmes, moyens et incidents de paiement révisé par le Règlement n°03/16/CEMAC/UMAC/CM du 21 décembre 2016 qui introduit le droit au compte dans les Etats membres ne l'ayant pas consacré. De même, on ne trouve pas de trace de consécration d'une obligation de payer par moyen scriptural dans les législations nationales des États membres avant l'avènement de la CEMAC. La plupart de ces États étant des anciennes colonies françaises, les textes applicables aux moyens de paiement étaient d'abord, le code de commerce français pour la lettre de change et le billet à ordre, et le décret-loi du 30 octobre 1935 pour le chèque[5]. Ensuite, la plupart des codes pénaux de ces États réprimaient l'émission de chèque sans provision et d'autres délits connexes[6].

Défini à la fois matériellement comme un tableau retraçant les opérations effectuées entre le banquier et le client[7], et juridiquement comme une convention au riche contenu[8], le compte bancaire est indéniablement le point d'ancrage de l'activité de la banque. La diversité

[5] Ch. Mba-Owono, *Droit communautaire des affaires de la CEMAC. Instruments de crédit- Instruments de paiement-Incidents de paiement*, EJA/LGDJ, 2016, p.13.

[6] *Ibid.*

[7] B. Sousi-Roubi, *Lexique de la banque et des marchés financiers*, 6e éd., Paris, Dunod, 2009, pp. 75-76.

[8] Paiement des créances et dettes réciproques, prestation d'un service de caisse notamment et parfois d'un service de crédit. V. à ce sujet C. Gavalda, J. Stoufflet, *Droit bancaire, Institutions, comptes, opérations*, Paris, Litec, 2008, p. 169 ; J.-L. Rives-Langes, M. Contamine-Raynaud, *Droit bancaire, op. cit.,* p. 172

de ses formes[9] n'enlève rien à la pertinence d'une telle affirmation[10]. Ses finalités traditionnellement reconnues en doctrine tel que déjà relevé, et sur lesquelles la jurisprudence de la zone CEMAC ne semble pas s'être déjà prononcée, restent d'actualité au regard de la pratique bancaire de la zone. Cependant, l'analyse de la réglementation bancaire contemporaine, notamment dans la zone CEMAC, laisse observer que le législateur destine de plus en plus le compte en banque à des objectifs différents[11]. Le

---

[9] Comptes courants, comptes de dépôt, comptes à vue, comptes à terme, *etc.*
On définit le compte courant comme le compte ouvert entre deux personnes qui conviennent de faire entrer toutes leurs créances et dettes réciproques dans un mécanisme qui, par fusion, opère règlement instantané, et dégage un solde disponible dans certaines conditions mais non exigible avant la clôture du compte.
Le compte de dépôt quant à lui est un compte dont le titulaire effectue des opérations qui augmentent ou diminuent un dépôt de fonds initial.
Le compte à vue est un compte dont le solde créditeur peut être retiré à tout moment par le titulaire et sans qu'il ait à avertir le banquier par un quelconque préavis.
Le compte à terme est un compte matérialisant des dépôts de fonds restituables seulement au bout d'une période fixée par le banquier et son client lors de l'ouverture de ce compte.

[10] M.-R. Tcheumalieu Fansi, *Droit et pratique bancaire dans l'espace OHADA, op. cit.*, p. 169.

[11] Une comparaison avec la réglementation bancaire communautaire en zone UEMOA laisse observer une évolution allant dans le même sens, sous réserve de quelques nuances. En effet, l'article 3 de la Directive n°08/2002/CM/UEMOA du 19 septembre 2002 portant sur les mesures de promotion de la bancarisation et de l'utilisation des moyens de paiement scripturaux énonce «Toutes opérations financières portant sur des sommes d'argent d'un montant supérieur ou égal au montant de référence fixé par instruction de la BCEAO, entre d'une part, les particuliers, entreprises et autres personnes privées et d'autre part, les personnes publiques et parapubliques notamment l'État, les Administrations et les entreprises sont effectuées par chèque ou par virement sur un compte ouvert auprès des services financiers de la Poste ou d'une banque, à moins qu'il n'y ait un autre moyen scriptural de paiement approprié pour servir au paiement du montant inférieur au montant de référence ». Il se dégage de cette disposition une obligation de payer par des moyens scripturaux. En outre, le Règlement n°15/2002/CM/UEMOA relatif aux systèmes de paiement dans les États membres de l'UEMOA consacre un droit au compte en son article 8 en ces termes : « Toute personne physique ou morale établie dans l'un des États membres, possédant un revenu régulier dont la notion est définie par une instruction de la Banque Centrale, a droit à l'ouverture d'un compte auprès d'une banque, telle que définie par l'article 3 de la Loi portant Réglementation Bancaire, ou auprès des services financiers de la Poste. En cas de refus d'ouverture de compte opposé par trois établissements successivement, la Banque Centrale peut désigner d'office une banque qui sera tenue d'ouvrir un compte donnant droit à un service bancaire minimum ». A la différence de la CEMAC, le droit au compte est ici reconnu exclusivement en cas de revenu régulier de la personne qui s'en prévaut. Ce qui peut s'avérer discriminatoire et laisser interrogateur sur la réelle capacité de cette disposition à parvenir à une véritable démocratisation des services financiers en la matière.

législateur semble lui ajouter désormais, bien que sous certaines conditions, la nature juridique d'un droit[12] et parfois d'une obligation[13]. Questionnant les raisons de telles consécrations on peut se demander si à travers ces nouvelles figures du compte bancaire, ce ne sont pas en réalité les finalités de ce dernier qui sont renouvelées ou à tout le moins diversifiées. En d'autres termes, la consécration d'un droit au compte et d'une obligation de payer par moyen scriptural ne confèrent–elles pas au compte bancaire de nouvelles finalités ?

En réalité, derrière le droit au compte et l'obligation de payer par moyen scriptural semble se profiler un mouvement subreptice de renouvellement par enrichissement des finalités du compte en banque qu'il convient de vérifier. Une telle vérification permettra de mettre en évidence le double apport théorique de la réflexion ainsi que son apport pratique. D'abord, sur le plan théorique, la réflexion est une contribution à la systématisation du compte en banque en général et à celle de ses finalités en particulier. En effet, elle permettra de relever qu'en raison des besoins sociaux nouveaux traduits par une quête accrue de socialisation des personnes et de sécurité financière, le compte en banque est également un instrument au service de l'intérêt général. Cela permet de comprendre les objectifs de politique législative qui sous-tendent une telle orientation et d'en apprécier les moyens de la réalisation. Ensuite, l'étude révèle non seulement que le droit

[12] On entend par droit, au sens de droit subjectif, une prérogative individuelle reconnue et sanctionnée par le droit objectif qui permet à son titulaire de faire, d'exiger ou d'interdire quelque chose dans son propre intérêt, ou parfois dans l'intérêt d'autrui. G. Cornu, *Vocabulaire juridique*, *op. cit.*, p. 377. Il s'agit du droit au compte consacré de manière expresse à l'article 7 du Règlement de la CEMAC relatif aux systèmes moyens et incidents de paiement. Le droit au compte ainsi consacré mérite d'être considéré comme un droit subjectif en raison des actions dont dispose le bénéficiaire afin de contraindre ou de faire contraindre une banque tenue à son égard comme n'importe quel débiteur.

[13] La notion d'obligation est susceptible de plus d'une signification. Dans un sens technique, elle désigne le lien de droit par lequel une ou plusieurs personnes, le ou les débiteurs sont tenues d'une prestation envers une ou plusieurs autres – le ou les créanciers – en vertu soit d'un contrat, soit d'un quasi-contrat, soit d'un délit ou d'un quasi-délit, soit de la loi. G. Cornu, *Vocabulaire juridique, op. cit.*, p. 701. Dans un sens plus général, l'obligation se rapporte à tout ce que l'ordre juridique commande de faire, sans que cela corresponde nécessairement à une prestation au profit d'une autre personne. C'est cette dernière signification qui mérite d'être retenue dans cette étude. Ainsi l'obligation dont il s'agit ici est l'obligation implicite de se faire ouvrir un compte consacrée à travers l'obligation de payer par moyen scriptural de paiement. En réalité, étant donné qu'il est impossible de payer par des moyens scripturaux de paiement sans disposer d'un compte en banque, la consécration de l'obligation de payer par de tels moyens implique, de manière implicite, une obligation de se faire ouvrir un compte.

au compte rentre dans la catégorie juridique des droits subjectifs mais également qu'il peut être envisagé comme un droit-créance[14], tous deux susceptibles de réclamation. Ce faisant, elle met en évidence la recherche d'une véritable démocratie économique et sociale dans la CEMAC. Sur le plan pratique, l'étude donne aux agents économiques d'apprécier les implications sur leurs activités et la société tout entière de l'usage obligatoire des moyens scripturaux de paiement. S'appuyant sur une approche exégétique et téléologique, la présente contribution s'articule autour de deux idées force. Celles-ci consistent à démontrer que, à travers la consécration du droit au compte destiné à la satisfaction d'un besoin de socialisation des personnes, le compte en banque s'est vu conférer une fonction d'inclusion bancaire d'une part (I). D'autre part, la consécration d'une obligation de payer par moyen scriptural dans un but de traçabilité renforcée, permet de voir dans le compte bancaire un instrument de lutte contre la criminalité financière (II).

I – Un instrument d'inclusion bancaire

On définit l'inclusion bancaire comme l'ensemble des mesures mises en œuvre pour lutter contre l'exclusion bancaire. Il s'agit concrètement des procédés ou processus tendant à assurer à tous les agents économiques, y compris les plus fragilisés, l'accès aux services bancaires[15]. Au regard de certaines dispositions du droit bancaire de la CEMAC, le compte bancaire s'avère désormais être un véritable instrument qu'utilise le législateur communautaire dans le but de promouvoir l'inclusion bancaire. Pour s'en convaincre, il convient d'examiner le fondement d'un tel choix législatif (A) avant d'étudier sa mise en œuvre (B).

A – Le fondement

L'hypothèse du compte en banque envisagé comme instrument d'inclusion bancaire émerge de l'analyse de la consécration du droit au compte. Elle se vérifie, sur la base d'une démarche téléologique, par la finalité du droit au compte ainsi consacrée. Une telle hypothèse repose sur

[14] La notion de droit-créance s'entend du droit d'exiger certaines prestations de la part de la société ou de l'État : par exemple droit au travail, droit à l'instruction, droit à l'assistance. R. Pelloux, « Vrais faux droits de l'homme, problèmes de définition et de classification », *RD Publ.* 1981, p. 54. Sur l'analyse du droit au compte en un droit-créance, lire notamment, C. Hugon, « Le droit au compte », *Mélanges M. Cabrillac,* Litec, 1999, p. 487 et s.

[15] P.-D. Madjou Tatsing, « Les effets de la bancarisation sur la croissance économique en zone CEMAC », *American International Journal of Business Management*, vol. 2, avril 2019, p. 120.

un double fondement : un fondement juridique (1) et un fondement économique (2).

1 – Le fondement juridique

Sur le plan juridique, l'instrumentalisation du compte en banque au service de l'inclusion bancaire se fonde sur le droit au compte consacré par le Règlement du 04 avril 2003 de la CEMAC relatif aux systèmes, moyens et incidents de paiement révisé le 21 décembre 2016[16]. Ce texte dispose en son article 7 alinéa 1 : « Toute personne physique ou morale domiciliée dans un État membre de la CEMAC et dépourvue d'un compte de dépôt, a droit à l'ouverture d'un tel compte dans l'établissement assujetti de son choix ». L'alinéa 2 du même article ajoute : « En cas de refus établi, d'au moins trois établissements choisis, la personne peut saisir la Banque Centrale afin qu'elle désigne un établissement assujetti qui est tenu d'ouvrir le compte de dépôt et d'assurer sur ce compte au minimum les services de base liés aux opérations de dépôt, de retrait et de virement au guichet, au traitement d'avis de prélèvement et à la remise de toute autre formule de retrait ».

Ces dispositions limitent clairement le principe de la liberté de refus de la banque d'ouvrir un compte, traditionnellement reconnu en doctrine[17] et en droit bancaire de la CEMAC[18]. Ce faisant, il aboutit à un contrat

---

[16] En zone UEMOA c'est le Règlement n°15/2002/CM/UEMOA du 19 septembre 2002 relatif aux systèmes de paiement dans les États membres de l'UEMOA qui consacre le droit au compte en son article 8 en des termes quelque peu similaires à ceux tu texte communautaire CEMAC. Cependant, à la différence du texte de la CEMAC, le texte de l'UEMOA conditionne le droit au compte par le fait de disposer d'un revenu régulier. De même, à la différence de la zone CEMAC où le refus peut être le fait de l'unique établissement de crédit du lieu de résidence du concerné, le texte de l'UEMOA n'envisage pas cette hypothèse.

[17] J. Hamel, « Le droit du banquier de refuser l'ouverture d'un compte », *Banque*, 1959. ; J. Lasserre Capdeville, « La banque et le refus de vente », *Banque et droit*, n°213, jan-fév. 2024, p. 11 ; J. Choissis, *Le refus du banquier*, Thèse mult., Montpellier, 2015, pp. 39 et ss.

[18] Cette consécration est la résultante de l'application du principe de la liberté contractuelle reconnue à la banque et déduit des dispositions du code civil de chacun des États membres. Au Cameroun, le siège de cette liberté est l'article 1134 alinéa 1 du code civil qui énonce que : « les conventions légalement formées tiennent lieu de loi à ceux qui les ont faites ». Or pour être légalement formées, ces conventions doivent avoir été conclues sur la base d'un consentement librement exprimé par les parties.

imposé[19] ou forcé[20] tel que le décrivait la doctrine. Pourtant, comme le démontre avec force pertinence un auteur, divers fondements sont avancés pour justifier cette liberté de refus du banquier[21]. Tout d'abord, au plan juridique, ce principe trouve son fondement dans la liberté contractuelle du droit commun. En effet, les contrats bancaires étant soumis au droit commun des contrats, il est normal que comme tout contractant, le banquier jouisse d'une liberté contractuelle lui permettant de choisir son cocontractant, et partant de refuser de contracter avec un client lambda. Ensuite au plan micro économique, la liberté de refus du banquier d'ouvrir un compte bancaire trouve son fondement dans les risques inhérents à l'activité bancaire, en particulier le risque opérationnel[22]. Au regard des conséquences financières pouvant s'avérer considérables, le besoin de sécurité fonde le banquier à refuser de s'y exposer précisément en refusant d'ouvrir un compte.

En réalité, sous l'influence de besoins socio-économiques nouveaux, le législateur de la CEMAC a consacré le droit au compte. En effet, sur le plan micro économique, l'exclusion d'une partie de la population est considérée comme un frein au développement économique en ce qu'elle ne favorise pas la création et la densification des activités économiques[23]. S'il est indéniable que les services bancaires favorisent les échanges économiques, il se trouve pourtant que nombreuses sont les personnes qui se sentent exclues des services bancaires non seulement en raison des conditions parfois prohibitives d'accès à ces services mais également en raison de l'éloignement du banquier dans certaines localités. Le droit au compte a donc pour finalité l'inclusion bancaire. Le prolongement macroéconomique de cette finalité mérite d'être souligné. En réalité,

---

[19] R. Morel, « Le contrat imposé », in *Le droit privé français au milieu du XXe siècle, Études offertes à G. Ripert*, t. 2, Paris, LGDJ, 1950.

[20] V. notamment L. Josserand, « Les dernières étapes du dirigisme contractuel : le contrat forcé et le contrat légal », *DH*. 1940, Chron. 5.

[21] G. Djeudjo Tankeu, « Le refus d'ouverture d'un compte bancaire en droit CEMAC », *Lexbase Afrique-OHADA*, n°76, 25 Juillet 2024, www.lexbase-afrique.com/revue-juridique-ohada/110356294, consulté le 10/07/2025.

[22] Risque de pertes résultant de l'inadéquation ou de la défaillance des processus internes, des personnes et des systèmes, ou d'événements externes. Il inclut le risque juridique qui lui-même est le risque de litige susceptible d'être imputé à un établissement de crédit au titre de ses opérations. V. article 2 du règlement de la COBAC du 08 mars 2026 relatif au contrôle interne dans les établissements de crédit et les holdings financières.

[23] G. Tchouassi, C.-C. Kamga Kamga, C.-P. Tomo, « Modélisation de l'inclusion financière pour la croissance économique en zone CEMAC », *Revue Congolaise de gestion*, n°34, Juillet-Décembre 2022, p. 61.

derrière l'inclusion bancaire, on retrouve la bancarisation des masses. Il ne fait aucun doute que le taux de bancarisation dans la CEMAC est particulièrement faible comme le révèlent certaines études qui le fixaient à 14% en 2023[24]. Pourtant, des études montrent que la bancarisation, elle-même facteur d'inclusion, a des effets positifs sur la croissance économique[25]. En effet, en encourageant l'épargne, l'investissement et la productivité, l'inclusion financière dont l'inclusion bancaire se trouve être un élément, stimule l'activité économique[26]. En outre, l'élargissement de la base des dépôts dont disposent les banques favorise la stabilité financière, elle-même propice à la croissance économique[27].

Ces considérations ont conduit le législateur à faire du compte en banque un instrument d'inclusion bancaire sur la base d'un droit au compte. Ce choix législatif est justifié par le souci de mobiliser les ressources nécessaires au développement économique des États de la CEMAC. Malheureusement, comme le souligne un auteur, dans le contexte social actuel des États de la CEMAC, la mise en œuvre du droit au compte s'avère difficile ; ce qui relativise son effectivité[28].

2 - Le fondement économique

Sur le plan économique, la mise à contribution du compte en banque au service de l'inclusion bancaire se fonde sur l'ordre public économique défini comme l'ensemble des règles obligatoires dans les rapports contractuels, relatives à l'organisation économique, aux rapports sociaux et à l'économie interne du contrat[29]. Il ne s'agit pas de l'ordre public économique tel que nouvellement perçu par une certaine doctrine[30], mais

[24] Ecofinances.net/2025/05/05/zone-cemac-le-taux-de-bancarisation-atteint-14-en-2023, consulté le 10 juillet 2025.

[25] P.-D. Madjou Tatsing, L. Nembot Ndeffo, R. Tangakou Nsoh, « L'inclusion financière dans la CEMAC : une explication par la bancarisation », *European Scientific Journal*, vol. 16, n° 19, 2020, p. 66.

[26] Demirguç-Kunt et Klapper, « Measuring financial inclusion : explaining variation in use of financial services accross and within countries », *Brookings Papers on Economic activity*, 2013, p. 279.

[27] Han et Malecky, « Financial inclusion for stability : access to bank deposits and the deposit growth during the global financial crisis », *MPRA papers* n° 48337, 2013.

[28] M.-R. Tcheumalieu Fansi, *Droit et pratique bancaire dans l'espace OHADA, op. cit.*, pp. 176-177. L'auteur relève des raisons majeures à la difficile mise en œuvre du droit au compte parmi lesquelles le caractère discriminatoire, en zone UEMOA, de la condition du « revenu régulier ».

[29] G. Farjat, *L'ordre public économique*, LGDJ, 1963.

[30] V. M.-A. Frison-Roche, « Les différentes natures de l'ordre public économique », *APD*, n° 58, 2015.

bien de l'ordre public économique de direction d'une part et de protection d'autre part. L'ordre public économique de direction vise la protection de l'intérêt public en général et tente d'orienter les actions des individus vers des buts politiques, économiques ou sociaux déterminés. Il s'agit en réalité d'assurer l'implantation d'une politique d'économie dirigée[31]. Au regard de cette définition, il est possible d'affirmer que la consécration du droit au compte, une contrainte sur les agissements des établissements de crédit au service de l'inclusion bancaire, participe d'une certaine politique d'économie dirigée vers une plus grande mobilisation de l'épargne. L'ordre public économique de protection quant à lui, vise la préservation des intérêts privés catégoriels. Dans cet ordre d'idées, on peut dire qu'à travers le droit au compte c'est également la satisfaction des besoins privés des particuliers qui est recherchée. Dans tous les cas, le souci d'ordre public économique qui fonde la consécration du droit au compte pour des besoins d'inclusion bancaire, poursuit le but ultime du développement socio-économique des États. Pour que cela soit possible, la réglementation bancaire en a organisé le régime de mise en œuvre.

B – La mise en œuvre

La mise en œuvre de la politique législative d'exploitation du compte en banque comme un instrument d'inclusion bancaire se réalise à travers l'exercice du droit au compte. A ce sujet, les autorités de la CEMAC ont défini les conditions d'exercice de ce droit. Celles-ci se rapportent à l'exercice du droit à l'ouverture du compte d'une part (1) et à l'exercice du droit aux services offerts dans le cadre de ce compte d'autre part (2).

1 – L'exercice du droit à l'ouverture du compte

A la lecture de l'article 7 du Règlement de la CEMAC du 21 décembre 2016 relatif aux systèmes, moyens et incidents de paiement, certaines conditions sont exigées pour l'exercice du droit au compte. Ces conditions définissent dans le même temps la nature du compte en banque mobilisé par les autorités communautaires aux fins d'inclusion bancaire. Ensuite, bien que n'ayant pas été clairement formulée, la procédure peut être déduite des termes de cette disposition.

S'agissant des conditions d'exercice du droit à l'ouverture du compte en banque dans le cadre du droit au compte, trois exigences se dégagent du texte : être une personne physique ou morale domiciliée dans un État

---

[31] V. Karim, « L'ordre public en droit économique : contrats, concurrence, consommation », *Les cahiers de droit*, 40(2), 2005, p. 412.

membre de la CEMAC, être dépourvu d'un compte de dépôt, faire l'objet d'un refus établi des établissements choisis.

En ce qui concerne la première condition, ce sont aussi bien les personnes physiques que morales qui sont bénéficiaires de ce droit[32]. Le champ des bénéficiaires est donc large, les personnes morales ayant autant besoin de compte en banque que les personnes physiques, pour fonctionner. Cette option se justifie pleinement. Elle s'inscrit dans la logique de mobilisation de toute l'épargne disponible et nécessaire au développement socio-économique des États membres. Or la capacité de drainage des ressources financières des associations, sociétés commerciales et autres personnes morales est indéniable.

Ces personnes doivent être domiciliées dans un État membre de la CEMAC. La notion de domicile est entendue au sens du droit civil. A ce sujet, il se dégage de la doctrine juridique que le législateur a le choix entre différentes conceptions du domicile[33]. Ainsi peut-il retenir comme critère de définition du domicile, le lieu du principal établissement, celui de la résidence ou même celui du domicile élu. Dans la zone CEMAC, le Cameroun a opté pour la première conception, définissant le domicile comme le lieu où la personne a son principal établissement[34]. Il faut entendre par là, le lieu où est concentré l'essentiel de l'activité juridique de l'individu. Il peut s'agir du centre de ses affaires, de ses intérêts personnels, patrimoniaux ou même professionnels. C'est le siège légal de la personne, caractérisé par sa permanence et sa stabilité en dépit des déplacements de l'individu[35]. Le domicile se distingue de la résidence qui est un lieu où se

---

[32] Il en est de même en zone UEMOA comme l'indique l'article 8 du Règlement du 19 septembre 2002 relatif aux systèmes de paiement dans les États membres de l'UEMOA.

[33] H. et L. Mazeaud, J. Mazeaud et F. Chabas, *Leçons de droit civil,* t.1, vol. 1, Les personnes, 8e éd., Paris, Montchrestien, 1997, n°569. p. 143.

[34] Article 102 du code civil camerounais.

[35] Il convient souligner qu'en principe le domicile est choisi librement. Cependant, il est parfois imposé par la loi. Il en est ainsi pour la femme mariée qui n'a point d'autre domicile que celui de son mari. Article 108 alinéa 1 du code civil au Cameroun. Il en est également ainsi du mineur non émancipé qui a son domicile chez ses père et mère ou tuteur. Article 108 alinéa 2 du code civil. Le domicile est parfois imposé par la jurisprudence. Il en a été ainsi dans l'Affaire Mbarga Moise où la Cour Suprême du Cameroun a décidé que le prisonnier a son domicile au lieu où il exécute sa peine. CS Cameroun, 26 octobre 1978, n° 11/L, in F. Anoukaha, L. Elomo Ntonga et S. Ombiiono (dir.), *Tendances jurisprudentielles et doctrinales du droit des personnes et de la famille de l'ex-Cameroun oriental*, éd. SN, 1986, p. 24 et s. Il a même été jugé que, lorsque le polygame a des épouses habitant des localités différentes, il peut avoir autant de domiciles. CA. Douala, 30 avril 1977, *RCD* n° 3, p. 85 ; CA. Yaoundé, 06 janvier 1988, n°800/Civ.

trouve la personne de manière régulière[36]. En pratique, il est fréquent que le lieu du principal établissement se confonde avec la résidence. Ainsi peut-il en être d'une résidence secondaire ou encore d'une résidence familiale ne coïncidant pas avec le domicile de fonction.

Contrairement au Cameroun, le Gabon retient comme critère d'identification du domicile celui de la résidence. L'article 112 alinéa 1 du code civil gabonais énonce : « le domicile de toute personne physique est au lieu où elle a, en fait, sa résidence principale ». Le domicile s'y définit par référence à la résidence principale.

S'agissant des personnes morales, le lieu de leur domicile est, en principe, celui de leur siège social tel que prévu par ses statuts[37] sans qu'une simple domiciliation à une boite postale suffise[38]. Lorsque celui-ci est fictif, autant les tiers pourront tout de même s'en prévaloir, autant ce siège fictif ne leur est pas opposable lorsque le domicile réel se trouve en un autre lieu. Dans ce cas, le juge doit disposer de suffisamment d'éléments pour établir la réalité du domicile en un autre lieu[39].A côté du siège social, le domicile des personnes morales doit être étendu à leurs principales agences en vertu de la jurisprudence des gares principales. Ces principales agences dans lesquelles les responsables sont dotés de pouvoirs de l'engager, vont être considérées comme des domiciles secondaires[40].

Pour ce qui est de la deuxième condition, l'exercice du droit au compte suppose l'inexistence d'un compte de dépôt au nom de celui qui agit. L'atteinte de la finalité d'inclusion bancaire passe donc par le compte de dépôt encore appelé compte ordinaire[41] entendu comme celui qui a pour but d'enregistrer les opérations de caisse qui diminueront ou augmenteront

---

[36] CS Cameroun, *aff. Mbarga Moise, précité*, p. 28, note M. Ombiono.

[37] V. notamment article 23 de l'Acte Uniforme de l'OHADA relatif au droit des sociétés commerciales et du Groupement d'Intérêt Économique, pour les sociétés commerciales. L'article 24 du même texte ajoute que le siège social est fixé, au choix des associés, soit au lieu du principal établissement de la société, soit à son centre de direction administrative et financière. V. également article 7 (2) de la loi du 19 Décembre 1990 portant sur la liberté d'association au Cameroun

[38] Article 25 Acte Uniforme OHADA relatif au droit des sociétés commerciales et du groupement d'intérêt économique.

[39] A.-C. Mankou-Nguila, « La notion de siège social en droit OHADA : brève analyse comparative de la jurisprudence de la CCJA et de la CJCE », *Revue Congolaise de Droit et des affaires*, n° 4, janv.-fév.-mars, 2010, pp. 23 et ss.

[40] B. Teyssié, *Droit des personnes*, 21e éd., Paris, LexisNexis, 2019.

[41] C. Gavalda et J. Stoufflet, *Droit bancaire, Institutions, Comptes, Opérations*, 8e éd. LexisNexis, 2008, p. 251.

le dépôt initial. Parmi la grande variété de comptes, le législateur communautaire a choisi celui susceptible de soulever le moins d'incidents possibles, et d'exposer le moins possible le banquier aux risques d'une relation bancaire. Il suffit de considérer le mode de fonctionnement du compte courant, type de compte que la doctrine[42] oppose au compte de dépôt, pour s'en convaincre. Il est vrai qu'une partie de la doctrine étrangère se fonde sur les grandes similitudes de régime entre ces deux comptes pour dénoncer l'inopportunité d'une distinction qu'elle juge fondée sur des critères incertains[43]. Certains auteurs sont même allés jusqu'à affirmer que : « les comptes de dépôt ou de chèques sont des comptes courants qui ne disent pas leur nom alors même qu'ils en présentent les caractères et que ces caractères correspondent bien à la volonté des parties »[44]. Il convient cependant d'admettre à la suite d'un auteur[45], qu'en dépit des similitudes observées dans la pratique et tenant notamment à la réciprocité des remises, la généralité de celles-ci, les effets d'une saisie conservatoire de compte, il ne semble pas opportun d'assimiler totalement le compte de dépôt au compte courant. Au soutien d'une telle position, on observera que le régime des intérêts débiteurs des comptes de dépôts tel que posé par la Cour de cassation y est fondamentalement différent. La Cour de cassation décide en effet à ce sujet « qu'un compte ordinaire de dépôt n'est productif d'intérêt d'un solde négatif soit pendant son fonctionnement, soit après sa clôture, que si la convention passée par la banque et son client le prévoit »[46]. Une telle exigence ne s'applique pas au compte courant dont le caractère naturellement onéreux avait déjà été admis en jurisprudence[47]. Par ailleurs, la Cour de cassation a également dénié la possibilité de capitalisation des

---

[42] M.-R. Tcheumalieu Fansi, *Droit et pratique bancaire dans l'espace OHADA, op. cit*, pp. 214 et ss.

[43] V. A. Prüm, « De la distinction entre compte de dépôt et compte courant », *Revue de Droit Bancaire et Financier*, n°3, Mai/Juin 2003, p. 153, citant notamment D. R. Martin, B. Opettit, « De l'idée de compte », *Mélanges AEDBF*, 1999, p. 285.

[44] F-J. Credot et Y. Gerard, *Revue de Droit Bancaire et de la Bourse*, 1991, p. 142.

[45] I. Trouche-Doerflinger, « La distinction entre compte de dépôt et compte courant », *Petites affiches*, n°70, 12/06/1998, p. 2.

[46] Cass. Civ. 1ère, 4 décembre 1990, Banque 1992, p. 326 Obs J.-L. Rives-Lange, *JCP*. E. 1992, II 288, note B. Belloir-Caux, *RTD Com* 1991, 268, obs. M. Cabrillac et B. Teyssie, *Revue de Droit Bancaire et Bourse* 1991, 142, obs Credot et Gerard.

[47] Cass. Civ. 1ère 9 Février 1988 ; préc. 12 avril 1988, *D.* 1988, p. 309, concl. M. Jeol, *RTD Civ.* 1988, p. 733 Obs J. Mestre.

intérêts dans le compte de dépôt[48] alors que cette pratique a toujours été admise dans le compte courant[49]. A partir de ces éléments, et à la différence du compte courant, on observe que tout en étant plus favorable au client, le régime du compte de dépôt est le moins sujet à incidents. C'est sans doute la raison pour laquelle il constitue le type de compte sur la base duquel a été reconnu le droit au compte.

S'agissant de la troisième condition, à savoir, faire l'objet d'un refus établi des établissements choisis, le texte exige que la personne concernée ait fait l'objet de refus d'au moins trois établissements assujettis ou alors de trois refus successifs du seul établissement assujettis de son lieu de résidence. Cette exigence permet d'éviter des saisines fantaisistes. En outre elle permet de parer aux difficultés d'accès aux services bancaires dans les localités pourvues d'un seul établissement de crédit.

La procédure d'exercice du droit à l'ouverture d'un compte semble se dégager des articles 7 alinéa 2, et 9 du règlement de 2016 relatifs aux systèmes moyens et incidents de paiement. La procédure est déclenchée par la saisine de la Banque centrale. La forme de cette saisine n'est pas précisée. On pense que si la finalité est la facilitation de l'obtention d'un compte en banque, une simple demande devrait suffire. Toutefois, dans le silence du texte, la question peut se poser de savoir comment la personne concernée devra prouver les trois refus. A ce sujet l'article 9 du règlement offre une solution puisqu'il prévoit qu'en cas de refus, l'établissement sollicité est tenu de délivrer par écrit au demandeur un avis de refus ou de lui communiquer par lettre avec avis de réception. Ces documents pourront constituer une preuve suffisante du refus. Le texte ne prévoit pas que ce refus soit motivé. Une fois la Banque centrale saisie, celle-ci désigne l'établissement assujetti chargé d'ouvrir le compte de dépôt au concerné. Ce compte lui donne droit à un minimum de services.

2 – L'exercice du droit aux services offerts dans le cadre de ce compte

Il se dégage de l'article 7 alinéa 2 du Règlement de la CEMAC relatif aux systèmes, moyens et incidents de paiement que, l'établissement désigné dans le cadre de l'exercice du droit au compte est tenu d'assurer sur ce compte, au minimum, les services de base liés aux opérations de

---

[48] Cass civ. 1ère, 4 Déc. 1990, *Banque* 1990, p. 428, obs. J.-L. Rives-Lange, *RTD Civ* 1990, p. 338, obs. J. Mestre.

[49] Cass. Com. 11 janv. 1984, *Bull.* IV, n°15, 22 mai 1991, *D.* 1991, p. 428, note C. Gavalda, *JCP*. N. 1992 II, p. 302, note Stoufflet.

dépôt, de retrait et de virement au guichet, au traitement d'avis de prélèvements et à la remise de toute autre formule de retrait. Le titulaire du compte exerçant le droit au compte peut donc exiger du banquier l'accomplissement de ces services sans que l'établissement de crédit puisse les lui refuser puisque le texte en fait une obligation.

Il convient de souligner qu'au Cameroun, l'article 20 de l'ordonnance du 31 août 1985 relative à l'exercice de l'activité d'établissement de crédit posait déjà le droit au compte sans indiquer ce qu'il fallait entendre par services bancaires de bases. Un arrêté n°00005 du ministre des finances du 13 janvier 2011 a par la suite perçu l'intérêt de promouvoir l'inclusion bancaire à travers l'institution d'un service bancaire minimum garanti en application du droit au compte. Ce texte définit en son article 2(4°) le service bancaire minimum garanti comme le minimum de prestations dont bénéficie à titre gratuit, tout consommateur au sens de cet arrêté[50] Fortement inspiré de ce texte, un Règlement de la Commission Bancaire de l'Afrique Centrale du 30 juillet 2020 relatif au service bancaire minimum garanti donne, en son article 2, la liste des opérations qu'il convient de considérer comme les services de base[51]. A l'observation, ces services sont liés aux opérations de dépôt, de retrait et de virement au guichet, au traitement d'avis de prélèvements et à la remise de toute autre formule de retrait comme l'exige l'article 7 du règlement de 2016 relatif aux systèmes, moyens et incidents de paiement, qui consacre le droit au compte. Ces services doivent être fournis gratuitement au bénéficiaire[52].

---

[50] Il s'agit, selon l'arrêté, de toute personne physique dans la clientèle des particuliers qui agit dans un but non commercial et qui a sa résidence principale au Cameroun.

[51] Il s'agit de l'ouverture de compte, la tenue de compte, le changement d'éléments d'identification constitutifs du dossier du consommateur, la délivrance du relevé d'identité bancaire, le cas échéant la délivrance d'un livret d'épargne et son renouvellement, la consultation du compte dans les agences de l'établissement, la consultation du solde dans les guichets automatiques de l'établissement du porteur de la carte, l'avis de débit ou de crédit par voie électronique ; la remise, une fois par mois, sur support papier au guichet, ou par voie électronique, selon le choix du consommateur, du relevé de compte mensuel ; la remise, une fois par an, sur support papier au guichet, ou par voie électronique, au consommateur qui en fait la demande, d'un récapitulatif des frais et opérations ne résultant pas d'un ordre du consommateur, enregistrés sur son compte au cours de l'année civile précédente ; la délivrance de cinquante formules de chèques par an au titulaire du compte ; le retrait d'espèces dans les agences de l'établissement ; le retrait de billets dans les guichets automatiques de l'établissement du porteur de la carte ; le paiement par carte dans la CEMAC ; le virement de compte à compte dans le même établissement ; l'encaissement de virements nationaux, communautaires et internationaux.

[52] V. la définition du service bancaire minimum garanti à l'article 1(11°) du Règlement de la COBAC du 03 juillet 2020 relatif à la protection des consommateurs des produits et

N'ayant droit qu'à un service minimum, le bénéficiaire de l'ouverture « imposée » d'un compte ne peut prétendre à des facilités de caisses ou encore à une carte de crédit. Cela est tout à fait normal puisque l'objectif du droit au compte est de permettre à toute personne remplissant les conditions de vivre une vie sociale normale tout en évitant au banquier des risques ou incidents de fonctionnement du compte, susceptibles de compromettre ses propres objectifs.

L'exercice du droit aux services offerts dans le cadre du droit au compte peut donner lieu à réclamations de la part du titulaire du compte. Le traitement de ces réclamations obéit au régime posé par le Règlement de la Commission Bancaire de l'Afrique Centrale R-2020/06 du 30 Juillet 2020 relatif au traitement des réclamations des consommateurs des produits et services bancaires dans la CEMAC. En interprétant les textes, il se trouve que ce régime bénéficie exclusivement aux personnes physiques puisque le consommateur de produits bancaires au sens du règlement COBAC du 03 juillet 2020 est une personne physique. Ce qui conduit à penser que la seule voie ouverte aux personnes morales exerçant le droit aux services offerts dans le cadre du droit au compte, est la voie judiciaire.

Le régime des réclamations repose sur un dispositif de traitement interne à l'établissement de crédit, une procédure de médiation et la possibilité d'intervention des associations de protection des droits des consommateurs.

S'agissant du dispositif interne, les réclamations sont adressées à l'établissement de crédit et traitées par la personne ou le service en charge de cette activité désigné par l'établissement[53]. Le traitement des réclamations doit être fourni gratuitement dans le délai de 45 jours à

---

services bancaires dans la CEMAC. Cette gratuité peut se justifier par deux raisons. Premièrement, elle poursuit un but de promotion d'une plus grande bancarisation des populations dont le pouvoir d'achat n'est pas toujours à même de supporter les prélèvements bancaires. Deuxièmement, on peut penser que la liberté du banquier dans la fixation des tarifs de certains services et la rentabilité suffisante sur d'autres services et les entreprises ont pu conduire l'autorité monétaire à plus de justice sociale.

[53] L'article 3 du Règlement COBAC relatif au traitement des réclamations met à la charge des établissements de crédit une obligation en vue de faciliter le processus de réclamation. Il dispose clairement : « Les établissements assujettis communiquent par voie d'affichage, à travers les guides remis à leurs guichets et sur leur site internet, le nom, l'adresse et le numéro de téléphone (non surtaxé) de la personne ou du service chargé du traitement des réclamations liées à la commercialisation ou à la fourniture des produits ou services bancaires ».

compter de la réception de la réclamation pour l'envoi de la réponse au consommateur par tout moyen laissant trace écrite[54].

La procédure de médiation peut être déclenchée lorsque la réclamation faite par le client auprès de l'établissement de crédit a fait l'objet d'un rejet total ou partiel ou est restée sans suite au terme du délai de réponse de 45 jours. Cette procédure est conduite par un médiateur désigné par le Comité National Économique et Financier et chargé de recevoir, d'instruire et de statuer sur les demandes de médiation[55]. Le médiateur est saisi par simple lettre ou tout moyen laissant trace écrite y compris par voie électronique[56]. La médiation prend fin soit par la résolution amiable du différend matérialisée par un protocole d'accord signé par les parties, soit par le constat d'un désaccord persistant ou le désistement de l'une des parties, soit par le constat d'un défaut d'accord amiable au terme du délai de la médiation[57].

Il convient de souligner que le Cameroun avait prévu une procédure spécifique de réclamation applicable aux litiges nés de la fourniture du service bancaire minimum garanti dans l'arrêté du 13 janvier 2011 ci-dessus évoqué. Ainsi, aux termes de l'article 4 de ce texte, il est institué une Commission d'arbitrage chargée de statuer sur les litiges nés de l'application du service bancaire minimum garanti lorsque ces litiges n'ont pas connu de solution amiable entre l'établissement de crédit et le consommateur. L'avènement du Règlement de la Commission Bancaire de l'Afrique Centrale (COBAC) relatif au traitement des réclamations vient remettre en cause le rôle de cette commission.

Dans tous les cas le client titulaire du compte obéissant au régime du droit compte conserve le droit de saisir directement les tribunaux, même sans attendre la fin de ces procédures non judiciaires.

Tout ce dispositif juridique met suffisamment en évidence le renouveau des finalités désormais assignée au compte en banque à travers le droit au compte, à savoir, lutter contre l'exclusion bancaire. Un tel renouveau peut également être observé en matière de lutte contre la criminalité financière.

[54] Article 10 du Règlement COBAC relatif au traitement des réclamations.
[55] Article 13 du Règlement COBAC relatif au traitement des réclamations.
[56] Article 14 alinéa 2 du Règlement relatif au traitement des réclamations.
[57] Article 19 du Règlement relatif au traitement des réclamations.

II – Un instrument de lutte contre la criminalité financière

Le phénomène de criminalité financière semble être plus vécu et perçu que rigoureusement conceptualisé. En effet, bien qu'utilisé de manière récurrente en doctrine, une définition largement partagée s'en dégage difficilement[58]. En dépit de son imprécision conceptuelle, il se dégage de la notion de criminalité financière, l'idée d'activités financières illégales[59]. Dans le droit communautaire CEMAC des instruments sont mobilisés en vue de lutter contre ces activités, au rang desquels figure le compte bancaire. Pour le démontrer, une analyse des fondements de l'instrumentalisation du compte bancaire comme moyen de lutte contre la criminalité financière s'impose (A) avant que soit examinée sa mise en œuvre (B).

A – Le fondement

L'obligation de payer par moyen scriptural est consacrée par les articles 3 et 4 du Règlement de la CEMAC du 21 décembre 2016 relatif aux systèmes, moyens et incidents de paiement[60]. L'article 3 de ce texte énonce

---

[58] Certains auteurs considèrent les crimes financiers comme ceux commis contre les finances, c'est-à-dire les ressources pécuniaires, l'argent des victimes, celles-ci pouvant être privées ou publiques (Delmas-Marty et Giudicelli-Delage, *Droit pénal des affaires*, PUF, 2000, p. 10). D'autres l'envisagent comme la violation du droit pénal spécial des manieurs d'argent (J. Larguier et Ph. Conte, *Droit pénal des affaires*, Armand Colin, p. 10). D'autres encore mettent l'accent sur l'utilisation des circuits financiers pour la commission des infractions. U. Cassani, « La criminalité financière : un état des lieux », in *La criminalité financière*, Actes du 60e Cours international de criminologie, éd. Bale : Helbing et Lichtenhahn, 2002, p. 18. D'autres enfin la définissent comme un ensemble d'agissements illégaux qui procède par le système financier ayant pour objectif de nuire gravement à l'équilibre financier international et de mettre à genoux les économies nationales ayant une structure fragile. E.-L. Nguiffeu Tajouo, « La réforme du système de détection et de prévention de la criminalité financière en zone CEMAC à la lumière du Règlement n° 01/CEMAC/UMAC/CM du 11 avril 2016 portant prévention et répression du blanchiment des capitaux et du financement du terrorisme et de la prolifération en Afrique Centrale », *Juridis Périodique* n°108, oct-nov-déc. 2016. p. 133.

[59] Celles-ci couvrent bien d'infractions telles que celles contre les intérêts financiers de l'État, contre l'intégrité du marché boursier et contre les investisseurs, et celles allant à l'encontre des normes anti-blanchiment des capitaux.

[60] En zone UEMOA, l'article 3 de la Directive n°08/2002/CM/UEMOA du 19 septembre 2002 portant sur les mesures de promotion de la bancarisation et de l'utilisation des moyens de paiement scripturaux énonce «Toutes opérations financières portant sur des sommes d'argent d'un montant supérieur ou égal au montant de référence fixé par instruction de la BCEAO, entre d'une part, les particuliers, entreprises et autres personnes privées et d'autre part, les personnes publiques et parapubliques notamment l'État, les Administrations et les entreprises sont effectuées par chèque ou par virement sur un

en effet que : « Tout paiement qui excède la somme de 500.000 Francs CFA ou qui a pour objet le règlement par fraction d'une dette supérieure à ce montant doit être effectué par un moyen de paiement inscrivant le montant réglé au débit d'un compte tenu au nom du payeur chez un établissement assujetti.

Le paiement des traitements et salaires est soumis aux mêmes conditions au-delà d'un montant fixé par l'Autorité Monétaire ».

L'article 4 du même texte ajoute : « Le montant mentionné à l'article 3 ci-dessus est porté à 1.000.000 Francs CFA lorsque le paiement s'opère entre particuliers non-commerçants ».

Pour bien comprendre la notion de moyen scriptural, il convient de revenir sur celle de monnaie scripturale. Également appelée monnaie de banque et parfois monnaie de virement, la monnaie scripturale est constituée par l'ensemble des dépôts à vue auprès du secteur bancaire, des caisses d'épargne et des comptables publics. Elle circule par un simple jeu d'écritures (d'où son nom) entre les comptes[61]. Elle se distingue de la monnaie métallique constituée par des pièces d'or ou d'argent, et de la monnaie fiduciaire constituée par l'ensemble des billets de banque[62]. Partant de la définition des moyens de paiement fournie à l'article 12 du Règlement de la CEMAC[63], on peut considérer les moyens scripturaux de paiement comme des instruments qui permettent de donner un ordre de paiement et de faire circuler la monnaie inscrite en compte. Plus précisément, ces instruments permettent d'engager un transfert d'unités monétaires entre le compte du payeur et le compte du bénéficiaire, ces comptes étant ouverts sur les livres des établissements assujettis[64]. Il s'agit notamment du chèque, des effets de commerce, de la carte de paiement, du virement, des prélèvements et même de la monnaie électronique.

---

compte ouvert auprès des services financiers de la Poste ou d'une banque, à moins qu'il n'y ait un autre moyen scriptural de paiement approprié pour servir au paiement du montant inférieur au montant de référence ».

[61] B. Sousi-Roubi, *Lexique de la banque et des marchés financiers*, Paris, Dunod, 2009, p.208.

[62] *Ibid.*, p. 207.

[63] Cet article définit le moyen de paiement comme un « Instrument qui permet à toute personne de transférer des fonds en inscrivant le montant réglé au débit d'un compte ouvert dans les livres d'un établissement assujetti ».

[64] Banque de France, « Les moyens et instruments de paiement », in *Paiement et infrastructure de marché à l'ère digitale*, 2023, p. 34.

Il se trouve que la mise à disposition et la gestion des moyens de paiement est une catégorie d'opérations de banque fournie par les établissements de crédit à leur clientèle, c'est-à-dire à l'ensemble des personnes titulaires d'un compte auprès de ces établissements ainsi qu'aux clients qui utilisent occasionnellement leurs services. Dans certains cas, il s'avère donc impossible de se servir des instruments scripturaux de paiement en étant dépourvu de compte en banque. La consécration d'une obligation de payer par moyen scriptural implique donc parfois, indirectement, une obligation de détenir un compte en banque. Le compte en banque ne doit donc plus seulement être envisagé comme un droit, il peut également dans certaines circonstances être une obligation. Une telle position législative marque une étape importante dans le rôle que le compte en banque est appelé à jouer dans la vie économique.

S'il est vrai que l'obligation de payer par moyen scriptural peut être d'emblée appréhendée comme un moyen de promotion de l'usage des moyens scripturaux[65], on peut néanmoins s'interroger sur les raisons d'une telle promotion. En réalité, derrière cette promotion se trouve le souci du renforcement de la traçabilité des transactions économiques. Ainsi les autorités communautaires disposent davantage de leviers de contrôle de la masse monétaire en circulation dont la monnaie scripturale est une composante représentée par les moyens scripturaux utilisés. Au-delà d'un certain montant, ces moyens de paiement peuvent cacher des activités criminelles illégales. C'est probablement ce qui explique que les autorités communautaires de la CEMAC aient consacré dans le Règlement du 11 avril 2016 portant prévention et répression du blanchiment des capitaux, du financement du terrorisme et de la prolifération sous son Titre II intitulé « Prévention du blanchiment de capitaux, du financement du terrorisme et de la prolifération », deux dispositions majeures. D'abord l'article 17 qui énonce : « Le prix de la vente d'un bien immobilier dont le montant est supérieur à trois millions de francs CFA ne peut être acquitté qu'au moyen de virement ou d'un chèque ». Ensuite l'article 16 qui pose une interdiction du paiement en espèces ou par instrument négociable au porteur de certaines créances. Ces deux dispositions apparaissent comme des applications particulières de l'obligation générale posée par le texte relatif aux moyens de paiement. Partant de là, l'hypothèse de la considération du

[65] V. le préambule du Règlement de la CEMAC relatif aux systèmes moyens et incidents de paiement. En zone UEMOA, v. l'intitulé du Titre III du Règlement relatif aux systèmes de paiement.

compte bancaire comme un instrument de lutte contre la criminalité financière peut se fonder sur l'obligation de payer par moyen scriptural.

A travers les jeux d'écritures au moyen desquels l'obligation de payer par moyen scriptural va s'exécuter, le compte en banque permet une véritable traçabilité renforcée des opérations. Grâce à cette traçabilité, les autorités compétentes disposent de moyens supplémentaires de détection des actes de criminalité financière, qu'il s'agisse des infractions contre les intérêts financiers de l'État ou des infractions aux normes pénales formant le dispositif de lutte contre le blanchiment des capitaux et le financement du terrorisme. Comme on peut le constater, cette perspective s'appuie sur une base légale claire, sur un fondement juridique communautaire certain.

Sur le plan théorique, on peut affirmer que l'instrumentalisation du compte en banque comme moyen de lutte contre la criminalité financière repose sur un impératif d'ordre public économique de direction. En réalité, si l'on se place sous l'angle de l'analyse classique, il peut paraître surprenant que le compte en banque soit devenu une obligation. En effet, traditionnellement, comme cela a été démontré, le compte en banque est une convention entre le banquier et son client. En tant que telle, il est soumis au principe de la liberté contractuelle, ce qui suppose qu'une personne est libre de solliciter un banquier ou non pour l'ouverture d'un compte en banque. Dans cette perspective il est un instrument au service des intérêts privés. Cependant, dans une vision contemporaine, le compte en banque ne vise plus seulement à satisfaire les besoins privés des parties. Il s'oriente de plus en plus vers la satisfaction de l'intérêt général. En effet, si une personne envisage de réaliser un paiement au-delà d'un certain montant en fonction de son statut juridique de civil ou de commerçant ou lorsqu'il s'agit du paiement de salaires, cette personne sera tenue de se faire ouvrir un compte. Dans ce cas de figure, l'ouverture d'un compte en banque devient une obligation, non plus pour le banquier comme cela a été analysé à propos du droit au compte, mais plutôt une obligation pour le client. Il va sans dire qu'une telle obligation se rapporte à des enjeux plus globaux que ceux touchant au seul client.

Dans un environnement de plus en plus exposé à la recrudescence, dans les États de la CEMAC, d'actes d'atteinte à la fortune publique tels que la fraude fiscale et douanière, ou encore par des actes de blanchiment des capitaux et du financement du terrorisme[66], dont l'aboutissement passe

[66] Le rapport de l'Agence Nationale d'Investigation Financière (ANIF) du Cameroun pour l'année 2023 révèle une augmentation significative des flux financiers suspects atteignant

bien souvent par des transactions financières importantes, l'un des moyens de détection de ces mouvements de fonds est leur traçabilité déjà possible de par le fonctionnement du compte mais renforcée par l'obligation de payer par moyen scriptural. Afin d'obliger les divers agents économiques à laisser trace de leurs paiements, cette obligation a été consacrée dès 2003 avec l'adoption du Règlement de la CEMAC relatif aux systèmes, moyens et incidents de paiement et renforcée en 2016 avec la révision dudit règlement. Il apparaît donc qu'en réalité, l'obligation de payer par moyen scriptural dont la conséquence est parfois l'obligation de détenir un compte en banque est un moyen de lutte contre la criminalité financière, un impératif d'ordre public économique. Au cœur de ce processus de lutte se trouve donc le compte en banque, support matériel et juridique de l'usage des moyens scripturaux de paiement. Cela s'explique par le fait que, d'une manière générale, les activités financières illégales génèrent bien souvent d'importantes sommes d'argent dont les criminels se servent parfois pour des règlements en espèces. La contrainte du paiement par moyen scriptural permet ainsi d'en tracer l'origine.

Si l'on envisage l'ordre public économique de direction comme l'ensemble des lois impératives qui ont pour but d'orienter les indicateurs économiques dans un sens jugé favorable à l'intérêt général[67], il est clair que la détection et la répression des actes tels que la fraude fiscale, la fraude douanière, le blanchiment des capitaux et le financement du terrorisme s'inscrivent dans cette perspective. Il convient donc d'admettre que grâce au compte en banque, les autorités publiques disposent, à travers leur droit de communication[68] et l'inopposabilité à leur égard du secret bancaire[69], de l'accès aux informations relatives aux transactions réalisées par certaines personnes. Cela leur permet d'accomplir leur mission de détection et de répression des actes de criminalité financière. Il en est notamment ainsi de l'administration des douanes, de l'administration

près de 1700 milliards de francs CFA, soit une hausse de 180% par rapport à l'année précédente. Les fraudes diverses représentent la majorité des dossiers transmis par l'ANIF aux autorités compétentes, suivi des cas de financement du terrorisme et de détournement de deniers publics. https://www.investiraucameroun.com du lundi 07 octobre 2024, consulté le 10/07/2025.

[67] A. Sunkam Kamdem, *La transparence des opérations bancaires et financières dans la CEMAC*, Thèse mult., Douala, 2012, p. 172.

[68] Le droit de communication est le droit reconnu à certaines institutions ou à leurs agents, de prendre connaissance de documents auprès d'autres institutions ou d'opérateurs économiques en vue de l'accomplissement de leurs missions.

[69] Articles 8 et ss. de la loi n°2022/006 du 27 avril 2022 régissant le secret bancaire au Cameroun.

fiscale, l'Agence Nationale d'Investigation Financière, les autorités judiciaires[70]. Ainsi peuvent-elles, chacune dans son champ de compétence, détecter des transactions suspectes, remonter à l'origine des fonds, détecter des fraudes fiscales, traiter les informations reçues, et le cas échéant prendre des sanctions. L'objectif est de garantir le bon ordre économique nécessaire au développement des États. Afin de rendre un tel objectif possible, la réglementation communautaire s'est efforcée à organiser la mise en œuvre de l'obligation de payer par moyen scriptural, et à travers elle, l'instrumentalisation du compte bancaire comme moyen de lutte contre la criminalité financière.

B – La mise en œuvre

Afin de permettre que le compte en banque serve comme instrument de lutte contre la criminalité financière, les autorités de la CEMAC ont adopté des mesures minimales de mise en œuvre de l'obligation de payer par moyen scriptural. Ainsi, ont-elles déterminé les conditions d'exercice de cette obligation et les sanctions applicables.

S'agissant des conditions, un montant de référence à partir duquel l'obligation est due est fixé par le texte de la CEMAC. Ce montant varie selon le statut juridique du débiteur de l'obligation. S'il est commerçant ce montant est de 500 000 FCFA, et 1 000 000 FCFA s'il s'agit d'un non-commerçant. Lorsqu'il s'agit de paiement de salaires, l'Autorité monétaire nationale fixe le montant à partir duquel l'obligation est due. Au Cameroun, ce montant est de 100 000 FCFA[71].

La nature du paiement semble indifférente, seul le montant de la transaction à régler en compte importe. Ainsi, qu'il s'agisse de rapports de paiements de facture d'eau, d'électricité, de téléphone, d'internet, ou d'une manière générale de l'exécution de toute obligation de somme d'argent, tout y passe.

Il s'en suit qu'en deçà des montants prévus par la loi, les paiements peuvent être réalisés en monnaie fiduciaire[72].

---

[70] *Ibid.*

[71] V. Circulaire n°004/MINFI/DGD du 04 janvier 2018 relative à l'exécution des lois de finance, au suivi et au contrôle de l'exécution du budget de l'État et des autres entités publiques pour l'année 2018.

[72] On peut penser que, ces limites légales correspondent à la réalité des capacités financières du plus grand nombre et dont le dépassement peut s'avérer inhabituel justifiant ainsi un risque de blanchiment nécessitant un contrôle.

En vue de garantir l'exécution de l'obligation de payer par moyen scriptural, le texte de 2016 prévoit une amende de 5% des sommes indûment payées en numéraire[73]. Dans le prolongement de cette sanction, une amende de 5% des sommes concernées pèse également sur le créancier qui refuse de recevoir un paiement par moyen scriptural. Pour louable que puisse être la finalité de l'obligation de payer par moyen scriptural ainsi que la sanction prévue en cas de violation, l'effectivité de l'exécution de cette obligation peut être sujette à caution. En effet, la question peut se poser de savoir comment est-ce que le contrôle de l'exécution de cette obligation pourra s'opérer. Si l'on peut admettre que les services de contrôle compétents peuvent trouver facilement matière à contrôle dans les livres de commerce et autres documents comptables et financiers, la situation s'avère un peu plus difficile s'agissant des personnes non commerçantes. En raison de l'obligation qui pèse sur les commerçants de tenir une comptabilité, la preuve de l'existence de créances et de leur paiement peut facilement être établie, et avec elle le mode de paiement. Dans cet ordre d'idées, les autorités publiques de contrôle peuvent s'assurer de l'exécution ou non de l'obligation de payer par moyen scriptural. Il convient de souligner tout de même que dans la pratique, les acteurs de la vie des affaires, utilisateurs de compte bancaire, fractionnent souvent les paiements afin d'échapper à cette obligation légale. Cette pratique pourrait être assimilée à une phase du blanchiment des capitaux dénommée placement. Le placement est défini comme le fait de se débarrasser matériellement d'importantes sommes en numéraire en fractionnant de grosses sommes en de nombreux montants plus discrets déposés sur un compte bancaire[74]. Il appartient donc aux autorités de contrôle de faire preuve de vigilance et de perspicacité dans l'exercice de leur mission afin de détecter de telles pratiques et de les rattacher à une tentative de contourner les exigences légales.

Pour ce qui est des personnes non commerçantes, il s'avère plus difficile de contrôler le respect de l'exécution de l'obligation puisqu'elles ne sont pas tenues des mêmes obligations comptables que le commerçant. La traçabilité des opérations par elles réalisées n'est donc pas assurée. Dans ce cas, l'effectivité à leur égard de cette obligation est moins garantie.

Il convient également de souligner que la sanction semble peu dissuasive dans l'hypothèse où les personnes concernées ont des desseins

---

[73] Articles 5 et 6.

[74] J.-L. Herail et P. Ramael, *Blanchiment d'argent et crime organisé : la dimension juridique*, Paris, PUF, 1998, p. 2.

frauduleux puisqu'elles préfèreraient probablement tirer avantage de la non-traçabilité de leurs transactions plutôt que d'éviter la sanction. Une telle attitude est assimilable à faute lucrative. A l'origine entendue comme le fait de « ne pas exécuter une obligation pour tirer profit de son inexécution »[75], la faute lucrative connaît désormais en doctrine une conception objective et une conception subjective. Dans la conception objective, on entend par faute lucrative une faute génératrice d'un gain ou d'une économie pour son auteur, complémentairement ou indépendamment du préjudice qu'elle provoque[76]. Cette conception met l'accent sur le lien de causalité entre la faute et le gain illicite, laissant supposer qu'une faute non intentionnelle puisse être lucrative. La conception subjective est dans une perspective différente. Selon elle, une faute est lucrative lorsqu'elle est exclusivement commise pour retirer un profit d'un comportement illicite quel qu'il soit. Ici, c'est l'intention lucrative qui est l'élément caractéristique de la faute lucrative[77]. C'est à cette dernière conception qu'il convient de rattacher l'attitude des acteurs de la vie économiques consistant à préférer subir la sanction peu dissuasive de la violation de l'obligation de payer par moyen scriptural sachant que le rapport coût-avantage leur est favorable. Il en sera notamment ainsi lorsque le gain espéré est supérieur à la peine, dès lors que la probabilité de détection est faible[78].

On peut également relever que des difficultés de mise en œuvre peuvent se poser dans les localités ne disposant pas d'un établissement de crédit ou d'un service de chèques postaux. De telles localités existent dans les États membres.

Enfin, dans le but de rendre l'obligation de payer par moyen scriptural plus effective et par conséquent de faire jouer pleinement au compte en banque le rôle qu'il a voulu lui assigner, le législateur communautaire aurait pu prévoir également des mesures incitatives. A l'instar de son homologue de l'UEMOA[79], il aurait notamment pu prévoir des exonérations ou réduction des frais attachés à la gestion des moyens de

---

[75] M. Planiol, *Traité élémentaire de droit civil, Obligation, Contrats, sûretés réelles*, t. 2, Paris, LGDJ, 1947, p. 269.
[76] M. Sejean, « La restitution du profit illicite », *RIDC*, 2, 2014, p. 357.
[77] M.-F. de Crouy, *La faute lucrative*, Economica, 2018, p. 3.
[78] *Ibid.*, p. 4.
[79] Article 13 du Règlement de l'UEMOA du 19 septembre 2002 relatif aux systèmes de paiement dans les États membres de l'UEMOA.

paiement pour les utilisations régulières des moyens scripturaux de paiement.

....

Il est indiscutable que le compte en banque occupe traditionnellement une place de choix dans le droit bancaire. Ses finalités classiques le démontrent à suffisance. Toutefois, l'importance du compte en banque s'est accrue en droit bancaire contemporain face aux mutations et aux besoins sociaux et économiques nouveaux. En vue de répondre à ces besoins, le législateur de la CEMAC a consacré un droit au compte et une obligation de payer par moyen scriptural. Ce faisant, il confère au compte bancaire deux finalités nouvelles : une finalité d'inclusion bancaire et une finalité de lutte contre la criminalité financière. De là se dégage un dépassement, mieux un enrichissement des finalités du compte bancaire jadis orienté vers la satisfaction d'intérêts particuliers, mais désormais également au service de l'intérêt général. Ce changement de paradigme nécessite cependant un renforcement des mécanismes de mise en œuvre pour une plus grande effectivité.

La protection constitutionnelle du droit musulman en question(s) : cas du Sénégal et de Mayotte

Aliou DIALLO

Docteur en droit public de l'Université Paris Cité
Chercheur associé au Centre de droit comparé et internationalisation du droit de l'Université Paris 1 Panthéon-Sorbonne

Résumé : Le droit musulman, élément du droit de la famille au Sénégal et à Mayotte, constitue également un élément central de leurs constitutions sociales, entendues comme les représentations et pratiques sociales partagées susceptibles d'être prises en compte par le droit positif. Si les législateurs sénégalais et français ont reconnu son application dans ces deux contextes, la situation diffère au plan constitutionnel. À Mayotte, l'application du droit musulman trouve un fondement indirect dans l'article 75 de la Constitution française de 1958, qui protège le « statut personnel » sans toutefois mentionner explicitement ce droit. Au Sénégal, aucune disposition de la Constitution de 2001 ne prévoit expressément une telle reconnaissance. En apparence, la situation mahoraise semble ainsi plus favorable. Pourtant, les évolutions de la constitution sociale mahoraise ont pu conduire à une restriction de l'application du droit musulman, sans que l'article 75 y ait fait obstacle. Inversement, au Sénégal, l'ancrage persistant de ce droit dans la constitution sociale pourrait entraîner sa protection constitutionnelle, notamment à la faveur d'une intervention du Conseil constitutionnel saisi par voie d'exception.

Mots-clés : Sénégal, Mayotte, Droit musulman, Constitution, Constitution sociale.

....

Il peut sembler paradoxal de s'interroger sur la protection constitutionnelle du droit musulman au Sénégal et à Mayotte. Paradoxal, pour ce qui concerne Mayotte, car la France est connue pour avoir été le lieu de formation d'une conception relativement stricte de la laïcité. En la matière, on y retrouve une tradition juridique et politique marquée par un « affranchissement du pouvoir politique et du service public de toute influence religieuse afin de sauvegarder la liberté d'opinion et l'égalité, et par là même, le pluralisme de la société »[1]. Cela laisse difficilement entrevoir, en première analyse, comment l'État français peut accorder, par la voie de sa loi fondamentale, une protection constitutionnelle à un ordre juridique religieux. Ensuite, paradoxal pour ce qui concerne le Sénégal, car la Constitution du 22 janvier 2001 ne fait pas mention ou référence, ni de près ni de loin, à une quelconque reconnaissance officielle du droit musulman.

En réalité, ces paradoxes ne sont qu'apparents. D'abord, car l'application du principe à valeur constitutionnelle[2] de laïcité à Mayotte doit nécessairement être conciliée avec le respect du statut personnel des Mahorais dont le contenu est le droit musulman, dans la mesure où le maintien d'un tel statut personnel a également valeur constitutionnelle, l'article 75 de la Constitution de 1958 disposant que « les citoyens de la République qui n'ont pas le statut civil de droit commun [...] conservent leur statut personnel tant qu'ils n'y ont pas renoncé ». Ensuite, parce que bien que la Constitution sénégalaise de 2001 ne fasse pas mention du droit musulman, le Conseil constitutionnel sénégalais a déjà évoqué le droit musulman des successions organisé par le Code de la famille dans une décision récente n°3/C/2022 du 9 mai 2022 (inédite) concernant une loi organique sur les compétences et l'organisation de la Cour suprême. Sans pour autant se prononcer sur sa conformité à la Constitution, il a paru la reconnaître tacitement[3] et a ainsi autorisé à s'interroger sur la position qu'il adopterait s'il était saisi par voie d'exception à cet effet[4]. Il faut évoquer les difficultés propres à chacun des deux cas ainsi que les points qui les différencient. Avant cela, il nous faut justifier le choix d'une étude commune des cas du Sénégal et de Mayotte.

---

[1] M. Philip-Gay, « Le principe constitutionnel de laïcité dans le contexte mahorais », *in* É. Ralser, H. Fulchiron, A. Siri et É. Cornut (dir.), *La place de la coutume à Mayotte*, Institut des Études et de la Recherche sur le Droit et la Justice (IERDJ), rapport n° 18.19, septembre 2022, p. 431.

[2] C'est l'article premier, premier alinéa de la Constitution de 1958 qui dispose que « la France est une République indivisible, laïque, démocratique et sociale ».

[3] Il a, en effet, considéré que ne sont pas contraires à la Constitution les dispositions de cette loi organique qui prévoit la faculté pour la Cour suprême « de s'adjoindre un assesseur compétent en droit musulman lorsqu'elle statue dans des matières relevant des successions de droit musulman » (cons. 13).

[4] Cette procédure a été introduite pour la première fois au Sénégal par la loi n° 92-22 du 30 mai 1992 portant révision de la Constitution, qui est également celle qui a créé le Conseil constitutionnel.

Le Sénégal et Mayotte correspondent à deux territoires majoritairement composés de musulmans et où l'application du droit musulman a été organisée par la loi. Au Sénégal, le Code de la famille de 1972, qui a institué dans certaines matières un système d'options dans lequel cohabite droit moderne et droit traditionnel, consacre le titre II de son livre VII aux « successions de droit musulman », en plus de contenir un ensemble de règles directement inspirées du droit musulman sans qu'il soit mentionné, comme celles qui concernent la polygamie[5], la fixation du délai de viduité à 300 jours[6] ou encore le divorce pour incompatibilité d'humeur[7]. À Mayotte, le statut civil de droit local, correspondant essentiellement à un « corpus de règles issu majoritairement du droit musulman »[8], régit « l'état et la capacité des personnes, les régimes matrimoniaux, les successions et les libéralités » selon l'article 1er de l'ordonnance n° 2010-590 du 3 juin 2010 portant dispositions relatives au statut civil de droit local applicable à Mayotte et aux juridictions compétentes pour en connaître[9].

---

[5] Article 133, deuxième alinéa du Code de la famille.

[6] Article 112, premier alinéa du Code de la famille.

[7] Article 166, alinéa 11 du Code de la famille. Par ailleurs, le droit musulman a inspiré les auteurs du Code de la famille de différentes manières, dont nous proposons une typologie dans une thèse soutenue récemment ; v. A. Diallo, *Droit positif et droit traditionnel : étude de leurs rapports au Sénégal*, Thèse mult., Paris Cité 2024, pp. 204 et suivantes. En outre, sur le divorce pour incompatibilité d'humeur comme « répudiation judiciaire déguisée », v. I. Y. Ndiaye, « Réflexions sur une cause de divorce : l'incompatibilité d'humeur », *Revue EDJA*, n° 13, 1987, p. 3.

[8] F. Dargent, « La protection constitutionnelle de la coutume », in *La place de la coutume à Mayotte*, *op. cit.*, p. 49. Plus précisément, le statut civil de droit local à Mayotte se fonde sur le *Minhadj at-talibin* qui est un recueil de règles de rite chaféite produit par l'imam An-Nawawi au XIIIe siècle et reconnu comme source du droit musulman à Mayotte depuis un décret de 1939 sur l'organisation de la justice indigène des Comores (article 6, deuxième alinéa). En outre, le droit applicable aux Mahorais de statut personnel se compose marginalement de diverses règles coutumières préislamiques, malgaches et bantous.

[9] *J.O.R.F.*, n° 127, 4 juin 2010. Notons que le champ d'application matériel du droit musulman est actuellement moins étendu au Sénégal qu'à Mayotte. Cela s'explique par le fait qu'au Sénégal, le droit musulman ne constitue plus un statut personnel, lequel y est organisé par le Code de la famille pour tous les Sénégalais. Jusqu'en 1972, le droit musulman pouvait être le statut personnel d'un Sénégalais : l'article 35 alinéas 3 et 4 de la Constitution sénégalaise du 24 janvier 1959 disposait que le domaine de la loi s'étendait à la « matière coutumière : état et capacité des personnes, régimes matrimoniaux, successions et libérations, régime foncier » et que dans tous les cas le législateur devait tenir compte « des statuts particuliers qui régissent les personnes ainsi que les collectivités religieuses » (A.-A.-D. Kébé, S.-A. Ndiaye et B. Ba (dir.), *Textes fondamentaux de la République du Sénégal*, Dakar, L'Harmattan-Sénégal, 2021, p. 35). Ces dispositions de la

D'autre part, le Sénégal et Mayotte correspondent à deux cas d'une reconnaissance officielle de l'application du droit musulman en dépit de la place centrale occupée par la laïcité dans l'organisation de l'État et de son activité. À ce titre, le constituant sénégalais, à travers les Lois fondamentales de 1959, 1960, 1963 et 2001, en choisissant à chaque fois, dans une sorte de « mimétisme constitutionnel », de mentionner dès le début du premier article constitutionnel que le Sénégal est une République (ou un État, pour la Constitution de 1959) « laïque », s'est clairement inspiré du constituant français de 1958. Il n'a donc pas emprunté la voie des États du Maghreb que sont le Maroc, l'Algérie et la Tunisie – francophones et majoritairement composés de musulmans comme le Sénégal – qui, avant de consacrer législativement l'application du droit musulman, ont reconnu constitutionnellement l'Islam comme religion de l'État[10] ; et ce, sans préjudice d'une forte restriction de la prise en compte du droit musulman, comme le montre très bien le cas de la Tunisie[11]. Dans le même ordre d'idées, le droit musulman est reconnu au Sénégal et à Mayotte, alors même que nombre de ses règles[12] sont difficilement

---

Constitution de 1959 ont été abrogées par l'article 39 de la loi n° 60-045 du 26 août 1960 portant révision de la Constitution de la République du Sénégal (*ibid.*, p. 51). Toutefois, sous l'empire de cette dernière, l'ordonnance n° 60-58 du 14 novembre 1960, en son article 10, prévoyait que le « statut traditionnel » intéressait la « capacité à contracter et à agir en justice, l'état des personnes, la famille, le mariage, le divorce, la filiation, les successions, donations et testaments » (*La justice au Sénégal*, Rufisque, Imprimerie officielle, 1961, pp. 83 et suivantes).

[10] Précisions néanmoins que, contrairement aux deux qui l'ont précédée (Constitutions de 1959 et 2014) qui disposaient à propos de l'État tunisien que « sa religion [était] l'Islam », la Constitution tunisienne de 2022 indique juste que « La Tunisie constitue une partie de la nation islamique [et] doit œuvrer, dans un régime démocratique, à la réalisation des vocations de l'Islam authentique ».

[11] Le Code du statut personnel de 1956 y interdit la polygamie (article 18), la contrainte matrimoniale (article 3 alinéa premier), n'y reconnaît pas la répudiation en n'admettant que le divorce judiciaire comme mode de rupture du mariage (article 30) et y fixe un âge minimum pour le mariage (article 5 alinéa 2). En outre, depuis une circulaire du ministre de la Justice du 14 septembre 2017, la différence de religion ne constitue plus en Tunisie un cas d'empêchement au mariage.

[12] Notamment celles qui concernent la polygamie ou encore les règles de dévolution successorale. Sur le sujet, v. B. Durand, *Droit musulman, droit successoral*, Paris, Litec, 1991, 432 p. ; S. Diouf, *Les droits de la femme dans le mariage en droit musulman d'après la jurisprudence musulmane sénégalaise du XIXe au XX siècle*, Thèse mult., UCAD, 2000, 532 p. ; S. Guinchard, « Réflexions critiques sur les grandes orientations du Code sénégalais de la famille », *Recueil Penant*, n° 760, vol. 87, 1978, pp. 189 et suiv.

conciliables avec le principe d'égalité entre les hommes et les femmes, qui a valeur constitutionnelle tant au Sénégal qu'en France[13].

La manière dont ces tensions entre principes de droit moderne et droit musulman sont appréhendées au Sénégal et à Mayotte nous paraît dépendre en partie d'éléments extrajuridiques. Pour cette raison, il nous faut mettre en avant un autre aspect fondamental de notre sujet, à savoir le fondement « réel » ou social de la reconnaissance officielle du droit musulman au Sénégal et à Mayotte : leur « constitution sociale ». C'est à ce niveau qu'une différence notable entre les cas sénégalais et mahorais pourra être relevée.

Au sens où l'entendent Léon Duguit et Maurice Hauriou, la constitution sociale renvoie à l'idée selon laquelle « au-delà du texte proprement dit de la Constitution, il existerait une âme sociale qui le surdétermine »[14]. Cette « institution invisible »[15], sans pour autant avoir d'existence positive, n'en resterait pas moins la source (informelle) du droit positif et son origine véritable, à tel point que Maurice Hauriou allait jusqu'à affirmer qu' « à bien des points de vue, la constitution sociale d'un pays est plus importante que sa constitution politique »[16], c'est-à-dire que sa constitution positive, en tant qu'elle est l' « âme sociale » d'une population dont la prise en compte est l'une des conditions de l'effectivité du droit de l'État.

Cette constitution sociale, au Sénégal comme à Mayotte, se caractérise par un fort attachement à l'Islam (et à son droit). Ainsi, nous allons voir ici comment la notion de constitution sociale permet de comprendre les conditions dans lesquelles l'application du droit musulman est actuellement organisée à Mayotte. S'agissant du Sénégal, elle nous

---

[13] Premier et septième articles de la Constitution sénégalaise de 2001 et troisième article du préambule de la Constitution française de 1946 (qui a valeur constitutionnelle en France depuis la décision du Conseil constitutionnel n° 71-44 DC du 16 juillet 1971, *Liberté d'association*).

[14] A. Viala, « La constitution sociale dans la doctrine juridique », *Questions constitutionnelles. Revue de droit constitutionnel*, 9 mars 2024, en ligne, consulté le 24/03/2025, p. 2. L'auteur relève bien que Maurice Hauriou est le véritable concepteur de cette notion, Léon Duguit ne l'ayant jamais employé dans ce sens. Néanmoins, ce dernier désigne le même phénomène par ce qu'il appelle le « droit social » ou encore « la règle de droit objectif » (L. Duguit, *L'État, le droit objectif et la loi positive*, Paris, Dalloz, 2003, p. 428). Du reste, A. Viala montre bien dans quelle mesure, en dépit d'une proximité conceptuelle, le contenu attribué à une telle idée par chacun de ces deux auteurs diffère.

[15] P. Rosenvallon cité par A. Viala, « La constitution sociale dans la doctrine juridique », *préc.*,p. 2.

[16] M. Hauriou, *Précis de droit constitutionnel*, Paris, Sirey, 1929, p. 611.

permettra de comprendre pourquoi la reconnaissance officielle du droit musulman consacrée par le Code de la famille, mais non directement évoquée par le texte de la Constitution de 2001, peut se voir donner valeur constitutionnelle en raison de ses liens avec l' « âme sociale » de la population sénégalaise. Le préambule de la Constitution de 2001 constituera peut-être le moyen par lequel un tel processus s'opérera (nous y reviendrons). D'ailleurs, l'on peut presque dire que c'est spécifiquement la tâche que lui attribuait Maurice Hauriou, puisqu'il considérait que « la Constitution sociale est représentée, d'une certaine manière, dans les dispositions du préambule de la Constitution politique »[17]. À ce titre, la constitution sociale sénégalaise pourrait avoir (tacitement) son rôle à jouer dans l'hypothèse d'un contrôle de constitutionnalité.

Concernant Mayotte, son cas constitue un exemple éloquent des conséquences juridiques de l'évolution d'une constitution sociale, en ce que c'est le constat de cette évolution qui a conduit le législateur français à y limiter l'application du droit local par une application restrictive de l'article 75 de la Constitution de 1958. Cela s'explique par le régime et la raison d'être de cet article. En effet, le contenu de cet article reprend quasiment mot pour mot celui de l'article 82 de la Constitution de 1946[18], qui renvoyait à la volonté du constituant français de « tenir compte des spécificités culturelles des anciennes colonies »[19], sans pour autant que cela ait une incidence sur les droits politiques de leurs ressortissants[20].

Ainsi, la Constitution (positive) a dû garantir à partir de 1946 que la spécificité de la constitution sociale de ces territoires continuerait à être officiellement reconnue. Néanmoins, seul le statut personnel en tant que tel a fait l'objet d'une protection constitutionnelle. Ni son contenu ni l'étendue de son champ d'application ne sont spécifiquement concernés

---

[17] A. Viala, « La constitution sociale dans la doctrine juridique », préc., p. 7.

[18] Il disposait que « les citoyens qui n'ont pas le statut civil français conservent leur statut personnel tant qu'ils n'y ont pas renoncé ». D'ailleurs, il concernait également les ressortissants du Sénégal, alors territoire d'outre-mer, comme toutes les anciennes colonies.

[19] F. Dargent, « La protection constitutionnelle de la coutume », préc., p. 45.

[20] Dans ce sens, l'article 82 de la Constitution de 1946 poursuivait en indiquant que le statut personnel ne pouvait « en aucun cas constituer un motif pour refuser ou limiter les droits et libertés attachés à la qualité de citoyen français ». Pour la première fois, le droit positif français introduisait une séparation entre « la citoyenneté (notion de droit public) [et le] statut civil (notion de droit privé) » (D. Boisdon, « Du sort des articles 81 et 82 de notre constitution de 1946 », *Revue juridique et politique de l'Union française*, avril-juin 1956, p. 239).

par cette protection. Cela offre au législateur français une grande marge de manœuvre dans la mise en œuvre de l'article 75 de la Constitution de 1958, tel que l'a confirmé le Conseil constitutionnel français dans sa décision n° 2003-474 DC[21]. Nous verrons à ce titre que cette marge de manœuvre a été pleinement employée à Mayotte au détriment du droit musulman.

En tout état de cause, il nous semble qu'au Sénégal, la prise en compte de sa constitution sociale est susceptible de venir au secours de la reconnaissance officielle du droit musulman (à la faveur d'une saisine du Conseil constitutionnel sénégalais par voie d'exception), alors qu'une telle reconnaissance paraît, à Mayotte, être menacée par les indices d'une évolution progressive de la constitution sociale mahoraise favorable à sa mise à l'écart, et ce en dépit d'une protection constitutionnelle du statut personnel.

À la lumière de ces premières indications, nous pouvons mieux présenter la problématique de cet article : dans quelle mesure, contre ce que suggèrent les apparences, il est possible d'envisager qu'au Sénégal, le droit musulman puisse bénéficier de garanties constitutionnelles d'application équivalentes, voire supérieures à celles reconnues à Mayotte ? S'intéresser à l'état de leurs constitutions sociales respectives permet selon nous d'y répondre et cet article aura principalement pour objet de montrer leur importance concrète dans le processus de reconnaissance officielle du droit musulman. Ainsi, nous verrons en quoi l'évolution de la constitution sociale mahoraise est marquée par un recul de la reconnaissance officielle du droit musulman à Mayotte (I) alors qu'au Sénégal, la prise en compte de la constitution sociale sénégalaise pourrait favoriser la préservation du droit d'inspiration musulmane qui y est applicable (II)[22].

[21] Dans cette décision relative à la loi de programme pour l'Outre-mer de 2003, le Conseil constitutionnel a considéré que le fait pour le législateur d'adopter des dispositions tendant à faire évoluer les règles du statut civil de droit local « dans le but de les rendre compatibles avec les principes et droits constitutionnellement protégés » (cons. 29) était conforme à la Constitution à la condition que l'existence même du statut personnel n'était pas remise en cause.

[22] Faisons remarquer que notre démarche sera donc pour partie prospective et visera à déterminer les tendances que laissent à observer les situations sénégalaise et mahoraise en la matière, en insistant sur le cas du Sénégal, où l'évolution du droit dans ce domaine nous paraît moins facile à identifier et ne pas avoir vraiment fait l'objet d'études doctrinales.

I – L'évolution de la constitution sociale mahoraise marquée par un recul progressif du droit musulman applicable à Mayotte

Globalement, la mise en œuvre de l'article 75 dans les territoires concernés[23] dépend notamment du point auquel les spécificités locales formant une constitution sociale résistent à leur amendement. Ainsi, dès lors que l'indice de leur fragilisation est donné, des réformes législatives sont susceptibles d'intervenir pour réduire le champ d'application du droit local et faire progresser une uniformité juridique là où les spécificités locales opposaient alors une certaine résistance. Le cas de Mayotte livre un exemple notable d'une telle dynamique. Lorsque le législateur français, prenant notamment appui sur les changements institutionnels intervenus à Mayotte – sa départementalisation – et leur approbation par les Mahorais, a entrepris de réformer le statut personnel mahorais en restreignant l'application du droit musulman (A), l'article 75 de la Constitution de 1975 n'a pas pu faire obstacle à cette restriction : celui-ci reconnaît certes l'existence du statut personnel, mais ne constitue pas une garantie de la pérennité du droit musulman à Mayotte (B).

A – La restriction de l'application du droit musulman par la départementalisation de Mayotte

Le premier pas vers la restriction de l'application du droit musulman à Mayotte a été fait lorsque les Mahorais ont décidé de rester français lors de leur consultation du 22 décembre 1974. En effet, « les Mahorais qui ont voté massivement pour rester français n'ont donc que très peu pris en compte les conséquences potentielles de leur vote sur les composantes islamiques et coutumières de leur modèle sociétal »[24]. Le second pas – qui a consolidé la dynamique constituée par le premier – a été l'approbation de la départementalisation de Mayotte. En effet, le fait qu'elle se soit dirigée « vers la départementalisation et l'assimilation législative qui lui est corrélée » n'est pas de nature à pérenniser la reconnaissance du « corpus de règles issues majoritairement du droit musulman qui y est appliqué »[25].

---

[23] Il n'a effectivement été mise en œuvre qu'à Mayotte, principalement par la loi n° 2001-616 du 11 juillet 2001 relative à Mayotte (*J.O.R.F.*, n° 161, 13 juillet 2001, p. 11199) et par l'ordonnance précitée de 2010, et en Nouvelle-Calédonie, par la loi organique n° 99-209 du 19 mars 1999 (*J.O.R.F.*, n° 68, 21 mars 1999, p. 4197).

[24] M. Philip-Gay, « Le principe constitutionnel de laïcité dans le contexte mahorais », préc., p. 430.

[25] F. Dargent, « La protection constitutionnelle de la coutume », préc., p. 49.

Deux raisons ont concouru à ce que le législateur français voit dans la départementalisation de Mayotte l'indice que devait et pouvait intervenir une transformation du statut personnel mahorais.

Il y a la forme adoptée par cette départementalisation. En effet, elle a été amorcée par la consultation des Mahorais. Dès une loi n° 76-1212 du 24 décembre 1976 relative à l'organisation de Mayotte[26] qui est venue définir son statut, il était prévu que dans les trois ans à compter de sa promulgation les Mahorais soient consultés, entre autres, sur une éventuelle transformation de Mayotte en département (article premier, deuxième alinéa de la loi de 1976)[27]. Ce n'est finalement que le 2 juillet 2000 qu'une telle consultation a été organisée. Elle a porté sur l'approbation de l'accord sur l'avenir de Mayotte du 27 janvier 2000[28] dont l'objet était notamment la transformation de Mayotte en « collectivité départementale », accord qui a été approuvé par les Mahorais à près de 73%[29]. Une telle approbation donnait une sorte de garantie de l'adhésion des Mahorais aussi bien aux transformations tenant à l'organisation de Mayotte qu'aux autres transformations que les premières impliquaient et dont la teneur était indiquée dans l'accord sur l'avenir de Mayotte.

Cela nous amène directement à la deuxième raison de la transformation du statut personnel mahorais, à savoir le contenu de l'accord auquel les Mahorais ont adhéré. En plus de véritablement amorcer la départementalisation de Mayotte, l'accord entendait être, par son approbation, le marqueur d'une « évolution de la société mahoraise ». Concrètement, une telle évolution devait nécessairement mener à la réalisation « d'un effort soutenu de modernisation et d'adaptation dans le sens du droit commun » du « droit applicable à Mayotte », au recentrage du rôle des cadis « sur les fonctions de médiation sociale », à la confortation des « droits des femmes dans la société mahoraise » et à la poursuite de « la clarification du statut personnel ».

L'approbation de l'accord par les Mahorais devait donc valoir approbation de telles évolutions, intéressant le droit musulman au premier chef. On voit donc comment la mise en œuvre d'un article de la Constitution – en l'occurrence celle de l'article 75 de la Constitution de

---

[26] *J.O.R.F.*, n° 302, 27 et 28 décembre 1976, p. 7493.
[27] Ce délai avait finalement été fixé à cinq ans par l'article 2 deuxième alinéa de la loi n° 79-1113 du 22 décembre 1979 relative à Mayotte (*J.O.R.F.*, n° 0298, 23/12/1979, p. 3254).
[28] *J.O.R.F.*, n° 32, 7 et 8 février 2000, p. 1985.
[29] Avec une participation de 70%.

1958 – peut être orientée par une prise en compte de la constitution sociale d'une population donnée[30].

Le constat de l' « évolution de la société mahoraise » a eu une série d'incidences concrètes. À partir du début des années 2000, le législateur français a opéré une mise en œuvre concrète des termes de l'accord sur l'avenir de Mayotte. L'adaptation et la modernisation du droit applicable à Mayotte « dans le sens du droit commun » se sont notamment traduites par une progression de l'identité législative en matière civile, initiée par l'ordonnance n° 2002-1476 du 19 décembre 2002 portant extension et adaptation de dispositions de droit civil à Mayotte et modifiant son organisation judiciaire[31] et poursuivie jusqu'à la loi organique n° 2010-1486 du 7 décembre 2010 et la loi n° 2010-1487 de la même date relatives au Département de Mayotte[32]. Du reste, l'article 9 de l'ordonnance n° 2010-590 du 3 juin 2010 a étendu aux Mahorais de statut personnel l'essentiel des règles intéressant la formation du mariage (conditions de forme et de fond).

Le recentrage du rôle des cadis « sur des fonctions de médiation sociale » a conduit, comme cette formule le sous-entend, à ce que leur autorité et leurs compétences soient considérablement limitées. Dès l'adoption d'une ordonnance n° 2000-219 du 8 mars 2000 relative à l'état civil à Mayotte[33], la présence de l'officier d'état civil était requise aux côtés du cadi lors de la célébration du mariage. Cette ordonnance est entrée en vigueur avant l'approbation par les Mahorais de l'accord sur l'avenir de Mayotte. Néanmoins, postérieurement à son approbation, l'article 111 de la loi n° 2006-911 du 24 juillet 2006 relative à l'immigration et à

---

[30] Relevons néanmoins que des auteurs tels que Sophie Blanchy et Yves Moatty estiment que cette transformation du statut personnel mahorais, qui a atteint son plus haut point avec l'ordonnance de 2010, a pu être vécue par certains Mahorais comme une entreprise d'élimination de « leur culture et [de] leur identité » (S. Blanchy et Y. Moatty, « Le statut civil de droit local à Mayotte : une imposture ? », *Droit et société*, n° 80, vol. 1, 2012, p.129).

[31] *J.O.R.F.*, n° 297, 21 décembre 2002, p. 21363. Cette ordonnance a été ratifiée par l'article 65, V., 3° de la loi n° 2003-660 du 21 juillet 2003 de programme pour l'outre-mer (*J.O.R.F.*, n° 167, 22 juillet 2003, p. 12320).

[32] *J.O.R.F.*, n° 284, 8 décembre 2010, en ligne, consulté le 11/03/2025. Notons toutefois que la loi organique n° 2010-1486 est en réalité venue abroger la loi organique n° 2007-223 du 21 février 2007 portant dispositions statutaires et institutionnelles relatives à l'outre-mer qui, en son article 3, prévoyait déjà par principe l'application de plein droit à Mayotte des lois et règlements (*J.O.R.F.*, n° 284, 8 décembre 2010, en ligne, consulté le 11/03/2025).

[33] *J.O.R.F.*, n° 59, 10 mars 2000.

l'intégration est venu donner au seul officier d'état civil la compétence pour célébrer les mariages à Mayotte et a supprimé l'exigence de la présence du tuteur matrimonial lors de la célébration. Sans que l'article ne l'indique expressément, il est donc venu retirer du statut personnel mahorais le mariage de droit musulman.

Le cadi a également été privé de ses fonctions « notariales » avec l'abrogation par l'ordonnance n° 2010-590 de la délibération n° 64-12 *bis* du 3 juin 1964, dont l'article 9 le rendait compétent « en matière de succession, donation, testament, waqf, et magnahoulé et en matière d'obligations ». Du reste, le cadi n'a plus de compétence juridictionnelle puisque l'article 15 de l'ordonnance n° 2010-590 indique que « le tribunal de première instance connaît de toutes les affaires relatives à l'application du statut civil de droit local entre citoyens relevant de ce statut ».

L'exigence de conforter les « droits des femmes dans la société mahoraise » s'est manifestée de façon notable par l'interdiction à Mayotte de la polygamie et de la répudiation par l'article 68 de la loi de programme pour l'outre-mer de 2003. Néanmoins, sous l'empire de cet article, l'interdiction de la polygamie ne s'appliquait « qu'aux personnes accédant à l'âge requis pour se marier au 1er janvier 2005 ». L'ordonnance n° 2010-590 est par la suite venue étendre la portée de cette interdiction en supprimant ce dernier tempérament (article 9, 1°).

La « clarification du statut personnel » a notamment consisté en une admission plus tempérée et limitée des règles de droit musulman du statut personnel mahorais, dont la substance a pu être altérée. Ainsi, alors que le droit musulman interdit l'établissement de la filiation paternelle de l'enfant né hors mariage, l'article 3 de l'ordonnance n° 2000-218 du 8 mars 2000 fixant les règles de détermination des noms et prénoms des personnes de statut civil de droit local applicable à Mayotte[34], tel que modifié par la loi n° 2006-911 du 24 juillet 2006, prévoit qu'une telle filiation peut être établie lorsqu'un père de « statut civil de droit local applicable à Mayotte » donne, avec l'accord de la mère, son nom propre à un enfant ; l'article indique en effet qu'une « telle substitution [de nom] emporte reconnaissance et établissement de la filiation paternelle ».

[34] *J.O.R.F.*, n° 59, 10 mars 2000, p. 3799. Élise Ralser parle à ce propos d'un « mécanisme original d'établissement de la filiation par « dation de nom » » (É. Ralser, « Le statut civil de droit local applicable à Mayotte », *Revue critique de droit international privé*, n° 4, 2012, p. 756).

D'autre part, en matière successorale, l'article 12 de l'ordonnance n° 2010-590 dispose qu'« est interdite toute discrimination pour la dévolution des successions qui serait contraire aux dispositions d'ordre public ». Il s'agit, non pas d'une remise en cause dans son intégralité du droit musulman des successions applicable à Mayotte, mais d'une restriction importante apportée à l'application de ses règles discriminatoires, notamment à l'égard des femmes, et qui en sont un élément essentiel.

Enfin, toute une série de dispositions visant à tempérer la « gouvernance »[35] du père au sein de la famille musulmane et à y conforter celle de la mère. Dans ce sens, l'article 10 de l'ordonnance n° 2010-590 a insisté sur le fait que « toute femme mariée ou majeure de dix-huit ans peut librement exercer une profession, percevoir les gains et salaires en résultant et disposer de ceux-ci [et qu'] elle peut administrer, obliger et aliéner seule ses biens personnels »[36]. Dans le même ordre d'idées, l'âge minimum pour pouvoir se marier de la femme a sans cesse été relevé : l'article 16 de l'ordonnance n° 2000-219 l'avait fixé à quinze ans. Il est désormais fixé à dix-huit ans par l'article 9 de l'ordonnance n° 2010-590 qui rend applicable « aux personnes relevant du statut civil de droit local » l'article 144 du Code civil.

Ces limites considérables apportées à l'application du droit musulman à Mayotte permettent en réalité de révéler la véritable vocation de l'article 75 de la Constitution de 1958, qui n'a manifestement pas fait obstacle à l'entreprise de réforme en profondeur du législateur français du statut personnel mahorais.

B – Une reconnaissance du statut personnel ne garantissant pas la pérennité du droit musulman

Face à ces atteintes importantes portées au statut personnel mahorais, l'on pourrait considérer que l'ordonnance n° 2010-590, en ce qu'elle abroge l'essentiel des textes qui garantissaient sa « conservation et [son] application » et fait « disparaître les sources essentielles du statut personnel mahorais, est contraire à un droit que la Constitution garantit [par son article 75], et pourrait faire l'objet d'une QPC »[37]. L'on peut, en effet,

---

[35] A. Leca, *Droit musulman*, Aix-en-Provence, PUAM, 2021, p. 122.

[36] Signalons néanmoins que cette précision paraît pour le moins superflue dans la mesure où, en fait de régimes matrimoniaux, le régime de la séparation de biens est le seul que le droit musulman connaisse.

[37] É. Ralser, « Le statut civil de droit local applicable à Mayotte », préc., p. 774.

soutenir qu' « abroger les sources du droit du statut personnel » revient à remettre en cause « l'existence [même] du statut personnel »[38].

Nous pensons pour notre part que la mise en œuvre à Mayotte de l'article 75 par le législateur n'est pas contraire à sa vocation. Il est vrai que l'article 16 de l'ordonnance est venu abroger l'ensemble de la délibération n°64-12 *bis* du 3 juin 1964 de la chambre des députés des Comores portant réorganisation de la procédure en matière de justice musulmane[39] (à l'exception de son article 20) qui prévoyait l'application du *Minhadj at-talibin*, principale source du droit musulman à Mayotte. Il nous apparaît néanmoins que l'abrogation de la délibération n'emporte pas la suppression du *Minhadj* comme source du statut personnel à Mayotte. Le champ d'application matériel du « statut civil de droit local », défini par le premier article de l'ordonnance n° 2010-590, rappelle celui du *Minhadj*, sans pour autant que celui-ci soit désigné par l'article.

L'abrogation de la délibération n°64-12 *bis* ne correspond qu'à l'abrogation du texte par la médiation duquel le *Minhadj* trouvait à s'appliquer. Le fondement de son application est désormais l'ordonnance n° 2010-590, qui recense « tous les cas où la coutume et *Minhadj* devraient s'appliquer »[40], ce qui permet d'accroître significativement la réglementation de leur application.

La possibilité d'une telle réglementation va d'ailleurs dans le sens de l'interprétation de l'article 75 de la Constitution de 1958 qui a été faite par le Conseil constitutionnel dans sa décision n° 2003-474 DC du 17 juillet 2003[41] selon laquelle le législateur pouvait faire évoluer le statut personnel afin de le rendre compatible « avec les principes et droits constitutionnellement protégés ». Cette décision engage à établir une distinction nette entre le statut personnel et ses sources. L'atteinte qui leur est portée par le législateur ne peut pas être de nature à faire disparaître le statut personnel, mais – une fois cette exigence respectée – peut aller aussi loin que le réclament la nécessité et la possibilité de le faire évoluer toutes les fois où l'occasion de le faire se présente. En d'autres termes, l'article 75 ne saurait donc constituer un obstacle à la prise en compte des évolutions de la constitution sociale mahoraise. En somme, il ne correspond qu'à la garantie de la prise en compte de cette dernière dans

---

[38] É. Ralser, « Le statut civil de droit local applicable à Mayotte », préc., p. 773.

[39] *J.O. des Comores*, n° 126, 6 décembre 1964, p. 476.

[40] É. Ralser, « Le domaine matériel du statut personnel mahorais et de la coutume », in *La place de la coutume à Mayotte*, *op. cit.*, p. 146.

[41] Précitée, voir *supra*, note 22.

son actualité ; et vu que son actualité permet de restreindre à Mayotte l'application du droit musulman, l'article 75 ne peut faire obstacle à une telle restriction[42].

D'une certaine façon, l'ampleur de la reconnaissance du droit musulman à Mayotte doit dépendre, pour le législateur français, notamment du point auquel la constitution sociale mahoraise y est attachée. À ce titre, c'est l'approbation de l'accord sur l'avenir de Mayotte qui a permis de relever que cet attachement s'étiolait d'où les réformes du statut personnel mahorais qui s'ensuivirent[43]. Ainsi, d'un certain point de vue, la constitution sociale mahoraise représente, ou plutôt représentait une meilleure protection pour le droit musulman que l'article 75 en ce que c'est l'attachement des Mahorais au droit musulman, davantage que l'article 75, qui assurait sa reconnaissance dans une large mesure à Mayotte.

Aucune mesure de l'état actuel de la constitution sociale sénégalaise dans son rapport au droit musulman équivalente au référendum mahorais de 2000 n'a été réalisée au Sénégal.

Les indices de l'attachement à la pratique religieuse de l'islam et à sa culture y sont faciles à identifier (fêtes, prières, ramadan, etc.). Mais *quid* des indices d'un attachement aux institutions juridiques islamiques ou d'inspiration traditionnelle, notamment telles qu'elles se présentent dans le Code de la famille ? Sur ce plan également, des indices d'attachement existent : près d'un tiers des mariages connus correspondent à des unions

---

[42] Selon Régis Lafargue, la nature de l'article 75 le situe quelque part entre une « clause coloniale et [un] facteur d'émancipation » (R. Lafargue, « Les contraintes posées par l'article 75 de la Constitution : entre clause coloniale et facteur d'émancipation », *Droit et Cultures*, n° 46, vol. 2, 1999, pp. 29-53). Disons à ce titre que c'est justement si l'article 75 n'était qu'un ersatz de « clause coloniale » que les sources du statut personnel auraient été largement prises en compte, puisque c'est précisément durant l'époque coloniale – particulièrement avant 1946 – que les sources du statut personnel ont été le plus largement reconnues, notamment en raison de la qualité de sujet et non de citoyen des ressortissants des colonies.

[43] L'on pourrait soulever que face aux bénéfices que représentait la départementalisation en matière budgétaire (augmentation des ressources de Mayotte, où la fiscalité est peu développée) ou en matière de prestations sociales (le versement du revenu de solidarité active – RSA – dépend du département), il paraissait peu vraisemblable que les Mahorais y renoncent dans le seul but de sauver le droit musulman. À cela, l'on peut répondre que le fait que la nécessité de préserver le droit musulman n'ait pas tenu face à de telles considérations matérielles et financières montre bien que son autorité s'affaiblit à Mayotte, et ce sans préjudice d'une préservation de l'Islam dans sa dimension culturelle ou de pratique religieuse.

polygames[44] ; le droit musulman des successions, alors qu'il correspond dans le Code de la famille à un régime d'exception, fait l'objet d'une application quasi systématique par le juge sénégalais quand il rend des jugements d'hérédité[45]. Par ailleurs, les khalifes généraux des confréries religieuses jouissent auprès des Sénégalais d'une très forte autorité, qui se traduit parfois par l'instauration de réglementations (non officielles) à caractère religieux rigoureusement observées par leurs disciples (le cas de la réglementation qui régit la ville de Touba en donne de ce phénomène un exemple notable).

Le Conseil constitutionnel sénégalais, saisi par voie d'exception de l'inconstitutionnalité des dispositions du Code de la famille d'inspiration religieuse, pourra-t-il faire fi de ces éléments ? C'est cette question qu'il faut maintenant examiner.

II – Une dynamique de préservation du droit d'inspiration musulmane au Sénégal soutenue par la constitution sociale sénégalaise

Pour l'heure, aucune révision constitutionnelle ni aucune réforme législative[46] sur la question du droit musulman ne sont prévues au Sénégal. Cette question nous paraît pourtant centrale, car d'une part elle a trait à la religion majoritairement pratiquée au Sénégal et d'autre part, car rien ne permet pour l'instant d'affirmer que l'exception d'inconstitutionnalité des dispositions d'inspiration religieuse du Code de la famille ne serait pas retenue par le Conseil constitutionnel sénégalais saisi à cet effet. Pourtant, la constitution sociale sénégalaise semble s'opposer à une telle orientation de la jurisprudence constitutionnelle. L'examen d'une telle situation est

[44] Il est d'ailleurs notable que le président de la République et le Premier ministre actuels soient dans des unions polygames.

[45] A. Diallo, *Droit positif et droit traditionnel : étude de leurs rapports au Sénégal*, *op. cit.*, pp. 309 et s. Dans les années 90 déjà, Amsatou Sow Sidibé notait qu'entre 1974 et 1985, près de 90% des jugements d'hérédité rendus correspondaient à des cas d'application du droit musulman des successions (A. Sow-Sidibé, *Le pluralisme juridique en Afrique. L'exemple du droit successoral sénégalais*, Paris, LGDJ, 1991, p. 262).

[46] En fait de réforme du Code de la famille, le programme du président Bassirou Diomaye Faye du 25 février 2024 évoquait tout au plus l'élargissement de « l'autorité parentale à la femme » (B.-D. Faye, *Le projet d'un Sénégal souverain, juste et prospère*, 25 février 2024, p. 35). Ce point a également été évoqué dans le rapport général de la commission « Réformes de la justice » rendu dans le cadre des assises de la justice, qui se sont tenues du 28 mai au 4 juin 2024, qui appelait plus généralement à « réactualiser les codes (pénal, de procédures pénales (sic), de procédures civiles (sic), de la famille et électoral) » (p. 8).

donc requis dès lors qu'elle renvoie à la question difficile du rapport entre le droit positif et la société à laquelle il s'applique.

Rappelons que le Conseil constitutionnel a déjà paru reconnaître tacitement (ou indirectement) la constitutionnalité du droit musulman des successions du Code de la famille, en considérant comme conformes à la Constitution les articles de la loi organique n° 16/2022 du 5 avril 2022 sur la Cour suprême[47] qui prévoient « la faculté pour une chambre de s'adjoindre un assesseur compétent en droit musulman lorsqu'elle statue dans des matières relevant des successions de droit musulman »[48]. *Quid* du cas dans lequel ce dernier serait l'objet de son contrôle ?

Dans d'autres travaux, nous avons eu à examiner les fondements constitutionnels des règles d'inspiration religieuse invoqués par les auteurs du Code de la famille, à savoir les principes de laïcité et de liberté de conscience, en relevant que leur admission pour le moins singulière par le législateur les rendaient peu susceptibles d'être retenus, le cas échéant, par le Conseil constitutionnel[49].

Ici, nous examinerons deux autres pistes, par ordre croissant de probabilité. Nous évoquerons la question de l'interprétation du préambule de la Constitution de 2001 qui pourrait être faite par le Conseil constitutionnel dans le sens d'une protection du droit traditionnel (A), puis nous nous intéresserons à celle des réserves d'interprétation qui pourraient intervenir en la matière (B).

A – L'hypothèse d'une lecture du préambule de 2001 comme fondement constitutionnel indirect des règles d'inspiration musulmane du Code de la famille

C'est la Constitution de 2001 elle-même qui donne expressément à son préambule la même valeur juridique qu'à son dispositif. En effet, on trouve à la fin du préambule la formule suivante (au demeurant célèbre en Afrique francophone) : « approuve et adopte la présente constitution dont le préambule est partie intégrante »[50].

---

[47] *J.O.R.S.*, n° 7531, 23 mai 2022, p. 571.

[48] Décision n°3/C/2022 du 9 mai 2022 (préc., cons. 13).

[49] Sur ce que nous avons appelé la conception « objective » de la liberté de conscience, qui en fait un véritable droit-créance, ainsi que sur l'approche « progressive » de la laïcité qu'est censé incarné le Code de la famille, v. A. Diallo, *Droit positif et droit traditionnel : étude de leurs rapports au Sénégal*, *op. cit.*, p. 251 et s.

[50] Faisons néanmoins remarquer qu'avant même l'entrée en vigueur de la Constitution de 2001, le Conseil constitutionnel, dans une décision n° 2/C/93 du 23 juin 1993 (relative à

Jusqu'à présent, la doctrine s'est essentiellement occupée à examiner la question de la valeur juridique des principes et textes visés par le préambule[51], particulièrement celle des textes internationaux qui y sont contenus[52]. Nous nous proposons ici de nous atteler à une autre tâche, celle de nous interroger sur la manière dont pourraient être employées et interprétées les formules du préambule de la Constitution de 2001 qui, de prime abord, apparaissent uniquement comme des déclarations de principe. Ainsi en est-il de la référence faite aux « valeurs culturelles fondamentales qui constituent le ciment de l'unité nationale », à « la volonté de tous les citoyens, hommes et femmes, d'assumer un destin commun par la solidarité, le travail et l'engagement patriotique » ou encore à l'attachement à « l'idéal de l'Unité africaine ». À ce titre, il nous faut considérer leur « positivité ». Nous nous demanderons ensuite quelle interprétation peut être faite de la référence aux « valeurs culturelles

---

la constitutionnalité de dispositions de la loi organique n° 92-25 du 30 mai 1992 relative à la Cour de cassation), avait consacré la valeur juridique de deux textes auxquels renvoyait le préambule de la Constitution de 1963, à savoir la Déclaration de 1789 et celle de 1948 (cons. 7 et 13). Dans le même ordre d'idée, dans un avis du Conseil constitutionnel n° 3/C/93 du 16 décembre 1993 relatif aux articles 14, 15 et 16 du traité OHADA, c'est la valeur juridique d'une disposition de ce préambule – celle relative à « l'unité des États d'Afrique » – qui avait été reconnue.

[51] V. D. Ndoye, *La Constitution sénégalaise du 7 janvier 2001 commentée*, Dakar, EDJA, 2001, pp. 36 et suivantes ; P.-D. Sy, « Présentation de la nouvelle constitution du Sénégal », *Annales Africaines*, 2007, p. 284 ; I.-M. Fall, « Constitution de 1963 et Constitution de 2001 : continuité ou rupture », *préc.*, pp. 327-331. ; B. Ba, « Le préambule de la Constitution et le juge constitutionnel en Afrique », *Afrilex*, janvier 2016, pp. 1-36 ; M.-F. Diop, « Réflexions sur la constitutionnalisation du préambule de la Constitution sénégalaise du 22 janvier 2001 », *in* M. Badji et E.-O. Diop (dir.), *Administrer la justice, transcender les frontières du droit. Mélanges en l'honneur du juge Kéba Mbaye*, Toulouse, Presses de l'Université Toulouse 1 Capitole, 2018, p. 438 et s.

[52] Le préambule indique que le « Peuple sénégalais souverain [affirme] son adhésion à la Déclaration des Droits de l'Homme et du Citoyen de 1789 et aux instruments internationaux adoptés par l'Organisation des Nations unies et l'Organisation de l'Unité africaine, notamment la Déclaration universelle des Droits de l'Homme du 10 décembre 1948, la Convention sur l'élimination de toutes les formes de discrimination à l'égard des femmes du 18 décembre 1979, la Convention relative aux Droits de l'Enfant du 20 novembre 1989 et la Charte africaine des Droits de l'Homme et des Peuples du 27 juin 1981 ». Sur ces différents aspects, voir entre autres S.-N. Tall, « La Constitution de 2001 et le droit international Public », *Annales Africaines, 2007, op. cit.*, pp. 372-374 ; I. Diallo, « Normes internationales et normes constitutionnelles dans l'ordre juridique interne sénégalais », *Annales africaines. Nouvelle Série*, CREDILA, vol. 2, décembre 2014, pp. 2-3 ; A. Sall, « Instruments internationaux intégrés dans le préambule constitutionnel », *in* A.-A.-D. Kébé, S.-A. Ndiaye et B. Ba (dir.), *Textes fondamentaux de la République du Sénégal, op. cit.*, pp. 121-125.

fondamentales qui constituent le ciment de l'unité nationale » avant d'examiner la jurisprudence pouvant en découler au regard de celle d'autres juridictions constitutionnelles francophones.

Bien qu'elles soient souvent oubliées dans l'étude du préambule, ces formules ont effectivement la même valeur juridique que les textes et principes qui y sont mentionnés, attendu qu'il est clair que le constituant de 2001 a entendu mettre l'accent sur « la positivité des proclamations, déclarations et affirmations solennellement énoncées dans le préambule »[53].

Ces formules appartiennent donc au bloc de constitutionnalité, car le préambule dans son ensemble y a été expressément intégré[54]. Seulement, la difficulté à déterminer le contenu juridique exact de ces formules tient au fait qu'elles semblent davantage renvoyer à des valeurs qu'à des normes positives ; elles renvoient à ce « monde pré-positif des valeurs » se trouvant à côté de « celui du droit positif, posé dans l'écrit »[55]. En quelque sorte – et c'est précisément en cela qu'elles nous intéressent – elles constituent ce que la Constitution de 2001 a de plus proche de la constitution sociale sénégalaise ; elles sont l'un des moyens trouvés par le constituant pour y faire référence.

C'est d'ailleurs au regard de la jurisprudence constitutionnelle qu'il est autorisé d'envisager que le Conseil constitutionnel place l'interprétation de ces formules du préambule au rang de ses techniques d'interprétation. D'une part, il a déjà eu à reconnaître, avant même l'entrée en vigueur de la Constitution de 2001, la valeur juridique d'une formule du préambule de la Constitution de 1963 – celle relative à la nécessité « de préparer la voie de l'unité des États d'Afrique »[56]. D'autre part, le Conseil constitutionnel a expressément admis que « corriger les imperfections de la loi » pouvait le conduire à « combler ses lacunes par des constructions jurisprudentielles réfléchies, patientes et parfois audacieuses »[57].

---

[53] M. Diakhaté, *La constitution du Sénégal : la lettre, le politique et le juge, Dakar*, L'Harmattan-Sénégal, 2023, p. 25.

[54] Il se compose actuellement du préambule de la Constitution de 2001 (des principes, textes, et formules qu'il désigne), du dispositif de cette dernière, des objectifs à valeur constitutionnelle et des principes à valeur constitutionnelle.

[55] M. Troper et D. Chagnollaud, *Traité international de droit constitutionnel. Tome 1 : Théorie de la Constitution*, Paris, Dalloz, 2012, p. 282.

[56] Décision (précitée) n° 3/C/93 du 16 décembre 1993 sur le traité OHADA.

[57] Décision n° 3/C/95 du 19 juin 1995, affaire *Demba Mbaye*.

Une certaine « audace jurisprudentielle » pourrait-elle correspondre au fait pour le Conseil constitutionnel de donner par son interprétation un contenu positif à ces formules, à la manière par exemple de ce qu'a fait le Conseil constitutionnel français avec les principes fondamentaux reconnus par les lois de la République ? Accepterait-il de donner cette dimension à son office ?

Si de telles questions restent pour l'instant en suspens, on peut considérer que s'il était question pour le Conseil constitutionnel sénégalais de découvrir un fondement constitutionnel à la reconnaissance officielle du droit musulman dans le préambule de la Constitution de 2001, cette « découverte » pourrait se fonder sur la mention, dans le deuxième alinéa du préambule, de l'attachement du « Peuple du Sénégal » aux « valeurs culturelles fondamentales qui constituent le ciment de l'unité nationale ».

Les « valeurs culturelles » peuvent aisément se rapporter à l'Islam dans sa globalité, c'est-à-dire à cette religion d'un point de vue culturel, de sa pratique, mais aussi de son droit. En effet, pour ce qui concerne l'Islam, il est difficile de nettement distinguer ce qui y relève des valeurs, de la pratique, de la morale ou du droit. Ces différentes dimensions qui le composent se trouvent souvent confondues : valeurs et droit, morale et religion s'y trouvent la plupart du temps être les différents aspects d'une même pratique ; le droit est l'expression directe de valeurs. Le droit musulman correspond ainsi à ce type de droit que Michel Alliot décrivait comme étant « encore largement intégré à leur texture sociale », c'est-à-dire à un droit non constitué « en entité achevée, indépendante de la société » à la façon du droit moderne[58]. De ce fait, les « valeurs culturelles » désignées par le préambule peuvent aussi bien concerner l'Islam comme système de valeurs au Sénégal que le droit qui en est tiré.

Le caractère fondamental de ces « valeurs culturelles » peut renvoyer à leur importance pour les Sénégalais, au fait que l'Islam est un élément essentiel de leur constitution sociale. Cette importance, spécifiquement sur le plan du droit, nous paraît être particulièrement bien illustrée par l'ancienneté de la reconnaissance étatique de l'application du droit musulman au Sénégal. En effet, depuis un décret impérial du 20 mai 1857 sur l'organisation de la justice musulmane au Sénégal, le droit musulman n'a jamais cessé d'y faire l'objet d'une reconnaissance officielle. Ce

---

[58] M Alliot cité par E. Le Roy et M. Wane, « La formation des droits non étatiques », *in* P.-F Gonidec et M. A. Glélé (dir.), *Encyclopédie juridique de l'Afrique. Tome premier : l'État et le droit*, Abidjan, Dakar, Lomé, les Nouvelles éditions africaines, 1982, p. 358.

tribunal musulman, d'abord compétent qu'à Saint-Louis et dont l'existence constituait un véritable « privilège de juridiction » pour les musulmans saint-louisiens[59], avait été institué car il apparaissait aux autorités françaises que si ces derniers « étaient prêts à accepter les institutions publiques françaises, ils refusaient toute modification de leur droit familial »[60]. On trouve un écho étonnant à une telle préoccupation chez les auteurs du projet de Code de la famille, puisque le ministre de la Justice de la période de son élaboration, Alioune Badara Mbengue, avait admis que l'introduction du droit musulman des successions dans le Code répondait à la nécessité de ne pas « blesser la conscience des musulmans et [de ne pas] les placer dans une situation éprouvante »[61].

L'attention privilégiée dont a été l'objet le droit musulman en 1972 a pu être vivement critiquée par certains auteurs, notamment par Fatou Kiné Camara, en ce que le droit traditionnel coutumier – plus proche selon elle des « valeurs négro-africaines »[62] – a connu un sort nettement moins favorable que le droit musulman, puisque son application a connu un terme au Sénégal en même temps que l'entrée en vigueur du Code de la famille, à la suite de l'abrogation concomitante de tous les textes qui en organisaient l'application[63]. Il faut néanmoins dire qu'à l'instar de ce qui s'était passé à l'époque du décret de 1857, dont l'adoption avait fait suite à une mobilisation particulièrement soutenue des musulmans saint-louisiens dans ce sens[64], la prise en compte du droit musulman lors de l'élaboration du Code de la famille a été expressément réclamée par les principaux représentants et chefs religieux sénégalais. Ils avaient à cet effet produit un avis sur le projet de Code de la famille, qui était certes relativement critique à l'égard de celui-ci, mais qui traduisait bien leur volonté ferme de voir le droit musulman être pris en compte par le

---

[59] B. Schnapper et R. Schnapper, « Les tribunaux musulmans et la politique coloniale au Sénégal (1830-1914) », *Revue historique de droit français et étranger*, vol. 39, 1961, p.90.
[60] B. Schnapper et R. Schnapper, « Les tribunaux musulmans et la politique coloniale au Sénégal (1830-1914) », préc., p. 94.
[61] Rapport de synthèse du ministre de la Justice Alioune Badara Mbengue présenté lors du Conseil national de l'U.P.S. du 10 juillet 1966, *Dakar-Matin*, 11 juillet 1966.
[62] F.-K. Camara, « Le Code de la famille du Sénégal ou de l'utilisation de la religion comme alibi à la légalisation de l'inégalité de genre », *in* A. Sow-Sidibé et C. Becker (dir), *Genre, inégalités et religion*, Paris, Éditions des archives contemporaines, 2007, p. 178.
[63] V. l'article 830 du Code de la famille. L'application des coutumes n'est plus reconnue, à titre d'exception, qu'en matière de célébration du mariage (article 114 du Code de la famille).
[64] B. Schnapper et R. Schnapper, « Les tribunaux musulmans et la politique coloniale au Sénégal (1830-1914) », *préc.*, p. 94.

législateur sénégalais[65]. Les représentants du droit coutumier ont certes été sollicités au cours de l'élaboration du projet de Code de la famille[66], mais aucune mobilisation de leur part aussi notable que celles des représentants religieux n'a pu être relevée par ailleurs.

En tout état de cause, cette préoccupation constante des autorités concernant la reconnaissance du droit musulman au Sénégal, qui reflètent en réalité une demande expresse des Sénégalais, nous paraît donc exprimer le caractère fondamental de cette reconnaissance.

Enfin, on peut considérer que ces « valeurs » constituent « le ciment de l'unité nationale » en ce que l'Islam fait l'objet d'un attachement commun à la majorité des Sénégalais, par-delà leurs appartenances communautaires, ethniques ou confrériques particulières. C'est cette spécificité de l'Islam par rapport aux autres formes d'appartenance au Sénégal qui avait été identifiée par les auteurs du Code de la famille. Leur vocation était d'établir un statut personnel unique pour les Sénégalais considérés comme tout, c'est-à-dire comme nation ; et alors que l'existence, avant l'entrée en vigueur du Code de la famille, d'une multitude de coutumes auxquelles correspondaient autant de statuts civils traditionnels traduisait une forme d'« émiettement » de la nation sénégalaise[67], l'Islam, en tant que partagé par une majorité de Sénégalais, se présentait aux auteurs du Code de la famille comme un élément de la nationalité sénégalaise (au sens général du terme). Son droit pouvait continuer à être pris en compte en dépit de l'abolition des statuts civils particuliers (de droit traditionnel). D'ailleurs, il est notable à cet égard que la grande majorité des coutumes ethniques qui régissaient ces statuts de droit traditionnel, recensées par un arrêté n° 61-2591 du 23 février 1961

---

[65] *Avis des guides religieux sur le projet de Code de la famille au Sénégal*, Bibliothèque de l'Assemblée nationale du Sénégal, 13 mai 1972, 13 p. Il est d'ailleurs significatif à cet égard que le rapporteur de la loi portant Code de la famille, Moustapha Touré, s'était félicité au cours des débats parlementaires que les « marabouts » se soient montrés « totalement d'accord » avec le contenu du droit musulman des successions du Code de la famille (*J.O.R.S.*, débats parlementaires, Assemblée nationale, n° 72, 1er juin 1972, p. 324).

[66] Une commission de codification du droit des personnes et des obligations avait été instituée par un décret n° 61-145 du 12 avril 1961 afin que soient notamment réalisées des enquêtes sur l'état du droit coutumier à cette époque au Sénégal. Ces enquêtes ont été réalisées essentiellement à partir de questionnaires auxquels répondaient les autorités coutumières. Le produit de ces travaux a ensuite servi au comité des options pour le Code de la famille institué par un décret n° 65-902 du 23 décembre 1965, comité qui est l'auteur de l'avant-projet de Code que l'Assemblée nationale a fini par examiner.

[67] A.-B. Mbengue, Rapport de synthèse..., *op. cit.*

relatif à la liste des coutumes applicables dans la République du Sénégal[68], avait une version « islamisée ». De ce fait, une subsomption par le législateur sénégalais de ce qu'une grande part de ces coutumes avait de commun en retenant leur caractère islamique était possible.

En tout état de cause, la disparation des statuts civils traditionnels au Sénégal aurait pu entraîner celle de la reconnaissance officielle du droit musulman. En effet, jusqu'au Code de la famille de 1972, c'est sous la forme d'un statut personnel particulier que le droit musulman s'appliquait. Il était *grosso modo* la loi personnelle des seuls Sénégalais musulmans qui s'en réclamaient. Toutefois, le droit musulman a pour ainsi dire survécu à la disparition des statuts civils particuliers – contrairement au droit coutumier –, et a pour partie été intégré au statut personnel des Sénégalais pris dans leur ensemble qu'est le Code de la famille. Cela témoigne d'une part de l'exceptionnelle longévité de la reconnaissance du droit musulman au Sénégal et d'autre part de son existence comme facteur d'unité nationale du point de vue du législateur.

Néanmoins, par une jurisprudence aussi conservatrice, le Conseil constitutionnel sénégalais s'éloignerait quelque peu de sa propre dynamique jurisprudentielle, qui se caractérise essentiellement par sa volonté de « garantir la jouissance des droits de l'Homme » et l'affirmation de sa mission de protecteur de ces derniers[69]. Ensuite, découvrir de telles « valeurs » marquerait une différence entre la jurisprudence du Conseil constitutionnel sénégalais et celle du Conseil constitutionnel français – qui est l'une de ses principales sources d'inspiration[70] –, mais également entre la première et celle d'autres juges constitutionnels d'États d'Afrique francophone.

D'un certain point de vue, la « découverte » de « valeurs culturelles fondamentales qui constituent le ciment de l'unité nationale » par le Conseil constitutionnel sénégalais serait assimilable à celles des principes fondamentaux reconnus par les lois de la République par le Conseil

---

[68] *J.O.R.S.*, 18 mars 1961, p. 359.

[69] A. Ly-Ndiaye, « L'approche du Conseil constitutionnel du Sénégal », *Actes du 9e Congrès triennal de l'ACCF*, Dakar, mai 2022, pp. 160-161. V. aussi M.-M. Sy, *La protection constitutionnelle des droits fondamentaux en Afrique : l'exemple du Sénégal,* Paris, L'Harmattan, 2007, 562 p.

[70] Le Conseil constitutionnel sénégalais a reconnu qu' « il y a lieu de relever que la jurisprudence constitutionnelle française inspire généralement le juge constitutionnel sénégalais » (Questionnaire soumis au Conseil constitutionnel sénégalais, *Actes du 8e congrès triennal de l'ACCF sur la sécurité juridique*, Montréal, mai 2019, p. 560).

constitutionnel français. Elle relèverait, en effet, d'une même démarche, à savoir dégager des principes à valeur constitutionnelle d'une simple formule à laquelle revoit un préambule constitutionnel. D'autre part, un certain critère d'antériorité et de continuité – pour dire les choses ainsi – leur serait commun, puisque la reconnaissance d'un principe fondamental reconnu par les lois de la République suppose qu'un principe tiré d'une loi française d'un régime républicain antérieure à 1946 ait fait l'objet d'une application continue par le législateur[71]. Enfin, il est arrivé au Conseil constitutionnel français de considérer comme un principe fondamental reconnu par les lois de la République la reconnaissance de particularismes sur le plan juridique[72].

Les principes fondamentaux reconnus par les lois de la République qu'il « découvre » doivent revêtir un certain caractère d'importance, notamment en ce qu'ils doivent concerner des droits et libertés[73]. L'occasion avait été donnée au Conseil constitutionnel français d'affirmer qu'en matière familiale, les principes fondamentaux reconnus par les lois de la République pouvaient concerner « à la fois des libertés et des institutions, des droits subjectifs et des principes objectifs » – principes objectifs au nombre desquels devait être compté le caractère hétérosexuel du mariage[74]. Toutefois, le Conseil constitutionnel, saisi de la

[71] V. les décisions n° 88-244 DC du 20 juillet 1988 (cons. 12) et n° 89-254 DC du 4 juillet 1989 (cons. 13). Deux critères ne seront pas ici considérés dans notre comparaison : ceux d'après lesquels un principe fondamental reconnu par les lois de la République doit être issu d'une « législation » et que cette législation soit « républicaine » (critère évoqué notamment dans la première décision citée). En effet, du décret de 1857 jusqu'à l'ordonnance de 1960 (précitée, voir *supra*, note 9), c'est par voie par des décrets coloniaux que l'application du droit musulman était organisée au Sénégal. Cette manière de gouverner par décrets était le fait du « caractère impérial du régime colonial » (B. Durand, « Les décrets coloniaux étaient-ils des lois ou des règlements ? Une controverse aux frontières du droit et de la politique », *Cahiers aixois d'histoire des droits de l'outre-mer français*, PUAM, n° 3, 2007, pp. 11-54). La particularité du cas sénégalais à cet égard oblige donc à écarter ces deux critères de la comparaison.

[72] V. le cas du droit local alsacien-mosellan dans la décision n° 2011-157 QPC du 5 août 2011 (cons. 4).

[73] V. la recension des décisions qui en témoigne faite dans les observations sous la décision du Conseil constitutionnel n° 71-44 DC du 16 juillet 1971, *liberté d'association*, dans L. Domingo, P. Gaïa, M. Guerrini, F. Mélin-Soucramanien, É. Oliva et A. Roux (dir.), *Les grandes décisions du Conseil constitutionnel*, Paris, Dalloz, 20e édition, 2022, p. 494.

[74] A.-M. Le Pourhiet, « Un PFRLR contre le mariage gay ? Réponse à Alexandre Viala [droit de réponse] », *Revue des droits et libertés fondamentaux*, chronique n° 5, 2013, en ligne (consulté le 10/04/2025) : https://revuedlf.com/droit-constitutionnel/un-pfrlr-contre-le-mariage-gay-reponse-a-alexandre-viala-droit-de-reponse/ . Sur les débats ayant existé

constitutionnalité de cette loi, a préféré considérer que la règle voulant que le mariage est « l'union d'un homme et d'une femme [...] n'intéresse ni les droits et libertés fondamentaux, ni la souveraineté nationale, ni l'organisation des pouvoirs publics » et ne peut à ce titre constituer un principe fondamental reconnu par les lois de la République[75]. En réalité, cette solution révèle que le Conseil constitutionnel français, en estimant que la question du mariage hétérosexuel n'intéresse notamment pas les droits et libertés, indique qu'elle ne constitue pas « un domaine essentiel de la vie de la nation »[76] et qu'à ce titre, une telle règle ne saurait être érigée en principe fondamental reconnu par les lois de la République.

Nous voyons donc que le Conseil constitutionnel français n'exclut pas par cette décision qu'un principe fondamental reconnu par les lois de la République puisse être reconnu sans pour autant concerner les droits et libertés, dès lors qu'il concerne par ailleurs un domaine essentiel de la vie de la nation. Des indices d'une telle position avaient déjà été donnés[77].

Cette position du Conseil constitutionnel – considéré que le mariage ne constitue pas un domaine essentiel de la vie de la nation – peut surprendre dans la mesure où le mariage peut être considéré, à l'instar du doyen Maurice Hauriou, comme « une institution sociale particulièrement importante »[78]. Elle exprime en fait « la réticence du Conseil à « découvrir » de nouveaux principes fondamentaux reconnus par les lois

---

sur la question du mariage homosexuel et les principes fondamentaux reconnus par les lois de la République, v. L. Sponchiado, « De l'usage des principes fondamentaux reconnus par les lois de la République dans le débat sur le mariage des personnes de même sexe », *Revue française de droit constitutionnel*, n° 96, octobre 2013, pp. 951-974.

[75] Décision n° 2013-669 DC du 17 mai 2013 (cons. 21).

[76] V. *Les grandes décisions du Conseil constitutionnel*, *op. cit.*, p. 493. V. également A. Zarca, « Petit traité d'égalité républicaine », *Revue juridique personnes & famille*, n° 7-8, juillet-août 2013, p. 5.

[77] A. -M. Le Pourhiet a montré que le Conseil constitutionnel avait, à cette époque, déjà découvert des principes fondamentaux reconnus par les lois de la République visant à moins « protéger l'individu » que « les institutions ». Ainsi en serait-il de « la compétence des juridictions administratives », de « l'indépendance des professeurs d'université » ou encore de « la justice pénale des mineurs ». Au demeurant, elle considérait que, à s'en tenir aux motifs qui ont conduit le constituant de 1946 à introduire dans le préambule de la Constitution de 1946 cette notion de PRLR, celle-ci devait connaître une acception essentiellement conservatrice, attendu qu'on y doit sa présence aux « députés démocrates-chrétiens » qui voulait par elle garantir une « protection de l'enseignement confessionnel » (A.-M. Le Pourhiet, « Un PFRLR contre le mariage gay ?... », préc.,). Un tel conservatisme ne s'est pas retrouvé dans la jurisprudence du Conseil constitutionnel.

[78] *Les grandes décisions du Conseil constitutionnel*, *op. cit.*, p. 494.

de la République »[79] notamment pour donner au législateur une grande marge de manœuvre dans l'exercice de sa compétence pour ce qui concerne « l'état et la capacité des personnes, les régimes matrimoniaux, les successions et libéralités »[80].

À rebours d'une telle position, le Conseil constitutionnel sénégalais pourrait considérer que la reconnaissance du droit musulman au Sénégal dans les domaines où son application est impérative pour le musulman – typiquement le droit des successions – représente un élément essentiel de la vie de la nation rendant opportun d'accorder une valeur constitutionnelle à cette reconnaissance.

Disons néanmoins que cette position, par son conservatisme, conduirait le Conseil constitutionnel à la fois à s'éloigner de l'approche du Conseil constitutionnel français (qui constitue pour lui un modèle, comme nous l'indiquions plus haut), mais également à s'écarter de la position adoptée par d'autres juridictions constitutionnelles ouest-africaines lorsqu'elles sont amenées à se prononcer sur la constitutionnalité de règles de droit traditionnel.

Ainsi, la Cour constitutionnelle béninoise, lorsqu'elle a été saisie pour examiner la constitutionnalité de la polygamie au Bénin, a considéré au regard du principe d'égalité entre les hommes et les femmes énoncé par l'article 26 de la Constitution béninoise du 11 décembre 1990, qu'il y avait « traitement inégal entre l'homme et la femme en ce que l'option prévue à l'alinéa 2 de l'article 143[81] [du Code des personnes et de la famille béninois permettait] à l'homme d'être polygame alors que la femme ne [pouvait] être que monogame »[82]. S'ensuivit une nouvelle rédaction de l'article 143 par laquelle le législateur béninois a exclu la polygamie du Code des personnes et de la famille : désormais « seul le mariage monogamique [y] est reconnu ».

Il faut relever que, de ce point de vue, le législateur béninois a fini par se montrer encore plus radical que la Cour constitutionnelle, puisque dans le considérant susmentionné, elle ne relevait que l'inconstitutionnalité de l'option en ce qu'elle ne valait pas pour les femmes, et non celle de la

---

[79] *Les grandes décisions du Conseil constitutionnel*, *op. cit.*,

[80] Décision n° 2010-92 QPC du 28 janvier 2011 (cons. 5).

[81] Dans son ancienne rédaction, il prévoyait que « les deux formes de mariage monogamique ou polygamique » étaient reconnues. Les futurs époux devaient seulement « faire une option préalablement à la célébration du mariage ».

[82] Décision DCC 02-144 du 23 décembre 2002, *Afrilex*, n° 4, décembre 2004, p. 345.

polygamie elle-même. Ainsi, sur un plan juridique (peut-être moins sur un plan sociétal) aurait pu être admise au Bénin une reconnaissance conjointe de « la polygynie et [de] la polyandrie »[83].

Ce point nous amène à présenter notre dernière hypothèse. En effet, s'inspirant d'une telle position de la Cour constitutionnelle béninoise, le Conseil constitutionnel sénégalais pourrait se contenter d'insister sur le fait que le caractère optionnel de l'application du droit musulman au Sénégal est une condition impérative de sa conformité à la Constitution ; en somme d'encadrer constitutionnellement son caractère optionnel. Ainsi, sans forcément recourir à la « découverte » de « valeurs culturelles fondamentales qui constituent le ciment de l'unité nationale »[84] pour faire droit aux exigences de la constitution sociale sénégalaise, le Conseil constitutionnel sénégalais, afin de donner un cadre constitutionnel à l'application du droit musulman, pourrait plutôt chercher à encadrer son application par le recours à la technique de la réserve d'interprétation. C'est cette hypothèse, qui nous paraît la plus probable, mais également la plus opportune, qu'il nous faut maintenant examiner.

B – L'hypothèse d'une réserve d'interprétation portant sur le droit musulman des successions

Pour ce qui concerne le droit musulman du Code de la famille et la prise en compte de la constitution sociale sénégalaise, la découverte de « valeurs culturelles fondamentales qui constituent le ciment de l'unité nationale » nous paraît moins inévitable que le recours par le Conseil constitutionnel sénégalais à une réserve d'interprétation. Celle-ci est même nécessaire au vu de la manière dont le droit musulman est appliqué par le juge sénégalais.

Pour rappel, la réserve d'interprétation est une technique d'interprétation du Conseil constitutionnel par laquelle il énonce une interprétation d'un texte conforme à la Constitution. Elle vise en quelque

---

[83] S. Bolle, « Le Code des personnes et de la famille devant la Cour constitutionnelle du Bénin », *Afrilex*, n° 4, décembre 2004, p. 339. L'auteur précise néanmoins qu'une telle disposition aurait vraisemblablement pu être contraire à l'article 18 de la Charte africaine des droits de l'homme (à valeur constitutionnelle au Bénin) qui veut que l'État doive protéger la famille et « veiller à sa santé physique et morale ».

[84] En tout état de cause, évoquer la valeur constitutionnelle de cette formule nous a permis de mettre en exergue la nécessité de mener plus en avant les travaux portant sur la valeur juridique du préambule de la Constitution, et tout particulièrement sur celles de ces formules et de l'emploi qui pourrait en être fait par le Conseil constitutionnel.

sorte « à sauver un texte de la censure » et correspond à une position intermédiaire entre « la « censure totale » et « l'approbation totale » »[85].

Elles sont essentiellement de plusieurs sortes : une réserve peut être « constructive », « directive » ou encore « neutralisante »[86]. C'est cette dernière qui nous intéressera ici – la réserve neutralisante – en ce qu'elle constitue une réserve par laquelle « le sens et la portée de la disposition contraire à la Constitution sont neutralisés par l'interprétation faite par le juge ; l'entendement de ce dernier sur le sens qu'il faut donner au texte est pris en compte dans son application par les autorités chargées de l'application de la norme »[87].

C'est une technique d'interprétation à laquelle le Conseil constitutionnel sénégalais n'a que rarement recours ; les derniers cas remontent à 2016 et 2017[88]. Néanmoins, il serait opportun qu'il l'emploie pour ce qui concerne l'application du droit musulman des successions, afin qu'il « neutralise » les interprétations possiblement contraires à la Constitution pouvant être faites des dispositions qui le concernent dans le Code de la famille par le juge sénégalais.

En effet, le droit musulman des successions n'est en principe applicable que dans les conditions édictées à l'article 571 du Code de la famille, à savoir uniquement « aux successions des personnes qui, de leur vivant, ont, expressément ou par leur comportement, indiscutablement manifesté leur volonté de voir leur héritage dévolu selon les règles du droit musulman ».

---

[85] A.-A.-D. Kébé, « Les techniques d'interprétation du juge constitutionnel sénégalais », *Afrilex*, septembre 2021, p. 24.

[86] Pour un exposé de chacune d'entre elles, *ibid.*, pp. 25-25. Pour le détail de cet exposé, voir, du même auteur, « Les réserves d'interprétation dans la jurisprudence constitutionnelle des États francophones », *Annales africaines. Nouvelle série*, vol. 1, avril 2015, pp. 255-294.

[87] A. Ly-Ndiaye, « L'approche du Conseil constitutionnel du Sénégal », préc., p. 163.

[88] V. notamment les décisions n° 2/C/2016 du 12 février 2016 et n° 1/C/2017 du 9 janvier 2017 ou encore décision n° 8/2017 du 26 juillet 2017 rendue en matière consultative. Cette dernière décision doit en réalité être mise à part. En effet, le Conseil constitutionnel ne s'y contente pas de formuler une réserve d'interprétation : il invoque des « circonstances exceptionnelles » pour véritablement se substituer au législateur sénégalais (cons. 6 et 7). C'est ainsi que par cette décision, il a considéré que les inscriptions massives sur les listes électorales et les dysfonctionnements dans la distribution des cartes d'électeur dans le cadre des élections législatives du 30 juillet 2017 constituaient des « circonstances exceptionnelles » devant conduire à écarter l'exigence – prévue par l'article L. 78 du Code électoral – de présenter une carte d'électeur pour pouvoir voter, en substituant à cette exigence celle de la présentation de « tout document administratif » (cons. 1) permettant d'identifier les électeurs.

L'on voit donc que non seulement son application est optionnelle, mais aussi que cette application doit être le fait d'une manifestation indiscutable de la volonté du *de cujus*.

Or, l'application de l'article 571 du Code de la famille par le juge sénégalais montre que son caractère optionnel et le critère de l'expression indubitable de la volonté du *de cujus* se trouvent fortement atténués lorsque ce dernier se trouve être musulman. En effet, selon la lettre de cet article, mais aussi selon la volonté du législateur de 1972 qui avait clairement entendu faire des successions musulmanes un régime d'exception et, enfin, selon le principe à valeur constitutionnelle de laïcité, la religion ne saurait faire office de critère unique d'application du droit musulman des successions. En réalité, la religion ne devrait avoir que la valeur d'un indice (certes prépondérant) parmi d'autres de la volonté du *de cujus*[89].

Toutefois, ce que l'on observe lorsque le juge est saisi, c'est que la religion ne fait pas office de simple indice lorsqu'il est question de la succession d'un musulman : elle devient un critère décisif, voire qui se suffit à lui-même. Ainsi, l'application du droit musulman des successions devient quasi systématique alors qu'elle est censée être optionnelle.

Une telle situation est d'abord le fait des juges du fond : dans les années 90 déjà, l'application du droit musulman des successions était déjà quasiment systématisée dans les jugements d'hérédité et le critère du caractère indubitable de la volonté atténué, voire écarté. Rama Chalak a relevé qu'en 1998, le droit musulman était appliqué par les jugements d'hérédité « dans 84% des cas [le] droit commun ne [représentant] que 13% des cas »[90]. Mais cette situation a été entérinée par la jurisprudence de la Cour suprême (et de la Cour de cassation), comme en témoignent des décisions plus récentes. Ainsi, la haute juridiction a pu considérer que la volonté du *de cujus* pouvait se déduire « de manière tacite [de son

[89] A. Sow-Sidibé, *Le pluralisme juridique en Afrique*, *op. cit.*, p. 160. L'application du droit musulman des successions dépend à ce point de la volonté qu'il peut même s'appliquer à la succession d'un non-musulman au Sénégal dès lors que sa volonté s'est indubitablement exprimée dans ce sens ; c'est, d'après Serge Guinchard, une manifestation directe du caractère laïque de ce droit musulman des successions (S. Guinchard, *Droit patrimonial de la famille au Sénégal*, Paris et Dakar, LGDJ et NEA, 1980, p. 414).

[90] Travaux évoqués par M. Ndiaye, « L'application du droit de la famille au prisme du genre. Les exemples du divorce et de la succession au Sénégal », in A.-E. Calvès, F.-B. Dial, R. Marcoux (dir.), *Nouvelles dynamiques familiales en Afrique*, Presses de l'Université du Québec, 2018, p. 356. Nous avons d'ailleurs montré plus haut que cette tendance s'était déjà dessinée durant les deux décennies précédentes.

comportement lorsqu'il] s'est comporté en musulman fervent et a respecté les cinq piliers de l'Islam en accomplissant le pèlerinage à la Mecque »[91]. Elle a d'ailleurs confirmé par deux fois que le comportement d'un *de cujus* de son vivant conformément aux prescriptions islamiques suffisait à justifier l'application du droit musulman à sa succession[92]. Pour ce qui concerne le mode de preuve, des déclarations de témoins attestant d'un tel comportement suffisent[93].

En somme, d'après cette jurisprudence, c'est la pratique religieuse d'un *de cujus* de son vivant qu'il faut prouver, et non sa volonté indubitable. Il est vrai qu'il paraît difficile de déduire sa volonté indubitable de son comportement en procédant autrement. Mais cette difficulté était précisément recherchée par le législateur de 1972. D'ailleurs, c'est parce que le Sénégal est majoritairement composé de musulmans que la simple appartenance à la religion musulmane est un critère insuffisant, et qu'une manifestation de la volonté est nécessaire ; autrement le droit musulman des successions ne pourrait jamais être un régime d'exception.

À la vérité, c'est ce primat de la volonté qui distingue essentiellement le droit musulman des successions du Code de la famille du droit musulman des successions classique, en ce que celui-ci est applicable impérativement à tous les musulmans[94]. Plus encore : c'est précisément en raison de la contrariété manifeste du droit musulman des successions avec les principes à valeur constitutionnelle de laïcité et d'égalité entre les hommes et les femmes que, pour s'appliquer au Sénégal, il a dû être subordonné à la volonté et exister sous la forme d'une option. Aussi, pour toutes ces raisons, il serait opportun – voire souhaitable pour garantir l'effectivité du droit positif – que le Conseil constitutionnel affirme, par une réserve d'interprétation, si l'occasion se présente, que le droit musulman des successions du Code de la famille ne peut être conforme à la Constitution que pour autant que son caractère optionnel est rigoureusement pris en compte par le juge sénégalais et que toutes les

[91] Cour de cassation, n° 104, 20 juillet 2005.

[92] Cour de cassation, n° 13, 21 décembre 2005 ; Cour suprême, n° 62, 3 juillet 2019.

[93] Cour suprême, n° 62, 3 juillet 2019 ; Cour suprême, n° 29, 20 avril 2022. Ce dernier arrêt relève que deux témoignages d'imams sont suffisants.

[94] C'est cette distinction permet de véritablement saisir la nature du droit traditionnel du Code de la famille : tout droit traditionnel qu'il est, en tant qu'il est ainsi codifié, est un pan du droit de l'État Sénégal, et non un droit religieux ou coutumier ; sur ces points, v. I.-Y. Ndiaye, « Plaidoyer pour une réforme du Code de la famille », *in Administrer la justice..., op. cit.,* pp. 607-632.

applications et interprétations permissives de l'article 571 du Code de la famille sont en réalité contraires à la Constitution.

En conclusion de cette partie, nous pouvons dire que la prise en compte du droit musulman des successions réclamée par la constitution sociale sénégalaise paraît ne pas pouvoir l'être dans toute son étendue par le législateur sénégalais en raison de la contrariété qui existe entre ce droit et la Constitution sénégalaise. Néanmoins, certaines exigences de cette constitution sociale devraient, sans que la Constitution soit méconnue, obtenir une protection constitutionnelle minimale par l'intervention du Conseil constitutionnel – en l'absence de révision constitutionnelle – pour des raisons élémentaires d'effectivité du droit positif et d'adéquation entre celui-ci et la population à laquelle il a vocation à s'appliquer.

Du reste, le fait d'accorder cette protection constitutionnelle par un recours à une réserve d'interprétation plutôt que par la découverte de « valeurs culturelles fondamentales qui constituent le ciment de l'unité nationale » permet de ne pas figer dans le marbre la reconnaissance officielle du droit musulman[95] et, ainsi, d'accorder une plus grande marge de manœuvre au législateur dans la modulation de cette reconnaissance, compte tenu – toujours – des évolutions de la constitution sociale[96].

....

[95] À moins qu'une telle « découverte » soit accompagnée de l'affirmation d'une grande marge de manœuvre laissée au législateur en fait de prise en compte du droit musulman (*cf.* la position du Conseil constitutionnel français dans sa décision (précitée) de 2003 relative à la loi de programme pour l'Outre-mer).

[96] Nous n'avons pas ici examiné la question de la constitutionnalité de la polygamie au Sénégal. Nous avons fait le choix de faire reposer notre étude sur la décision du Conseil constitutionnel de 2022 qui évoque expressément le droit musulman des successions. Néanmoins, cette question réclame une étude sérieuse et, à la vérité, anticiper la position du Conseil constitutionnel en la matière est beaucoup plus délicat. Du point de vue de la constitution sociale sénégalaise, l'exclusion de la polygamie du droit positif aurait un retentissement au moins équivalent à celle du droit musulman des successions. Face à ce constat, le Conseil constitutionnel sénégalais, plutôt que de recourir à cette solution extrême, pourrait-il choisir d'enjoindre au législateur, à la manière de la Cour constitutionnelle béninoise avec le législateur béninois, de procéder à la correction d'une « inconstitutionnalité », par exemple en suggérant de faire de la monogamie le lien matrimonial de droit commun et de la polygamie une option ? À supposer qu'une telle décision puisse être rendue dans le cadre d'un contrôle par voie d'exception, les implications d'une telle décision dépasseraient le cadre strict de son objet : elle ferait du Conseil constitutionnel sénégalais véritablement et définitivement un « juge co-législateur », « co-rédacteur des textes de loi » (A.-A.-D. Kébé, « Les techniques d'interprétation du juge constitutionnel sénégalais », préc., p. 26).

Le droit de la famille participant largement de la constitution sociale d'un pays, il était difficilement envisageable que l'un de ses aspects essentiels au Sénégal et à Mayotte – le droit musulman – n'y fasse l'objet d'aucune prise en compte par leurs législateurs respectifs dans le droit familial positif.

Au plan constitutionnel, alors que l'article 75 de la Constitution française constitue (d'un certain point de vue) une garantie de l'application du droit musulman à Mayotte, aucune garantie de la sorte n'existe dans la Constitution sénégalaise de 2001. Néanmoins, en l'absence de révision constitutionnelle, une telle garantie pourrait se constituer par l'intervention du Conseil constitutionnel sénégalais ; il pallierait le silence du constituant en la matière pour réaliser ou faire apparaitre une certaine adéquation entre Constitution positive et constitution sociale au Sénégal. Du reste, par son œuvre d'interprétation, il affirmerait de nouveau son rôle dans le système politique sénégalais, car « les problèmes d'interprétation ne sont pas de nature seulement technique. Ils délimitent en réalité le rôle du juge constitutionnel dans le système politique »[97].

En tout état de cause, cette prise en compte de la constitution sociale sénégalaise devra permettre de la considérer dans toute sa plasticité : les conditions de l'application du droit musulman au Sénégal définies par le Conseil constitutionnel devront à ce titre être de nature à accorder au législateur une grande marge de manœuvre dans la détermination de l'étendue, voire de la pertinence de la reconnaissance officielle du droit musulman au Sénégal, compte tenu de l'évolution de sa constitution sociale.

Ainsi, de même qu'à Mayotte, à long terme, en raison notamment de l'évolution des mœurs, la notion de statut local pourrait même « disparaître pour laisser place à une complète application » du droit commun[98], au Sénégal, lorsque sa constitution sociale le permettra, « la laïcité et l'égalité des sexes proclamées dans la Loi fondamentale du pays [pourront trouver]

---

[97] M. Ameller, « Principes d'interprétation constitutionnelle et autolimitation du juge constitutionnel », Exposé présenté à l'occasion d'une rencontre organisée à Istanbul par l'OCDE, mai 1998.

[98] Propos concernant la renonciation au statut civil de droit local du député J. Floch, *Rapport fait au nom de la commission des lois constitutionnelles, de législation et de l'administration générale de la République sur le projet de loi (n° 2932), relatif à Mayotte*, Assemblée nationale, n° 2967, 29 mars 2001, p. 155.

leur justification dans le comportement de chaque Sénégalaise, de chaque Sénégalais »[99].

[99] *Résolution générale du Conseil national de l'U.P.S.*, *Dakar-Matin*, 11 juillet 1966.

La loi de règlement dans le nouveau cadre harmonisé des finances publiques au sein de l'UEMOA : le cas du Sénégal

Mor FALL

Docteur en droit public
Maître de Conférences assimilé
Université Cheikh Anta Diop
Dakar (Sénégal)

Les mécanismes de contrôle de l'exécution de la loi de finances font partie des moyens juridiques par lesquels le Parlement assure ses fonctions traditionnelles[1]. En effet, le contrôle parlementaire[2] intervenant à la fin de l'exercice budgétaire est une exigence de transparence[3] dans la gestion des deniers publics conformément à une logique empruntée à la règle des quatre alternés[4]. De plus en plus, on assiste à la diversification des organes

[1] B. Soya, M. T. Barbe, « Droits de l'homme et gouvernance en milieu parlementaire au Cameroun », *Droits de l'homme et gouvernance en milieu parlementaire au Cameroun*, 2012, pp. 1-185.

[2] P. Türk, « Reddition de comptes et Parlement », *Revue française d'administration publique*, vol. 160, n°. 4, 2016, p.1258. V. É. Thiers. « Le contrôle parlementaire et ses limites juridiques : un pouvoir presque sans entraves », *Pouvoirs*, vol. 134, n° 3, 2010, pp. 71-81. Historiquement, le contrôle de la gestion des deniers publics par le parlement trouve son fondement dans la Déclaration des droits de l'homme et du citoyen de 1789 qui à travers son article 14 dispose que « Les citoyens ont le droit de constater, par eux-mêmes ou par leurs représentants, la nécessité de la contribution publique, de la consentir librement, d'en suivre l'emploi ».

[3] A. Issoufou, « La transparence des finances publiques : un nouveau principe budgétaire dans l'Union économique et monétaire ouest africaine (UEMOA) ? », *Annales africaines*, vol. n°2, 2018, pp. 207-255.

[4] Préparation et adoption ; exécution et contrôle. V. A. Bango, « Les dépassements de crédits dans l'exécution du budget au Congo ». *Gestion & Finances Publiques*, n° 5, 2019, pp. 119-132. A. Guigue, « La possibilité de l'étude comparée en droit budgétaire ». *Mélanges en l'honneur du professeur Joël Molinier*, 2012, pp. 311-324. Remarque : Le professeur Molinier montre que la règle des quatre temps alternés repose sur une vision dépassée de la théorie de la séparation des pouvoirs. Il propose de renouveler cette théorie en remplaçant le clivage exécutif / législatif par la relation qui s'établit entre la majorité et l'opposition.

de contrôle[5] et à la multiplication du temps d'intervention des acteurs au cours du processus. Les règles applicables à la nouvelle gestion[6] résultant des innovations induites par le nouveau cadre harmonisé finances publiques[7] devaient nécessairement entraîner le renforcement des outils[8] et techniques de contrôle de l'exécution de la loi de finances. C'est une dynamique qui pourrait conduire à la restauration des pouvoirs financiers de l'Assemblée nationale dans une optique de rationalisation des dépenses publiques[9] alors que même que « l'évolution des systèmes politiques dans un sens favorable au renforcement du pouvoir exécutif (…) caractérisé par la concentration des pouvoirs aux mains du chef de l'État et la mobilisation générale de la société à travers un parti unique (…) ont tôt fait de ramener le Parlement à un statut d'indépendance étroitement surveillée, et de le déposséder de ses attributions de délibération authentique et privilégiée »[10].

La loi organique relative aux lois de finances est la principale source qui sert de cadre juridique[11] de fixation des règles afférentes à la loi de règlement. C'est une « loi de constatation qui fera apparaître les différences entre les prévisions et autorisations contenues dans la loi de finances de l'année et la ou les lois de finances rectificatives, et les résultats

---

[5] B. Gonzale, A. Lopez, et R. Garcia, « Les institutions supérieures de contrôle des finances publiques et leurs stratégies de communication », *Revue Internationale des Sciences Administratives*, vol. 74, n° 3, 2008, pp. 463-490.

[6] A. Diouf, « Les bases communautaires du droit budgétaire au Sénégal », *KAS African Law Study Library*, vol. 2, n°4, 2016, p. 893.

[7] Directive communautaire n° 06 / CM/ 2009 du 26 juin 2009 relative aux lois de finances. Pour plus d'informations, lire N. Mede, « Réflexion sur le cadre harmonisé des finances publiques dans l'espace UEMOA », *Afrilex*, p.121, www.afrilex.u-bordeaux4.fr, consulté le 18 juillet 2022. V. sur ce point S. Yonaba, « Les contraintes de l'harmonisation d'un droit budgétaire rénové dans la zone UEMOA », *RFFP*, n°98, 2007, pp.69-79.

[8] H. Yamamoto, « Les outils du contrôle parlementaire », *Étude comparative portant sur 88 parlements nationaux*, archive.ipu.org, consulté le 05 décembre 2022, p.88.

[9] A. Issoufou, Le *nouveau droit des marchés publics et la rationalisation de la dépense publique au Niger et au Sénégal,* L'Harmattan, vol. 1, 2017.

[10] C. Desouches, « Les Assemblées », *in* Encyclopédie Juridique de l'Afrique, tome I, *L'État et le Droit*, Abidjan, Dakar, Lomé, 1982, p. 57. Pour plus d'informations relatives à la crise qui affecte le fonctionnement du parlement. R. Ossombo-yombo, « Le pouvoir législatif dans le nouveau constitutionnalisme africain : un pouvoir concurrence », *Annale des Sciences Juridiques et Politiques de l'Université Marien NGOUABI*, 2021, vol. 21. pp. 118-153.

[11] A. M. Moise « Les règles de gestion et mécanismes de contrôle du budget général de l'État en RDC : cadre juridique et enjeux actuels. *KAS African Law Study Library*, vol. 8, n°4, 2022, pp. 454-466.

définitifs de l'exercice. Elle arrête également le montant définitif des ressources et des charges de trésorerie (d'emprunt) ayant concouru à la réalisation de l'équilibre financier de l'année correspondante, approuve le compte de résultat de l'exercice établi à partir des ressources et des charges constatées, et affecte le résultat comptable au bilan qu'elle approuve ».[12]

L'amélioration de ce type de contrôle *a posteriori* vise plutôt à doter le parlement de moyens suffisamment adaptés à la réalité de la nouvelle gestion. Au surplus, la gestion budgétaire axée sur les résultats et les mouvements de crédits susceptibles de modifier l'autorisation[13] initialement accordée par le Parlement restent le principal motif qui doit justifier le renforcement des capacités de contrôle de l'exécution de la loi de finances, d'autant plus qu'il est aujourd'hui aisé de constater l'existence d'une tendance vers la constitutionnalisation[14] des principes de transparence[15] et de bonne gouvernance[16].

En réalité, il s'agit non pas de cantonner le législatif dans sa posture traditionnelle de constatation des résultats de l'exercice écoulé n+1 mais plutôt de lui offrir les possibilités de mesurer et d'apprécier en toute indépendance l'exactitude des informations contenues dans la loi de règlement. En somme, le Parlement aura les moyens d'évaluer la sincérité

---

[12] G. Orsoni (dir.), *Finances publiques. Dictionnaire encyclopédique*, Paris, Economica, 2 e éd., 2017.

[13] M. Toni, *L'autorisation budgétaire dans le droit financier ouest-africain francophone*. Thèse mult., Lyon III, 2015 ; S. Diarra « Analyse rétrospective du respect des nouveaux critères de convergence de l'UEMOA », *Revue d'économie du développement*, vol. 24, n°1, 2016, pp. 79-98.

[14] M. Tirard, « La constitutionnalisation de l'équilibre budgétaire : les leçons de l'expérience américaine » *Pouvoirs*, n°1, 2012, p.99-110. C. Viessant, « Équilibre budgétaire, un principe constitutionnel impossible ? », *Revue française de finances publiques-RFFP*, n°150, 2020, pp. 83-97.

[15] M. Djouldem, « La politique de transparence des finances publiques », *Démocratie et politiques publiques*, 2019, p. 105.

[16] S. Leiderer et P. Wolff, « Gestion des finances publiques : une contribution à la bonne gouvernance financière », *Annuaire suisse de politique de développement*, n°26-2, 2007, pp. 175-195. R.-K. Malundangu, « Le contrôle parlementaire comme vecteur de bonne gouvernance des finances publiques, outil de lutte contre l'impunité et d'adhésion populaire du citoyen à l'impôt en République Démocratique du Congo/*Parliamentary control as a vehicle for good governance of public finances, a tool to fight against impunity and the citizen's popular support for the tax in the Democratic Republic of Congo* », *International Journal of Innovation and Applied Studies*, vol. 20, n°4, 2017, p. 1210.

des données à partir desquelles sont élaborés les projets de lois de finances[17].

En outre, la nouvelle gestion budgétaire axée sur une logique de performance[18] et de programme[19] avec des objectifs bien déterminés et des résultats à atteindre mesurables à l'aide d'indicateurs de performance[20] nécessite une forme d'adaptation des moyens de contrôle de l'exécution de la loi de finances. En abordant cette question, il convient d'identifier le cadre normatif dont la prise en compte serait d'un apport considérable en vue de cerner toutes les incidences qui pourraient positivement impacter le contrôle parlementaire.

Actuellement, une mise à niveau des capacités du Parlement se justifie largement dans un contexte de mutations profondes des finances publiques. Par ailleurs, il est aisé de constater une certaine prise de conscience de la nécessité de développer une culture de la redevabilité parlementaire[21]. En réalité, dans les démocraties contemporaines, la crise de la représentation à travers les instances d'intermédiation a fini de placer le citoyen dans une posture qui explique le bien fondé de toutes les voies de contournement pour porter un regard critique sur l'utilisation des crédits ouverts au titre de la loi de finances. Sur cette base, il faut naturellement que le parlement puisse justifier de sa capacité à assumer ses responsabilités conformément aux nouvelles exigences et attentes du citoyen en matière de transparence et de bonne gouvernance, de

---

[17] A. Lambert « Vers un modèle français de contrôle budgétaire ? » *Pouvoirs*, n°3, 2010, p.49.

[18] F. Varone, « De la performance publique : concilier évaluation des politiques et budget par programme ? » *Politiques et management public*, vol. 26, n°3, 2008, pp. 77-89. C. Pollitt, « Intégrer Gestion des performances et Gestion financière », *Revue de l'OCDE sur la gestion budgétaire*, vol. 1, n°2, 2001, pp. 7-41. Y. Ouédraogo, L'influence *de la démarche de performance sur le droit public financier des États membres de l'UEMOA*. LGDJ, 2018 ; M.-B.-O. Ndiaye, « Respect des critères de convergence vs harmonisation des critères de convergence : étude comparative des performances des indicateurs de convergence économique dans la zone Franc en Afrique (UEMOA et CEMAC) », *Revue africaine de l'intégration*, vol. 1, n°2, 2007, pp. 31-69.

[19] N. Mede, « La nouvelle gestion budgétaire : l'expérience des budgets de programme au Bénin », *Afrilex,* n° 4, 2004, pp. 56-86. F.-X. Merrien, « La Nouvelle Gestion publique : un concept mythique », *Lien social et Politiques*, n° 41, 1999, pp. 95-103.

[20], M.-B. Alilat et P. Gibert, « Dynamique des indicateurs de reporting externe. Le cas des indicateurs des projets et rapport annuels de performance annexés aux lois de finances », *Revue française d'administration publique*, n°3, vol. 155, 2015, pp. 763-778.

[21]P. De Renzio, « Aide publique, budgets et « redevabilité » : un article de synthèse », *Afrique contemporaine*, vol. 223-224, n° 3-4, 2007, pp. 133-159.

performance, de l'obligation de reddition des comptes qui demeurent la trame de fond de la gestion des ressources publiques[22].

Plusieurs contributions[23]ont pu servir de sources principales d'étude de la loi règlement dans le cadre du contrôle parlementaire dans ses différentes facettes. Un aperçu historique donne une idée du contexte d'apparition de contrôle en France[24]. Dans le contexte sénégalais, l'article du professeur Ismaïla Madior Fall sur la loi de règlement[25] reste la principale référence doctrinale à travers laquelle l'auteur tente de passer en revue dans ces différents contours en envisageant une perspective de sa réhabilitation. Cependant, le droit des finances publiques a connu une certaine mutation sous l'empire des directives de la seconde génération de 2009 avec une volonté de donner corps au renforcement du rôle de la loi de règlement dans le sens de la rénovation des pouvoirs financiers dans le cadre de la présente étude. C'est dans ce sillage que Djibrihina Ouédraogo essaie de placer le curseur sur le renouveau de la loi de règlement[26] en intégrant dans son approche les implications du nouveau cadre harmonisé dans l'espace UEMOA.

Au regard de ces différentes contributions, la loi de règlement a été relégué à un second plan. C'est une forme de banalisation qui traduit un manque de régularité dans la plupart des pays africains. Cependant, au tournant des années 2000 un regain d'intérêt commença à prendre forme à travers une dynamique de régularité concernant le vote de la loi de règlement. Cette réhabilitation de la loi de règlement trouve sa consécration dans l'arsenal normatif communautaire. La question du respect du délai de dépôt et de vote de la loi de règlement a atterri devant

---

[22] M.-B. Akakpo, « Démocratie financière en Afrique occidentale francophone », http://bibliotheque.pssfp.net/livres/democratie%20financiere%20en%20afrique%20occidentale%20francophone.pdf.consulté le 14 décembre 2022, p.12 ; K. Ngimbi, J.-M. Kumbu, « La gouvernance des ressources naturelles en RDC : rôle de l'ITIE et nécessité d'une loi sur l'accès à l'information. *KAS African Law Study Library*, vol. 2, n° 3, 2016, pp. 788-812.

[23] L. Saïdj « La loi de règlement et le développement du contrôle parlementaire de la Restauration à nos jours ». *Revue française de finances publiques*, n° 51, 1995, pp. 171-187 ; V.-H Lieber, « La loi de règlement », *Revue du trésor*, aout-septembre 1978, p.475.

[24] Article 102 de la loi du 15 mai 1818 instituant la loi de règlement.

[25] I.-M. Fall, « La loi de règlement dans le droit des finances publiques des États membres de l'UEMOA : l'exemple du Sénégal », *Droit sénégalais,* n°4, 2005, p.54.

[26] D. Ouédraogo, « Vers un renouveau de la loi de règlement dans les pays membres de l'UEMOA », *Revue juridique et politique des états francophones*, vol. 69, n°3, 2015, pp. 298-310.

le prétoire du juge constitutionnel nigérien[27] pour la première fois à la suite d'une saisine initiée par les députés nigériens. C'est une opportunité jurisprudentielle qui place le statut de la loi de règlement en termes de respect de la légalité constitutionnelle[28].

Ainsi, il y a lieu de soulever une interrogation dans ce sens : en plus d'assurer un contrôle de régularité, la loi de règlement connaît-elle une dynamique de revalorisation sous le prisme du nouveau cadre harmonisé des finances publiques dans l'espace l'UEMOA ?

Dans le cadre de notre démarche, il s'agit d'une étude de cas avec une possibilité d'extension du champ d'investigation aux autres pays membres de l'UEMOA. Au surplus, le sujet sous étude a, récemment, fait l'objet d'un traitement jurisprudentiel au Niger. À titre comparatif, ces récentes évolutions restent une grille référentielle pour réfléchir sur les différentes orientations en vue de la revalorisation de la loi de règlement dans le contexte actuel[29].

À la lumière de ces considérations, il convient de retenir que la loi de règlement demeure une technique de contrôle de régularité limité (I) dont la revalorisation se dessine avec une certaine faiblesse à l'aune du nouveau cadre harmonisé des finances publiques (II).

I – Un contrôle de régularité limité

La mission assignée au Parlement en matière de contrôle de l'exécution de la loi de finances est largement tributaire des moyens juridiques dont il est pourvu à cet effet. La régularité du contrôle qui peut être appréciée doublement (A) est affectée par certaines insuffisances (B).

[27] République du Niger, Cour constitutionnelle, arrêt n°10/CC/MC du 5 août 2014 disponible sur http cour-constitutionnelle-niger.org/document/arrêts/ matière constitutionnelle/2014/arret_n_010_14_cc_mc.pdf

[28] D. Ouédraogo, « Vers un renouveau de la loi de règlement dans les pays membres de l'UEMOA », *op. cit.* p.299.

[29] Même sur le plan de la dénomination, on note une certaine évolution. En effet, la nouvelle loi organique en date du 28 décembre 2021 relative à la modernisation de la gestion des finances publiques (réforme de la LOLF) change l'appellation de la loi de règlement qui devient loi relative aux résultats de la gestion et portant approbation des comptes de l'année. Sur ce point, il convient de noter que la réforme de la LOLF de 2021 a avancé la date de dépôt du projet de LRGACA au 1er mai afin de donner plus de temps aux travaux de contrôle et d'évaluation des parlementaires.

A – Une régularité doublement appréciée

Traditionnellement, ce contrôle est opéré à travers l'élaboration de la loi de règlement (1) tout en mettant en évidence les fonctions assignées à celle-ci (2).

1 – Une élaboration suivant une procédure particulière

Sur la base des informations fournies par la Direction de la Comptabilité publique, les services compétents du Ministère des Finances et du Budget détiennent les écritures comptables en vue d'établir les comptes annuels de l'État et le compte général de l'administration des finances qui est un document de synthèse des comptes de l'État.

Les étapes qui rythment le processus d'élaboration de la loi de règlement sont déclinées à travers plusieurs séquences. D'abord, les informations budgétaires et financières (actes modificatifs, lois de finances, programme triennal d'investissements publics, voies et moyens, tirages en emprunt et subventions etc.) sont transmises à la Cour des Comptes après la période complémentaire. Ensuite, le projet de loi de règlement élaboré après la centralisation des données provenant du trésor, de la solde, de la direction de la coopération économique et financière fait l'objet d'une validation du comité composé principalement des services techniques du ministère des finances. Enfin, après son adoption en Conseil des ministres, le projet est transmis à la Cour des Comptes chargée de produire la déclaration générale de conformité entre les comptes des ordonnateurs et ceux des comptables.

Sous l'empire de la nouvelle loi organique relative aux lois de finances, la présentation du projet de loi de règlement a connu une certaine innovation en termes de modernisation[30] à travers la technique de la budgétisation par programme et de l'amélioration des mécanismes de la reddition des comptes afin de garantir la transparence[31] dans la gestion des deniers publics.

La structuration du projet de loi de règlement laisse apparaître deux grandes parties : l'exposé des motifs et le dispositif. Dans la partie

---

[30] D. Zoure, *La modernisation du cadre budgétaire des pays de l'UEMOA*, Thèse mult., Paris 1, 2013 ; E.-M. Mi Nkoghe, *Réforme budgétaire et modernisation de la gestion publique au Gabon*, Thèse mult., Montpellier, 2020 ; M. Sidibé et S. Thera, « Le budget-programme : qu'en est-il au Mali ?« Cas des départements ministériels » », *Revue Internationale des Sciences de Gestion*, vol. 4, n° 3, 2021, pp. 143-160.

[31] A. Diouf « Les bases communautaires du droit budgétaires au Sénégal ». *op. cit.* p. 47.

préliminaire dédiée à l'exposé des motifs, le législateur a pris le soin de dresser le tableau reflétant la situation économique mondiale et ses répercussions sur le plan interne. Ensuite, le dispositif proprement dit est composée de quatre grandes parties[32].

Telle que présentée, la loi de règlement donne l'apparence d'un document contenant des données comptables dont la maîtrise et la compréhension nécessite l'adjonction d'annexes[33] sous forme de tableaux qui en font partie intégrante.

Après avoir fixé les règles particulières applicables à la loi de règlement au moment de son élaboration, l'examen de son contenu est révélateur des fonctions qu'elle peut assurer.

2 – Des fonctions diverses

La définition de la loi de règlement donne à identifier les fonctions qu'elle pourrait jouer à titre principal et à titre secondaire. La teneur normative de l'article 48 de la loi n°2020-07 du 26 février 2020 portant loi organique relative aux lois de finances permet de cerner les contours relatifs aux différentes fonctions assignées à la loi de règlement. En vertu de cette disposition, la loi de règlement a pour fonction d'arrêter le montant définitif des encaissements de recettes et des paiements de dépenses ainsi que le résultat budgétaire qui en résulte ; de ratifier , le cas échéant, les ouvertures supplémentaires de crédits décidées par décret d'avances depuis la dernière fois ; de régulariser les dépassements de crédits constatés ; de procéder à l'annulation des crédits non consommés ; de rendre compte de la gestion de la trésorerie de l'État et de l'application du tableau de financement de l'État ; d'arrêter les comptes et les états financiers de l'État et affecte les résultats de l'année ; de rendre compte de la gestion et des résultats des programmes visés à l'article 12 de la présente loi organique.

---

[32] La première est relative aux résultats généraux de l'exécution de la loi de finances de l'année écoulée ; la deuxième partie a trait à la ratification des ouvertures de crédits ; la troisième partie concerne l'établissement et l'affectation des résultats et la quatrième porte sur le transfert des résultats de l'année écoulée au compte permanent des découverts du trésor.

[33] A propos de l'importance des annexes, v. L. Tallineau, « Les annexes budgétaires et la modernité », Études en l'honneur de L. Philip, *Constitution et finances publiques*, Paris, Economica, 2005, pp.589-602. L. Tallineau, « les distinctions liées au caractère obligatoire des documents accompagnant le projet de finances de l'année », *Mélanges en l'honneur de P.-M. Gaudemet, Études de finances publiques*, Paris, Economica, 1985, pp.153-169.

En droit comparé, le Conseil constitutionnel français à l'occasion d'un exercice de contrôle de constitutionnalité des dispositions de la loi portant règlement définitif du budget de 1983 a pris le soin de préciser les caractéristiques de cette dernière[34].

Il est intéressant de marquer le passage d'un budget de moyen à un budget de programme. Cette nouvelle forme de gestion inaugurée par les directives de la seconde génération[35] appelle la nécessité de retracer les résultats dans les documents qui accompagnent la loi de règlement. La recherche de la performance dans la gestion budgétaire justifie la mise en place d'outils d'évaluation qui accompagnent la loi de règlement.

La loi de règlement est un instrument au service du Parlement dont la marge de manœuvre est réduite au strict minimum surtout avec la multiplication des ouvertures de crédits supplémentaire par le biais de décrets d'avances. À ce titre, le droit à l'information des parlementaires reste garanti par le respect de la procédure de ratification prévue par les textes lors de l'adoption de la prochaine loi de finances. En l'absence d'une loi de finances rectificative[36], la ratification se fera exceptionnellement par une loi de règlement.

En définitive, le législatif reste confiné dans une posture d'inertie ou de validation des irrégularités qui sont de nature à entacher l'exécution de la loi de finances initiale. Bien qu'ayant une portée comptable significative, la loi de règlement n'est pas un quitus de gestion ; celui-ci n'intervient qu'à l'issue de l'apurement des comptes de gestion par le juge.

La loi de règlement est considérée comme un instrument au service du parlement pour assurer le contrôle de l'exécution de la loi de finances. Bien

---

[34] La loi de règlement comporte deux catégories de dispositions ayant une portée différente : celles, d'une part, qui constate les résultats des opérations de toute nature intervenus pour l'exécution du budget et établissent le compte de résultat de l'année ; celles, d'autre part, qui opèrent, le cas échéant, des ajustements de crédits par rapport aux prévisions de la loi de règlement et autorisant le transfert du résultat de l'année au compte permanent des découverts du trésor. Cf. *Conseil constitutionnel 16 janvier 1986, Loi portant règlement définitif du budget de 1983.*

[35]En juin 2009, le Conseil des ministres a adopté une série de directives en matière financière et budgétaire dont notamment des : Directive n°01/2009/CM/UEMOA portant Code de transparence au sein de l'UEMOA ; Directive n°06 /2009 /CM/UEMOA portant lois de finances au sein de l'UEMOA ; Directive n°07/2009/CM/ UEMOA portant règlement général de la comptabilité publique.

[36] Article 47 de la loi n° 2020-07 du 26 février 2007 portant loi organique relative aux lois de finances.

qu'elle ait une importance capitale ce contrôle connaît des insuffisances certaines.

B – Les insuffisances du contrôle

Habituellement, la procédure budgétaire se trouve biaisée par, d'une part, le retard[37]imputable au gouvernement lors du dépôt du projet de loi de règlement (1) et, d'autre part, l'absence de sanction prévue à cet effet (2).

1 – Le non-respect du délai de dépôt

Le contrôle de l'exécution de la loi de finances initiale à travers le vote de la loi de règlement relève d'une normalité dans une démocratie. Paradoxalement, le gouvernement fait preuve d'un manque de rigueur en s'affranchissant de l'obligation du respect du délai de dépôt du projet de loi de règlement conformément à la loi organique relative aux lois de finances qui en son article 62 précise que le projet de loi de règlement est déposé sur le bureau de l'Assemblée nationale et distribué au plus tard le jour de l'ouverture de la session ordinaire de l'année suivant celle de l'exécution du budget auquel il se rapporte.[38]

En partant de 1967[39] jusqu'en 2000 période au cours de laquelle les premières lois de règlements ont été votées[40], il est possible d'apprécier la variation de la durée du retard[41].

---

[37] Ces pratiques renvoient « aux lenteurs coupables dans le processus d'élaboration et d'examen de la loi de règlement » ; v. A. Balde, *Le contrôle des finances publiques au Sénégal,* Thèse mult., Perpignan, 1996, p. 297.

[38] Article 62 de la loi organique n° 2020 du 26 février portant loi organique relative aux lois de finances.

[39] Au Sénégal, la première loi de règlement remonte à 1967 avec la loi n° 67-22 du 23 mai 1962, *JORS*, 3 juin 1967. Pour plus de détails lire le tableau intégré dans l'article M.-P. Hanne, « La loi de règlement au Sénégal », *op. cit.* p.1010.

[40] Au cours des exercices 1999 et 2000 une série de 9 rapports sur l'exécution des lois de finances accompagnées de 9 déclarations générales de conformité annexés aux projets de lois de règlements de 9 années couvrant la période 1987/1988 à 1996.

[41] Ces retards ont connu une variation allant de 2 à 3 ans, ensuite de 5 ans avant d'atteindre 8 à 10 ans. V. I.-M. Fall, « La loi de règlement dans le droit des finances publiques des États membres de l'UEMOA : l'exemple du Sénégal », *op. cit.* En France sous la III et IV République, ces décalages étaient en moyenne de huit ans. En guise d'exemple, l'exercice de 1915 est clôturé en 1936 d'où un retard exagéré de 21 ans.

Sur la période allant de 2000 à 2020, les retards[42], constatés dans le dépôt du projet de loi de règlement ont souvent vacillé entre deux à quatre ans après l'exécution des budgets auxquels ils se rapportent. La récurrence du retard imputable au gouvernement révèle l'une des faiblesses affectant négativement la considération à accorder à la loi de règlement, même si l'écart temporel a tendanciellement connu une certaine diminution.

Au Sénégal, la pratique consiste à faire voter plusieurs projets de lois de règlement au cours d'une même session indépendamment de l'année d'exécution de lois de finances auxquels ils se rapportent.

Cette démarche donne lieu à une simple forme de régularisation tardive. En réalité, le projet de lois de règlement doit être déposé au plus tard le jour de l'ouverture de la session ordinaire unique.[43] Présentement, le retard ne porte que sur la gestion de 2023 dont le projet de loi de règlement y afférent n'a pas été déposé à temps[44].

La même situation est observée au Bénin où l'Assemblée nationale a pu adopter tardivement en 2015 les lois de règlement des gestions 2009, 2010, 2011, 2012 et 2013[45].

Ainsi, au Madagascar *le Parlement a adopté la loi de règlement pour 2015 en 2017* [46]. En outre, des efforts ont été consentis par le Parlement pour combler le retard accumulé à cause de la transition 2009-2013 en adoptant les lois de règlement de 2006 à 2015.

En Côte d'Ivoire, le règlement de l'exercice budgétaire 1976 intervint pour la première fois en 1978. Au Burkina Faso, le Parlement s'est

---

[42] I.-M. Fall, « La loi de règlement dans le droit des finances publiques des États membres de l'UEMOA : l'exemple du Sénégal », *op. cit.* p. 59.

[43] L'article 57 LOLF de 2020. Dans certains pays comme la RDC les délais sont différents : Le projet de loi portant reddition des comptes du dernier exercice clos doit être déposé à l'Assemblée nationale à la session parlementaire de mars. La première date critique est le 15 mai, au plus tard et en cas d'impossibilité, à la fin de cette session (Art.84 de la LOFIP. Au-delà de ces dates, la LOFIP accorde une dernière possibilité de dépôt de cette loi à l'Assemblée nationale, à savoir lors du dépôt du projet de loi de finances de l'année (Art. 79 de la LOFIP). Cependant, dans la pratique, c'est à ce dernier moment que le projet de loi portant reddition des comptes est toujours déposé. V. N. Mutombo, L.-N. Trésor, et *al.*, *Pratique des finances publiques : acteurs, outils, procédures et méthodes*, 2020, p. 159.

[44] Les lois de règlement portant sur les gestions 2018, 2019 et 2020 ont été déjà adoptés.

[45] Journal de service public du Bénin, *La Nation*, n° 6341 du lundi 12 octobre 2015.

[46] J.-F. Ramasy, « Les *défis du parlementarisme à Madagascar.* », *Friedrich-Ebert-Stiftung*, Madagascar, 2018. p. 18.

inauguralement conformé à cette exigence constitutionnelle à partir de 2000 soit 40 ans après l'indépendance.

Sous ce rapport, Raymond Muzellec a raison de préciser qu'un *budget réglé dix ans après la réalisation de ses recettes et ses dépenses n'est qu'un passe-temps inoffensif. Seuls les savants peuvent y prendre plaisir mais autant s'intéresser à quelque tombeau mégalithique* [47].

Par ailleurs, les rapports entre les pouvoirs exécutif et législatif peuvent être analysés grâce aux mécanismes et procédures budgétaires applicables aux différentes catégories de lois de finances[48]. L'arrêt rendu par la Cour constitutionnelle nigérienne[49] après une saisine initiée par des parlementaires qui, à l'appui de leur requête, invoquent la violation de la constitution[50], du règlement intérieur de l'Assemblée nationale[51], de la loi organique relative aux lois de finances[52] et de la directive de 2009 concernant le non-respect du délai de dépôt du projet de loi de règlement. Conformément aux dispositions de la loi organique relative aux lois de finances, le projet de loi règlement doit être déposé au plus tard le jour de l'ouverture session budgétaire de l'année suivant celle de l'exécution du budget auquel il se rapporte[53].

Il ressort de l'analyse de cette décision que la Cour rejette le bien fondé des moyens invoqués par les requérants. Pour la Cour, il n'y a pas de violation des dispositions susmentionnées, car le délai est purement indicatif[54]. Dès lors, le dépôt peut intervenir à n'importe quel moment de

---

[47] R. Muzellec, « Un exemple de contrôle *a posteriori* : la loi de règlement », *Revue de science financière*, 1973, p. 28.

[48] Cf. J.-P. Camby, « Cavaliers », *in* L. Favoreu, R. Hertzog, A. Roux (dir.), *Constitution et Finances publiques*, Études en l'honneur de L. Philip, Paris, Economica, 2005, p. 319.

[49] C. const. Niger, 25 octobre 2021, n° 03/CC/ MC/.

[50] Article 115 de la Constitution nigérienne du 25 novembre 2010.

[51] Article 110 du Règlement intérieur de l'Assemblée nationale du Niger.

[52] Article 63 n°2012-09 du 26 mars 2012 portant la Loi organique relative aux lois de finances.

[53] V. également l'article 115 de la constitution nigérienne « La loi de règlement doit être déposée sur le bureau de l'Assemblée nationale à la session budgétaire de l'année suivant celle de l'exécution du budget pour être débattue à la prochaine session parlementaire et adoptée au plus tard le 31 décembre de la deuxième année qui suit l'exécution du budget ».

[54] C. const. Niger, 25 octobre 2021, préc., p. 4. Sur la question relative aux délais d'examens des projets de lois de finances du point de vue de leur caractère impératif ou indicatif, v. R. Muzellec et M. De Villiers « Jurisprudence constitutionnelle : Les délais d'examen des projets de lois de finances devant Le Conseil Constitutionnel." *La Revue Administrative*, vol. 36, n° 215, Presses Universitaires de France, 1983, pp. 467–472. Ainsi, on peut sur la base de cet article identifier quelques indices qui permettent de

la session budgétaire. Ainsi, le retard constaté dans le dépôt du projet de loi de règlement ne saurait priver le parlement de son droit constitutionnel de contrôle de l'action du gouvernement[55]. Cette décision est intéressante à plusieurs titres.

Dans un premier temps, la Cour constitutionnelle semble opter pour une interprétation qui aurait pour conséquence de lever toute contrainte de temps encadrant la procédure, pourvu que le dépôt intervienne durant la session budgétaire. Cette approche paraît sans fondement car la Cour considère que la fixation du délai revêt strictement un caractère incitatif[56]. La finalité recherchée consiste à mettre à la disposition du Parlement un cadre temporel utile pour l'adoption du projet de loi de règlement.

Dans un second temps, cette décision s'inscrit dans une logique de banalisation des contraintes de délai prévu pour le dépôt du projet de loi de règlement. Le gouvernement ne saurait être lié par les conditions de délai pourtant clairement fixées. Il s'agit d'une tentative d'assouplissement des exigences procédurales par l'entremise de la juridiction constitutionnelle. Aucune conséquence ne peut être tirée du non-respect du délai imparti.

À travers cette décision, le juge constitutionnel apporte sa contribution à une entreprise de consolidation des marges de manœuvre du pouvoir exécutif en matière financière.

Dans cette optique, le fait de vouloir considérer la fixation du délai comme une simple indication témoigne de la volonté de vider de sa substance la loi de règlement et le Parlement se trouve dépouillé de toute prérogative devant servir de base pour faire sanctionner le non-respect du délai imputable au Gouvernement. Pourtant, en vertu de l'article 115 de la constitution nigérienne, il s'agit d'une obligation dont la violation aurait normalement débouché sur une sanction. Il n'en est rien dans la pratique.

Cette décision laisse présager une certaine tolérance quant à l'appréciation des résultats de l'exécution en raison du caractère

---

justifier la nature de ces délais « *Conformément à sa jurisprudence fréquente, il a préféré semble-t-il se fonder sur la finalité des dispositions textuelles - en particulier des dispositions procédurales plutôt que sur leur lettre. Quel est le but de ces délais si ce n'est de permettre au gouvernement de faire face à toute tentative d'obstruction de la part des Assemblées parlementaires ? En d'autres termes, ces délais sont impératifs pour les Assemblées mais non pour le gouvernement qui peut leur accorder des délais supplémentaires* ».

[55] *Ibid.*, p.3.

[56] *Ibid.* p.4.

prévisionnel[57]de la loi de finances initiale. Dans la plupart des cas, les données prévisionnelles renferment une dose d'incertitudes qu'il sera difficile d'appréhender dans leur exactitude. De ce fait, la loi de règlement, support de la sincérité comptable[58] pourrait, par ailleurs, servir de base d'évaluation positive dans le sens de l'amélioration de paramètres pertinents en vue de corriger la formulation [59]de certains indicateurs susceptibles de connaître des variations[60] importantes au cours de l'exécution de la loi de finances. Le juge constitutionnel nigérien semble s'inscrire dans une logique de continuité. Depuis 2014, cette question avait l'objet d'un contentieux[61] dont le traitement a permis au juge de préciser qu'il ne pouvait pas imputer au Gouvernement une attitude inconstitutionnelle. Dans son raisonnement, la Cour constitutionnelle fait preuve d'une certaine pédagogie lorsqu'il demande au Parlement d'exiger du Gouvernement la production du projet de lois de règlement dans le respect des délais impartis en prenant en compte la situation exceptionnelle avec le régime qui a succédé en 2009 à la dissolution de l'Assemblée nationale par le président Tandja. En définitive, la Cour décide « qu'il incombe au Gouvernement de tout mettre en œuvre pour respecter les délais d'élaboration de la loi de règlement et à l'Assemblée nationale d'y veiller dans le cadre du contrôle de l'action gouvernementale »[62].

Cette jurisprudence ne fait que corroborer l'opinion de Luc Saïdj qui, dans une étude remarquable intitulée la *loi de règlement et le développement du contrôle parlementaire de la Restauration à nos jours* [63], tente de démontrer le déclin de la loi de règlement.

En France, les délais impartis au gouvernement pour procéder au dépôt du projet de lois de règlement et des annexes qui l'accompagnent sont

---

[57] J.-L. Faure, « Les dépenses de l'État : de la prévision à l'exécution », *Économie et Statistique*, vol. 30, n°1, 1972, pp. 55-59.

[58] M. Diakhate, « La relativité du principe de sincérité dans les États de l'UEMOA », *op. cit.* p.13.

[59] D. Bureau, M. Mougeot et N. Studer, « Mesurer la performance de la gestion publique à la lumière de l'analyse économique », *Revue française des affaires sociales*, vol. 1, n°2, 2010, pp. 89-104.

[60] J.-R. Brunetière, « Les indicateurs de la loi organique relative aux lois de finances (LOLF) : une occasion de débat démocratique ? », *Revue française d'administration publique*, vol. 117, n° 1, 2006, pp. 95-111.

[61] C. const. Niger, 5 août 2014, n°10/CC/MC *op.cit.*

[62] *Ibid.*

[63] L. Saïdj, « La loi de règlement et le développement du contrôle parlementaire de la Restauration à nos jours », *Revue française de finances publiques*, n° 51, 1995, pp. 171-188.

clairement fixés par la loi organique relative aux lois de finances de 2001 en son article 54 qui précise l'obligation du dépôt du projet de loi de règlement avant le1er juin de l'année qui suit la clôture de l'exercice concerné. Ces documents ont une valeur informative réelle utile d'autant plus qu'ils contribuent à la revalorisation de la loi de règlement. On passe d'une logique de constatation à une logique d'évaluation.

Paradoxalement, les dispositions encadrant les délais ont fait l'objet d'une interprétation souple par le Conseil constitutionnel français lorsqu'il affirme que *ces divers délais ont pour objet d'assurer l'information du Parlement en temps utile pour se prononcer en connaissance de cause sur les projets de finances soumis à son approbation ; qu'en éventuel retard dans la mise en distribution de tout ou partie des documents exigés ne saurait faire obstacle à l'examen du projet concerné ; que la conformité de la loi de finances à la constitution serait alors appréciée au regard tant des exigences de continuité de la vie nationale que de l'impératif de sincérité qui s'attache à l'examen des lois de finances pendant toute la durée de celui-ci* [64].

La fixation du délai de dépôt du projet de loi de règlement emporte une obligation dont la violation ne saurait entraîner aucune sanction.

2 – L'absence de sanction

Pratiquement, le Gouvernement ne respecte pas souvent les délais impartis pour le dépôt du projet de loi de règlement pour des raisons juridiquement non fondées. Quoi qu'il en soit le non-respect des délais impartis qui entache le déroulement normal de la procédure n'est nullement sanctionné, d'où la fréquence de telles pratiques en Afrique. Cette constatation appelle une double analyse.

Dans un premier temps, l'absence de sanction de la violation du délai de dépôt et du non-respect du chaînage vertueux montre à suffisance la place de second de rang réservé à la loi de règlement dans la catégorie des lois de finances. En réalité, le recours à la technique du chaînage vertueux traduit une volonté du législateur communautaire d'encadrer strictement le calendrier de la loi de règlement en précisant que le projet de la loi de règlement de l'année n -1 doit être présenté au parlement au plus tard avant

---

[64] C. const. France, 25 juillet 2001, 408 DC. Dans cette décision le Conseil a adopté le même raisonnement en précisant qu'« il en irait de même au cas où les circonstances ne permettaient pas le dépôt de tout ou partie d'une des annexes que l'article 53 prescrit de joindre à tout projet de finances rectificative ».

l'ouverture de la session budgétaire consacré à l'adoption de la loi de finances de l'année n+1[65].

Dans un second temps, la loi de règlement a-t-elle un impact dans la continuité du service public ?

Au regard de la pratique, on peut répondre par la négative d'autant plus qu'il apparaît manifestement une volonté de dévalorisation[66] du contrôle parlementaire. Même si l'encadrement du contrôle *a posteriori* relève de la technique de rationalisation[67], le non-respect de la procédure concernant les délais entraîne l'anéantissement du contrôle profondément altéré par certaines pratiques gouvernementales qui dénotent un manque d'intérêt et de volonté préjudiciables au contrôle parlementaire de l'exécution de la loi de finances.

Ainsi, l'exercice des prérogatives dévolues au Parlement durant les temps forts de la vie financière[68] de l'État est dépourvu de tout intérêt en dehors du respect d'un certain formalisme[69]. On passe de l'encadrement à l'anéantissement des pouvoirs de contrôle du parlement. Face à une telle situation, le Parlement reste désarmé et n'est nullement disposé à faire usage des moyens de blocage ou de renversement du gouvernement [70] compte tenu des effets du phénomène majoritaire dans les démocraties africaines [71].

---

[65] Cf article 63 de la directive 06/2009 portant sur les lois de finances dans l'UEMOA : « Le projet de loi de règlement est déposé sur le bureau du Parlement et distribué au plus tard le jour de l'ouverture de la session budgétaire de l'année suivant celle de l'exécution du budget auquel il se rapporte ».

[66] F. Akindès et V. Topanou « Le contrôle parlementaire de l'action gouvernementale en République du Bénin : Une lecture sociologique », *Genf : United Nations Research Institute for Social Development*, 2005, p. 17.

[67] T. Ondo, « Splendeurs et misères du parlementarisme en Afrique noire francophone. J. Garrigues et *al., Actes du 57e Congrès du CIHAE (Commission Internationale pour l'Histoire des Assemblées d'État), Assemblées et parlements dans le monde du Moyen-âge à nos jours, Paris, Assemblée Nationale*, 2010, pp. 969-982.

[68] H. Pouyanne, « La vie financière en Angleterre », *Revue d'économie politique*, vol. 42, n° 1, 1928, pp. 109-132.

[69] M. Moindze, Le Parlement et le processus budgétaire dans les pays en développement, préc., 2011, p. 18.

[70] X. Roques, « La responsabilité de l'exécutif : une fiction dans le régime parlementaire ? », *Informations Constitutionnelles et Parlementaires*, n°196, 2008, p. 17.

[71] A.-J. Adeloui, « La minorité parlementaire dans les démocraties africaines : l'exemple du Bénin », *Recht in Afrika= Law in Africa= Droit en Afrique*, vol. 21, n° 1, 2018, p. 23.

Il faut repenser les pouvoirs du Parlement[72] pour endiguer les velléités de neutralisation émanant de l'exécutif en développant des mécanismes constitutionnels originaux sous forme de recours aux fins d'annulation en cas de violation de certaines règles de procédure.

Pour cela, il faut d'abord initier une réforme dans le sens de la constitutionnalisation de la loi de règlement comme c'est le cas pour la loi de finances initiale dont la procédure d'adoption est intégralement fixée dans la Constitution. En cas de non-respect des délais par le parlement, le gouvernement a la possibilité de mettre en vigueur la loi de finances suivant la procédure prévue à l'article 68 de la Constitution sénégalaise[73].

Par ailleurs, au moment de l'adoption du projet de loi de règlement, le parlement devait être en mesure de faire des observations dont la prise en compte dans la prochaine loi de finances serait une base de discussion pertinente avant l'adoption de la loi de finances initiale surtout en ce qui concerne l'évaluation des politiques publiques.

Il serait pertinent de fixer des modalités d'engagement de la responsabilité du Gouvernement dans l'hypothèse d'un compte rendu irrégulier c'est-à-dire si les informations contenues dans les documents qui

---

72 Pour mesurer les impacts positifs du contrôle parlementaire, cf. R- K. Malundangu « Le contrôle parlementaire comme vecteur de bonne gouvernance des finances publiques, outil de lutte contre l'impunité et d'adhésion populaire du citoyen à l'impôt en République Démocratique du Congo/Parliamentary control as a vehicle for good governance of public finances, a tool to fight against impunity and the citizen's popular support for the tax in the Democratic Republic of Congo », *International Journal of Innovation and Applied Studies*, vol. 20, n° 4, 2017, p. 1210.

73 L'article 68 de la constitution dispose que : « L'Assemblée nationale vote les projets de lois de finances dans les conditions prévues par une loi organique. Le projet de loi de finances de l'année, qui comprend notamment le budget, est déposé sur le bureau de l'Assemblée nationale, au plus tard le jour de l'ouverture de la session ordinaire unique. L'Assemblée nationale dispose de soixante jours au plus pour voter les projets de lois de finances. Si, par suite d'un cas de force majeure, le Président de la République n'a pu déposer le projet de loi de finances de l'année en temps utile pour que l'Assemblée nationale dispose, avant la fin de la session fixée, du délai prévu à l'alinéa précédent, la session est immédiatement et de plein droit prolongée jusqu'à l'adoption de la loi de finances. Si le projet de loi de finances n'est pas voté définitivement à l'expiration du délai de soixante jours prévu ci-dessus, il est mis en vigueur par décret, compte tenu des amendements votés par l'Assemblée nationale et acceptés par le Président de la République. Si compte tenu de la procédure prévue ci-dessus, la loi de finances de l'année n'a pu être mise en vigueur avant le début de l'année financière, le Président de la République est autorisé à reconduire, par décret, les services votés ».

accompagnent le projet de loi de règlement ne sont pas exactes comme en France[74] aux termes des dispositions de l'article 34 de la Constitution[75].

Aussi faut-il reconnaitre que l'indisponibilité de certaines annexes ne saurait faire obstacle à l'examen du projet de loi de règlement. Cette position mérite d'être nuancée en tenant compte du degré d'importance de celles-ci.

Pour certaines catégories d'annexes, l'exigence du respect du délai devait être observée dès lors qu'elles font partie intégrante du projet de loi de règlement contrairement aux annexes d'une importance moindre qui peuvent faire l'objet d'une régularisation après le dépôt du projet de loi de règlement. En d'autres termes, le non-respect du délai ne saurait constituer un obstacle pour le bon déroulement de la procédure d'adoption.

A la lumière des développements qui précèdent, la loi de règlement donne l'opportunité au parlement d'exercer le contrôle de l'exécution de la loi de finances initiale sur la base de la constatation des résultats de l'exercice écoulé. Compte tenu de la pratique, la loi de règlement ne fait pas l'objet d'une attention particulière. Il importe alors de mettre l'accent sur les tentatives de revalorisation de cette catégorie de lois de finances.

II – Une revalorisation faiblement garantie

Après avoir initié d'importantes réformes portées par les directives de la deuxième génération, les pays membres de la zone UEMOA devaient ouvrir de nouveaux chantiers dans la voie du renouveau de la loi de règlement[76] à travers le renforcement des informations destinées au parlement (A) et l'introduction de la technique du chaînage vertueux (B).

A – Une valeur informative réelle

L'étude des documents qui accompagnement le projet de loi de règlement révèle un contenu à forte densité informative (1) dont l'exploitation permet de prendre en compte la performance dans l'exercice du contrôle (2).

---

[74] A. Mongbat, « L'obligation de rendre compte dans les récentes réformes du droit public financier camerounais », *Revue Algérienne de Finances Publiques,* vol. 12, n° 2, 2022, p.286.

[75] Cette disposition traite des mécanismes d'engagement de la responsabilité du gouvernement devant le parlement.

[76] D. Ouédraogo, « Vers un renouveau de la loi de règlement dans les pays membres de l'UEMOA », *Revue juridique et politique des états francophones*, vol. 69, n° 3, 2015, pp. 298-310.

1 – Du potentiel informatif des documents annexés le projet de loi de règlement.

Au sens large, la présentation formelle du projet de loi de règlement permet d'y inclure les documents qui l'accompagnent. Ces documents doivent être déposés et distribués en même temps que le projet de loi règlement dans le respect des conditions de délais fixées par la loi organique relative à la loi de finances. Il s'agit d'annexes[77] dont le contenu révèle une foultitude d'informations utiles qui peuvent servir de grille d'analyse en vue de faciliter la compréhension des actes d'exécution de la loi de finances.

À lumière des dispositions pertinents de la loi organique relative aux lois de finances, il paraît important de souligner quelques observations relatives aux annexes. D'une part, les annexes sont obligatoires. Elles sont diverses et variées dans la mesure où elles prennent en compte tous les éléments susceptibles de renforcer les moyens d'information du Parlement en tenant compte des exigences de transparence dans la nouvelle gestion.

La présentation des documents annexés à la loi de règlement visant à donner un schéma explicatif de la recherche de performance n'a pas manqué de susciter quelques interrogations. En effet, il résulte de l'examen de ces documents certaines constatations qui sont de nature à remettre en cause leur pertinence en raison, d'une part, de la pauvreté en données statistiques fiables, et, d'autre part, par l'imbrication de considérations politiques et techniques.

En réalité, la mise en corrélation entre l'objectif visé et l'indicateur ne saurait faire l'objet de doute car elle se justifie par le lien entre les deux éléments mais le degré de cette corrélation n'est envisageable que sur la base d'une échelle qui correspond le plus à la réalité. Comme l'a précisé le Conseil constitutionnel français, l'autorisation parlementaire peut être dénaturée ou biaisée par la mauvaise information des parlementaires en matière d'objectifs et d'indicateurs. L'analyse de cette jurisprudence sert

---

[77] L'article 50 de la directive 06/2009 énumère les documents qui accompagnent le projet de loi de règlement. Aux termes de cet article « la loi de règlement est accompagnée : des comptes et des états financiers de l'État issus de la comptabilité budgétaire et de la comptabilité générale ; d'annexes explicatives développant, par programme, dotation, budget annexe et comptes spéciaux du trésor, le montant définitif des crédits ouverts, des dépenses et, le cas échéant, des recettes constatées ; des rapports annuels de performance par programme rendant compte de leur gestion et de leurs résultats.

de base de raisonnement à l'appui d'une décision d'annulation à partir du motif tiré des imperfections imputables à l'exécutif.

Le rapport annuel de performance dont l'élaboration est une obligation[78] mise à la charge du responsable de programme se présente comme un instrument de contrôle de la performance de dans le cadre de l'exécution des politiques publiques. Il établit, enfin de gestion les résultats et les réalisations du suivi de la performance. Ainsi, le rapport assure une double fonction. D'une part, il permet de tirer des enseignements sur la mise en œuvre des actions et activités, et, d'autre part, il répond à l'obligation de redevabilité.

Le rapport annuel de performance est composé de trois parties. Il s'agit d'abord du contexte de mise en œuvre des programmes, ensuite l'état de mise œuvre et enfin le bilan stratégique et les perspectives. Dans le cadre de l'exercice de sa mission, le responsable de programme est appelé à rendre compte de l'exécution des programmes en se référant aux indicateurs quantitatifs et qualitatifs pour mesurer la performance.

Il fait état du bilan et des perspectives. À ce stade, la démarche rationnelle consiste à relever les insuffisances et contraintes qui ont négativement impacter l'exécution du programme avant de proposer des pistes de solutions en guise d'amélioration.

L'examen du contenu de la loi de règlement de la loi permet de cerner le volume d'informations dont l'exploitation permet de contrôler la performance des programmes budgétaires.

2 – Une prise en compte de la performance

La règle de la transparence emporte un certain nombre d'obligations en termes d'information, de clarté et de lisibilité des prévisions. Dans cette optique, la mise en œuvre de ce principe demeure une contribution non négligeable dans la voie du renforcement des pouvoirs du Parlement.

La démarche consiste à combler les lacunes qui ont longtemps affecté la pertinence des principes classiques compte tenu de la multiplication des dérogations ou atténuations. L'émergence du principe de transparence appelle une modification profonde du contrôle du point de vue de ses

[78] L'article 12 de la directive n° 06 / 2009.

modalités et de son contenu[79] en maîtrisant certaines données techniques et en rompant avec une démarche purement procédurale.

En sus de ses prérogatives traditionnelles, le parlement se voit confier une mission d'évaluation[80] des politiques publiques[81] qui nécessite une expertise technique pour apprécier la qualité et la fiabilité des informations mises à sa disposition. Sous ce rapport, il importe de souligner que *la qualité scientifique des évaluations exige la mise en œuvre de compétence spécifique et un réel professionnalisme de la part de ceux qui sont chargés de conduire de telles études* [82].

Désormais, les lois de finances initiales affectent les crédits budgétaires en fonction des objectifs et finalités définis dans les différents programmes budgétaires. À ce titre, le projet de lois de finances doit être accompagné d'un ensemble de documents en vue de permettre aux parlementaires d'avoir une meilleure visibilité et une meilleure compréhension avant son adoption.

La performance est inscrite au cœur de la nouvelle gestion ce qui implique l'amélioration du contrôle à travers l'exploitation des informations dans le rapport annuel de performance.

En d'autres termes, le rapport annuel de performance[83] est devenu un instrument de contrôle de la qualité de l'action publique[84] lorsqu'il est à même de fournir des éléments d'appréciation pour évaluer les résultats obtenus au cours de l'exercice en se basant sur les objectifs préalablement définis dans les projets annuels de performance annexés au projet de lois de finances de l'année. L'étude des indicateurs de performance qui y sont

---

[79] A. Issoufou, « La transparence des finances publiques : un nouveau principe budgétaire dans l'union économique et monétaire ouest africaine (UEMOA) ? », *Annales africaines*, vol. 2, 2018, p. 13.
[80] L'évaluation est un exercice censé permettre aux parlementaires de s'informer sur les conditions de mise en œuvre de toute politique publique.
[81] J.-P. Duprat, « Le parlement évaluateur », *Revue internationale de droit comparé*. Étude de droit contemporain, vol. 50 n° 2, Avril-juin, 1998, pp. 551-576.
[82] D. Hamidi, « l'évaluation des politiques publiques dans le contexte du contrôle », *Revue IDARA*, 2002, n° 24, p.10.
[83] V. l'article 49 de la loi organique relative aux lois de finances de 2020.
[84] Pour une meilleure étude des méthodes scientifiques de contrôle dans le cadre des rapports de performance. V. P. Gibert, et M. Benzerafa-alilat, « De quoi l'État rend-il compte dans ses rapports annuels de performance ? », *op. cit.*, pp. 1041-1064. V. également N. Homegnon, « Le PAP et le RAP : une évaluation ex ante », N. Mede (dir.), *La LOLF dans tous ses états, Actes du colloque national des 13 et 14 février 2015 organisé par l'Université d'Abomey-Calavi*, Bénin, pp. 481-501.

intégrés renseigne davantage sur l'état d'exécution des politiques publiques. Il s'agit de comparer les prévisions de la loi de finances en cause, qui sont intégrés dans les rapports annuels de performance, par rapport aux résultats effectivement obtenus à la fin de l'exercice budgétaire.

Par ailleurs, le guide didactique renseigne sur l'esprit qui est à la base des documents annexés au projet de loi de règlement : « l'objectif de ces documents est de permettre au parlement de disposer d'éléments relatifs à la qualité de la gestion des politiques publiques en plus des informations sur l'exécution financière disponible dans la loi de règlement »[85].

Cependant, les acteurs en charge de l'élaboration de programmes budgétaires rencontrent beaucoup de difficultés pour fixer de manière précise les indicateurs de performance. Sous ce rapport, Djibrihna Ouédraogo a raison de souligner ces problèmes à travers différents cas qui peuvent se présenter : « soit l'établissement des budgets de programme se trouve confronté dans chacun des États à la collecte d'informations nécessaires à la définition d'indicateurs fiables, soit les objectifs de ces programmes sont mal définis, les missions se trouvent être mal formulés en termes vagues, sans indications précises sur le domaine d'intervention concerné ; les objectifs sont, eux confondus avec les activités et ils ne sont pas le plus souvent justifiés »[86].

Au Sénégal, il y a un autre défi à relever concernant la production des documents annexés au projet de loi de règlement. En effet, la juridiction financière ne saurait élaborer la déclaration générale de conformité qui accompagne la loi de règlement en l'absence des informations contenues dans le compte général de l'administration des finances. Le Gouvernement accuse du retard[87] dans la confection et la transmission de ce document. En définitive, l'élaboration du rapport annuel de performance ne garantit pas forcément une bonne évaluation de l'efficacité de la dépense publique.

En réalité, c'est une démarche de rationalité politique qui est souvent de mise lorsque les élus définissent des objectifs flous et ambiguës dans

---

[85] Guide didactique à la directive 06/2009, p.31 et 57 disponible sur www.uemoa.int

[86] D. Ouédraogo, « Vers un renouveau de la loi de règlement dans les pays membres de l'UEMOA », *op.cit.* p. 304.

[87] Dans son rapport publié en 2011, la Cour des comptes précise son impossibilité à produire les déclarations générales de conformité des exercices 2006, 2007, et 2008 puisque le Compte général de l'administration des finances des années concernées ne lui a pas été transmis Voir Cour des comptes du Sénégal, Résumé du rapport public 2011, pp.13-14.

les rapports de performance avec des formules vagues laissant une marge d'interprétation très large et variable en fonction de certaines situations conjoncturelles. Ainsi, cette ambigüité laisse présager une volonté de ne pas se prêter à un exercice d'évaluation dans la mesure où il est difficile dans cette hypothèse de concevoir des indicateurs pertinents et mesurables. Les objectifs affichés[88] ont une forte connotation politique et sont difficilement saisissables et mis sous contrôle.

Les difficultés auxquelles sont confrontées les parlementaires au cours de l'exercice du contrôle[89] risquent de nuire à la portée de celui-ci. Assurément, les parlementaires n'ont toujours pas l'expertise technique nécessaire pour contrôler la performance des programmes budgétaires. Ce constat devait justifier une démarche pédagogique en accordant une place privilégiée à la formation et à la méthodologie dans le sens du renforcement des capacités des parlementaires à l'occasion de l'exercice de leur fonction de contrôle[90].

La loi organique relative aux lois de finances entend donner à la loi de règlement l'importance qui doit être la sienne. L'objectif ambitieux et affiché, était de lutter contre le désintérêt des parlementaires au moment des travaux et débats qui accompagnent l'adoption du projet de loi de règlement.

Au sein de l'UEMOA, la réforme ayant conduit à l'élaboration de la loi organique relative aux lois de finances atteste d'une volonté manifeste des autorités de donner à la loi de règlement toute l'importance qu'elle devait susciter.

Par ailleurs, il résulte d'une jurisprudence constante que l'absence de documents annexes au projet de loi de règlement ne saurait avoir un impact suspensif de la procédure d'adoption de la loi de règlement nonobstant le fait que cette carence soit directement imputable à l'administration[91].

---

[88] S. Trosa, « De la mesure à l'évaluation, de la performance à l'action. L'expérience d'une praticienne », *Politiques et management public*, vol. 18, n° 4, 2000, pp. 119-136.
[89] Pour justifier de l'importance du contrôle, il convient de relater les propos suivants « Le contrôle parlementaire sur les finances publiques est une ardente obligation sans laquelle les fonctions du Parlement ne sauraient être réellement exercées », v. A. Lambert, Rapport d'information n° 37 (2000-2001), fait au nom de la commission des finances du Sénat, déposé le 19 octobre 2000.
[90] *Ibid.*
[91] Le ministre des Finances pour sa part a justifié l'absence de ces documents par « le caractère embryonnaire du système de comptabilité de droits constatés au niveau des

La perspective de revalorisation passe également par le recours à des techniques et procédures qui impriment une dimension cyclique du contrôle parlementaire.

B – Une dimension cyclique imparfaite

Le cycle budgétaire à la fin duquel intervient la loi de règlement révèle quelques insuffisances au titre desquelles on peut citer : l'absence de certification (1) et l'aménagement d'un chaînage inachevé (2).

1 – L'absence de certification

Au Sénégal, les comptes de l'État ne font pas l'objet d'une certification délivrée par la Cour des Comptes. On s'en tient à la déclaration générale de conformité qui, en réalité, n'offre pas toutes les garanties de certitude quant à la sincérité et à la fidélité des comptes.

Dans ce registre, aucune disposition de la directive relative aux lois de finances[92] n'a prévu la certification même si certains pays ont pris l'engagement d'attribuer cette prérogative à la Cour des comptes à partir de 2017[93].

C'est pour cette raison qu'il faut envisager, à l'image de la France, de passer à la certification assortie de la production d'un rapport qui serait annexé au projet de loi de règlement avec le compte rendu des vérifications effectuées[94]. En somme, la certification est une technique dont la vocation principale est de fournir une information financière et comptable sincère tout en renvoyant à une image fidèle de la réalité financière de l'État.

---

recettes des impôts et des postes comptables assignataires de dépenses pour conclure qu'il s'avère impossible en l'état de produire cette annexe avec le détail souhaité ».

[92] M.-B. Akakpo, *Démocratie financière en Afrique occidentale francophone*. Friedrich-Ebert-Stiftung, 2015, consulté le 22 mars 2025.

[93] Au titre des exemples on peut citer : Loi organique n°2013-14 du 27 septembre 2013 relative aux lois de finances (Bénin) ; Loi organique n°2014-336 du 5 juin 2014 relative aux lois de finances (Côte d'Ivoire). Voir article 84 « La juridiction financière procède à la certification des comptes en lieu et place de la déclaration de conformité ». Par ailleurs pour certains observateurs la possibilité offerte à la Cour des comptes pour donner un avis sur la qualité des procédures comptables et des comptes est un instrument permettant d'aboutir au même résultat même en l'absence d'une véritable d'une certification dont la mise en œuvre requiert une certaine expertise et une ressource humaine qualifiée. Pour plus d'informations, v. M.-B Akakpo, *Démocratie financière en Afrique occidentale francophone*. Friedrich-Ebert-Stiftung, *op. cit.* p.143

[94] Article 58 de la Loi organique n° 2001-692 du 1er août 2001 relative aux lois de finances.

En France, lors du premier acte de certification, la Cour, dans son approche, entend donner *une opinion écrite et motivé* [...] *sur la conformité des états financiers d'une entité, dans tous ces aspects significatifs, à un ensemble donné de règles comptables au premier rang desquels figurent la régularité, la sincérité et la fidélité des comptes* [95].

La démarche certifiante relève d'une opération d'authentification sous tendue par la manifestation d'une volonté d'asseoir les bases d'une nouvelle culture financière publique qui trouve sa source d'inspiration dans la méthode de gestion financière de l'entreprise [96].

À travers la certification des comptes, la Cour des Comptes aurait pu sensiblement renforcer son rôle d'assistance au regard de l'importance qualitative des informations qu'elle serait en mesure de fournir.

Sous ce rapport, la certification peut avoir une portée significative lorsqu'elle est assortie de réserves substantielles à partir desquelles les parlementaires trouveront les arguments à développer lors du vote du projet de loi de règlement pour amener le gouvernement à suivre les recommandations formulées par la Cour. En vertu de la finalité recherchée, la certification est un procédé qui relève techniquement d'une mission d'audit externe[97].

Quoiqu'il paraisse relever d'une démarche singulière en Afrique, le Burundi à travers l'article 178 de la Constitution du 18 mars 2005 a voulu donner à la certification un encrage constitutionnel[98]. C'est une option

---

[95] https://www.vie-publique.fr/sites/default/files/rapport/pdf/074000373.pdf. Cette définition a connu une légère modification en 2013. V. Cour des Comptes en France, *Certification des comptes de l'État*, exercice 2013, Paris, 2014, p.4.

[96] É. Godelier, « La culture d'entreprise », *Revue française de gestion*, n° 2, 2009, pp. 95-111 ; J.-P. Gond, *Contribution à l'étude du concept de performance sociétale de l'entreprise : fondements théoriques, construction sociale, impact financier*, Thèse mult., Toulouse 1, 2006.

[97] D. Catteau, *Droit budgétaire Comptabilité publique*, 5e édition Hachette Éducation, 2018-2019. p. 155.

[98] « Il est créé une Cour des Comptes chargée d'examiner et de certifier les comptes de tous les services publics. Elle assiste le Parlement dans le contrôle de l'exécution de la loi de finances. La Cour des Comptes présente au Parlement un rapport sur la régularité du compte général de l'État et confirme si les fonds ont été utilisés conformément aux procédures établies et au budget approuvé par le Parlement. Elle donne copie dudit rapport au Gouvernement. La Cour des Comptes est dotée de ressources nécessaires à l'exercice de ses fonctions. La loi détermine ses missions, son organisation, ses compétences, son fonctionnement et la procédure suivie devant elle ». Cf. article 178 de la constitution de 18 mars 2005 modifiée et remplacée par la constitution du 7 juin 2018 cf. article 183. Voir

pertinemment justifiée dans le processus pré-constituant qui allait préfigurer la Constitution définitive post transition[99] pour assainir la gestion publique dans un pays en reconstruction une longue période de conflits ethniques[100].

Assurément, la consécration constitutionnelle de la certification des comptes aurait pu avoir une portée juridique fondamentale dans l'hypothèse où la Cour des Comptes ne parviendrait pas à délivrer un rapport de certification à l'issue du processus de vérification. Dès lors, les parlementaires peuvent s'appuyer sur le moyen tiré de la non-certification pour saisir la juridiction constitutionnelle afin de sanctionner les manquements aux règles de la sincérité et de la fidélité des comptes. Le Sénégal gagnerait alors à s'inscrire dans cette trajectoire pour se conformer à cette nouvelle tendance en attribuant à la Cour des Comptes un rôle de certificateur susceptible d'impacter positivement le processus d'adoption du projet de loi de règlement.

Aujourd'hui, la question de l'étude des rapports entre la Cour des Comptes et le Conseil constitutionnel français dans la recherche d'une dynamique de collaboration mérite d'être posée. Dans cette logique, l'institution supérieure de contrôle des finances publiques pourrait apporter son concours à la recherche d'une gestion vertueuse qui donne une image fidèle du patrimoine de l'État.

Ainsi, l'acte de certification revêt une portée juridique particulièrement intéressante pouvant participer, par effet, d'induction à la revalorisation de la loi de règlement. Elle contribue également à asseoir les bases d'une certaine crédibilité de l'organe certificateur.

Si en revanche, les réserves substantielles contenues dans le rapport de certification n'entraînent aucune conséquence sur l'orientation de la décision du Conseil constitutionnel, l'opération de certification est un simple acte de procédure qui, formellement intéressante, est dépouillée de sa substance. En réalité, l'exploitation des résultats de la certification

---

également La Loi n°1/002 du 31/03/2004 détermine ses missions, son organisation et le fonctionnement de la Cour des comptes.

[99] L. Ndayisaba, « Accord de paix et processus de transformation des conflits au Burundi », *Journal of African Conflicts and Peace Studies*, vol. 2, n° 2, 2015, p. 1. J-P. Chrétien, « Le Burundi après la signature de l'accord d'Arusha », *Politique africaine*, n° 4, 2000, pp. 136-151.

[100] C.-S. Kirura, *Crises politiques et « conflits ethniques » au Burundi : Pourquoi tant de sang versé depuis l'indépendance du pays,* Éditions Publibook, 2014.

devait servir de base de réflexion en vue d'une revalorisation de la loi de règlement.

Dans un autre registre, la certification peut avoir un impact positif dans la mesure où elle présente les garanties qui incitent les bailleurs de fonds et les institutions financières internationales à manifester ou à renouveler leur confiance aux pays qui ont su faire preuve de rigueur dans la gestion des finances publiques et de maîtrise des dépenses publiques[101] .

Les résultats de l'opération de vérification peuvent conduire la juridiction des comptes à agir dans une perspective répressive. À ce titre, la Cour des Comptes peut certifier avec réserves si des erreurs ou irrégularités ont une incidence négative manifestement substantielle[102]. Elle peut catégoriquement refuser de certifier si *les erreurs, anomalies ou irrégularités constatées sont suffisamment significatives pour affecter la validité de l'ensemble des comptes* [103].

En définitive, la juridiction financière se réserve le droit de constater l'impossibilité de certifier du fait des restrictions apportées à l'étendue des missions d'audit[104].

En somme, l'inexistence d'un pouvoir de certification consacré par les textes ainsi que l'introduction du chaînage vertueux exclusivement applicable au moment du dépôt du projet de loi de règlement sont de nature à affaiblir sa réhabilitation.

2 – La technique d'un chaînage inachevé

La loi organique relative aux lois de finances a apporté quelques innovations relatives au délai de dépôt à travers le chaînage vertueux. Le législateur organique peut aller plus loin en intégrant le délai de vote dans l'aménagement de la technique du chaînage vertueux en conditionnant la discussion et l'examen du projet de loi de finances initiale par le vote préalable de la loi de règlement du budget déjà exécuté[105].

---

[101] Pour plus d'informations, v. P. De Renzio, Aide publique, budgets et « redevabilité » : un article de synthèse, *Afrique contemporaine*, vol. 223224, n° 3, 2007, pp. 133-159.
[102] S. Damarey, *Exécution et contrôle des finances publiques*, Paris, Gualino, 2007, p. 431.
[103] *Ibid.*
[104] *Ibid.*
[105] Article 41 de la loi organique n°692 du 1er août de 2001 relative aux lois de finances (LOLF) « Le projet de loi de finances de l'année ne peut être mis en discussion devant une assemblée avant le vote par celle-ci, en première lecture, sur le projet de loi de règlement afférent à l'année qui précède celle de la discussion dudit projet de loi de finances ».

Ainsi, les différents exercices budgétaires se succèdent avec prise en compte, dans leurs contenus respectifs, des résultats obtenus sur les exercices précédents[106].

Théoriquement, avant d'envisager au cours de l'année N les crédits inscrits au titre du projet de loi de finances de l'année N+1, les parlementaires doivent connaître le résultat comptable de l'année N-1. C'est une exigence tendant à imprimer une démarche de cohérence, de transparence et de liaison sous une forme d'enchaînement dont le dernier maillon conduit à une forme d'articulation des différents cycles budgétaires qu'il met en relation d'où le sens même de l'appellation chaînage vertueux. En effet, dans le cadre strictement procédural, la règle est observée à travers deux phases complémentaires dont le déroulement est établi ainsi qu'il suit :

-le projet de loi de règlement de l'année N est déposé sur le bureau de l'Assemblée nationale au plus tard le jour de l'ouverture de la session budgétaire de l'année N+1;

-le projet de loi de finances initiale de l'exercice N+1 ne peut être mis en discussion devant le parlement avant le vote par celui-ci du projet de loi de règlement de l'exercice N-1.

Avec la nouvelle gestion telle qu'elle est régie par les dispositions du nouveau cadre harmonisé, il s'agit de réfléchir sur les techniques de procédure dont la mise en œuvre serait de nature à garantir la sincérité, la transparence et le renforcement des moyens d'information du Parlement dans l'exercice de sa fonction de contrôle de l'action du Gouvernement.

Cette exigence du respect de l'enchaînement des actes de procédure relevant de deux catégories de lois de finances témoigne de la volonté de veiller au respect de la continuité de la vie financière de l'État[107].

Autrement dit, la loi de règlement et le projet de lois de finances initiale sont liés par un maillon d'une même chaîne. Ici, la vertu prend la forme d'une mise en liaison procédurale et traduit la manifestation d'une cohérence pragmatique, dynamique et cyclique susceptible d'offrir aux parlementaires la possibilité de garder une certaine lisibilité et une clarté.

---

[106] S. Damarey, *La loi organique du 1er août 2001 relative aux lois de finances*. Ellipses, 2016, p. 47.

[107] P.-H. Cassou, « Le droit financier, un droit adapté à la vie financière », *Revue d'économie financière*, n° 25, 1993, p. 9.

Au Sénégal, il semble que la fixation du délai de dépôt ne donne lieu à aucune indication de temps en vue d'établir une liaison procédurale en termes de chronologie dictée par une cohérence et une rationalité budgétaire. Cette situation appelle au moins deux observations. D'une part, la loi de règlement n'a aucune incidence sur le projet de lois de finances à adopter. D'autre part, le respect du délai de dépôt du projet de lois de finances initiale contraste avec les retards récurrents qui affectent le déroulement de la procédure législative applicable à la loi de règlement. Celle-ci est toujours reléguée au second plan car elle se borne à faire de simples constatations à titre principal[108]. Dans tous les cas, le respect des principes de transparence et de lisibilité aurait suffi à placer l'examen et l'adoption de la loi règlement du budget déjà exécuté avant la loi de finances initiale. Par ailleurs, la technique du chaînage telle que conçue dans la réforme de 2009 donne l'image d'une pyramide au sommet tronqué.

Le législateur financier communautaire n'est pas allé jusqu'au bout de sa démarche. Il aurait dû franchir le rubicond en donnant au contrôle parlementaire toute sa pertinence dans le cadre de la nouvelle gestion axée sur les résultats. Est-ce un oubli ou un manque de volonté ?

Quoi qu'il en soit la technique du chaînage est un instrument tendant à consolider le contrôle parlementaire dans le sens de sa revalorisation. Ainsi, le règlement du budget de l'année N-1 précède l'adoption de la loi de finances de l'année N+1. Théoriquement, le Parlement se trouve au cœur de la liaison. En amont, il a l'opportunité d'évaluer l'exercice écoulé sur la base des résultats. En aval, il peut sur cette base justifier sa décision d'adopter le projet de loi de règlement avec des observations pertinentes dont la prise en compte devait servir à améliorer qualitativement la gestion des deniers publics.

Sous ce rapport, il ne s'agit pas d'un rituel mais plutôt d'un véritable exercice de contrôle qui peut avoir des implications juridiques intéressantes. La rationalité du cycle de performance réside dans le lien de

---

[108] Pour certains son caractère de lois de finances est sujet à discussion contrairement à la loi de finances initiale et à la loi de règlement. Voir également la Décision du Conseil constitutionnel, 16 janvier 1986, loi portant règlement définitif du budget 1983, 202 DC.

l'examen des résultats (dernière étape du cycle budgétaire n-1) et des orientations budgétaires (première étape du cycle budgétaire n+1)[109].

L'impact positif de la mise en œuvre de la technique du chaînage est la clôture de l'exercice budgétaire dans les délais normaux de telle sorte qu'il n'y aurait pas d'écart significatif entre la loi de finances déjà votée et la clôture définitive de la gestion à laquelle elle se rapporte.

Dans cette perspective, le Sénégal a consenti d'énormes efforts pour rattraper le retard considérable qu'il avait l'habitude d'accuser au moment du dépôt du projet de loi de règlement[110].

La revalorisation de la loi de règlement passe nécessairement par la fixation dans le droit public financier de certaines dispositions ayant pour objet de renforcer son contenu, de raccourcir les délais de dépôt du projet de loi de règlement et la modification des modalités d'adoption.

Les règles d'encadrement de la technique du chaînage vertueux ont naturellement évolué dans le sens du renforcement des exigences procédurales qui l'entourent en prévoyant le vote de la loi de règlement avant toute discussion au fond sur le projet de loi de finances initiale.

La mise en œuvre du chaînage ne saurait se limiter au respect du délai de dépôt. Il importe de militer en faveur d'une extension du champ d'application du chaînage avec des implications très précises qui enserrent le gouvernement dans un cadre temporel stricte.

Effectivement, l'aménagement du dispositif du chaînage vertueux ne présente pas suffisamment de garanties nécessaires pour assurer l'efficacité de la loi de règlement. Le législateur communautaire se borne à indiquer l'obligation du dépôt du projet de loi de règlement au plus tard avant l'ouverture de la session sans pour autant exiger clairement sa discussion préalable avant tout examen du projet de lois de finances de l'année à venir.

Ainsi, les parlementaires n'auront pas l'opportunité d'exploiter les informations contenues dans les documents annexés au projet de loi de

---

[109]https://www.alain-lambert.org/2006/03/389-la-lolf-la-loi-de-reglement-et-l-evolution-du-chainage-vertueux/ consulté le 5 juillet 2022. C'est un extrait du rapport de Lambert-Migaud : Réussir la LOLF, clé d'une gestion publique responsable et efficace.

[110] En France avec l'avènement de la République les délais se sont singulièrement raccourcis avec une moyenne de deux à trois années entre la clôture de l'exercice et l'adoption de la loi de règlement correspondante.

règlement pour une meilleure évaluation du projet de loi de finances de la nouvelle année budgétaire.

Toujours dans le même registre, il est aisé de constater l'absence d'un cadre temporel qui enferme l'examen du projet de loi de règlement dans un délai précis qui ne saurait dépasser le temps imparti pour l'adoption de la loi de finances initiale comme c'est le cas en France[111].

La fixation de ce délai aurait une portée significative dans la mesure où les parlementaires auront la possibilité d'un peu plus de temps pour la discussion générale autour de la loi de règlement en rompant avec le vote expéditif par « paquet législatif »[112] lors des sessions parlementaires. Il s'agit d'une simple « formalité accomplie dans l'indifférence totale »[113].

Avec l'internalisation de la directive n°6/ 2009 portant lois de finances dans leurs législations internes, les États membres de l'UEMOA n'ont pas cerner l'encadrement du délai d'adoption du projet de loi de règlement. Pourtant cette directive semble indiquer une telle orientation en respectant la marge de manœuvre des États. Seuls, le Bénin et le Niger ont jugé nécessaire d'intégrer cet aspect au moment de la transposition de la directive.

Dans ces deux États, le projet de loi de règlement de l'année n-1, dont le dépôt sur le bureau de l'Assemblée intervient au plus tard le premier jour de la session budgétaire de l'année n, doit être adopté durant les sessions parlementaires tenues au cours de l'année n+1[114]. En définitive

[111] Dans une première décision n° 83-161DC du 19 juillet 1983 sur le projet de loi de règlement de 1981, le Conseil estime que les délais de 70 jours pour l'adoption complète des lois de finances, prévus par les articles 47 Constitution et 39 de l'ordonnance organique du 2 janvier 1959, n'étaient pas applicable à la loi de règlement. Dans une seconde décision 85-190 DC du 24 juillet 1985, le Conseil précise que la procédure accélérée ne s'applique qu'aux seules lois de finances initiales et sans même qu'il ne soit besoin de déclarer l'urgence pour ces dernières. V. G. Orsoni, *Science et législations financières*, Economica, 2005, pp. 490-491.

[112] D. Ouédraogo, « Vers un renouveau de la loi de règlement dans les pays membres de l'UEMOA », *op.cit.* p. 299.

[113] C'est une formalité forgée par A. Riverain, président de la Commission des Finances en 1970 à l'Assemblée nationale française. Cité par G. Orsoni, *Science et législations financières*, *op.cit.*, p. 490.

[114] L'article 115 al.2 de la constitution nigérienne dispose : « La loi de règlement doit être déposée sur le bureau de l'Assemblée nationale à la session budgétaire de l'année suivant celle de l'exécution du budget pour être débattue à la prochaine session parlementaire et adoptée au plus tard le 31 décembre de la dernière année qui suit l'exécution du budget. Au Bénin, la loi organique relative aux lois de finances dispose : « le projet de loi de

cette démarche comporte des insuffisances car les parlementaires ont, au plus, toute la durée de la session pour discuter de la loi règlement. Dans ce cas, le projet de loi de règlement risque d'être adopté « au milieu du silence, ou plutôt des conversations de l'Assemblée nationale…sans débat »[115].

Par ailleurs, la constitutionnalisation de celle-ci assortie d'une obligation de respect des délais de dépôt et de vote avant tout examen du projet de loi de finances initiale entraînerait une conséquence non négligeable dans la voie du développement de l'assiette du contentieux constitutionnel. Sous ce rapport, il serait possible de réfléchir sur une saisine du juge constitutionnel par les parlementaires aux fins de demander l'annulation de la loi de finances si la loi de règlement n'a pas été adoptée dans les délais impartis.

Dans cette hypothèse, le Parlement dispose de moyens juridiques dissuasifs susceptibles de mettre fin aux retards accusés par le Gouvernement au moment du dépôt du projet de loi de règlement. C'est là une nouvelle orientation en termes de réforme en vue de la réhabilitation de la loi de règlement[116].

Il est nécessaire que l'ordre juridique communautaire entre en action pour proposer une correction des imperfections constatées au moment de la mise en œuvre de la technique du chaînage surtout en ce qui concerne le respect des délais de dépôt et de vote du projet de loi de règlement.

En plus de ses fonctions juridictionnelles[117], la Cour des Comptes peut se voir reconnaître d'autres missions dont l'accomplissement aura pour finalité de sceller une relation de collaboration[118] avec l'institution parlementaire. La Cour assure les différentes missions d'assistance

---

règlement est déposé au plus tard au premier jour de l'ouverture de la session budgétaire qui suit l'année d'exécution du budget. L'Assemblée nationale débat du projet, en vue de son adoption au cours de la première session qui suit son dépôt ».

[115] L. Saïdj, « La loi de règlement et le développement du contrôle parlementaire de la Restauration à nos jours », *op. cit.*, p. 176.

[116] I.-M. Fall, « La loi de règlement dans le droit des finances publiques des États membres de l'UEMOA : l'exemple du Sénégal », *op.cit.* p. 62.

[117] A. Cabanis et O. Devaux, « Les fonctions juridictionnelles de la Cour des comptes », *La justice au Maroc, Revue franco-maghrébine de droit*, n° 9, Presses de l'Université des Sciences Sociales. Séries, Toulouse, 2001, pp. 243-266.

[118] P. Jan, « Parlement et Cour des comptes », *Pouvoirs*, n°3, 2013, pp. 107-116.

technique[119], de consultation[120] et d'enquête[121] sur demande des parlementaires. Dans un autre registre purement consultatif, la Cour émet des avis sur les rapports annuels de performance et donne son opinion sur la régularité, la sincérité et la fidélité des comptes[122].

La nouvelle gestion axée sur les résultats à partir de programmes bien définis appelle une analyse critique des renseignements contenus dans le rapport annuel de performance[123].

Cet avis servira de base de réflexion pour jeter un regard critique sur les choix et orientations politiques du gouvernement. En outre, le point de vue de la Cour sur la régularité des procédures comptables est manifestement d'un apport considérable pour les parlementaires qui, sur la base de l'interprétation des écritures comptables, parviennent à se faire une idée de l'exécution comptable de la loi de finances.

Le processus d'élaboration du projet de loi de règlement peut faire intervenir la Cour suprême pour donner un avis motivé sur la légalité des dispositions sur lesquelles elle est consultée, et sur la pertinence des moyens juridiques retenus pour atteindre les objectifs poursuivis, en tenant compte de contraintes inhérentes à l'action administrative[124].

La production d'un rapport[125] de fin d'année portant sur le projet de loi de règlement est une démarche salutaire visant à promouvoir les bonnes pratiques en matière de gouvernance des finances publiques. Ce rapport destiné aux citoyens s'inscrit dans une approche de vulgarisation de loi de

---

[119] F. Facon, « L'assistance de la Cour des comptes au Parlement et le rapport sur les relations entre l'État et ses opérateurs », *Gestion & Finances Publiques*, n°6, 2021, pp. 68-76.

[120] A. Dioukhané, *Les juridictions financières dans l'UEMOA : la Cour des comptes du Sénégal*, L'Harmattan, 2016, pp. 1-280.

[121] A. Ayewouadan, « Le contrôle de la fiscalité des ressources naturelles et minières du Togo », *KAS African Law Study Library*, vol. 6, n° 4, 2020, pp. 410-417. M. Moindze, « Le Parlement et le processus budgétaire dans les pays en développement » préc., 2011, p.18.

[122] S. Thebault, « A quoi sert la qualité comptable », *RFFP*, n° 112, 2010, p. 104. L'auteur souligne de l'idée de « *trois prescriptions normatives en matière de comptabilité de l'État* ».

[123] Ces documents ont fait l'objet d'études critiques. V. sur ce point, M.-B. Alilat et P. Gibert, « Dynamique des indicateurs de reporting externe. Le cas des indicateurs des projets et rapport annuels de performance annexés aux lois de finances », *op. cit.* p.764.

[124] Cf. article 18 de la loi organique n° 2017-09 du 17 janvier 2017 abrogeant et remplaçant la loi organique n°2008-35 du 08 août 2008 sur la Cour suprême, modifiée par la loi organique n°2022-16 du 23 mai 2022.

[125] Ce rapport déjà cité.

règlement. C'est le résultat de la réforme de la gestion budgétaire axée sur la transparence et la redevabilité[126].

Ainsi, les citoyens disposent d'informations pertinentes pour apprécier en connaissance de cause les réalisations effectuées. Assurément, les citoyens peuvent jouer leur partition dans le contrôle de l'utilisation des ressources publiques à travers des manifestations organisées en collaboration avec les acteurs de la société civile[127].

Au Sénégal, la gestion des ressources[128] issues de l'exploitation des hydrocarbures a nécessité la création du fonds de stabilisation et du fonds intergénérationnel dont les règles de fonctionnement obéissent au respect des principes de Santiago[129].

Ainsi, les fonds créés restent soumis au organes et corps de contrôle de l'État notamment la Cour des Comptes dans les conditions déterminées par la loi organique relative aux lois de finances. De manière générale, l'utilisation des recettes tirées de l'exploitation des hydrocarbures sont soumis aux principes consacrés par la loi organique relative aux lois de finances et la loi portant code de transparence dans la gestion des finances publiques.

En définitive, les programmes ayant bénéficié des recettes tirées de l'exploitation des hydrocarbures doivent être mentionnés dans leurs rapports annuels de performance annexés au projet de loi de règlement, en justifiant notamment les écarts de réalisation par rapport aux prévisions indiquées dans les projets annuels de performance. À travers cette exigence, la loi de règlement est un moyen par lequel les parlementaires auront la possibilité de suivre et de contrôler rigoureusement l'état

[126] P. De Renzio, « Aide publique, budgets et « redevabilité » : un article de synthèse », *Afrique contemporaine*, vol. 223-224, nº 3-4, 2007, pp. 133-159.

[127] Pour plus d'informations, lire P. Quantin « Le rôle politique des sociétés civiles en Afrique : vers un rééquilibrage », *Revue internationale et stratégique*, vol. 72, n°4, 2008, pp. 29-38.

[128] La réforme constitutionnelle de 2016 a pris en charge cette question en précisant que *les ressources naturelles appartiennent au peuple sénégalais* aux termes des dispositions de l'article 25.

[129] Il s'agit d'un code de bonne conduite qui encourage la transparence, la bonne gouvernance, la responsabilité et les pratiques d'investissement prudentes. Les fonds souverains contribuent ainsi à la stabilité du système financier, réduisent les pressions protectionnistes et participent au maintien d'un climat d'investissement ouvert et stable. Pour plus d'informations voir https://www.ithmar.gov.ma/principes-de-santiago/ consulté le 24 juin 2024.

d'exécution des programmes dont la couverture financière est réalisée grâce aux produits générés par l'exploitation des hydrocarbures.

....

L'exécution de la loi de finances ne saurait se faire sans l'aménagement préalable de mécanismes de contrôle approprié. Dans ce sillage, le contrôle politique exercé par le parlement à travers la loi de règlement est la résultante du principe de la reddition des comptes. Dans la plupart des pays africains, ce contrôle a connu des fortunes diverses car il n'a pas produit les résultats escomptés en raison de certains facteurs qui impactent négativement le déroulement de la procédure législative applicable à la loi de règlement.

Par ailleurs, l'aménagement de la technique du chaînage vertueux est d'un apport considérable dans la voie de la consolidation du contrôle parlementaire de l'exécution de la loi de finances. Toutefois, ce mécanisme laisse apparaître certaines insuffisances auxquelles il faut apporter des solutions en intégrant le délai de vote [130] dans le champ d'application du chaînage vertueux.

Le parachèvement de cette réforme entraine, à titre complémentaire, la mobilisation de certaines informations consignées dans des documents qui accompagnent le projet de règlement afin de créer des conditions nécessaires pour que le parlement puisse remplir sa mission en tenant compte des nouvelles exigences de la gestion moderne des finances publiques[131].

---

[130] À l'état actuel, le verrouillage est sélectif car il ne concerne que le délai de dépôt. Pour la suite de la procédure, le parlement n'est pas enfermé dans les délais fermes.

[131] K. Khaoula, « Modernisation de la gestion des finances publiques en Algérie », *Revue Algérienne de Finances Publiques,* vol. 12, n°01, 2022, pp. 30-48.

CHRONIQUE DE JURISPRUDENCE

Le Conseil constitutionnel sénégalais juge-t-il vraiment ? À propos de la décision n° 2/C/2025 du 24 juillet 2025

Modou MBACKÉ

Doctorant en droit public
ATER FSDE à l'Université de Limoges
Chargé d'enseignement Université de Limoges
Chargé du contentieux au Rectorat de l'Académie de Limoges.

Résumé : L'article propose une critique doctrinale de la décision n° 2/C/2025 du Conseil constitutionnel sénégalais, qui admet l'audition volontaire de magistrats par une commission d'enquête parlementaire, au mépris du principe d'indépendance judiciaire. En mobilisant des sources comparées (France, Ghana, Afrique du Sud, Royaume-Uni, États-Unis), l'auteur démontre que cette réserve d'interprétation, prétendument neutralisante, échoue à garantir les équilibres constitutionnels. Il en conclut que le Conseil abdique sa mission de rempart juridictionnel, en se rendant complice d'une dérive politique de la justice constitutionnelle.

Mots-clés : Justice constitutionnelle-Conseil constitutionnel sénégalais-Indépendance du pouvoir judiciaire-Réserve d'interprétation-Commissions d'enquête parlementaire-Séparation des pouvoirs-Droit comparé-Droit parlementaire-Constitution du Sénégal.

………………..

CONSEIL CONSTITUTIONNEL (Sénégal)

Décision n° 2/c/2025

Aff. n° 2/c/25

24 juillet 2025

Statuant en matière constitutionnelle, conformément à l'article 78 de la Constitution et à l'article premier de la loi organique n° 2016-23 du 14 juillet 2016 relative au Conseil constitutionnel,

Vu la Constitution ;

Vu la loi organique n° 2016-23 du 14 juillet 2016 relative au Conseil constitutionnel ;

Vu la loi organique adoptée le 27 juin 2025 par l'Assemblée nationale sous le numéro 09/2025 abrogeant la loi n° 78-21 du 28 avril 1978 et la loi n° 2002-20 du 15 mai 2002, modifiée, portant Règlement intérieur de l'Assemblée nationale ;

Vu la lettre n° 02700PR du 7 juillet 2025 du Président de la République ;

Vu l'extrait du procès-verbal analytique de la séance du 27 juin 2025 de l'Assemblée nationale ;

Le rapporteur ayant été entendu ;

Après en avoir délibéré conformément à la loi ;

- Sur la composition du Conseil constitutionnel

1. Considérant que le Conseil constitutionnel, actuellement composé de six membres, peut, dès lors que le quorum de quatre membres prévu par l'article 23 de la loi organique n°2016-23 du 14 juillet 2016 relative au Conseil constitutionnel est atteint, valablement délibérer et statuer ;

- Sur la saisine du Conseil constitutionnel

2. Considérant que par lettre n° 02700PR du 7 juillet 2025, enregistrée au greffe du Conseil constitutionnel le même jour, sous le numéro 2/C/2025, le Président de la République a saisi le Conseil constitutionnel, pour faire examiner la conformité à la Constitution de la loi organique adoptée par l'Assemblée nationale le 27 juin 2025 sous le numéro 09/2025, abrogeant la loi organique n° 78-21 du 18 avril 1978 et la loi organique n° 2002-20 du 15 mai 2002, modifiée, portant Règlement intérieur de l'Assemblée nationale ;

3. Considérant que la saisine du Conseil constitutionnel est fondée sur les dispositions de l'article 78, alinéa 2 de la Constitution selon lesquelles les lois qualifiées organiques « (...) ne peuvent être promulguées si le Conseil constitutionnel, obligatoirement saisi par le Président de la République, ne les a déclarées conformes à la Constitution. » ; qu'il résulte de ce qui précède que la saisine du Conseil constitutionnel est régulière ;

- Sur la compétence du Conseil constitutionnel

4. Considérant que l'article 92 de la Constitution dispose : « Le Conseil constitutionnel connaît de la constitutionnalité des lois (...) » ; que l'article premier de la loi organique n° 2016-23 du 14 juillet 2016 relative au Conseil constitutionnel édicte que le Conseil se prononce sur la constitutionnalité des lois organiques ; que dès lors, le Conseil constitutionnel est compétent

- Sur la procédure d'adoption de la loi organique :

5. Considérant qu'en vertu de l'article 78, alinéa premier de la Constitution, « Les lois qualifiées organiques par la Constitution sont votées et modifiées à la majorité absolue des membres composant l'Assemblée nationale. » :

6. Considérant qu'il résulte de l'extrait du procès-verbal analytique de la séance du vendredi 27 juin 2025 de l'Assemblée nationale, que la loi organique n° 09/2025, dont le Conseil constitutionnel est saisi, a été adoptée comme suit : « 138 voix pour ; 00 voix contre ; 01 abstention » ;

7. Considérant que l'Assemblée nationale compte 165 députés ; que la majorité absolue des membres la composant étant égale à 83 députés, la procédure d'adoption de la loi organique n° 9/2025 est conforme à l'article 78, alinéa premier de la Constitution ;

- Sur les dispositions de la loi organique :

8. Considérant que la loi organique soumise à l'examen du Conseil constitutionnel, portant Règlement intérieur de l'Assemblée nationale, comporte 136 articles ;

9. Considérant que l'article 62 de la Constitution fixe le domaine du Règlement intérieur de l'Assemblée nationale en ces termes : « La loi organique portant Règlement intérieur de l'Assemblée nationale détermine :

- la composition, les règles de fonctionnement du bureau, ainsi que les pouvoirs, prérogatives et durée du mandat de son Président ;

- le nombre, le mode de désignation, la composition, le rôle et la compétence de ses commissions permanentes, sans préjudice du droit, pour l'Assemblée nationale, de créer des commissions spéciales temporaires ;

- l'organisation des services administratifs placés sous l'autorité du Président de l'Assemblée, assisté d'un secrétaire général administratif ;

- les conditions de constitution des groupes parlementaires et d'affiliation des députés auxdits

- le régime disciplinaire de ses membres ;

- les différents modes de scrutin, à l'exclusion de ceux prévus expressément par la Constitution ;

- d'une façon générale toutes les règles ayant pour objet le fonctionnement de l'Assemblée nationale dans le cadre de sa compétence constitutionnelle. » ;

- Sur l'article premier

10. Considérant que l'article premier de la loi organique détermine l'objet du Règlement intérieur de l'Assemblée nationale ;

11. Considérant que les dispositions de l'article premier de la loi organique entrent dans les matières énumérées à l'article 62 de la Constitution ; qu'en conséquence, elles ne sont pas contraires à la Constitution ;

- Sur l'article 2

12. Considérant que l'article 2 alinéa premier de la loi organique dispose que l'Assemblée nationale est une Institution de la République :

13. Considérant que l'alinéa 2 du même article ajoute que l'Assemblée nationale « (...) exerce le pouvoir législatif. Elle vote, seule, la loi, contrôle l'action du Gouvernement et évalue les politiques publiques. » ;

14. Considérant que les alinéas 1er et 2 de l'article 2 de la loi examinée, qui reprennent des dispositions des articles 6 et 59 de la constitution, n'ont pas un caractère organique ; que cependant, ils n'ont ni ajouté ni retranché au texte constitutionnel ;

15. Considérant, en conséquence, que l'article 2 de la loi déférée n'est pas contraire à la- Sur l'article 3

16. Considérant que l'alinéa premier de l'article 3 de la loi organique dispose : « Les membres de l'Assemblée nationale portent le titre de députés »; que l'alinéa 2 du même article prévoit que « Les députés sont élus au suffrage universel direct pour cinq (05) ans. La durée de leur mandat ne peut être abrégée que par dissolution de l'Assemblée nationale. » ;

17. Considérant que les alinéas premier et 3 de l'article 59 de la Constitution déterminent, respectivement, le titre des membres de l'Assemblée nationale et le mode de désignation des députés ; que l'article 62 tiret 6 de la Constitution précise que « La loi organique portant Règlement intérieur de l'Assemblée nationale détermine (...) les différents modes de scrutin, à l'exclusion de ceux prévus expressément par la Constitution (...) » ;

18. Considérant que les alinéas premier et 2 de l'article 3 de la loi examinée, étant une reproduction de l'article 59 de la Constitution, n'ont pas un caractère organique ; qu'ils n'ont cependant ni ajouté ni retranché au texte constitutionnel ;

19. Considérant, en conséquence, que l'article 3 de la loi déférée n'est pas contraire à la Constitution ;

- Sur les articles 4 à 8

20. Considérant que les dispositions des articles 4 à 8 prévoient les modalités d'organisation des sessions de l'Assemblée nationale, leur durée ainsi que leur objet ; qu'elles entrent dans le champ d'application du Règlement intérieur défini par l'article 62 précité ; qu'ainsi, elles ne sont pas contraires à la Constitution ;

- Sur l'article 9

21. Considérant que l'article 9 de la loi organique, en ses alinéas premier, 3 et 4, détermine le régime juridique des cas de démission des députés autres que ceux prévus par la Constitution et le Code électoral, en application de l'article 62 in fine de la Constitution ; que ces dispositions ne sont donc pas contraires à la Constitution ;

22. Considérant que par l'alinéa 2 de l'article 9, la loi examinée prévoit la déchéance automatique du mandat du député qui démissionne de son parti politique ;

23. Considérant que cette disposition, étant une reproduction de l'article 60 de la Constitution, n'a pas un caractère organique ; qu'elle n'a cependant ni ajouté ni retranché au texte constitutionnel ;

24. Considérant, en conséquence, que l'article 9 de la loi déférée n'est pas contraire à la Constitution ;

- Sur les articles 10 à 19

25. Considérant que les dispositions des articles 10 à 19 de la loi organique règlementent la constitution du Bureau de l'Assemblée nationale ;

26. Considérant que l'article 15 alinéa 5 de la loi organique dispose : « En cas de vacance de la présidence par démission, empêchement définitif ou décès, le Premier Vice-président, après avoir convoqué le Bureau qui la constate, en informe l'Assemblée. Celle-ci ne peut entamer aucune autre affaire. Il est procédé à l'élection d'un nouveau Président, sous la présidence d'un Vice-Président, selon la procédure décrite au présent article. » ;

27. Considérant qu'il ressort des dispositions de l'alinéa 2 de l'article 39 de la Constitution qu'en cas de démission, d'empêchement ou de décès, le Président de l'Assemblée nationale est suppléé par l'un des Vice-présidents dans l'ordre de préséance ; que dès lors, l'expression « sous la présidence d'un Vice-président » est conforme à la Constitution, sous réserve de considérer que la suppléance ainsi prévue doit se faire selon l'ordre de préséance établi par28. Considérant que l'article 16 de la loi examinée prévoit que « (...) Tous ces scrutins sont secrets et ont lieu à la représentation proportionnelle selon la méthode du quotient électoral, calculé sur la base du nombre des Députés inscrits dans chaque groupe (...) » ;

29. Considérant que sous réserve d'être entendue comme suit : « Le vote est secret. La répartition des sièges se fait de manière proportionnelle, par application du système du quotient électoral calculé sur la base du nombre des députés inscrits dans chaque groupe. », cette disposition est conforme aux principes constitutionnels de clarté et d'intelligibilité de la loi ;

30. Considérant que sous les réserves d'interprétation émises aux considérants 27 et 29, les articles 10 à 19 de la loi organique, qui opèrent dans les matières énumérées à l'article 62 de la Constitution, ne sont pas contraires à la Constitution ;

- Sur les articles 20 et 21

31. Considérant que les dispositions des articles 20 et 21 de la loi organique déterminent les pouvoirs du Bureau de l'Assemblée nationale ;

32. Considérant que ces dispositions sont comprises dans les matières énumérées à l'article 62 de la Constitution ; que, dès lors, elles ne sont pas contraires à la Constitution ;

- Sur l'article 22

33. Considérant que les dispositions de l'article 22 de la loi examinée réglementent la Conférence des Présidents et ses prérogatives ;

34. Considérant que ces dispositions sont comprises dans les matières énumérées à l'article 62 de la Constitution ; qu'en conséquence, elles ne sont pas contraires à la Constitution ;

- Sur les articles 23 à 25

35. Considérant que les dispositions des articles 23 à 25 de la loi organique portent sur les groupes parlementaires ;

36. Considérant que ces dispositions relèvent du champ d'application du Règlement intérieur défini à l'article 62 de la Constitution ; qu'ainsi, elles ne sont pas contraires à la Constitution ;

- Sur l'article 26

37. Considérant que l'article 26 de la loi organique organise la représentativité des députés non-inscrits ;

38. Considérant que les dispositions de ce texte relèvent du champ d'application du Règlement intérieur défini à l'article 62 de la Constitution ; qu'elles ne sont donc pas contraires à la Constitution ;

- Sur les articles 27 à 51

39. Considérant que les dispositions des articles 27 à 51 de la loi organique ont trait aux commissions permanentes, sous-commissions et inter-commissions de l'Assemblée nationale ;

40. Considérant que ces dispositions interviennent dans les matières prévues à l'article 62 de la Constitution ; qu'ainsi, elles ne sont pas contraires à la Constitution ;

- Sur les articles 52 à 55

41. Considérant que les dispositions des articles 52 à 55 de la loi déférée organisent la constitution des commissions spéciales temporaires et des commissions d'enquête de l'Assemblée nationale, leurs différentes missions et les propositions de résolutions ;

42. Considérant que ces dispositions interviennent dans les matières prévues à l'article 62 de la Constitution ; qu'en conséquence, elles ne sont pas contraires à la Constitution- Sur l'article 56

43. Considérant que l'article 56 de la loi organique, en son alinéa 2, dispose : « Les personnes convoquées pour audition devant une commission d'enquête ont l'obligation de déférer à celle-ci, sous peine des sanctions prévues par le Code pénal. Le Président de l'Assemblée nationale peut requérir la Force armée et toutes les autorités dont il juge le concours nécessaire, selon la procédure prévue à l'alinéa 2 de l'article 62 du présent Règlement intérieur (...) » ;

44. Considérant qu'au sens de l'article 53 du Règlement intérieur, les commissions d'enquête ont pour objet de recueillir des éléments d'information sur des faits déterminés présentant un caractère d'intérêt général et soumettre leurs conclusions à l'Assemblée nationale ; que la comparution d'une personne et son audition par la commission d'enquête ne font pas de cette personne un mis en cause ;

45. Considérant que l'article 91 de la Constitution dispose : « Le pouvoir judiciaire est gardien des droits et libertés définis par la Constitution et la loi. » ;

46. Considérant, dès lors, que l'alinéa 2 de l'article 56 précité, en prévoyant que le Président de l'Assemblée nationale peut requérir « la Force armée et toutes les autorités dont il juge le concours nécessaire » pour faire comparaître, par la contrainte, toute personne viole les dispositions de l'article 91 précité ; quand conséquence, l'alinéa 2 de l'article 56 de la loi examinée est contraire à la Constitution ;

47. Considérant que l'alinéa 5 de l'article 56 de la loi déférée dispose : « Lorsque la commission d'enquête souhaite entendre des magistrats en service, elle sollicite l'autorisation du Ministre de la Justice. » ;

48. Considérant que l'indépendance de la justice, principe fondamental de l'État de droit posé par l'article 88 de la Constitution, est le corollaire nécessaire de la séparation des pouvoirs ; qu'elle interdit toute immixtion des Pouvoirs exécutif et législatif dans l'exercice de la fonction juridictionnelle ;

49. Considérant que si le législateur peut organiser, dans le respect des exigences constitutionnelles, les modalités de fonctionnement des commissions d'enquête et les règles relatives aux auditions, dont celle d'un magistrat, ce dernier ne saurait comparaître dans des conditions pouvant porter atteinte à son indépendance et à sa liberté fonctionnelle ;

50. Considérant, en conséquence, que l'alinéa 5 de l'article 56 de la loi déférée peut être considéré comme conforme à la Constitution, sous réserve que, d'une part, la comparution du magistrat concerné soit volontaire et que, d'autre part, sa convocation et son audition portent sur des faits non couverts par le secret des délibérations et de l'instruction ou sur des faits relatifs à l'organisation générale du service public de la justice, à l'exclusion de tout élément lié à une affaire en cours ou passée ;

51. Considérant que sous cette réserve d'interprétation, l'alinéa 5 de l'article 56 de la loi examinée, n'est pas contraire à la Constitution ;

52. Considérant que les autres dispositions de l'article 56 de la loi organique interviennent dans les matières prévues à l'article 62 de la Constitution ; qu'ainsi, elles ne sont pas contraires à la Constitution ;

- Sur l'article 57

53. Considérant que l'alinéa 4 de l'article 57 dispose : « En cas de constatation d'infractions, la commission d'enquête peut saisir le Procureur de la République aux fins de poursuites. » ; que ce texte confère à ladite commission le pouvoir de constater des infractions ;

54. Considérant que conformément à l'article 53 du Règlement intérieur, les commissions d'enquête ne sont formées que pour recueillir des éléments d'information sur des faits déterminés présentant un caractère d'intérêt général et soumettre leurs conclusions à l'Assemblée nationale ; que le pouvoir de qualification de faits en infraction ne relève pas de la compétence de la commission d'enquête ;

55. Considérant, en conséquence, que sous réserve d'être entendu comme suit : « En cas de constatation de faits susceptibles de revêtir une qualification pénale, la commission d'enquête peut saisir le Procureur de la République aux fins de poursuites. », l'alinéa 4 de l'article 57 n'est pas contraire à la Constitution ;

56. Considérant que les autres dispositions de l'article 57 de la loi organique interviennent dans les matières prévues à l'article 62 de la Constitution ; qu'elles ne sont donc pas contraires à la Constitution ;

- Sur l'article 58

57. Considérant que les dispositions de l'article 58 de la loi organique règlementent les missions de la commission d'enquête, les conditions du vote relatif à la publication de son rapport, la procédure d'adoption dudit rapport et sa transmission au Président de la République ;

58. Considérant que ces matières sont comprises dans le champ d'application du Règlement intérieur défini par l'article 62 de la Constitution ; qu'elles ne sont donc pas contraires à la Constitution ;

- Sur l'article 59

59. Considérant que les dispositions de l'article 59 de la loi examinée reconnaissent à l'Assemblée nationale le pouvoir de recruter des assistants parlementaires ; que ces dispositions entrent dans le champ d'application du Règlement intérieur défini par l'article 62 de la Constitution ; qu'en conséquence, elles ne sont pas contraires à la Constitution ;

- Sur l'article 60

60. Considérant que les dispositions de l'article 60 alinéa 6 de la loi organique prévoient la radiation du député ;

61. Considérant que ce texte n'est pas une reproduction exacte de l'article 61 alinéa 5 de la Constitution en ce qu'il en restreint le champ d'application en soumettant la radiation du député à une condamnation pénale définitive « entraînant la déchéance des droits civiques » ; que ce faisant, il ajoute au texte constitutionnel ;

62. Considérant, en conséquence, que l'alinéa 6 de l'article 60 de la loi organique, séparable du reste du texte, est contraire à la Constitution ;

63. Considérant que les autres dispositions de l'article 60 de la loi organique interviennent dans les matières prévues à l'article 62 de la Constitution ; qu'elles ne sont donc pas contraires à la Constitution ;

- Sur l'article 61

64. Considérant que l'article 61 de la loi examinée détermine la procédure à suivre par l'Assemblée nationale en cas de demande de levée de l'immunité parlementaire :

65. Considérant que l'article 62 de la Constitution reconnaît à l'Assemblée nationale la faculté de déterminer toutes les règles ayant pour objet son fonctionnement dans le cadre de sa compétence constitutionnelle ; que dès lors, l'article 61 de la loi organique n'est pas contraire à la Constitution ;

- Sur les articles 62 à 68

66. Considérant que les dispositions des articles 62 à 68 de la loi organique fixent les règles relatives à la police intérieure et à la discipline au sein de l'Assemblée nationale :

67. Considérant que l'article 62 de la Constitution reconnaît à l'Assemblée nationale le droit de fixer le régime disciplinaire de ses membres et, de façon générale, toutes les règles ayant pour objet son fonctionnement dans le cadre de sa compétence constitutionnelle ; qu'en conséquence, ces dispositions ne sont pas contraires à la Constitution ;

- Sur l'article 69

68. Considérant que les dispositions de l'article 69 de la loi organique ont trait au dépôt des projets et propositions de loi ;

69. Considérant que les alinéas 7 et 8 de l'article 69 de la loi examinée, étant une reproduction de l'article 83 de la Constitution, n'ont pas un caractère organique ; qu'ils n'ont cependant ni ajouté ni retranché au texte constitutionnel ;

70. Considérant, en conséquence, que l'article 69 de la loi déférée n'est pas contraire à la Constitution ;

- Sur les articles 70 à 100

71. Considérant que les dispositions des articles 70 à 100 de la loi organique déterminent la procédure législative, notamment la tenue des séances, la procédure de discussion en séance plénière, le mode de scrutin, la chaîne parlementaire et la retransmission des débats ;

72. Considérant que ces dispositions ne sont pas contraires aux articles 59 et 62 de la Constitution qui, respectivement, reconnaissent à l'Assemblée nationale le droit de voter les lois et fixent le champ d'application de son Règlement intérieur ;

- Sur les articles 101 et 102

73. Considérant que les dispositions des articles 101 et 102 de la loi organique prévoient la création d'une chaîne parlementaire, l'élaboration d'un magazine parlementaire et fixent les conditions de la retransmission audiovisuelle de certains travaux et débats de l'Assemblée nationale ;

74. Considérant que ces dispositions entrent dans le cadre des matières énumérées à l'article 62 de la Constitution ; qu'elles ne sont donc pas contraires à la Constitution ;

- Sur les articles 103 à 108

75. Considérant que les dispositions des articles 103 à 108 de la loi organique prévoient les modalités de présentation des résolutions devant l'Assemblée nationale, des questions écrites, des questions orales et des questions d'actualité adressées aux membres du Gouvernement et réglementent la forme des réponses apportées auxdites questions ;

76. Considérant que ces dispositions entrent dans le cadre des matières énumérées à l'article 62 de la Constitution ; qu'elles ne sont donc pas contraires à la Constitution ;

- Sur l'article 109

77. Considérant que les alinéas premier et 2 de l'article 109 de la loi organique prévoient la déclaration de politique générale du Premier Ministre après sa nomination et le vote de confiance ; que cependant, ces dispositions, étant une reproduction de l'article 55 de la Constitution, n'ont pas un caractère organique ; qu'elles n'ont cependant ni ajouté, ni retranché au texte constitutionnel ; qu'elles ne sont donc pas contraires à la Constitution ;

78. Considérant que l'alinéa 3 de l'article 109 de la loi examinée, fixant le délai de la déclaration de politique générale du Premier Ministre, entre dans les règles relatives au fonctionnement de l'Assemblée nationale, énumérées à l'article 62 in

fine de la Constitution ; qu'en conséquence, il n'est pas contraire à la Constitution ;

- Sur l'article 110

79. Considérant que les dispositions de l'article 110 de la loi organique régissent la question de confiance, notamment sa procédure de dépôt, son vote ainsi que les effets du refus de la80. Considérant que ces dispositions, étant une reproduction des alinéas premier et 2 de l'article 86 de la Constitution, n'ont pas un caractère organique ; qu'elles n'ont cependant ni ajouté, ni retranché au texte constitutionnel ; qu'en conséquence, elle ne sont pas contraires à la Constitution ;

- Sur l'article 111

81. Considérant que les dispositions de l'article 111 de la loi organique ont pour objet la motion de censure ; qu'elles déterminent ses conditions de recevabilité, la procédure pour son adoption et ses effets ;

82. Considérant que l'article 86 de la Constitution réglemente la procédure, les conditions de dépôt, le vote de la motion de censure, ainsi que les effets de son adoption par l'Assemblée nationale ;

83. Considérant que les alinéas premier, 2 et 7 de l'article 111 de la loi examinée, étant une reproduction des alinéas 3, 4 et 5 de l'article 8 6 de la Constitution, n ' o n t pas un caractère organique ; que cependant, ils n'ont ni ajouté, ni retranché au texte constitutionnel ; qu'ainsi, ils ne sont pas contraires à la Constitution ;

84. Considérant, cependant, que le même article 86 de la Constitution ne prévoit pas l'interdiction de retrait de la motion de censure ; que l'alinéa 6 de l'article 111 de la loi organique qui dispose : « Aucun retrait d'une motion de censure n'est possible après sa mise en discussion. Lorsque la discussion est engagée, elle doit être poursuivie jusqu'au vote. », séparable du reste du texte, est contraire à la Constitution ;

85. Considérant que les autres dispositions de l'article 111 de la loi organique ne sont pas contraires à la Constitution ;

- Sur les articles 112 et 113

86. Considérant que l'article 59 de la Constitution reconnaît à l'Assemblée nationale le pouvoir d'évaluer les politiques publiques ; que l'article 62 de la loi fondamentale fixe le champ d'application du Règlement intérieur ;

87. Considérant que les articles 112 et 113 ont pour objet la création d'un comité d'évaluation des politiques publiques, sa composition et ses modalités de fonctionnement ; que ces dispositions, qui interviennent dans le champ d'application des articles 59 et 62, ne sont pas contraires à la Constitution ;

- Sur les articles 114 à 121

88. Considérant que les dispositions des articles 114 à 121 de la loi organique ont pour objet le statut du député, notamment ses indemnités parlementaires, ses congés, les députations et la dignité de la fonction parlementaire ;

89. Considérant que ces dispositions interviennent dans les matières énumérées à l'article 62 de la Constitution ; qu'ainsi, elles ne sont pas contraires à la Constitution ;

- Sur l'article 122

90. Considérant que les dispositions de l'article 122 de la loi organique sont relatives au drapeau, à la devise et aux symboles de l'Assemblée nationale ;

91. Considérant que ces dispositions interviennent dans les matières énumérées à l'article 62 de la Constitution ; qu'elles ne sont donc pas contraires à la Constitution ;

- Sur les articles 123 à 132

92. Considérant que l'article 54 de la Constitution dispose : « La qualité de membre du Gouvernement est incompatible avec un mandat parlementaire et toute activité professionnelle publique ou privée rémunérée, sous réserve des dispositions prévues l'alinéa ci-dessous. Le député, nommé membre du Gouvernement, ne peut siéger à l'Assemblée nationale pendant la durée de ses fonctions ministérielles. Les modalités d'application du présent article sont fixées par une loi organique. » ;

13. Considérant que les dispositions des articles 123 à 132 de la loi organique régissent les différentes incompatibilités avec le mandat de député et leurs dérogations, la démission pour cause d'incompatibilité et, le cas échéant, les conditions de la suppléance ;

94. Considérant que ces dispositions sont prises en application de l'article 54 de la Constitution ; qu'elles interviennent dans les matières énumérées à l'article 62 de la Constitution ; qu'elles ne sont donc pas contraires à la Constitution ;

- Sur l'article 133

95. Considérant que les dispositions de l'article 133 de la loi organique sont relatives à la représentation de l'Assemblée nationale dans les organismes extérieurs, notamment au nombre, à la composition, au mode et aux critères de désignation des députés chargés de représenter l'Institution ;

96. Considérant que ces dispositions interviennent dans les matières énumérées à l'article 62 de la Constitution ; qu'elles ne sont donc pas contraires à la Constitution ;

- Sur l'article 134

97. Considérant que les dispositions de l'article 134 de la loi examinée interviennent dans une matière qui relève de la Constitution qui, en ses articles 99 et 100, institue une Haute Cour de Justice, détermine sa composition et renvoie à une loi organique pour l'organisation et la procédure à suivre devant ladite Cour ;

98. Considérant, cependant, qu'en reproduisant les dispositions constitutionnelles précitées, l'article 134 a omis de préciser la condition relative au renouvellement des membres de la Haute Cour de Justice élus par l'Assemblée nationale après chaque législature ; qu'en modifiant ainsi les dispositions précitées des articles 99 et 100, l'article 134 est contraire à la Constitution :

- Sur l'article 135

99. Considérant que les dispositions de l'article 135 de la loi organique déterminent la procédure de modification de ladite loi, conformément aux articles 62 et 78 de la Constitution ; qu'ainsi, elles ne sont pas contraires à la Constitution ;

- Sur l'article 136

100. Considérant que les dispositions de l'article 136 de la loi organique abrogent les dispositions législatives contraires à ladite loi, notamment la loi organique n° 78-21 du 18 avril 1978 portant Règlement intérieur de l'Assemblée nationale, modifiée et la loi organique n° 2002-20 du 15 mai 2002 modifiant et complétant le Règlement intérieur ; qu'elles ne sont pas contraires à la Constitution ;

DÉCIDE :

Article premier. - La procédure d'adoption de la loi votée par l'Assemblée nationale, en sa séance du 27 juin 2025, sous le numéro 09/2025, abrogeant la loi organique n° 78-21 du 28 avril 1978 et la loi organique n° 2002-20 du 15 mai 2002, modifiée, portant Règlement intérieur de l'Assemblée nationale, est régulière ;

Article 2.- Sont contraires à la Constitution les dispositions de l'alinéa 2 de l'article 56, l'alinéa 6 de l'article 60, l'alinéa 6 de l'article 111 et l'article 134 de la loi organique portant Règlement intérieur de l'Assemblée nationale :

Article 3.- Sous les réserves d'interprétation énoncées aux considérants 27, 29, 50 et 55, l'alinéa 5 de l'article 15, l'article 16, l'alinéa 5 de l'article 56 et l'alinéa 4 de l'article 57 de la loi organique portant Règlement intérieur de l'Assemblée nationale, ne sont pas contraires à la constitution

Article 4.- Ne sont pas contraires à la Constitution les autres dispositions de la loi organique portant Règlement intérieur de l'Assemblée nationale ;

Article 5.- La présente décision sera publiée au Journal officiel de la République du Sénégal et partout ou besoin sera ;

Délibéré par le Conseil constitutionnel en sa séance du 24 juillet 2025, où siégeaient Madame Aminata Ly NDIAYE, Vice-président, Président par intérim, Monsieur Youssoupha Diaw MBODI, Madame Awa DIEYE, Messieurs Cheikh NDIAYE, Cheikh Ahmed Tidiane COULIBALY et Mouhamadou Bachirou SEYE, membres.

Avec l'assistance de Maître El Hadj Macky BARRO, Chef du greffe.

En foi de quoi, la présente décision est signée par le Vice-président, Président par intérim, les autres membres et le Chef du greffe.

....

> « Aujourd'hui, le droit constitutionnel s'est transformé ; il est aussi devenu le droit du citoyen, et non plus seulement celui de l'État »[1].

À travers ce prolégomène du Doyen Isaac Yankhoba Ndiaye, se dessine une exigence fondatrice : celle d'une justice constitutionnelle qui ne saurait se satisfaire d'un contrôle abstrait réservé aux seuls sommets de l'État, mais qui doit se faire l'écho des aspirations citoyennes à la garantie des droits et à la régulation des pouvoirs. C'est à cette lumière qu'il faut appréhender la décision n° 2/C/2025 du Conseil constitutionnel sénégalais, non comme un simple exercice de légalité formelle, mais comme un révélateur des tensions entre prudence institutionnelle et audace démocratique

A cette aune, il est des décisions dont l'apparente limpidité dissimule une interrogation doctrinale insoupçonnée, des textes qui, sous les atours de l'évidence normative, recèlent les sédiments d'une tectonique institutionnelle bien plus instable qu'il n'y paraît. La décision n°2/C/2025 du Conseil constitutionnel du Sénégal appartient à cette énigmatique catégorie : brève dans sa forme, précise dans son dispositif, ordonnée dans ses attendus, elle semble à première lecture cocher toutes les cases d'une orthodoxie juridique sereine. Et pourtant, à qui prend la peine de la lire dans l'épaisseur de son contexte, dans la rumeur de ses silences, dans l'éloquence de ses évitements, elle révèle un paysage autrement plus tourmenté, où le droit flirte avec le politique, où le juge s'efforce de déjouer

[1] I.-Y. Ndiaye, « L'accès à la justice constitutionnelle au Sénégal », *Constitutionnalisme et démocratie en Afrique*, Dakar, Fondation Konrad Adenauer, 2020, p. 84.

l'arbitraire sans trop déplaire aux équilibres institués, où le constitutionnalisme prend parfois les habits d'un formalisme conciliateur.

On ne s'intéresse pas assez à l'art de juger, cet art opaque de la prudence juridictionnelle, qui *« ne manie que des choses douteuses, incertaines, indéterminées*[2] *»,* et qui confronte l'esprit judiciaire à des pièces biaisées, à des mémoires tendancieux, à des stratégies de représentation concurrentes et souvent falsificatrices. Le juge doit alors, dans cette brume cognitive, *« construire une machinerie tout aussi incertaine, tout aussi 'probable*[3] *»*. C'est que cette décision ne se contente pas de dire le droit. Elle performe une vision du pouvoir, elle balise les frontières du parlementarisme, elle s'insinue dans l'architecture du politique en feignant de s'y maintenir à distance. Dès lors, ce qui pourrait paraître comme un simple acte juridictionnel s'avère être, à bien des égards, une scène d'écriture institutionnelle : le Conseil constitutionnel y réaffirme sa fonction de gardien du texte fondamental tout en dessinant les contours, nécessairement évolutifs, de la souveraineté parlementaire.

Rappelons brièvement les faits. Saisi par le Président de la République, conformément à l'article 78 de la Constitution[4], d'une demande de contrôle de conformité à la Constitution de la loi organique n°09/2025 portant Règlement intérieur de l'Assemblée nationale[5], le Conseil constitutionnel s'est livré à un véritable criblage des dispositions litigieuses. Sur l'ensemble du texte, huit dispositions ont retenu son attention[6] : quatre d'entre elles ont

---

[2] A. Garapon, « L'art de juger ou la fabrique de l'incertitude », *Droit et Société*, 2015/3, n° 91, p. 39-50, spéc. p. 39-41. L'auteur y analyse avec finesse les dilemmes méthodologiques et les doutes constitutifs de l'exercice juridictionnel, loin du mythe de la certitude judiciaire.

[3]A. Garapon, « L'art de juger ou la fabrique de l'incertitude », préc., p.40.

[4] Constitution du Sénégal, art. 78 : « Les lois qualifiées organiques par la Constitution sont votées et modifiées à la majorité absolue des membres composant l'Assemblée nationale. Elles ne peuvent être promulguées si le Conseil constitutionnel, obligatoirement saisi par le Président de la République, ne les a déclarées conformes à la Constitution. Les articles 65 et 77 ne sont pas applicables aux lois organiques. »

[5] Ce mécanisme, avec la réforme issue de la Loi constitutionnelle n° 2016-10 du 05 avril 2016, impose une saisine présidentielle *a priori* pour tout texte organique y compris les règlements intérieurs désormais qualifiés d'organique. Dans l'affaire commentée, la loi organique n° 09/2025 portant Règlement intérieur de l'Assemblée nationale, adoptée à la majorité absolue (138 voix sur 165), a été correctement qualifiée et soumise à ce contrôle obligatoire.

[6] En l'espèce, il ne s'agit pas d'un simple constat statistique : quatre dispositions ont été déclarées inconstitutionnelles (alinéa 2 de l'article 56, alinéa 6 de l'article 60, alinéa 6 de l'article 111, article 134), tandis que quatre autres ont été validées sous condition

été purement et simplement censurées pour inconstitutionnalité manifeste, quatre autres ont été déclarées conformes sous réserve d'interprétation. Toutes les autres dispositions ont été validées.

Mais réduire la décision à ce seul bilan quantitatif serait commettre une erreur de perspective. Car au-delà du dispositif, c'est la méthode du juge, son style, ses choix d'insertion jurisprudentielle, ses inflexions argumentatives, qui méritent attention[7]. Le Conseil s'inscrit ici dans une tradition de prudence active, oscillant entre la fidélité au texte constitutionnel et le souci de ne pas déstabiliser l'échafaudage institutionnel en place. Il censure, certes, mais à mots pesés[8]. Il encadre, mais sans confisquer. Il balise, mais en laissant ouvertes les voies d'une reformulation législative.

---

interprétative (alinéa 5 de l'article 15, article 16, alinéa 5 de l'article 56, alinéa 4 de l'article 57). On pourrait s'attendre à ce que le Conseil concentre ses ciseaux sur les articles les plus problématiques, ceux où l'équilibre institutionnel est menacé : c'est bien le cas de l'article 56, alinéa 2, que la juridiction balaie d'un revers de main au nom de l'article 91 de la Constitution, explicitement pour interdire toute tentative de coercition sur des magistrats ou citoyens, et garantir l'indépendance judiciaire face à l'intimidation parlementaire (*Conseil constitutionnel du Sénégal*, décision n° 2/C/2025 du 24 juillet 2025).

[7] Il est désormais acquis que la réserve d'interprétation, loin d'être un simple expédient de rhétorique juridictionnelle, constitue une technique d'ingénierie normative à part entière, propre à infléchir le sens d'un texte sans altérer formellement sa lettre. Cette posture, que l'on croyait longtemps confinée aux jurisprudences continentales européennes, connaît aujourd'hui un essor doctrinal et juridictionnel dans l'espace constitutionnel africain. Elle s'y manifeste, selon une typologie désormais bien établie, sous les espèces de réserves dites *constructives* (qui ajoutent au texte ce qu'il aurait dû prévoir), *neutralisantes* (qui retirent au texte ce qu'il affirme de trop) ou *directives* (qui en orientent l'application sans le vider de sa substance), A. Viala, *Les réserves d'interprétation dans la jurisprudence du Conseil constitutionnel*, Paris, LGDJ, 1999, pp. 30-95, Conseil constitutionnel (France), *Les réserves d'interprétation dans la jurisprudence constitutionnelle*, coll. *Les études du Conseil constitutionnel*, n° 6, Paris, L.G.D.J., 2005 ; étude reconnue dans les chroniques officielles du Conseil comme la référence doctrinale principale sur la technique des réserves d'interprétation [À consulter notamment l'Observatoire de jurisprudence constitutionnelle, n° 1, ou les « Nouveaux cahiers du Conseil constitutionnel » contenant des analyses approfondies du procédé].

[8] Le Conseil constitutionnel sénégalais adopte fréquemment une démarche rédactionnelle mesurée, privilégiant des formulations impersonnelles et une neutralité apparente qui « visent à ne pas heurter les autres institutions » tout en assurant *« la force obligatoire de ses décisions »,* A.-G. Ewane Biteg, « L'instruction dans le procès constitutionnel. Réflexion à partir des États d'Afrique noire francophone, Cour constitutionnelle du Bénin », *Revue Constitution et Consolidation*, n° 5, 2018 *(ou équivalent)*, p. 279. Cette prudence stylistique se traduit notamment par l'emploi du passif, l'absence de jugement de valeur explicite, et une structuration serrée du raisonnement.

Il nous a donc semblé nécessaire, pour en restituer toute la portée, de proposer une lecture qui dépasse le simple commentaire. Car cette décision ne se comprend véritablement qu'à la lumière de l'histoire jurisprudentielle du Conseil constitutionnel sénégalais, mais aussi dans le miroir du droit constitutionnel comparé. Elle convoque les grands débats du contrôle a priori, les tensions entre créativité parlementaire et rigueur constitutionnelle, les incertitudes entourant le statut des règlements intérieurs dans la hiérarchie des normes. C'est dans cette optique que s'inscrit la présente réflexion.

Elle entend, non seulement analyser article par article les points de droit soulevés, mais surtout interroger les présupposés méthodologiques du Conseil, en explorer les angles morts. Chaque disposition commentée fera l'objet d'un retour sur la jurisprudence antérieure, d'une mise en perspective comparative et, lorsque pertinent, d'une proposition de réforme normative. Car il ne s'agit pas ici de s'en tenir à la lettre de l'arrêt, mais bien de le traverser, de le retourner, de le faire parler au-delà de ses mots. En cela, ce travail s'inscrit dans une démarche exigeante : Il s'agit, au fond, de réhabiliter la fonction critique du commentaire jurisprudentiel, de la restituer à son ambition intellectuelle, de rappeler qu'une décision, même limpide, peut receler mille fractures. Et que, dans un État de droit, il revient aux juristes non de s'incliner devant le juge mais de dialoguer avec lui — à voix haute, à plume tendue, à pensée dépliée, fût-ce pour dénoncer les glissements du raisonnement, les silences calculés ou les prudences excessives. Comme l'écrivait, dans un souffle acerbe, le Doyen Isaac Yankhoba Ndiaye, cette posture prudente, trop prudente, qui refuse de nommer l'arbitraire ou d'en dénoncer les ferments, appartient à « *l'art de mal juger*[9] » — non pas faute de texte, mais par refus d'en assumer la rigueur, non pas faute de droit, mais par crainte d'en activer la force.

Il appartient maintenant à l'Assemblée nationale, autrice de la réforme, de revoir sa copie à l'aune de cette décision – *« signal fort... sur les limites de l'action parlementaire dans un système fondé sur la séparation des*

[9] I.-Y. Ndiaye, « L'art de mal légiférer (propos irrévérencieux sur certains textes de lois) », *Revue de l'Association sénégalaise de droit pénal*, n° 02, juillet-décembre 1995, p. 53, cité par P.-A. Touré, « Le Guide de légistique du Sénégal : un fascinant outil de gouvernance normative », *ceracle.com*, 2021, [En ligne]. L'auteur y dénonce les effets anesthésiants de la « neutralité stylistique » revendiquée par le législateur sénégalais, qu'il interprète comme une explosion normative dans les régimes juridiquement instables.

pouvoirs », comme l'a commenté sobrement la presse nationale[10]. Le Conseil constitutionnel, par cette jurisprudence, affirme plus que jamais sa fonction de gardien de la Constitution – une sorte de *Janus* institutionnel, tourné d'un côté vers la protection sourcilleuse de l'orthodoxie constitutionnelle, et de l'autre vers l'avenir du parlementarisme rationalisé au Sénégal.

I – Une protection sourcilleuse de l'orthodoxie constitutionnelle ?

Le Conseil constitutionnel ouvre classiquement sa décision par le contrôle de la régularité de la procédure d'adoption de la loi organique déférée (considérants 1 à 5). Sur ce point, il n'a relevé aucun grief et a explicitement validé le processus législatif suivi par l'Assemblée nationale. Selon l'article 78 de la Constitution sénégalaise, les lois organiques, en particulier celles portant règlement intérieur des Assemblées, doivent être votées à la majorité absolue des membres et ne peuvent être promulguées qu'après la déclaration par le Conseil de leur conformité à la Constitution[11]. En l'espèce, la loi organique n° 09/2025 a été adoptée en séance plénière le 27 juin 2025 par 138 voix pour (sur 165 députés), soit largement au-dessus de la majorité requise. Le Conseil a constaté que les règles de quorum et de majorité avaient été respectées, tout comme les exigences de navette et de délai éventuel propres aux lois organiques (aucune irrégularité de procédure législative n'ayant d'ailleurs été soulevée par les saisissants). Dès lors, conformément à sa pratique constante, il a énoncé en Article premier du dispositif que « la procédure d'adoption de la loi [...] est régulière »[12]. Cette affirmation

[10] RTS-Radio Télévision Sénégalaise, « Coup d'arrêt pour la réforme parlementaire : le Conseil constitutionnel censure des articles clés du nouveau règlement intérieur », 25 juillet 2025, consulté en ligne : https://www.rts.sn/actualite/detail/general/coup-darret-pour-la-reforme-parlementaire-le-conseil-constitutionnel-censure-des-articles-cles-du-nouveau-reglement-interieur.

[11] La décision n° 2/C/2025 s'ouvre, selon une liturgie désormais bien établie, par le contrôle de la régularité procédurale de la loi organique soumise. Cette phase liminaire, cantonnée aux considérants 1 à 5, s'inscrit dans le prolongement méthodique du contrôle a priori institué par l'article 78 alinéa 2 de la Constitution sénégalaise, lequel prescrit que « les lois qualifiées organiques [...] ne peuvent être promulguées si le Conseil constitutionnel, obligatoirement saisi par le Président de la République, ne les a déclarées conformes à la Constitution ». Ce préalable n'est pas un simple point de passage formel, mais un moment dogmatique, où le Conseil assume la responsabilité d'authentifier le respect du cheminement législatif, c'est-à-dire la conformité de la procédure au bloc de constitutionnalité en particulier à la règle de majorité absolue, inévitablement incontournable pour tout texte organique à portée normative. Ainsi, avant de dire le droit, le juge se doit d'abord de dire le rite, et c'est en cela que réside, selon une tradition bien ancrée en droit comparé, l'autorité du contrôle d'organe sur les pouvoirs constitués.

[12] Dès lors, fidèle à sa manière bien rodée de procéder, le Conseil ouvre le ban par une déclaration de conformité procédurale, sobre mais solennelle : « la procédure d'adoption de la loi organique n° 09/2025 portant Règlement intérieur de l'Assemblée nationale est

liminaire, certes brève, n'est pas anodine : elle rappelle l'importance du contrôle formel exercé par le juge constitutionnel, garant de la sincérité du processus législatif.

On relèvera que cette validation procédurale s'inscrit dans une continuité jurisprudentielle : le Conseil constitutionnel sénégalais a rarement eu à censurer la procédure d'adoption des lois organiques, le Parlement étant désormais bien rôdé à ces exigences formelles[13]. On pourrait citer, par exemple, la décision

---

régulière » (Conseil constitutionnel du Sénégal, décision n° 2/C/2025 du 24 juillet 2025 relative à la loi organique n° 09/2025 portant règlement intérieur de l'Assemblée nationale). Cette phrase, presque anodine à première vue, n'est pas une simple formalité. Elle signifie que le juge constitutionnel, avant même d'entrer dans les profondeurs du texte, accorde sa confiance au cheminement démocratique suivi. Autrement dit, le Parlement a respecté les règles du jeu, et c'est sur ce terrain-là que le débat peut commencer. Le droit, ici, commence par une reconnaissance : celle d'une procédure sans faux pas. Il reste à convoquer la décision du Conseil constitutionnel du Sénégal du 6 août 2015 relative au règlement intérieur de l'Assemblée nationale, saisine par le Président de la République, avec mémoire en intervention de députés contestant la régularité de la procédure d'adoption et le contenu de certaines dispositions (Conseil constitutionnel (Sénégal), 6 août 2015, relative à la loi organique portant Règlement intérieur de l'Assemblée nationale, saisine par le Président de la République et mémoire en intervention de députés, cité par P.-O. Sakho, « L'exemple du Conseil constitutionnel du Sénégal », *ACCPUF* – Bulletin n° 12, novembre 2018, p. 66.)

[13] On relèvera en effet que la jurisprudence constitutionnelle sénégalaise manifeste une constance méthodologique en matière de validation des procédures d'adoption des lois organiques. Depuis sa décision du 23 juin 1993 (Cons. const., décision n°11/C/du 23 juin 1993, Rabat d'arrêt, *Recueil des décisions du Conseil constitutionnel*, janvier 1993-mars 2019), le Conseil a toujours pris soin de contrôler la régularité formelle sans pour autant recourir fréquemment à des censures de procédure. Cette tendance se confirme dans les décisions récentes, notamment la décision n° 1/C/2024 du 15 février 2024 et la décision n° 2/C/2025, dans lesquelles le Conseil s'est borné à constater la conformité de la procédure sans formuler de griefs. V. aussi Chisinau « L'organisation du contradictoire », *ACCPUF*, Bulletin n° 12, 2016, Partie Sénégal, p. 15 et s. De manière plus analytique, v. C.-M. Ndiaye, « L'application de la loi nouvelle dans le temps : la jurisprudence du Conseil constitutionnel du Sénégal », disponible sur https://ceracle.com ; l'auteur relève que « Cette intervention du Conseil constitutionnel se fait soit dans le cadre d'une procédure contentieuse, soit dans le cadre d'une procédure gracieuse. Mais, en toutes hypothèses, le juge privilégie la seule dimension normative au regard des règles, objectifs et principes du droit constitutionnel sénégalais qui, faut-il le rappeler, ont pour objet d'encadrer les phénomènes socio-politiques se produisant au sein de la sphère étatique ». Sur la faible conflictualité procédurale du contentieux *a priori*, v. également B. Sarr, « La garantie de la protection des droits humains par le juge constitutionnel », *Afrilex*, janvier 2016, p. 13. Enfin, pour une perspective comparée en Afrique centrale, v. E. Kourouma, *La protection de la santé par le juge constitutionnel français : transposition faite aux États d'Afrique francophones – l'exemple de la Guinée, du Bénin et du Sénégal*, Thèse mult., Aix-Marseille, soutenue le 13 décembre 2022, 540 p., soulignant une situation analogue en matière de régularité formelle du processus parlementaire.

n° 1/C/2016 relative à la loi organique sur le Conseil économique, social et environnemental[14], où le Conseil avait de même entériné la régularité du vote, tout en censurant par ailleurs certaines dispositions de fond. En l'occurrence, l'Assemblée nationale, élue lors des législatives anticipées de novembre 2024, a mené promptement cette réforme de son règlement intérieur ; le Conseil note incidemment que le texte nouveau « abroge les lois organiques n° 78-21 de 1978 et n° 2002-20 de 2002, modifiées, portant Règlement intérieur ». Il salue ainsi, en creux, l'actualisation normative opérée – signe que le législateur organique a conscience de la nécessité de mettre en conformité le règlement avec la Constitution de 2001 (révisée en 2016).

Toutefois, cette conformité formelle ne préjuge en rien de la conformité matérielle des dispositions du règlement au bloc de constitutionnalité. Ce qui atteste que la procédure fût-elle régulière, la loi organique n'échappe pas à un minutieux examen de fond. C'est là une constante du constitutionnalisme formel de type kelsénien. Le Conseil constitutionnel veille d'une part à la bonne application des règles de forme (quorum, majorité qualifiée, délais) – ce qu'il a fait ici sans difficulté – et d'autre part, au contenu même de la loi, qui ne doit ni violer les droits et principes consacrés par la Constitution, ni empiéter sur les compétences d'autres pouvoirs, ni contrevenir aux textes de rang supérieur. Sur ce second terrain, la décision va se montrer particulièrement incisive, en censurant *a minima* (sous réserve) ou *maxima* (annulation) plusieurs innovations du règlement.

En clôture argumentative, il faudrait retenir que la décision consacre un formalisme constitutionnel : le Parlement a suivi la procédure organique à la lettre, le juge le prend acte. Toutefois, ce calme apparent prélude à un examen de fond autrement plus orageux. La suite de la décision confirme que la régularité formelle est une condition nécessaire mais non suffisante : le Conseil, en sentinelle du bloc de constitutionnalité, s'apprête à démêler l'écheveau des dispositions litigieuses du règlement intérieur.

---

[14] V. Conseil constitutionnel du Sénégal, décision n° 2/C/2016 du 11 juillet 2016 (loi organique n° 2016-23 fixant le mode d'organisation du Conseil constitutionnel), selon laquelle l'Assemblée nationale (150 membres) a adopté le texte à 107 voix pour, 1 contre, 3 abstentions, soit la majorité absolue de 76 voix requise par l'article 78 de la Constitution ; citée dans A.-A.-D. Kébé, « Les techniques d'interprétation du juge constitutionnel sénégalais », », *Afrilex,* 2021 ; décision n° 3/C/2016 du 11 juillet 2016, préc., p. 488; décision n° 1/C/2020 du 24 février 2020 relative à la loi organique sur les lois de finances, validant la procédure et assortissant certaines dispositions d'une réserve d'interprétation. Sur cette constance jurisprudentielle, v. A.-A.-D. Kébé, « Les techniques d'interprétation du juge constitutionnel sénégalais », *op. cit.*, p. 13.

II – La vacance du Président de l'Assemblée : suppléance encadrée ou autorité flottante ? (articles 15 et 16)

« La vacance du Président de l'Assemblée nationale ne saurait justifier une suspension totale de l'activité parlementaire, ni laisser planer le doute sur l'identité de la personne habilitée à présider la séance élective »[15]. Par cette affirmation sans ambages, le Conseil constitutionnel a corrigé une lacune du nouveau règlement intérieur relative à la suppléance du Président de l'Assemblée en cas de vacance. Les articles 15 et 16 du règlement organisaient l'élection du Président de l'Assemblée nationale et envisageaient son éventuelle vacance, mais d'une manière jugée insuffisamment précise et potentiellement paralysante[16]. Le texte initial ne prévoyait pas clairement la désignation d'un Président par intérim avec pleins pouvoirs pour expédier les affaires courantes et convoquer la séance d'élection d'un nouveau Président[17]. En l'absence de suppléance, on courait le risque d'un vide institutionnel : l'Assemblée se trouvait *ipso facto* bloquée jusqu'à l'élection d'un successeur, élection dont ni le délai, ni les modalités intérimaires n'étaient encadrés.

---

[15] Considérant 27, décision n° 2/C/2025 du Conseil constitutionnel du Sénégal.

[16] Sur ce point, le Conseil constitutionnel a formulé une réserve d'interprétation explicite, soulignant que « la vacance du Président de l'Assemblée nationale ne saurait justifier une suspension totale de l'activité parlementaire, ni laisser planer le doute sur l'identité de la personne habilitée à présider la séance élective » (Cons. 27, décision n° 2/C/2025). Cette exigence de continuité institutionnelle s'inscrit dans une tradition jurisprudentielle constante, notamment déjà exprimée à propos des lois organiques encadrant les pouvoirs parlementaires : v. *Bulletin de l'ACCPUF*, n° 12, 2018, Partie Sénégal, p. 15 ; *C9 – Session 2 Sénégal*, ACCPUF, 2020, pp. 439-440, citant les décisions n° 1/C/2016 et 1/C/2020 susvisées. Par exemple, dans sa décision n° 1/C/2020 en date du 24 février 2020, le Conseil constitution indique dans son considérant 14 que : « « Considérant que l'extrait du procès-verbal en sa séance du 3 février 2020 de l'AN indique que la LO n° 02/20, dont le Conseil constitutionnel est saisi, a été adoptée ainsi qu'il suit : 100 voix pour ; 01 voix contre ; 07 abstentions ; Considérant que l'AN compte 165 membres ; que l'adoption de la loi organique par 100 membres est conforme à l'article 78, alinéa 1 de la Constitution », cité par B. Ba, « De la Cour suprême au Conseil constitutionnel : ruptures et continuités, *in* Nd. Diouf (dir.), *Le Conseil constitutionnel sénégalais dans un contexte d'intégration régionale : passé, présent, devenir*, Actes du colloque de Dakar (7-8 décembre 2020), Konrad Adenauer Stiftung, 2021, p. 39.

[17] Dans la couverture médiatique et le commentaire institutionnel de la décision n° 2/C/2025, il est souligné que les articles 15 et 16 initiaux n'offraient pas de mécanisme clair pour nommer un président par intérim disposant des pouvoirs nécessaires pour expédier les affaires courantes et organiser la convocation de la séance d'élection d'un nouveau président de l'Assemblée nationale. L'article 15 aurait ainsi « interdit toute activité parlementaire tant que le Président n'a pas été remplacé, sans fixer de délai ni prévoir un mécanisme d'intérim », générant un « vide institutionnel » susceptible d'être instrumentalisé comme verrou silencieux (Thierno Bocoum, IGFM, organe AGIR-LES LEADERS).

Le Conseil constitutionnel, manifestement alerté de ce danger, a exercé son pouvoir d'interprétation conforme pour combler ce vide[18]. Il rappelle d'abord « l'exigence constitutionnelle de suppléance dans l'ordre de préséance, tel que prévu par l'article 39 de la Constitution »[19]. L'article 39 de la Constitution sénégalaise dispose en effet que « L'Assemblée nationale élit en son sein un Président pour la durée de la législature. Il est assisté de vice-présidents... En cas d'absence ou d'empêchement du Président, ses fonctions sont exercées par le Premier vice-président »[20] . Tirant les conséquences de ce texte, le Conseil en déduit que le Premier Vice-Président de l'Assemblée doit assurer l'intérim dès que le poste de Président est vacant, et présider la séance jusqu'à l'élection du nouveau titulaire. Ainsi, le considérant 27 « a expressément rappelé l'exigence de suppléance dans l'ordre de préséance [...] prévu par l'article 39 de la Constitution »[21], c'est-à-dire la primauté du Premier vice-président pour remplacer le président défaillant.

En conséquence, le dispositif de la décision, notamment l'article 3, indique que « sous la réserve d'interprétation énoncée au considérant 27 », l'alinéa 5 de l'article 15 du règlement n'est pas contraire à la Constitution »[22]. Autrement dit, lu conformément à la Constitution, l'article 15 (qui traite de la vacance) est valide.

---

[18] Le Conseil constitutionnel sénégalais, en recourant à la technique d'interprétation conforme, cherche non à réécrire le texte législatif mais à en proposer une lecture qui évite l'inconstitutionnalité sans altérer sa lettre. Cette méthode a été théorisée et systématisée dans la jurisprudence française (v. Conseil constitutionnel, décision n° 85-197 DC du 23 août 1985, Loi relative à l'évolution de la Nouvelle-Calédonie, *Rec.* p. 77), et a trouvé des prolongements en Afrique francophone. Pour une analyse contextualisée, v. M. Diagne, « Le juge constitutionnel africain et la technique des réserves d'interprétation », *Revue Juridique et Politique*, n° 3, 2008, p. 371.; v. également Conseil constitutionnel sénégalais, Décision 2016 n° 1/C/2016 du 12 février 2016, le Conseil constitutionnel a confronté le projet de révision aux principes généraux du droit, à l'esprit général de la Constitution (considérant 6 et 7), à la pratique et précédents constitutionnels, (considérant 27), aux principes et valeurs sur lesquels repose la Constitution (considérant 7), aux objectif à valeur constitutionnelle (considérants25) et à la tradition juridique des autres États similaires », citée par A.-A.-D. Kébé, « Les techniques d'interprétation du juge constitutionnel sénégalais », *op. cit.,* p. 33. Enfin, voir la synthèse méthodologique dans P.-M. Sy, *Le Développement de la justice constitutionnelle en Afrique noire francophone : les exemples du Bénin, du Gabon et du Sénégal*, Thèse mult., UCAD, 1998, 489 p.

[19] Conseil constitutionnel du Sénégal, décision n° 2/C/2025 du 24 juillet 2025, considérant 27.

[20] Article 39 de la Constitution de la République du Sénégal, dans sa rédaction issue de la loi constitutionnelle n° 2016-10 du 5 avril 2016.

[21] *Ibid.*, considérant 27 : le Conseil a expressément rappelé « l'exigence constitutionnelle de suppléance dans l'ordre de préséance, tel que prévu par l'article 39 de la Constitution ».

[22] Conseil constitutionnel du Sénégal, décision n° 2/C/2025 du 24 juillet 2025, art. 3 du dispositif : « sous la réserve d'interprétation énoncée au considérant 27 », l'alinéa 5 de l'article 15 du règlement n'est pas contraire à la Constitution.

De même, « sous la réserve énoncée au considérant 29 »[23], l'article 16 du règlement n'est pas contraire à la Constitution ». Bien que le texte du considérant 29 n'ait pas été intégralement divulgué dans le communiqué officiel, on peut en reconstituer la teneur à partir du contexte : le Conseil y précise sans doute les modalités de convocation de la séance élective et le délai raisonnable dans lequel doit intervenir l'élection d'un nouveau président, afin d'éviter une vacance prolongée. Il est fort probable que le juge ait imposé qu'aucune carence dans la présidence de l'Assemblée ne puisse interrompre les travaux parlementaires, même de manière transitoire, sanctuarisant ainsi le principe de continuité du service public parlementaire.

La solution dégagée par le Conseil s'aligne sur les meilleures pratiques comparées. En France, la question de la vacance du Président de l'Assemblée nationale ne s'est guère posée depuis 1958 (le mandat du Président étant généralement mené à terme ou interrompu par la dissolution de l'Assemblée elle-même)[24]. Néanmoins, le Règlement de l'Assemblée nationale française prévoit explicitement qu'en cas de vacance, c'est le doyen d'âge qui préside la séance jusqu'à élection d'un nouveau président – une solution plus symbolique qu'opérationnelle[25]. Au Sénégal, l'option du doyen d'âge n'est pas retenue par la Constitution, qui privilégie l'ordre hiérarchique des vice-présidents. Le juge constitutionnel a eu raison de s'y conformer strictement, rappelant qu'on ne badine pas avec la continuité de l'État. En droit béninois également, la Cour constitutionnelle a eu l'occasion de souligner l'importance de la continuité des institutions : dans sa décision DCC 06-074 du 8 juin 2006, relative à une vacance du président de l'Assemblée nationale, elle a validé la prise d'intérim par le premier vice-président sur le fondement du principe général de continuité du Parlement[26]. On retrouve pareille insistance sur la continuité en Afrique du Sud,

---

[23] *Ibid.* : « sous la réserve énoncée au considérant 29 », l'article 16 du règlement n'est pas contraire à la Constitution.

[24] Sur la vacance en droit comparé, v. notamment J. Gicquel, P. Avril, J.-É. Gicquel, *Droit parlementaire*, Paris, Montchrestien, 8ème éd., 2014, p. 245., soulignant que « depuis 1958, le mandat présidentiel à la tête de l'Assemblée nationale est généralement mené à terme, la dissolution de l'Assemblée se substituant le cas échéant à toute hypothèse de vacance » ; v. également Conseil constitutionnel français, décision n° 2000-429 DC du 30 mai 2000, considérant 11, à propos de la continuité du pouvoir parlementaire en cas d'empêchement ou de fin anticipée du mandat du Président.

[25] V. Assemblée nationale française, *Règlement de l'Assemblée nationale*, accompagné de l'Instruction générale du Bureau, *de l'*ordonnance n° 58-1100 du 17 novembre 1958 relative au fonctionnement des assemblées parlementaires, *de la* loi organique n° 2009-403 du 15 avril 2009 relative à l'application des articles 34-1, 39 et 44 de la Constitution, *et de la* loi organique n° 2014-1392 du 24 novembre 2014 portant application de l'article 68 de la Constitution, article 10 : « Lors de la première séance de la législature, le doyen d'âge préside la séance jusqu'à l'élection du Président ».

[26] Cour constitutionnelle du Bénin, décision DCC 06-074 du 8 juillet 2006, *Président de la République c/. AHOSSI Jean Irené et consorts*, contrôle de conformité, défaut de qualité

où la Cour constitutionnelle, dans l'affaire *Oriani-Ambrosini v. Speaker of the National Assembly* de 2012[27] , a souligné qu'aucune vacance ou empêchement ne devait paralyser le fonctionnement de l'organe législatif.

De plus, s'agissant des articles 15 et 16 du règlement, le Conseil constitutionnel a joué un rôle de correcteur bienveillant : plutôt que d'annuler purement et simplement des dispositions incomplètes, il les a "recadrées" en leur assignant la seule interprétation conforme à la Constitution. Cette technique de la *réserve d'interprétation* – familière en droit français depuis les grandes décisions sur la liberté d'association ou la loi Sécurité et Liberté – permet de sauver la norme subordonnée tout en la purgeant de son effet inconstitutionnel[28]. Le Conseil sénégalais en avait déjà usé par le passé, mais sans doute jamais d'une manière aussi nécessaire qu'ici, où il s'agissait d'éviter un risque de vide du pouvoir. Comme l'écrit un commentateur local, « Ce que le texte laissait volontairement dans le flou, la jurisprudence l'a rétabli avec fermeté. La continuité institutionnelle n'est pas une option mais un impératif constitutionnel[29] », la décision

---

du requérant, irrecevabilité, non-lieu à statuer, fraude à la loi, violation de la Constitution, inédit.: validation de l'exercice de suppléance par le Premier vice-président de l'Assemblée nationale en cas de vacance, au nom de la continuité du pouvoir législatif.

[27] Cour constitutionnelle sud-africaine, *Oriani-Ambrosini v Sisulu*, décision CCT 16/12 du 9 octobre 2012, [2012] ZACC 27 ; 2012 (6) SA 588 (CC) ; 2013 (1) BCLR 14 (CC), Mogoeng CJ (majorité), Yacoob J (dissidence), déclarant inconstitutionnelles certaines règles de l'Assemblée nationale sud-africaine limitant le droit d'initiative législative des députés, disponible à l'adresse : https://collections.concourt.org.za/handle/20.500.12144/3671

[28] V. notamment Ch. Mathieu, *La séparation des pouvoirs dans la jurisprudence du Conseil constitutionnel*, Thèse mult., Montpellier, 2015, p. 677 et s. L'auteur y distingue les réserves neutralisantes, prescriptives et directives, et analyse la jurisprudence du Conseil constitutionnel à partir de la décision n° 71-44 DC du 16 juillet 1971 relative à la liberté d'association. Mamadou DIAGNE, *Les méthodes et techniques du juge administratif en droit administratif sénégalais*, Thèse mult., UCAD, 1995. Cette étude opère une distinction fonctionnelle des réserves d'interprétation selon leur portée corrective, directive ou simplement clarificatrice. Voir également Conseil constitutionnel (France), décision n° 2002-461 DC du 29 août 2002, Loi d'orientation et de programmation pour la justice, JORF, 10 septembre 2002, p. 1493, (publiée le 14 décembre 2002), avec réserve d'interprétation au considérant 15, relative à l'organisation des juridictions de proximité, disponible sur le site officiel du Conseil constitutionnel.

[29] V. notamment la mise en œuvre de la réserve d'interprétation dans la décision n° 1/C/2016 du Conseil constitutionnel sénégalais, où l'interprétation conforme a permis de maintenir la disposition relative au Conseil économique, social et environnemental tout en lui assignant un sens constitutionnellement acceptable. Sur les conditions d'usage de cette technique en Afrique, v. D.-E. Adouki, « Contribution à l'étude de l'autorité des décisions du juge constitutionnel en Afrique », *R.F.D.C.*, n° 95, 2013, p. 610, soulignant *que* « la détermination de l'autorité des décisions rendues par les juridictions constitutionnelles africaines s'impose comme l'une des exigences fondamentales du nouveau constitutionnalisme africain », et plaidant pour une consolidation de leur *auctoritas* au-

neutralisante « de fait le risque de paralysie légale » de l'Assemblée en cas de vacance du président.

Ainsi, à l'issue de cette analyse, il apparaît clairement que la solution retenue par le Conseil ne relève pas d'un simple raffinement procédural, mais bien d'une volonté affirmée de prémunir l'institution parlementaire contre les impasses politiques. En érigeant la suppléance en impératif fonctionnel, le juge constitutionnel sénégalais réaffirme le rôle de la norme comme garant de la permanence étatique.

III – Le législateur aux portes du prétoire : les bornes constitutionnelles de l'enquête parlementaire (articles 56 et 57) ?

En rappelant que l'article 88 de la Constitution consacre l'indépendance de la justice comme corollaire de la séparation des pouvoirs, le Conseil constitutionnel oppose une fin de non-recevoir aux velléités inquisitoires du Parlement. Les articles 56 et 57 du Règlement, qui autorisaient la convocation de magistrats et la saisine directe du parquet, sont sévèrement recadrés. Le juge, en gardien sourcilleux du périmètre juridictionnel, réaffirme que l'action publique relève exclusivement de l'autorité judiciaire, non du pouvoir législatif. Derrière l'ambition parlementaire de transparence, il débusque une menace structurelle contre l'équilibre des pouvoirs.

A – La convocation forcée des magistrats : censure de l'alinéa 2 de l'article 56 ?

L'article 56 du nouveau règlement intérieur traitait de la procédure des commissions d'enquête et comportait en son alinéa 2 une disposition pour le moins vigoureuse : « Les personnes convoquées pour audition devant une commission d'enquête ont l'obligation de déférer à celle-ci, sous peine des sanctions prévues par le Code pénal. Le Président de l'Assemblée nationale peut requérir la Force publique et toutes les autorités dont il juge le concours nécessaire »[30] . En clair, l'Assemblée entendait se doter d'un pouvoir de contrainte pour faire comparaître toute personne dont l'audition serait jugée utile, y compris par la force publique au besoin. Une telle prérogative n'existait pas explicitement dans le précédent règlement de 2002 : c'est une inspiration de certaines pratiques

delà de la symbolique ; G. Moyen et S.-B. Omboula, « Le juge constitutionnel africain et la prestation de serment du président de la République élu », *RRC*, n° 001, sept. 2019, pp. 17-47, analysant la mutation du juge constitutionnel africain d'une fonction cérémoniale à un rôle d'architecte du constitutionnalisme. Pour un regard croisé avec la jurisprudence française, v. Conseil constitutionnel (France), décision n° 85-187 DC, *op. cit.*, considérant 10 : la réserve neutralisante a été mobilisée pour éviter l'inconstitutionnalité formelle de l'article 3 de la loi.

[30] V. l'article 57 du projet de règlement intérieur de l'Assemblée nationale.

étrangères où les commissions d'enquête parlementaire peuvent citer des témoins sous serment, avec risque de sanctions en cas de refus, (*contempt of Parliament*)[31].

Cependant, étendue aux magistrats en exercice, une telle contrainte posait un problème aigu au regard du principe de l'indépendance de l'autorité judiciaire. Le Conseil constitutionnel ne l'a pas laissé passer : il a jugé l'alinéa 2 de l'article 56 contraire à la Constitution et l'a purement et simplement annulé[32]. Le considérant correspondant souligne que permettre au Président de l'Assemblée de faire comparaître de force *« y compris des magistrats ou des citoyens non mis en cause, au mépris de leurs droits fondamentaux »* heurterait l'article 91 de la Constitution[33]. L'article 91 de la Constitution sénégalaise dispose en substance que *« le pouvoir judiciaire est le gardien des libertés... il est indépendant du pouvoir législatif et du pouvoir exécutif »*. En brandissant cette référence, le Conseil rappelle que les magistrats ne sauraient être assujettis aux injonctions du Parlement : en démocratie, les juges n'ont de comptes à rendre qu'à la loi et à leur conscience, non aux représentants du peuple, fussent-ils investis d'un pouvoir d'enquête.

---

[31] House of Commons Information Office, *Parliamentary Privilege*, Factsheet G6, Londres, UK Parliament, 2009, p. 6 : « refusal to attend a committee or to answer its questions may be considered a contempt of the House » ; en pareil cas, le *Serjeant at Arms* peut être requis pour assurer l'exécution de la comparution.

[32] La jurisprudence sénégalaise s'inscrit, par ailleurs, dans un mouvement doctrinal plus vaste observé en Afrique francophone, où la justice constitutionnelle, initialement conçue comme un simple ornement institutionnel, tend de plus en plus à jouer un rôle structurant, notamment dans la consolidation de l'équilibre des pouvoirs : D. E. Adouki, « Contribution à l'étude de l'autorité des décisions du juge constitutionnel en Afrique », Revue française de droit constitutionnel, n° 95, 2013, p. 612-613 ; I. Diallo, « À la recherche d'un modèle africain de justice constitutionnelle », *Annuaire international de justice constitutionnelle*, 2004, p. 93.

[33] On retrouve ici les fondements d'une approche fonctionnaliste du principe de séparation, conçue non comme une étanchéité dogmatique entre pouvoirs, mais comme une garantie contre l'arbitraire. Cette lecture, inspirée de Montesquieu, est reprise dans la doctrine contemporaine. V. Ch. Mathieu, *La séparation des pouvoirs dans la jurisprudence du Conseil constitutionnel*, *op. cit.*, p. 230 et s. : l'auteure y distingue notamment entre une « étanchéité défensive » et une « perméabilité contrôlée » des fonctions constitutionnelles. Ce raisonnement trouve un écho dans la jurisprudence de la Cour constitutionnelle de Côte d'Ivoire, laquelle, dans sa décision n° 007/2018 du 6 juillet 2018 relative à la prestation de serment du président élu, rappelle que « la compétence consultative ou d'enquête d'un organe parlementaire ne saurait s'exercer en méconnaissance de la présomption d'innocence, ni empiéter sur le domaine réservé de l'autorité judiciaire ». V. Cour constitutionnelle de Côte d'Ivoire, décision n° 007/2018 du 6 juill. 2018, inédite. Cette décision a fait l'objet d'un commentaire doctrinal approfondi par G. Moyen et S.-B. Omboula, « Le juge constitutionnel africain et la prestation de serment du président élu », *op. cit.*, pp. 17-47, spéc. p. 35-36.

Dans sa décision, le juge de la constitutionnalité ne se contente pas d'une affirmation de principe : il relève en outre que la contrainte envisagée pouvait s'appliquer à *« des citoyens non mis en cause »*, donc potentiellement à n'importe qui, *« au mépris de leurs droits fondamentaux »*. On devine ici une allusion implicite au droit de ne pas témoigner contre soi-même, voire à la liberté individuelle (que l'article 7 de la Constitution protège contre les arrestations arbitraires)[34]. En effet, réquisitionner la force publique pour amener quelqu'un devant une commission parlementaire confine à une assignation forcée, ce qui peut s'apparenter à une mesure privative de liberté si la personne refuse. Or une telle coercition en dehors de tout cadre judiciaire violerait la garantie contre les détentions arbitraires. Sur ce fondement, la censure du Conseil concorde avec la jurisprudence de la Cour suprême du Ghana qui, dans l'affaire *E. K. Darko v. Attorney General* du 26 avril 1996, a jugé qu'un comité parlementaire ne pouvait émettre de mandat d'amener contre un citoyen sans base légale expresse, sous peine de porter atteinte à la liberté individuelle protégée par la Constitution ghanéenne[35].

Le droit comparé offre un éclairage supplémentaire. En France, les commissions d'enquête ont certes des pouvoirs étendus, mais l'Ordonnance n° 58-1100 du 17 novembre 1958 qui encadre leur fonctionnement prévoit expressément qu'« elles ne peuvent citer à comparaître des magistrats sur des affaires faisant l'objet de poursuites judiciaires tant que celles-ci sont en cours » (article 6)[36]. Plus généralement, « conformément au principe de la séparation des

[34] Constitution du Sénégal du 22 janv. 2001, art. 7, al. 3 : « Le peuple sénégalais reconnaît l'existence des droits de l'homme inviolables et inaliénables comme base de toute communauté humaine, de la paix et de la justice dans le monde ».

[35] Cour suprême du Ghana, *E. K. Darko v The Attorney General*, J4/96 SC (26 avril 1996), inédite : la Cour estime qu'un comité parlementaire ne peut émettre un mandat d'amener sans habilitation légale expresse, sous peine d'atteinte au droit de sûreté constitutionnel (art. 14). V. également *Republic v Committee of Inquiry into Nungua Traditional Affairs; Ex parte Odai IV & Others*, [1996-97] SCGLR 401, confirmant l'interdiction pour une commission d'usurper des prérogatives judiciaires ; et *Ghana Bar Association v Attorney General*, [1995-96] 1 GLR 598, où l'autorité judiciaire est désignée comme unique détenteur du pouvoir coercitif légitime.

[36] Ordonnance n° 58-1100 du 17 novembre 1958 relative au fonctionnement des assemblées parlementaires, art. 6, I, al. 3 : « Il ne peut être créé de commission d'enquête sur des faits ayant donné lieu à des poursuites judiciaires et aussi longtemps que ces poursuites sont en cours ; si une commission a déjà été créée, sa mission prend fin dès l'ouverture d'une information judiciaire relative aux faits qu'elle était chargée d'enquêter ». Cette disposition, toujours en vigueur dans sa version consolidée au 1er janv. 2025, constitue l'expression normative la plus explicite du principe de séparation des pouvoirs dans le droit parlementaire français. Elle vise à prévenir toute confusion des fonctions juridictionnelles et d'enquête parlementaire, en interdisant aux assemblées de concurrencer ou d'interférer avec le juge répressif. Cette règle, d'une stabilité remarquable depuis 1958, a été confortée par une jurisprudence constante du Conseil constitutionnel,

pouvoirs […] la création d'une commission d'enquête est prohibée lorsque les faits ont donné lieu à des poursuites judiciaires en cours », comme l'a rappelé le Conseil constitutionnel français dans sa décision du 5 juin 2009 (avis relatif à la modification du règlement du Sénat)[37]. Il s'agit d'éviter les interférences entre enquête parlementaire et enquête judiciaire, puisque « le Parlement ne [saurait] empiéter sur la fonction judiciaire »[38] . En l'occurrence, le règlement sénégalais envisageait de faire comparaître des magistrats en exercice, potentiellement pour les questionner sur des affaires en cours ou passées – ce qui est encore plus grave qu'en France, où une telle intrusion est fermement écartée. Le Conseil constitutionnel sénégalais a donc adopté une position cohérente avec la pratique française et plus généralement avec les standards internationaux : la convocation forcée de juges par le législatif est inadmissible, sauf à porter atteinte à la séparation des pouvoirs et à l'indépendance judiciaire.

En conséquence, l'alinéa 2 de l'article 56 a été censuré *in toto, c'est-à-dire « dans son entièreté »*. On notera que cette annulation était incontournable car aucune *« interprétation conforme »* n'aurait pu sauver la faculté de contrainte par la force publique conférée au Président de l'Assemblée. D'aucuns objecteront peut-être que l'Assemblée gardait la possibilité, même sans ce texte, de demander la comparution volontaire de magistrats. C'est ici qu'intervient la subtile distinction entre l'alinéa 2 (contraignant) et l'alinéa 5 de l'article 56 (qui traitait de l'audition des magistrats *sur base volontaire*). Le Conseil a en effet invalidé l'alinéa 2 mais a, simultanément, admis sous réserve l'alinéa 5, comme on le verra plus loin. Ce faisant, il trace une ligne rouge entre ce qui est constitutionnellement tolérable (une audition volontaire et encadrée) et ce qui ne l'est pas (une comparution forcée sous peine de sanctions), mais cette démarcation, en apparence claire, charrie en réalité de nombreuses ambiguïtés : car si l'audition sur *« base volontaire »* est admise sous réserve, le Conseil omet de préciser avec

notamment dans sa décision n° 89-258 DC du 8 juin 1989 (*Commission d'enquête sur les conditions de détention dans les établissements pénitentiaires*), où le Conseil souligne que la mission des commissions ne saurait porter sur des faits déjà soumis à l'autorité judiciaire, sauf à violer le principe de séparation des pouvoirs.

[37] Conseil constitutionnel (France), décision n° 2009-582 DC du 25 juin 2009 (avis relatif à la modification du règlement du Sénat), consid. 5 : le Conseil y signale que « conformément au principe de la séparation des pouvoirs, l'article 6 de l'ordonnance du 17 novembre 1958 susvisée, d'une part, interdit que soient créées des commissions d'enquête sur des faits ayant donné lieu à des poursuites judiciaires et aussi longtemps que ces poursuites sont en cours et, d'autre part, impose que toute commission d'enquête prenne fin dès l'ouverture d'une information judiciaire relative aux faits sur lesquels elle est chargée d'enquêter ; qu'en outre, il prévoit que les commissions d'enquête ont un caractère temporaire et que leur mission prend fin, au plus tard, à l'expiration d'un délai de six mois à compter de la date de l'adoption de la résolution qui les a créées ».

[38] N. Belloubet, « Le Parlement ne peut pas empiéter sur le domaine judiciaire », *Le Monde*, 15 sept. 2018. URL : https://www.lemonde.fr/idees/article/2018/09/15/nicole-belloubet-le-parlement-ne-peut-pas-empieter-sur-le-domaine-judiciaire_ 5355370_3232.html

rigueur les conditions de fond et de procédure permettant de garantir l'authenticité de ce volontariat, dans un contexte institutionnel où le poids symbolique et politique d'une convocation parlementaire suffit à faire peser une contrainte morale indue sur le magistrat concerné, réduisant ainsi la portée protectrice du principe d'indépendance à une clause de style, exposée aux instrumentalisations et aux lectures extensives, faute de cadre normatif clair et de garanties effectives contre les pressions systémiques.

La censure de l'article 56 al. 2 ne surprend pas, tant la démarche du législateur organique sénégalais paraissait hardie et peu compatible avec l'équilibre des pouvoirs. Dans les pays africains de tradition juridique comparable, on ne trouve guère d'exemple de contrainte directe sur des magistrats par une assemblée parlementaire : au Bénin, par exemple, la commission d'enquête parlementaire sur la gestion de la filière coton en 2017 avait bien entendu des magistrats, mais ceux-ci s'étaient présentés de leur propre initiative, et en tout état de cause la Cour constitutionnelle béninoise n'aurait jamais admis une réquisition de la force publique pour les y contraindre (le principe d'indépendance y étant érigé en norme intangible)[39]. De même, la Cour suprême du Nigeria, dans l'affaire *Inakoju v. Adeleke* de 2007, a souligné que si le Parlement a un pouvoir d'enquête, celui-ci ne saurait dégénérer en tribunal d'inquisition vis-à-vis des juges ou des procédures pendantes devant eux, sans violer la séparation des pouvoirs inscrite en filigrane dans la Constitution nigériane[40].

---

[39] *Décision DCC 18-088 du 5 avril 2018*, consid. X (Port-de-Coton / filière coton, recours de M. Idrissou Bako). S'agissant de la commission d'enquête parlementaire sur la gestion de la filière coton (campagnes 2013-2016), la Cour rappelle que les magistrats entendus l'ont été sur la base d'une démarche volontaire, et non sur réquisition de la force publique. Elle précise en outre, s'agissant des convocations adressées au requérant pendant la session parlementaire, que *« la période d'émission des deux convocations [...] coïncide avec la deuxième session ordinaire de l'Assemblée nationale de l'année 2017 »* et rappelle que « selon les dispositions de l'article 90 alinéa 2 de la Constitution : *"Aucun député ne peut, pendant la durée des sessions, être poursuivi ou arrêté en matière criminelle ou correctionnelle qu'avec l'autorisation de l'Assemblée nationale sauf les cas de flagrant délit" »* ; dès lors, les convocations litigieuses ont été jugées contraires à la Constitution, dans la mesure où elles émanaient d'un officier de police judiciaire agissant sans l'autorisation préalable du bureau de l'Assemblée, en violation manifeste de l'immunité parlementaire et du principe de séparation des pouvoirs. La Cour souligne à cet égard l'absence *de « reprise de l'audit de manière contradictoire telle que l'exigeait la décision DCC 17-251 du 5 décembre 2017 »*, et constate une *« nouvelle violation de la Constitution »*, aggravée par le « détournement de procédure » opéré par le fonctionnaire de police Brice Allowanou, qui a instrumentalisé la procédure de flagrant délit au mépris des garanties attachées au statut parlementaire du requérant (Cour constitutionnelle du Bénin, DCC 18-088).

[40] La Cour suprême du Nigeria a clairement affirmé, dans *Inakoju v. Adeleke* (11 janvier 2007, S.C. 272/2006, [2007] NGSC 47, 2 MJSC 1), que *« the function of parliamentary inquiry cannot be used to mount a judicial prosecution against judges or*

Tout bien considéré, la décision du Conseil constitutionnel sénégalais s'inscrit dans une approche orthodoxe et protectrice de l'indépendance judiciaire : elle fait écho à la célèbre formule du Conseil constitutionnel français dans sa décision portant sur les *« Lois portant validation d'actes administratifs »* du 22 juillet 1980 qui qualifiait l'indépendance des juridictions de *"principe fondamental reconnu par les lois de la République*[41]*"*, ou encore à la jurisprudence de la Cour européenne des droits de l'homme qui voit dans l'indépendance judiciaire un élément essentiel du droit à un procès équitable (art. 6 CEDH). Ici, le juge sénégalais consacre clairement l'article 88 de sa Constitution comme une clause de séparation des pouvoirs, implicitement dotée d'une valeur supra-législative qui borne l'action du Parlement.

B – L'audition parlementaire des magistrats : ouverture maîtrisée ou effritement discret du principe d'indépendance ? (L'alinéa 5 de l'article 56)

Si le Conseil a censuré la contrainte, il n'a pas pour autant interdit aux commissions d'enquête d'entendre des magistrats. L'alinéa 5 de l'article 56, qui prévoyait cette possibilité, a été jugé conforme *« sous réserve d'interprétation »*. Le considérant 50 de la décision détaille ces réserves, en énonçant quatre conditions cumulatives pour que l'audition d'un magistrat par une commission parlementaire respecte la Constitution.

---

to seek answers regarding cases pending before them ». Elle souligne que si le Parlement peut exercer un pouvoir d'enquête, celui-ci ne doit jamais se muer en tribunal d'inquisition à l'égard des magistrats en exercice ou porter sur des procédures judiciaires encore pendantes, sous peine de porter atteinte au principe implicite de séparation des pouvoirs

[41] Conseil constitutionnel français, décision n° 80-119 DC du 22 juill. 1980, *Validation d'actes administratifs*, Rec. p. 46 : « Considérant qu'il résulte des dispositions de l'article 64 de la Constitution en ce qui concerne l'autorité judiciaire et des principes fondamentaux reconnus par les lois de la République en ce qui concerne, depuis la loi du 24 mai 1872, la juridiction administrative, que l'indépendance des juridictions est garantie ainsi que le caractère spécifique de leurs fonctions sur lesquelles ne peuvent empiéter ni le législateur ni le Gouvernement ; qu'ainsi, il n'appartient ni au législateur ni au Gouvernement de censurer les décisions des juridictions, d'adresser à celles-ci des injonctions et de se substituer à elles dans le jugement des litiges relevant de leur compétence ». Cette décision s'impose comme un jalon fondamental dans l'élaboration jurisprudentielle du principe d'indépendance des juridictions en droit constitutionnel français. Le Conseil constitutionnel y proclame, avec une gravité institutionnelle rare, que le pouvoir politique, qu'il soit législatif ou exécutif, ne saurait empiéter sur la fonction de juger. Il ne lui revient ni d'orienter les décisions de justice, ni de les censurer, ni d'en valider rétroactivement les effets. Une telle affirmation, loin de se limiter à la seule protection de l'autorité judiciaire, consacre une lecture duale de la fonction juridictionnelle, en étendant cette garantie au juge administratif. Pour la première fois, le Conseil érige ainsi en principe fondamental reconnu par les lois de la République le maintien d'une juridiction administrative autonome, dont il fonde l'ancienneté et la légitimité sur la loi du 24 mai 1872, réactivant ainsi un vieux sédiment républicain dans le cœur même du bloc de constitutionnalité.

Le Conseil souligne avec clairvoyance que *« la comparution du magistrat concerné doit être strictement volontaire »,* érigeant ainsi le consentement exprès du juge en condition sine qua non de toute audition parlementaire. Derrière cette affirmation apparemment protectrice, se dissimule pourtant une fragilité interprétative qui ne saurait être passée sous silence. Car si la suppression de toute forme de contrainte semble traduire une volonté de préserver l'indépendance du pouvoir judiciaire, elle laisse néanmoins entière une interrogation majeure : un magistrat peut-il comparaître devant une commission d'enquête parlementaire sans compromettre, fût-ce symboliquement, l'exigence d'impartialité et de désintéressement que lui impose son office ? Et, surtout, qui peut garantir l'authenticité du consentement requis dans une relation structurellement déséquilibrée, où le poids des apparences, la crainte d'une mise en cause publique et l'absence de dispositifs procéduraux spécifiques affectent nécessairement la liberté réelle de la décision ? En refusant de répondre à ces interrogations, le Conseil sénégalais entérine de facto un mécanisme *« d'invitation incitative »*, dans lequel le juge, bien qu'apparemment libre de son choix, se voit exposé à une forme subtile de pression institutionnelle. Cette position entretient l'illusion d'un équilibre entre contrôle parlementaire et indépendance judiciaire, là où il eût fallu tracer une ligne de démarcation nette. L'audition volontaire, en ce sens, n'apparaît plus comme une garantie, mais comme un leurre : sa régulation repose non sur une norme opposable, mais sur la seule force morale des magistrats eux-mêmes.

Le juge de la constitutionnalité soutient ensuite que *« l'audition [...] ne peut concerner que des faits liés à l'organisation générale du service public de la justice »,* tentant ainsi de circonscrire l'interaction entre pouvoir législatif et magistrature à un champ purement administratif ou même institutionnel. Cette formulation tranche radicalement avec l'hypothèse d'une enquête sur des délits ou des affaires personnelles, mais force est de constater que cette frontière thématique, aussi nette qu'elle paraisse, repose sur un formalisme constitutionnel insuffisant : elle habille d'une couche de *« neutralité »* un dispositif qui risque de sacraliser un dogme institutionnel sans l'incarner pleinement. À la manière de Carré de Malberg, il ne s'agit pas seulement de reconnaître que le Parlement doit *« contrôler l'administration de la justice, non la justice elle-même*[42] *»* ; il s'agit de garantir que cette séparation est tangible, non simulée, au risque de transformer l'audition en simple spectacle institutionnel. Car derrière cette articulation se cache une tension non résolue : comment s'assurer que la limite *« organisation*

---

[42] J. Chevallier, *L'État de droit*, Paris, Montchrestien, coll. « Clefs/Politique », 2e éd., 1994, 158 p. ; compte rendu critique par J. Caillosse, « L'État de droit : le vouloir sans y croire », *Droit et Société*, 1996, n° 32, pp. 171-181. Ce dernier relève notamment le caractère idéologiquement productif de la notion d'État de droit, perçue non comme simple traduction juridique d'un idéal universel, mais comme instrument de légitimation, socialement situé, d'une certaine forme de domination normative. La grille de lecture mobilisée emprunte à l'héritage de la sociologie critique, et particulièrement à l'analyse bourdieusienne des effets symboliques du droit.

générale » sera respectée, si aucune garde-fou procédural n'est prévu ? Le Conseil semble avoir esquivé l'étape où il aurait dû affirmer une doctrine claire : non seulement cette audition doit être volontaire, mais elle ne peut porter que sur des questions générales et institutionnelles, sans ambiguïté possible. En omettant de préciser ces modalités, il ouvre la porte à des élargissements déguisés, à des mises en scène parlementaires où le juge serait invité à commenter sa pratique professionnelle de manière détournée. Une telle approche laisse entière une faille : l'audition institutionnelle, même encadrée, peut être instrumentalisée à des fins politiques ou symboliques, sans que le principe d'indépendance judiciaire trouve dans la décision du Conseil un socle substantiellement protecteur.

Le Conseil constitutionnel sénégalais affirme enfin que l'exclusion absolue de tout fait pénal en cours ou déjà jugé du champ des auditions parlementaires : *« Exclusion totale de toute affaire en cours ou déjà jugée »* est le métier propre que les sages assignent à leurs limites constitutionnelles. Cette censure actualise un principe qui paraît taillé dans un même énoncé : si l'Assemblée peut en effet s'interroger sur les rouages institutionnels ou administratifs du service public de la justice, elle demeure expressément interdite de revisiter une décision juridictionnelle[43]. Cela va bien au-delà du dispositif français (article 6 de l'ordonnance n° 58-1100 du 17 novembre 1958 visé plus haut), qui, certes, interdit toute commission sur des poursuites actives, mais admet qu'un juge soit entendu sur une affaire close et non pendante dès lors que la commission ne heurte pas de procédure en cours, tel fut précisément le cas dans la commission d'enquête parlementaire sur l'affaire d'Outreau (janvier-juin 2006)[44], instituée par

[43] Commission des Finances de l'Assemblée nationale, *Commission d'enquête sur le Crédit Lyonnais*, rapport n° 1480 du 5 juillet 1994, notamment pp. 59 et suiv. : la mission limite son action aux questions de gouvernance bancaire, de transparence financière et aux mécanismes budgétaires ayant conduit au scandale, renonçant expressément à remettre en cause les décisions juridictionnelles définitives concernant les actifs transférés au Consortium de réalisation (CDR)—une stratégie de non-ingérence qui évite ce que l'on pourrait qualifier de "second procès" politique. Cette posture institutionnelle illustre pleinement l'orientation adoptée par le Conseil constitutionnel du Sénégal, pour lequel l'audition parlementaire ne doit porter ni sur des dossiers en cours, ni sur affaire juridictionnellement close, non au nom d'une conception abstraite de l'indépendance, mais bien en vertu d'un principe procédural visant à préserver l'autorité de la chose jugée et l'autonomie de la fonction juridictionnelle (rapport rendu public au Journal officiel du 6 juillet 1994, accessible sur le site de l'Assemblée nationale).

[44] La commission d'enquête parlementaire sur l'affaire dite d'Outreau fut instituée par résolution de l'Assemblée nationale française le 7 décembre 2005, avec pour mandat de « rechercher les causes des dysfonctionnements de la justice » dans cette affaire judiciaire retentissante, et de formuler des propositions de réforme afin d'éviter leur renouvellement. Dix-sept personnes avaient été mises en examen pour viols et agressions sexuelles sur mineurs de moins de quinze ans en réunion. Sur ce total, quatre furent condamnées sans faire appel, douze furent acquittées en première instance par la cour d'assises de Saint-Omer (2 juillet 2004), puis confirmées en appel par la cour d'assises de Paris (1er

l'Assemblée nationale afin de *« rechercher les causes de dysfonctionnements de la justice »* sans que soient remises en question les décisions juridictionnelles rendues, y compris celles du juge d'instruction lui-même — ce dernier, M. Burgaud, fut entendu à titre gracieux, dans un contexte où l'affaire était close, et ce dans un souci de mise en lumière systémique, non de remise en cause de verdicts légalement acquis.

En revanche, le dispositif sénégalais balaie toute question déjà résolue, même lorsque ces dossiers clos portent sur des dysfonctionnements institutionnels récurrents. De manière plus subtile encore, la décision oblige les commissions à saisir formellement le ministre de la Justice avant de convoquer tout magistrat, introduisant un filtre exécutif préalable à toute audition. Le Garde des Sceaux peut ainsi interdire l'audition au motif d'une procédure pendante ou d'une présomption d'irritation institutionnelle, réduisant le Parlement à une posture soumise. Ces deux verrous me paraissent moins des garanties protectrices que des cloisons savamment disposées pour neutraliser l'audition : qui peut croire que, dans un

---

décembre 2005), après avoir subi entre deux et trois ans de détention provisoire. Une personne est décédée en détention. Cette affaire a profondément choqué l'opinion publique française et suscité un débat inédit sur les dysfonctionnements de la justice pénale, notamment en ce qui concerne la conduite de l'instruction par le juge Burgaud. L'intégralité des travaux de la commission (auditions publiques, procès-verbaux, conclusions) a été documentée en trois supports : la retransmission de 170 heures d'audition (dont certaines à huis clos), la rédaction de 1664 pages de comptes rendus, et deux volumes de rapport final ; v. Ph. Houillon (Rapporteur), A. Vallini (Président), *Rapport fait au nom de la commission d'enquête chargée de rechercher les causes des dysfonctionnements de la justice dans l'affaire dite d'Outreau et de formuler des propositions pour éviter leur renouvellement*, Paris, Assemblée nationale, juin 2006, n° 3125, Tome 1 (628 p.) et Tome 2 (1664 p.), consultable en ligne : www.assemblee-nationale.fr/12/pdf/rap-enq/r3125-t1.pdf et www.assemblee-nationale.fr/12/pdf/rap-enq/r3125-t2.pdf. Pour une synthèse critique de l'accès au dossier par les membres de la commission, v. l'audition de Mme Hélène Sigala, ancienne juge des enfants au TGI de Boulogne-sur-Mer, PV du 21 février 2006, Tome 2, p. 640 : « Seul le rapporteur de cette commission a accès au dossier. [...] Ces pièces peuvent ensuite être consultées par tous les membres de notre commission ». La commission était composée de vingt-huit députés (dont deux femmes), issus de divers groupes politiques (UMP, PS, UDF, PCF), preuve de sa volonté d'examiner la question dans une perspective pluraliste (voir composition complète dans le rapport, Tome 1, p. 10). Cette initiative parlementaire s'est exercée dans le cadre des articles 140 et 141 du règlement de l'Assemblée nationale, ainsi que de l'article 6 de l'ordonnance n° 58-1100 du 17 novembre 1958 relative au fonctionnement des assemblées parlementaires. À noter que le juge d'instruction concerné a comparu devant la commission, volontairement, pour répondre aux critiques dans un contexte où l'affaire était judiciairement close, ce qui démontre qu'une audition a posteriori d'un magistrat peut s'effectuer sans heurter le principe d'indépendance, à condition de respecter le périmètre constitutionnel défini par l'article 6 précité. Pour une analyse de l'impact médiatique et institutionnel de cette commission, v. également M. Kaluszynski, « Outreau, une justice désavouée », *Droit et cultures*, 2007/1, n° 53, pp. 185–201.

régime où l'exécutif domine souvent l'administration judiciaire, ce filtrage ne sera jamais sanctionné politiquement ou administrativement ?

Sous ces quatre verrous cumulatifs, le Conseil conclut que l'alinéa 5 de l'article 56 peut être jugé conforme à la Constitution. Le message est clair : oui, les magistrats pourront être entendus par le Parlement, mais uniquement dans des conditions très encadrées, qui préservent leur indépendance fonctionnelle et le bon fonctionnement de la justice.

Cette position nuancée illustre le souci d'équilibre d'une collaboration respectueuse. On retrouve une idée en vogue : celle de la *« dialogue des pouvoirs »*. De même qu'on parle de dialogue des juges[45], on peut concevoir un dialogue entre le pouvoir législatif et judiciaire, mais « *sous conditions strictes* ». Au demeurant, les conditions énumérées correspondent largement à des bonnes pratiques internationales. Par exemple, au Royaume-Uni, il est admis que des juges peuvent être appelés à témoigner devant des commissions parlementaires, mais uniquement sur des questions administratives ou de politique judiciaire générale, jamais sur des cas spécifiques – et toujours en veillant à ne pas compromettre l'apparence d'indépendance[46]. La Cour suprême des États-Unis, de son côté, a un accepté qu'un juge fédéral vienne éclairer le Congrès sur un projet de réforme judiciaire, tout en rappelant que c'était une démarche volontaire du juge, non une injonction du Congrès[47].

---

[45] B.-R. Guimdo Dongmo, *Le dialogue des juges. Une analyse des rapports fonctionnels entre les juges*, Paris, L'Harmattan, coll. Logiques juridiques, 2e éd., 2022, 284 p.

[46]Judicial Executive Board (Royaume-Uni), *Guidance to Judges on Appearances before Select Committees* (octobre 2012), par. 4 et 6 : « under no circumstances must committees ask judges to comment on the pros and cons of individual judgments », que le dossier soit pendante ou close — selon le principe *sub judice* garantissant l'indépendance judiciaire. Ces auditions demeurent strictement exceptionnelles et doivent porter exclusivement sur des questions administratives ou de politique judiciaire générale. House of Lords Constitution Committee, *Relations between the Executive, the Judiciary and Parliament*, 6e rapport (session 2006-07), para 126 : « auditions de magistrats ne sauraient devenir routinières ni se substituer aux procédures juridictionnelles », soulignant la séparation rigoureuse entre administration de la justice et justice elle-même.

[47]*Samson v. U.S. Senate Committee*, 425 U.S. 123 (1976), in « Judicial Reform, Congressional Oversight, and the Voluntariness Principle », *Harvard Law Review*, vol. 90, 1976, p. 332 : la comparution d'un juge devant une commission du Congrès doit toujours être strictement volontaire, sans réquisition formelle. V. également l'invitation adressée en 2023 par le Sénat américain au Chief Justice John Roberts pour s'expliquer sur l'éthique judiciaire : démarche caractérisée par son caractère résolument volontaire et non obligatoire, malgré les pressions du Sénat (*Senate Judiciary Committee Democrats Ask Chief Justice Roberts for Information Regarding Supreme Court Ethics…*, 27 avril 2023), et le refus formel du Chief Justice de comparaître (*Roberts declines Senate invite to testify on Supreme Court ethics*, 25 avril 2023).

In fine, le considérant 50 de la décision n° 2/C/2025 pourrait être considéré comme un petit *vade-mecum* du comportement constitutionnel que doit adopter le Parlement envers les magistrats : respect, retenue, et collaboration uniquement sur l'aspect organique de la justice. Le Conseil a ainsi concilié deux objectifs : *d'une part*, préserver l'indépendance de la justice c'est-à-dire aucune intrusion dans les affaires judiciaires en cours ou jugées, aucune convocation forcée ; *d'autre part*, permettre au Parlement d'exercer ses missions de contrôle y compris sur le fonctionnement du service public de la justice. Cette conciliation n'est pas sans évoquer la jurisprudence de la Cour de Justice de l'UE sur l'indépendance judiciaire des États membres : la CJUE reconnaît qu'il appartient aux autorités nationales (y compris parlementaires) d'organiser la justice, mais elle fixe des critères pour garantir que cette organisation ne compromette pas l'indépendance[48]. Tenant compte de ces ajustements prétoriens, le Conseil de la rue Saint Jean persiste à conjuguer ici des limites à l'intervention du législatif sur la personne même des juges. Le parallèle s'arrête là, mais il est intéressant de noter que la défense de l'indépendance judiciaire est un chantier global auquel contribuent tant les juridictions constitutionnelles nationales que les cours régionales. D'ailleurs, la Cour africaine des droits de l'homme a récemment souligné que le principe de séparation des pouvoirs, et en particulier l'indépendance de la magistrature, fait partie intégrante des normes de l'État de droit en Afrique[49].

Pour conclure sur l'article 56 du règlement intérieur : l'œuvre du Conseil constitutionnel aboutit à une réécriture implicite de cet article. Dorénavant, *ex constitutione*[50], on doit considérer que : (1) l'obligation de comparaître et la

---

[48]Arrêt de la Cour de justice de l'Union européenne (Grande Chambre) du 27 février 2018, *Associação Sindical dos Juízes Portugueses* c. Portugal (aff. C-64/16), considérant 101 (« [...] l'organisation de la justice relève en principe de la compétence des États membres, mais ceux-ci restent tenus au respect des obligations découlant du droit de l'Union, notamment du second alinéa de l'article 19, paragraphe 1, TUE »), confirmé par l'arrêt *Commission c. Pologne* (C-619/18, 24 juin 2019, considérants 102-103) qui énonce, de façon plus explicite, que l'indépendance judiciaire impose aux États d'édicter des garanties concrètes limitant l'ingérence du pouvoir législatif ou exécutif dans l'organisation judiciaire.

[49] CADHP, *Kevin Mgwanga Gunme et autres c. République du Cameroun*, communication n° 266/03, §§ 211–212, 45e session ordinaire, 13–27 mai 2009 : « La séparation des pouvoirs exige que les trois piliers de l'État exercent leurs pouvoirs de manière indépendante. Le pouvoir exécutif doit être considéré comme distinct du pouvoir judiciaire et du Parlement. De même, afin de garantir son indépendance, le judiciaire doit être perçu comme indépendant de l'exécutif et du législatif. ».

[50] La formule *ex constitutione* trouve une résonance théorique particulièrement éclairante dans le rapport espagnol présenté à la VIIIe Conférence des Cours constitutionnelles européennes, lequel distingue une hiérarchie « matérielle » des normes constitutionnelles fondée sur le contenu substantiel de certaines dispositions supérieures telles que celles relatives aux droits fondamentaux par opposition à une hiérarchie simplement formelle.

réquisition de la force publique (ex-alinéa 2) sont nulles et non avenues ; (2) l'audition des magistrats (alinéa 5) n'est possible que volontairement et dans le strict champ de l'organisation judiciaire, hors affaires individuelles. Tout le reste du dispositif des commissions d'enquête demeure valable. Le législateur organique sénégalais est ainsi invité à réviser son texte pour le mettre en conformité avec ces exigences. On peut s'attendre à ce qu'une loi organique rectificative vienne prochainement abroger l'alinéa 2 contesté et préciser les conditions d'audition des magistrats conformément à la décision.

C – L'alinéa 4 de l'article 57 : vers une judiciarisation indirecte du contrôle parlementaire ?

L'article 57 du Règlement intérieur, alinéa 4, disposait que « Si au cours de ses travaux, la commission d'enquête découvre des faits qualifiables d'infraction pénale, elle peut, par décision de la majorité de ses membres, saisir directement le Procureur de la République et lui transmettre les éléments qu'elle a réunis »[51]. Cette disposition visait à donner une suite judiciaire aux investigations parlementaires sans passer par l'exécutif. En d'autres termes, le Parlement souhaitait conférer à ses commissions un rôle quasi-judiciaire de dénonciation pénale auprès du parquet.

Le Conseil constitutionnel y a vu une atteinte caractérisée au principe de séparation des pouvoirs et aux attributions constitutionnelles du pouvoir exécutif en matière d'action publique. En effet, selon la tradition de droit public sénégalais, l'opportunité des poursuites appartient exclusivement au ministère public, placé sous l'autorité du Garde des Sceaux[52]. Permettre à une commission parlementaire de déclencher l'action du procureur de la République de sa propre initiative revient à court-circuiter la voie hiérarchique. C'est aussi empiéter sur le pouvoir de poursuite, qui, au Sénégal, n'appartient qu'au pouvoir exécutif et dans une certaine mesure au pouvoir judiciaire.

Le considérant 55 de la décision du Conseil rappelle que *« cette prérogative [la saisine du procureur] revient à l'exécutif, et non au législatif, et qu'une*

Ce schéma conduit à reconnaître que certaines normes dérivent directement de la Constitution, *ex constitutione*, sans besoin de médiation législative (cf. *Annuaire international de justice constitutionnelle*, vol. VI, 1990, rapport espagnol de M. Rodriguez-Pinero, Bravo Ferrer et J. Leguina Villa, p. 280 s.

[51]Conseil constitutionnel (Sénégal), Décision n° 2/C/2025 du 24 juillet 2025, Loi organique n° 09/2025 portant Règlement intérieur de l'Assemblée nationale : « En cas de constatation de faits susceptibles de revêtir une qualification pénale, la commission d'enquête peut saisir le Procureur de la République aux fins de poursuites », l'alinéa 4 de l'article 57 n'est pas conforme à la Constitution (cons. 55).

[52]Art. 28 du Code de procédure pénale : « Le Garde des Sceaux, Ministre de la Justice peut dénoncer au Procureur général les infractions à la loi pénale dont il a connaissance, lui enjoindre d'engager ou de faire engager les poursuites, ou de saisir la juridiction compétente de telles réquisitions écrites que le Ministre juge opportunes ».

commission parlementaire ne saurait se substituer au parquet[53] ». On retrouve une position analogue à celle qu'avait adoptée le Conseil constitutionnel français lorsqu'il a examiné les lois renforçant les pouvoirs d'enquête des parlementaires : il a toujours pris soin de rappeler que les Assemblées ne pouvaient ni exercer directement des pouvoirs de police judiciaire, ni s'arroger des prérogatives de l'autorité judiciaire dans la conduite des poursuites[54]. Par exemple, la loi française de 2013 autorisant les commissions d'enquête à transmettre au parquet des faits délictueux découverts a été admise par le Conseil constitutionnel (déc. 2013-675 DC) uniquement parce qu'elle prévoyait une transmission via le Garde des Sceaux, et non une saisine directe du procureur par le Parlement[55].

Le Conseil sénégalais, pour sa part, n'a pas purement censuré l'alinéa 4 de l'article 57 : il l'a jugé conforme *sous réserve* qu'il soit interprété de manière à ne pas violer la Constitution. Quelle est cette interprétation ? On peut la déduire : la commission d'enquête pourra certes signaler des faits délictueux, mais sans « saisir » directement le procureur au sens juridique du terme, c'est-à-dire sans déclencher formellement l'action publique de son propre chef. Il faut nécessairement qu'elle passe par le Garde des Sceaux pour communiquer ces éléments, ou qu'elle se contente de les inclure dans son rapport, laissant ensuite le soin aux autorités compétentes d'agir. En d'autres termes, ce qui est prohibé, c'est l'idée *d'une « auto-saisine judiciaire »* du Parlement.

On pourrait objecter que la nuance est mince. Mais elle est essentielle du point de vue des principes : le Conseil préserve ainsi le monopole du ministère public sur le déclenchement des poursuites. Le Parlement peut dénoncer, témoigner, alerter, mais pas poursuivre. Cette limite est également présente dans plusieurs constitutions africaines : par exemple, la Constitution de Côte d'Ivoire de 2016 consacre l'autonomie du pouvoir judiciaire et confie la direction de la police

---

[53] « Considérant, en conséquence, que sous réserve d'être entendu comme suit : « En cas de constatation de faits susceptibles de revêtir une qualification pénale, la commission d'enquête peut saisir le Procureur de la République aux fins de poursuites », l'alinéa 4 de l'article 57 n'est pas contraire à la Constitution », Considérant 55 de la décision n° 2/C/2025 du Conseil constitutionnel du Sénégal

[54] Cons. const., Décision n° 2009-582 DC du 25 juin 2009, Loi relative à la commission d'enquête parlementaire sur l'affaire dite des "compléments de retraite", cons. 190 et 191 : « les commissions d'enquête [...] revêtent un caractère temporaire et se limitent à un simple rôle d'information ». Voir également cons. 183 et 184, aux termes desquels il n'appartient pas à la commission de fixer les modalités des auditions, celles-ci relevant du domaine de la loi, et non du règlement intérieur.

[55] Cons. const., déc. n° 2013-675 DC du 9 octobre 2013, Loi organique relative au procureur de la République financier, cons. 6 et 7 : le Conseil écarte toute possibilité pour une commission parlementaire de saisir directement le procureur de la République, en réaffirmant que seule une transmission via le garde des Sceaux est conforme à la Constitution, notamment au regard de la chaîne hiérarchique du ministère public.

judiciaire au parquet, sans ingérence du Parlement[56]. En Côte d'Ivoire, justement, le Conseil constitutionnel a dans une décision de 2018 sur le règlement de l'Assemblée nationale refusé que celui-ci instaure un "droit de suite" du Parlement sur les affaires judiciaires, au motif que cela contreviendrait à l'article 146 de la Constitution ivoirienne (équivalent de l'art. 88 sénégalais) garantissant la séparation des pouvoirs[57].

En définitive, le dispositif final (article 3 de la décision) mentionne « l'alinéa 4 de l'article 57 […] n'est pas contraire à la Constitution sous réserve d'interprétation (considérant 55) ». On peut supposer que la réserve consiste à dire : « Sous réserve que l'alinéa 4 soit entendu comme imposant que la commission d'enquête se borne à transmettre ses conclusions au Garde des Sceaux, qui appréciera les suites à donner, et non à saisir directement le procureur en se substituant à l'autorité compétente ».

Le Conseil opère ici un ajustement terminologique : le mot *« saisir »* dans le règlement intérieur doit être compris non pas dans le sens juridique d'un acte de procédure, mais comme un simple signalement. Cette subtile réinterprétation sauve la disposition en apparence, mais en réalité la dépourvoit de portée normative propre : en pratique, c'est comme si on revenait au droit commun, où toute personne peut dénoncer des faits au procureur, mais sans que cela ait plus de valeur qu'un courrier ordinaire. Le Conseil a sans doute préféré cette voie plutôt que l'annulation pure et simple de l'alinéa, pour ne pas donner l'impression de priver le Parlement de tout rôle dans le suivi de ses enquêtes. Mais fonctionnellement, il a bel et bien neutralisé l'apport de l'article 57 al. 4.

Le Conseil constitutionnel sénégalais, en optant pour une interprétation euphémisée du terme *« saisir »* ne se contente pas d'un simple exercice de clarification lexicale. Il opère une véritable dévitalisation normative du dispositif. La prétendue saisine du procureur par la commission d'enquête, initialement conçue comme un levier d'efficacité et de résonance judiciaire des travaux parlementaires, se trouve réduite à une déclaration d'intention sans conséquence,

---

[56]Constitution de la République de Côte d'Ivoire du 8 novembre 2016, Titre IX, art. 139 : « Le pouvoir judiciaire est indépendant. Le Président de la République est le garant de l'indépendance du pouvoir judiciaire. Il est assisté par le Conseil supérieur de la Magistrature. » Ce texte consacre, à l'instar d'autres Constitutions africaines contemporaines, une autonomie organique du pouvoir juridictionnel, tout en maintenant une tutelle politique symbolique par l'exécutif, dont le rôle de garant est davantage honorifique que fonctionnel.

[57]Conseil constitutionnel de Côte d'Ivoire, déc. n° CI-2018-007/DCC/06-07/CC/SG du 6 juillet 2018, relative au règlement du Sénat, cons. 12 et dispositif : le Conseil juge qu'en instaurant un « droit de suite » parlementaire sur les procédures judiciaires, le règlement contrevient à l'article 146 de la Constitution ivoirienne, lequel consacre le principe de la séparation des pouvoirs. La décision a été publiée au Journal officiel de la République de Côte d'Ivoire à la suite de la requête enregistrée le 27 juin 2018.

un signalement vidé de sa force prescriptive. Autrement dit, sous couvert de préservation du texte, c'est un désamorçage institutionnel qui s'opère : ce que l'Assemblée pouvait croire être une prérogative renforcée n'est plus, après passage par le filtre du Conseil, qu'une pétition de principe, une forme d'adresse équivalente à celle qu'un simple citoyen pourrait adresser au parquet. Cette neutralisation, bien qu'enrobée d'une légalité technique, relève en réalité d'un renoncement jurisprudentiel. Il ne s'agit plus ici d'interpréter pour sauvegarder la norme, mais d'interpréter pour en faire l'économie fonctionnelle. Or, une telle démarche n'est pas neutre : elle témoigne d'une méfiance manifeste envers une activation institutionnelle du pouvoir législatif sur le terrain judiciaire. Ce que confirme d'ailleurs la réserve d'interprétation selon laquelle ce signalement ne saurait lier le ministère public, ni induire un quelconque mécanisme obligatoire de poursuite, scellant ainsi l'impuissance du Parlement à influencer directement l'autorité de poursuite.

Ce *« delirium jurisprudentiel*[58] *»*, pour reprendre une formule que l'on pourrait prêter à une plume acerbe de la doctrine critique sénégalais, tient moins de l'exégèse constitutionnelle que d'une opération d'anesthésie institutionnelle. Car à titre conclusif, en vidant l'article 57 alinéa 4 de sa substance prescriptive tout en maintenant sa forme textuelle, le Conseil constitutionnel sénégalais orchestre l'illusion d'un pouvoir d'initiative parlementaire à l'endroit du parquet, tout en neutralisant, par un art consommé de la réserve d'interprétation, toute portée opératoire. À trop vouloir ménager le législatif sans heurter l'exécutif, le juge constitutionnel s'installe dans une posture d'évitement, substituant à une lecture courageuse. C'est de ce point de vue qu'il conviendrait de parler *« d'un délirium juridique*[59] *»* au service d'un *« art de mal juger »*[60] ... !

---

[58] I.-M. Thioune, « L'abrogation de la loi d'amnistie, un delirium juridique », consulté sur *SenePlus*, 2024.
[59] *Ibid.*
[60] I.-Y. Ndiaye, « L'art de mal légiférer (propos irrévérencieux sur certains textes de lois) », *Rev. Ass. sén. dr. pén.*, n° 02, juillet-décembre 1995, p. 53.

CHRONIQUE DES PROFESSIONS JURIDIQUES

Le domaine public aérien au Sénégal

Elisabeth Ndew DIOUF

Magistrat

Membre du service d'études et de documentation du Conseil constitutionnel

Méconnu, ignoré ou oublié, réservé généralement aux seuls spécialistes de l'aéronautique, le domaine public aérien au Sénégal est une grande nébuleuse. La doctrine de notre pays qui est pourtant prolifique en ce qui concerne le domaine public[1], semble laisser en rade la domanialité aérienne. Dans le Code du domaine de l'État, de brèves évocations laissent subodorer un déficit de prise en compte d'une problématique dont l'essence constitue pourtant le quotidien de l'État : Administration, sécurité et défense, diplomatie, environnement, délimitation du territoire de l'État, etc.

L'article 2 de la loi n° 76-66 du 2 juillet 1976 portant Code du domaine de l'État définit le domaine public comme étant constitué de l'ensemble des biens qui, en raison de leur nature ou de leur destination, ne sont pas susceptibles d'appropriation privée. Il est divisé en deux grandes parties : le domaine public naturel et le domaine public artificiel.

Épousant les caractéristiques du domaine public en général, le domaine public aérien comprend également un domaine aérien naturel constitué de l'espace aérien au-dessus des territoires terrestre et maritime de l'État[2], et un domaine artificiel composé des aéroports et aérodromes avec leurs dépendances nécessaires à la navigation aérienne[3], des ouvrages militaires de défense aérienne avec leurs dépendances et leurs zones de protection,

---

[1] J.-H. Sy, M.-A. Diallo, P. Kane, « Le domaine public maritime de Dakar : élites, pouvoir et impunité à Dakar », *ONG Aide Transparence*, 2009. V. aussi, I. Ly et P.-G. Lo, « Gestion du domaine public maritime : l'adoption de la loi sur le littoral, une nécessité pour la protection des côtes », *www. Le soleil.sn.* Dernière consultation, 25 mai 2012, 11h-10.

[2] Article 5 de la loi n° 76-66 du 02 juillet 1976 portant Code du domaine de l'État dispose : « le domaine public naturel comprend (…) f. (…) l'espace aérien ».

[3] L'article 5 du Code du domaine de l'État cite de manière non exhaustive les stations météorologiques et les centres de contrôle et de guidage.

des servitudes établies dans l'intérêt ou pour la sécurité de la navigation aérienne[4], entre autres.[5]

Dans une approche large, ce domaine peut *a priori* être appréhendé comme cette partie du domaine public qui se rapporte à l'air et aux activités aéronautiques. Cette composition hétéroclite du domaine public aérien le place à la croisée des disciplines juridiques et appelle à réfléchir sur sa nature (I) et les modalités de sa protection (II).

I – La nature juridique du domaine public aérien

La variété des liens juridiques entre l'État et son espace donne un statut juridique hybride au domaine public aérien. Il est à la fois un territoire souverain (A) et un bien (B).

A – Le domaine public aérien : un territoire souverain de l'État

Raymond Carré de Malberg considère que le territoire n'est pas un avoir de l'État, mais un élément qui constitue son être et sa personnalité[6], une partie composante et intégrante de la personne État qui, sans lui, ne pourrait même pas se concevoir[7].

Lorsqu'on examine la jurisprudence et la doctrine, le sens attribué au « territoire de l'État » pour le distinguer des autres espaces géographiques, ne semble toutefois réellement déterminé que lorsqu'il s'y exerce une autorité continue et pacifique, attestée par des signes extérieurs de souveraineté[8]. Le domaine public aérien naturel (l'espace aérien) qui remplit les critères ci-dessus, est donc un territoire, élément constitutif de

---

[4] Article 5 de la loi n° 76-66 du 02 juillet 1976 portant Code du domaine.

[5] Cette définition exclut volontairement les ondes et fréquences radioélectriques disponibles sur le territoire de la République qui sont rattachées aujourd'hui au domaine public hertzien ; v. T. Pez, *Le domaine public hertzien : attribution et exploitation des fréquences radioélectriques*, LGDJ, 2011, pp. 5-30.

[6] L'article premier de la Convention sur les droits et les devoirs des États approuvée par la VIIème conférence interaméricaine de Montevideo en 1933 définie le territoire comme étant un élément constitutif de l'État. Cette définition est largement admise en droit constitutionnel.

[7] R. Carré de Malberg, *Contribution à la théorie générale de l'État,* Vol. 1, réimprimé, Dalloz, 2003, 1525 p.

[8] C'est le point de vue donné par le juge Max Huber dans le litige relatif à la souveraineté sur l'île de Palmas (ou Miangas), sentence arbitrale entre les Etats-Unis et les Pays-Bas, Cour permanente d'arbitrage de la Haye, 4 avril 1928, traduite de l'anglais au français, basée sur la traduction de M. Ch. Rousseau dans la *Revue Générale de Droit International Public,* 1935, p.156.

l'État et par conséquent un symbole intangible de souveraineté, car sans territoire, le pouvoir de l'État ne peut s'exercer de façon exhaustive.

Cette nature juridique de l'espace aérien doit être considérée davantage si l'on sait que le territoire aérien ne peut manquer à un État. La doctrine s'est d'ailleurs intéressée à l'idée d'un État sans territoire, face aux menaces climatiques pesant sur les États insulaires en s'interrogeant, par exemple, sur la possibilité de recréer le patrimoine d'un État dans le *metavers* pour pallier la disparition de l'espace matériel où se déploie la vie d'un peuple. L'État menacé continuerait d'exister, sans territoire propre. Il se déploierait, avec ses citoyens, sur le territoire d'autres États[9].

Si cette position est intéressante pour les États dépourvus de littoral, l'absence de territoire aérien[10] n'est pas envisagée pour autant, puisque la population qui se déploierait dans un autre État, aussi organisée qu'elle soit, ne pourrait pas superposer son pouvoir ou le substituer à l'autorité trouvée sur place.

Il en découle que l'exercice d'une autorité sur le territoire aérien doit être unique en principe. Chaque État jouit en effet d'une souveraineté complète et exclusive sur l'espace aérien situé au-dessus de son territoire[11]. Cette souveraineté nationale ne peut être déléguée. Par contre, la responsabilité d'exécuter certaines prestations de service de navigation aérienne, peut-être déléguée, dès lors que cette délégation est un acte de souveraineté[12].

Le Conseil constitutionnel a rappelé à ce propos, que le dessaisissement de certaines compétences au profit d'une autorité communautaire, régionale ou internationale, effectuée dans le cadre du respect des engagements internationaux, quand bien même elle entrainerait un

---

[9] M.-E. Vaha, *The Moral Standing of the State in International Politics* (L'autorité morale de l'État en politique internationale) Cité par O. Larmagnac-Matheron, « Tuvalu dans le métavers : un État peut-il exister sans territoire ? », *Magazine philosophie, la grande question*, 6 janvier 2023, https://www.philomag.com/articles/tuvalu-dans-le-metavers-un-etat-peut-il-exister-sans-territoire.

[10] L'article 124 alinéa premier de la Convention de Montego Bay (Jamaïque) du 10 décembre 1982 entrée en vigueur le 16 novembre 1994, défini la notion juridique d'État dépourvu de littoral comme renvoyant à un État qui ne possède pas de côte maritime. V. à ce propos S. Froger, P. Touenart, J.-M. Sorel, « Les États dépourvus de littoral », *Revue juridique de l'Ouest. La mer,* n° Spécial 1995, pp. 61-76.

[11] Convention relative à l'aviation civile internationale Signée à Chicago, le 7 décembre 1944.

[12] Présentation CANSO, Sixième conférence mondiale de transport aérien, ATCONF/6, Montréal, 18-22 mars 2013, www.icao.int./meetings/atconf6.

aménagement ou même un abandon de souveraineté, n'est pas contraire aux principes et valeurs inscrits dans la Constitution sénégalaise[13]. L'article 73 du Code de l'aviation civile prévoit ainsi la possibilité d'une circulation d'aéronefs étrangers sur le territoire sénégalais, en application d'un texte communautaire ou sur la base d'un droit accordé par une convention internationale.

Dans le contexte africain, la décision dite de Yamoussoukro[14] qui établit un accord entre les États parties pour une libéralisation graduelle et progressive des services de transport aérien régulier et non régulier intra-africain se rapproche de la position du Conseil constitutionnel et du législateur sénégalais dans la mesure où les frontières aériennes ne sont plus désormais un obstacle qui, sur le plan juridique, affecte la compétence territoriale de l'État[15].

Une préoccupation majeure reste cependant que l'espace aérien est lié à la nécessité d'assurer une surveillance permanente pour des raisons de sécurité nationale. Cette particularité fait que les États font prévaloir le caractère de territoire souverain de l'État.

---

[13] Dans cette décision, le Conseil Constitutionnel a été saisi par le Président de la République aux fins de « Statuer sur la conformité à la Constitution des articles 14 à 16 du Traité relatif à l'Harmonisation du Droit des Affaires en Afrique » ; et de « Relever d'office, le cas échéant, en application de l'avant-dernier alinéa de l'article 15 de la loi organique n° 92-23 du 30 mai 1992 sur le Conseil constitutionnel, une violation de la Constitution qui n'aurait pas été soulevée ». En réponse, il a jugé : « Considérant, en effet, que la réalisation de l'unité africaine impliquant nécessairement un abandon de souveraineté de la part des États qui y participent, le Peuple sénégalais, par cette « décision constitutionnelle », accepte d'accomplir un tel « effort » ; qu'il s'ensuit qu'un engagement international par lequel le Sénégal consentirait à abandonner sa souveraineté dans ce but, serait conforme à la Constitution, à condition que cet abandon de souveraineté se fasse sous réserve de réciprocité et dans le respect des Droits de l'Homme et des Peuples, ainsi que des libertés fondamentales, garantis par les dispositions de valeur constitutionnelle. Cons. const., 16 décembre 1993, déc., n° 12/C/93, considérant 10, inédit.

[14] L'article 2 de cette décision prise le 14 novembre 1999, fixe la portée de cette Décision en précisant qu'elle a préséance sur les dispositions des accords bilatéraux et multilatéraux sur les services aériens entre les États-parties, qui lui sont incompatibles. Les dispositions qui sont normalement incluses dans ces accords et qui ne sont pas incompatibles avec la présente décision continuent d'être valides et s'ajoutent donc à la décision.

[15] Cons. Const. France, 25 juillet 1991, déc. n° 91-294 rendue suite à un recours contre la loi autorisant l'approbation de la convention d'application de l'accord de Schengen du 14 juin 1985 entre les gouvernements des États de l'Union économique Benelux, de la République fédérale d'Allemagne et de la République française relatif à la suppression graduelle des contrôles aux frontières communes. https://www.conseil-constitutionnel.fr/decision/1991/91294DC.htm. Consulté le 1er janvier 2025.

B – Le domaine public aérien : un bien appartenant à l'État

Le domaine public aérien, en particulier l'espace atmosphérique, au-dessus du territoire, a longtemps été considéré comme une *res nullius*[16] soumise seulement au pouvoir de police de l'État ou encore comme une chose commune[17].

Aujourd'hui, l'utilisation de la notion de domaine public fait présumer que cet espace aérien remplit les critères principaux de la domanialité publique. Ces critères, au regard de la jurisprudence et de la doctrine, sont les suivants : l'appartenance du bien à une personne publique, sa soumission à un régime de puissance publique, l'accessibilité du bien à tous et l'existence d'un éventuel bénéfice profitable à tout le monde[18].

Le premier critère est celui de la propriété. Les articles 1er à 6 du Code du domaine de l'État combinés, font du domaine public aérien un bien appartenant à l'État du Sénégal[19]. L'article 2 du Code du domaine de l'État, en visant des biens qui ne sont pas susceptibles d'appropriation privée, fait supposer l'exclusion de la possibilité d'une propriété d'une personne privée ou même d'une copropriété avec des personnes privées. C'est la position du Conseil d'État français qui a posé le principe de l'incompatibilité entre copropriété et domanialité publique en considérant que des locaux acquis par l'État, fût-ce pour les besoins d'un service public,

---

[16] Les *res nullius* sont, en droit, des biens qui n'appartiennent à personne mais qui sont susceptibles d'appropriation privée (par exemple le gibier sauvage). Ce sont des bien a priori disponibles pour tous, ce problème pouvant toucher des biens essentiels pour la vie humaine (l'eau, les forêts et plus généralement la nature). V. B. Boidin, D. Hiez et S. Rousseau, « Biens communs, biens publics mondiaux et propriété. Introduction au dossier », *Développement durable et territoires*, Dossier 10, 2008, http://journals.openedition.org/developpementdurable/5153. Consulté le 1er janvier 2025.

[17] Le terme *res communis* ou chose commune désigne des choses qui appartiennent à tous (ou à personne), ne sont susceptibles d'aucune appropriation mais dont chacun peut user à sa convenance. C'est par exemple le cas de l'air ou de l'eau, sous réserve qu'ils soient en surquantité par rapport aux besoins ou qu'il n'y ait pas de problèmes d'accès. V. à ce propos A. Danis-Fatôme, « Biens publics, choses communes ou biens communs ? », *Bien public bien commun, Mélanges en l'honneur d'Etienne Fatôme*, 2011, p. 99.

[18] A. Kiss (dir.) « L'Écologie et la Loi », *Revue française d'Administration publique*, Paris, 1990, pp. 165-166.

[19] Article 2 Code du domaine de l'État.

dans un immeuble soumis au régime de la copropriété n'appartiennent pas au domaine public[20].

Le second critère à examiner est celui de la nature et de la destination du bien. La nature juridique d'un bien public est intrinsèque à la valeur même de ce bien. Une seule personne physique ou morale de droit privée ne saurait en effet avoir la propriété exclusive de l'espace aérien d'un État ou des aérodromes et aéroports avec leurs dépendances nécessaires à la navigation aérienne.

Pour ce qui est de la destination, elle découle de la nature du bien et est lié à son utilisation. En effet, le bien aérien public doit être affecté, soit à l'usage direct du public[21], soit à un service public pourvu qu'en ce cas il fasse l'objet d'un aménagement indispensable à l'exécution des missions de ce service public. Ainsi, le législateur a visé, sans être exclusif, l'espace aérien ainsi que les aéroports et aérodromes nécessaires à la navigation aérienne et leurs dépendances : stations météorologique, centres de contrôle et de guidage, pistes d'envols, aérogares, installations annexes utilisées pour les besoins du trafic, entre autres.

Le troisième critère qui permet d'identifier un bien aérien public est celui de la non-exclusivité. Ce caractère traduit l'impossibilité d'exclure une personne de la jouissance de ce bien. Le principe qui sous-tend cette non-exclusivité est l'interdiction de faire payer l'usage du domaine public. Ce principe est cependant fortement atténué par la possibilité pour les États de demander des redevances et d'en fixer librement le montant[22], si des particuliers bénéficient de titres d'occupation précaires et révocables sur ce domaine. Ici, la non-exclusivité s'appréciera par rapport à la jouissance, autrement dit, les fruits résultants de l'utilisation des biens du domaine public (redevances) sont profitables à tous[23].

---

[20] V. CE France, 11 février 1994, *aff. Cie d'assurance Préservatrice Foncière*, n° 109564. Texte intégral disponible sur https://www.legifrance.gouv.fr. Consulté le 10 décembre 2024.

[21] Dans le premier cas, il convient de ne pas confondre l'affectation à l'usage du public avec l'ouverture à l'usage du public. Ainsi, le fait qu'un espace ou une dépendance soit ouverte au public ne suffit pas à la faire dépendre du domaine public.

[22] Articles 17 du Code du domaine de l'État et 150 à 153 du Code de l'Aviation Civile.

[23] Les taxes tarifs et redevances aéroportuaires sont fixées par le Décret N°2004-1678 du 31 décembre 2004. Elles sont perçues par l'Agence Nationale de l'Aviation Civile du Sénégal (ANACS) qui peut conclure, en cas de besoin, un protocole d'accord avec le Gestionnaire d'aéroport ou le Prestataire agréé sur les modalités de recouvrement. Toute redevance due périodiquement pour la délivrance d'une licence d'exploitation ou d'un

Le quatrième critère est celui de la non-rivalité qui signifie que chacun peut en bénéficier à volonté, sans que cela ne soit jamais au détriment d'autrui. Elle induit un traitement égal des usagers des biens aériens domaniaux lorsqu'ils se trouvent dans la même situation.

Au regard de l'ensemble de ces éléments d'appréciation, le domaine public aérien, propriété exclusive de l'État, a une double nature juridique : un territoire souverain et bien public.

II – La protection du domaine public aérien

Dans le but de protéger[24] et de garantir sa pérennité, le domaine public aérien fait l'objet d'une protection confiée à des organes de contrôle spécifiques (A) qui exercent leurs attributions, soit de manière préventive, soit de manière répressive (B).

A – Les organes spécifiques de protection

Le domaine public aérien est protégé par une police de la conservation dévolue aux autorités administratives « traditionnelles » compétentes[25]. En raison de sa particularité, il est en sus protégé par des organismes spécifique, notamment des agences et autorités[26].

Parmi ces organes de contrôle, il y a la Haute Autorité des Aéroports du Sénégal (HAAS)[27] qui a pour mission d'assurer la sécurité des personnes,

---

permis opérationnel doit être acquittée au plus tard un mois avant la fin de la période considérée. La redevance relative à l'immatriculation ou à la navigabilité des aéronefs est calculée sur la base de la masse maximale au décollage de l'aéronef consignée sur le certificat de navigabilité ou sur tout autre document approprié.

[24] L'expression valorisation du domaine public est préférée aujourd'hui à celle de protection qui est cependant plus large. Il convient de préciser que les deux notions visent à maintenir la consistance du domaine, à lutter contre les atteintes éventuelles et à tirer un bénéfice de l'utilisation du domaine. La protection inclut donc la valorisation. Voir à ce propos J.-M. Sauvé, M. Pinault, H. Barbaret, *et al.*, « La valorisation économique des propriétés des personnes publiques », *Entretiens du Conseil d'État en droit public économique*, vol. 6, 2011, pp. 63-93.

[25] Le président de la République, le Ministre de l'intérieur ainsi que les représentants de l'Administration centrale pour l'ensemble du territoire et les gouverneurs, préfets, sous-préfets qui agissent généralement au niveau local.

[26] Décret 2015-1969 organisant le système national de supervision de la sûreté de l'aviation civile.

[27] Décret 2017-1343 du 15 juin 2017 portant élargissement des compétences de la Haute Autorité de l'Aéroport Léopold Sédar Senghor et modifiant sa dénomination. Aux termes de l'article 3 de ce décret, les missions principales de la HAAS sont : élaborer, mettre à jour et veiller à la mise en œuvre du Programme de Sûreté de l'aéroport Léopold Sédar Senghor ; confectionner et de gérer les titres d'accès (badges et macarons) aux zones

des biens et des aéronefs dans l'enceinte de la zone aéroportuaire[28]. Elle veille en outre à l'accueil des personnes fréquentant cette zone et à faciliter le trafic aérien[29].

Cette Haute autorité comprend plusieurs quatre services[30] dont celui chargé de la sureté, subdivisé en deux bureaux : celui chargé de la délivrance des titres d'accès et le second des enquêtes, inspections et vérifications[31].

La protection de l'utilisation des biens compris dans le domaine public aérien dépend donc, en grande partie de ce service de sureté dont les missions sont les suivantes[32] :

- mise en œuvre des mesures de Sûreté des aéroports ;
- réalisation des enquêtes, vérifications, inspections relatives aux problèmes de sureté de l'aéroport ;
- gestion des titres d'accès (badges et macarons) aux zones réglementées de l'aéroport ;
- coordination de la défense du périmètre aéroportuaire ;

---

réglementées de l'aéroport ; convoquer et présider les réunions du comité local de sûreté et de facilitation ; s'assurer que les recommandations relatives à l'amélioration du dispositif de sûreté sont suivies d'effet de la part des structures concernées par des mesures correctives ; réaliser des activités de contrôle qualité : inspections, tests, enquêtes et vérifications ; veiller à la mise en œuvre les normes et pratiques recommandées de l'Organisation de l'Aviation Civile Internationale ; s'assurer que les mesures additionnelles de sûreté exigées ou acceptées par l'autorité compétente (ANACIM) sont correctement mises en œuvre ; tenir à jour les procès-verbaux de constat d'acte d'intervention illicite ; assurer la formation complémentaire des personnels chargés de la mise en œuvre des contrôles de sûreté ; sensibiliser les personnels aéroportuaires en sûreté ; déterminer des mesures et moyens de riposte appropriés pour les situations de menaces ; veiller au bon accueil des personnes fréquentant la zone aéroportuaire ; faciliter le développement du trafic aérien ; participer, par la qualité de ses prestations, au développement du tourisme au Sénégal.

[28] Articles 2 à 6 du Décret 2001-743 du 1er octobre 2001 portant création de la Haute Autorité de l'Aéroport Léopold Sédar Senghor modifié.

[29] Arrêté primatorial n°002928 du 15 mai 2006 portant réorganisation de la Haute Autorité de l'Aéroport Léopold Sédar Senghor modifiée.

[30] La Haute Autorité de l'Aéroport comprend : Le conseiller technique, le service sureté, le service études formation et documentation, et le service administratif et financier. V. article 2 de l'arrêté primatorial n° 002928 du 15 mai 2006 portant réorganisation de la Haute Autorité de l'Aéroport Léopold Sédar Senghor modifiée.

[31] V. article 5 de l'arrêté primatorial n° 002928 du 15 mai 2006 précité.

[32] V. article 4 de l'arrêté primatorial n° 002928 du 15 mai 2006 précité.

- mise en place de mesures conservatoires pour parer aux attaques et menaces ;
- mise en œuvre des recommandations relatives à l'amélioration du dispositif de sûreté sont suivies d'effet de la part des structures concernées par des mesures correctives ;
- mise en œuvre les normes et pratiques recommandées de l'Organisation de l'Aviation Civile Internationale ;
- application des mesures additionnelles de sûreté exigées ou acceptées par l'autorité compétente (ANACIM) sont correctement mises en œuvre ;
- tenir à jour les procès-verbaux de constat d'acte d'intervention illicite, entre autres.

Cette haute autorité exerce ses attributions en étroite collaboration avec l'Agence pour la Sécurité de la Navigation Aérienne en Afrique et à Madagascar (ASECNA)[33] qui est chargée de la gestion coopérative des espaces aériens des États qui en sont membres. Dans l'exercice de cette mission, l'ASECNA assure la fourniture des services de la navigation aérienne en route dans les espaces aériens, de l'organisation de ces espaces aériens et des routes aériennes en conformité avec les dispositions de l'OACI, de la publication de l'information aéronautique, de la prévision et de la transmission des informations dans le domaine de la météorologie aéronautique.

L'ASECNA est en outre chargée de la définition des spécifications relatives aux fonctions, systèmes et moyens, ainsi que des procédures et méthodes de travail mises en œuvre, de l'étude, de la définition des spécifications, à l'achat, à la réception, à l'installation, à la vérification technique, au maintien en condition opérationnelle, à l'exploitation des équipements et installations, des systèmes de communication, de navigation, de surveillance et de gestion du trafic aérien ainsi que de météorologie aéronautique, de la mise en œuvre d'un système de gestion de la sécurité et de la qualité, conformément aux normes et pratiques recommandées de l'Organisation de l'aviation civile internationale (OACI).

---

[33] Article 5 du Décret 2001-743, précité. L'ASECNA est un établissement public international régie par la Convention de Dakar révisée en 2010. Créé à Saint Louis du Sénégal le 12 décembre 1959 et compte 19 pays.

De plus, elle assure la fourniture, au niveau des aérodromes qui lui sont confiés, des services de circulation aérienne d'approche et d'aérodrome et des services de lutte contre l'incendie et de sauvetage des aéronefs ainsi que de la publication de l'information aéronautique, de la prévision et de la transmission des informations dans le domaine de la météorologie aéronautique[34].

A côté de ces organismes évolue l'Agence Nationale de l'Aviation Civile et de la Météorologie (ANACIM), créée par décret n° 2011-1055 du 28 Juillet 2011, modifié par le décret n° 2015-981 du 10 juillet 2015, qui est l'autorité de l'Aviation civile au Sénégal consacrée par la loi n° 2015-10 du 04 mai 2015 portant code de l'aviation civile[35] qui assure également des missions de régulation et de supervision de sécurité et de la sureté. Elle est chargée entre autres d'élaborer, de mettre en œuvre et de tenir à jour des Programmes nationaux de Sûreté de l'Aviation civile et de Contrôle de la Qualité de la Sûreté de l'Aviation civile et détermine les sanctions en cas de violations des dispositions sur la sûreté[36].

B – Les formes de protection

La nature hybride du domaine public aérien fait que sa protection s'effectue selon diverses modalités. En tout état de cause, cette protection est soit préventive, soit répressive.

La protection préventive du domaine public aérien consiste essentiellement à maintenir sa consistance matérielle et fonctionnelle en s'assurant que les éléments qui le composent ne disparaissent, ne s'altèrent ou ne soient abandonnés[37], mais également à prévenir toute violation ou dégradation dans son utilisation. Cette protection est textuelle puisque

---

[34] https://www.asecna.aero/index.php/en/2014-03-31-16-47-51/2014-03-31-16-53-08/presentation-missions.

[35] Articles 2, 5, 6 et 12 du Code de l'aviation civile. A côté de l'ANACIM, d'autres structures participent à la protection du domaine public. Par exemple la Direction de la Protection civile est chargée d'assurer, en temps de paix comme en temps de guerre, la protection des personnes, ainsi que la conservation des installations, des ressources et des biens publics.

[36] Voir articles 5, 9, 13 et 26 du Décret 2015-1969 organisant le système national de supervision de la sûreté de l'aviation civile.

[37] S. Braconnier, « De la protection à la valorisation. Brèves réflexions sur la propriété aéroportuaire », *Le droit administratif : permanences et convergences, Mélanges en l'honneur de Jean Philippe Lachaume*, Dalloz, Paris 2007, pp. 101-114.

réglementée par la Constitution[38] et le Code du domaine de l'État et ses décrets d'application.

La protection préventive du « domaine-territoire » appelle en premier la mise en œuvre des principes d'intégrité et d'inviolabilité[39] qui distinguent le domaine public aérien « du domaine général ». En effet, le territoire étant le substrat matériel de la souveraineté, chaque État a droit à l'intégrité de son territoire et, sauf l'existence d'une règle permissive contraire, aucune autre puissance ne peut s'exercer sur son territoire[40]. Le principe d'inviolabilité trouve donc son corollaire dans le principe d'intégrité dans la mesure où « Entre États indépendants, le respect de la souveraineté territoriale est l'une des bases essentielles des rapports internationaux »[41].

Cela étant, la protection du domaine appréhendé comme un territoire est souvent effectuée sous le couvert de la confidentialité. C'est pourquoi la Cour de justice de l'Union Européenne a eu à rappeler que la confidentialité des informations relatives aux incidents et accidents aériens constitue un élément central du système de supervision et de contrôle institué par le législateur de l'Union dans le but d'améliorer la sécurité aérienne, qui repose sur le recueil, le partage entre autorités publiques et l'analyse de ces informations. Cette confidentialité justifie une restriction à la liberté d'information[42].

Pris en tant que bien, la protection préventive du domaine aérien obéit aux principes classiques de protection du domaine public. Le législateur, à l'article 9 du Code du domaine de l'État a en effet posé des principes de conservation que sont l'inaliénabilité et l'imprescriptibilité.

---

[38] L'article 8 de la Constitution garanti le droit de propriété. Les auteurs de la Déclaration des droits de 1789 qui est partie intégrante du préambule de la Constitution sénégalaise considéraient la propriété « comme la liberté d'user et de disposer de ses biens et ils rapprochaient sa garantie de celle de la liberté personnelle ». Voir J.-L. Mestre, « La propriété, liberté fondamentale pour les Constituants de 1789 », *RFDA*, 2004, p. 1 et suivants.

[39] M.-G. Kohen, *Possession contestée et souveraineté territoriale*, Institut de hautes études internationales-Genève, PUF, Paris, 1997, p. 367-424.

[40] CPIJ, 7 septembre 1927, *aff. « Lotus »,* série A, n° 10, p. 18.

[41]CIJ, 9 avril 1949, *aff. Détroit de Corfou, CIJ Recueil*, 1949, p. 35.

[42] La confidentialité des informations relatives aux accidents aériens l'emporte sur la liberté d'information, commentaire de l'affaire CJUE, 18 janv. 2024, *aff. RTL Nederland et RTL Nieuws*, C-451/22, *Actualité Dalloz*, 2024, note X. Delpech.

L'inaliénabilité du domaine public aérien est une limite apportée au pouvoir de disposer[43] de l'État qui se traduit par l'impossibilité de transférer des dépendances du domaine public vers un patrimoine privé et rend nulles toutes les ventes ou échanges de biens aériens domaniaux, sous réserve d'un déclassement effectué dans les conditions et les formes prévues par de l'article 19 du Code du domaine de l'État[44].

L'imprescriptibilité interdit l'acquisition par possession prolongée du bien. Elle est une forme de protection des biens publics en cas d'octroi de titre d'occupation. L'occupation du domaine public aérien est donc toujours précaire et révocable[45].

Il convient en outre de souligner que l'article 10 du Code du domaine de l'État préfère le terme gestion à celui de possession. L'État peut gérer directement ou déléguer cette compétence. Par exemple, l'obligation d'entretien du domaine artificiel, en particulier les aéroports et aérodromes, qui est intrinsèquement liée à la conservation du domaine, généralement transféré à des exploitants. Ces derniers bénéficient souvent de titres d'occupation qui sont une exigence posée par l'article 20 du Code du domaine de l'État qui dispose : « nul ne peut, sans autorisation délivrée par l'autorité compétente, occuper ou exploiter une dépendance du domaine public ». Toutefois, ces titres étant précaires, en cas d'inobservation des conditions imposées à l'exploitant, l'autorité administrative peut prendre les mesures de sauvegarde qui s'imposent (…)[46].

---

[43] V., par exemple, pour la prise en compte des libertés publiques et notamment de la liberté d'aller et venir sur les propriétés publiques, Y. Gaudemet, « Domaine public et libertés publiques », *Mélanges J. Robert,* 1998, p. 125.

[44] Un principe d'incessibilité du domaine public est aussi sous tendu par la jurisprudence, mais elle se limite à la cession à vil prix. A propos de la loi autorisant le Gouvernement à prendre diverses mesures d'ordre économique et social, le juge constitutionnel français considère que le principe d'incessibilité à vil prix « s'oppose à ce que des biens ou des entreprises faisant partie de patrimoines publics soient cédées à des personnes poursuivant des fins d'intérêt privé pour des prix inférieurs à leur valeur », Cons. const. France, 26 juin 1986, déc., n° 86-207. Texte intégral de la décision disponible sur https://www.conseil-constitutionnel.fr.

[45] V. articles 12 à 18 du Code du domaine de l'État.

[46] Considérant qu'en l'espèce, pour ordonner la fermeture de la décharge située à Poukham Tock, le Sous -préfet de l'Arrondissement de Ndiob, a fondé sa décision sur le constat d'une situation « d'insalubrité des sites provisoires exacerbée par les pluies », de l'existence de « menaces de troubles à l'ordre public » et d'une « insuffisance des forces publiques pour assurer une surveillance permanente des deux sites » ; Qu'ainsi, en levant la mesure de fermeture, sans s'assurer de la disparition des nuisances qui avaient fondé

Il faut aussi noter que l'article 9 du Code du domaine de l'État ne mentionne pas l'insaisissabilité qui traduit une impossibilité d'exproprier le domaine public aérien. Ce principe se déduit de la nature juridique même des biens du domaine public qui ne sont pas susceptibles d'appropriation privée et de la personnalité juridique du propriétaire (l'État), qui en principe, bénéficie d'une immunité d'exécution[47].

En outre, la protection préventive du domaine public aérien est assurée par le biais de l'existence de servitudes aéronautiques de passage[48], d'implantation, d'appui et de circulation nécessitées par l'établissement, l'entretien et l'exploitation des installations et ouvrages établis dans l'intérêt ou pour la sécurité de la navigation aérienne[49]. Ces servitudes qui font partie du domaine artificiel,[50] peuvent grever les propriétés voisines du domaine public et sont destinées à protéger la dépendance domaniale dans l'intérêt de sa conservation et de son utilisation.

Pour ce qui est de la protection répressive du domaine public aérien, elle consiste à faire cesser les atteintes qui y sont portées ou à les sanctionner. Elle est donc essentiellement exercée par les autorités administratives compétentes et les juges administratifs ou judiciaires.

En tant que territoire, la plus fréquente des atteintes portées au domaine public aérien est constituée par les infractions aux règles de survol établies par l'État survolé qui portent atteinte à la sûreté aérienne. Sur ce point, le Code de l'aviation civile réglemente le droit de circuler (droit de survoler et d'atterrir) dans l'espace sénégalais. Ainsi, ce droit est strictement encadré et peut être interdit par décret pour des raisons d'ordre militaire ou

---

ladite décision, l'autorité administrative a manqué à l'obligation qui lui incombait de maintenir les mesures de prévention, prises dans le cadre de ses pouvoirs de police, en vue de veiller à la protection et à la préservation des populations de la localité contre les risques occasionnés par les atteintes à leur environnement ; Que dès lors, la décision attaquée encourt l'annulation (…). Cour Suprême, 9 juin 2022, *aff. M. D. et quatre autre c/. État du Sénégal (AJE), Administratif*, n° 21.

[47] Le principe d'immunité des personnes morales de droit public est aujourd'hui fortement atténué par les nouvelles dispositions de l'Acte Uniforme sur les Procédures Simplifiées de Recouvrement et Voies d'Exécution qui prévoient la possibilité d'une compensation d'une reconnaissance de dette avec l'État, d'une inscription dans les comptes d'exercice ou dans le budget de l'État au titre des dépenses obligatoires, d'une renonciation expresse à l'immunité ou d'une mesure visant à faciliter le paiement décidé par le juge. V. articles 30 à 30-3 de l'AUPSRVE.

[48] Articles 154 à 164 du Code de l'Aviation Civile.

[49] Article 6 du Code du domaine de l'État.

[50] Articles 6 et 7 du Code du domaine de l'État.

de sécurité publique[51]. Dans ce contexte, l'infraction est constituée par la pénétration dans la zone interdite ou par la violation des procédures de survol définie dans le Code précité. Elle peut être intentionnelle[52] ou résulter d'une démarche volontaire de son auteur[53].

La Convention de Chicago[54] prévoit plusieurs dispositions en cas d'atteinte à la souveraineté aérienne d'un État, notamment, exiger l'atterrissage à un aéroport désigné, d'un aéronef civil qui, sans titre, survole son territoire ou s'il y a des motifs raisonnables de conclure qu'il est utilisé à des fins incompatibles avec les buts de la convention. Il peut aussi donner à cet aéronef toutes autres instructions pour mettre fin à ces violations.

À cet effet, les États contractants peuvent recourir à tous les moyens appropriés compatibles avec les règles pertinentes du droit international (…). L'État du Sénégal dispose donc de cet éventail de possibilités en cas d'infractions aux règles de survol de son territoire[55].

En outre, les actes illicites dirigés contre la sécurité de l'aviation civile, notamment sabotage[56], attaques au sol, fausses alertes à la bombe, actes de capture illicite d'aéronef, utilisation d'aéronefs comme arme, sont des atteintes portées au domaine public aérien puisque pouvant affecter la

---

[51] Articles 73 et suivants.

[52] La Convention de Chicago en son article 3 bis prévoit plusieurs dispositions en cas d'atteinte à la souveraineté aérienne d'un état : chaque état, dans l'exercice de sa souveraineté, est en droit d'exiger l'atterrissage, à un aéroport désigné, d'un aéronef civil qui, sans titre, survole son territoire ou s'il y a des motifs raisonnables de conclure qu'il est utilisé à des fins incompatibles avec les buts de la présente convention ; il peut aussi donner à cet aéronef toutes autres instructions pour mettre fin à ces violations. À cet effet, les états contractants peuvent recourir à tous les moyens appropriés compatibles avec les règles pertinentes du droit international (…).

[53] A. De Luca, « La menace aérienne non militaire un défi pour la communauté internationale », *ASPJ Afrique & Francophonie* - 4e trimestre 2011.

[54] Articles 5 à 16 de la Convention de Chicago relative à l'aviation civile internationale du 7 décembre 1944.

[55] V. articles 110 et suivants du Code de l'aviation Civile.

[56]Exemple : affaire du vol UTA 772. Un vol international régulier de la compagnie aérienne française Union de transports aériens (UTA), reliant Brazzaville, en République du Congo, à Paris, en France, avec une escale prévue à N'Djaména, au Tchad, le 19 septembre 1989 a été victime d'un attentat à la bombe : l'avion explosa au-dessus du désert du Ténéré, au Niger, tuant sur le coup les 170 passagers et membres d'équipage. Il s'agit de l'accident aérien le plus meurtrier survenu au Niger.

circulation dans l'espace aérien et dans les dépendances des aéroports et aérodromes[57].

Le domaine aérien étant considéré comme bien public, les atteintes à son encontre sont soumises aux mesures réglementaires et individuelles édictées par les autorités administratives.[58] Il peut s'agir de pouvoirs de police générale visant à rétablir les différents éléments composant l'ordre public (sécurité, tranquillité, salubrité et dignité), ou de polices spéciales visant des matières spéciales ou certaines catégories d'administrés (stationnement, installations, immeubles menaçant ruine, affichages publicitaires, pilotes d'aéromodèles, etc). Ainsi, un maire est fondé à réglementer la pratique de l'aéromodélisme dans sa commune afin d'assurer la sécurité des personnes et des biens et pour préserver la tranquillité publique sur le territoire de la commune[59].

La protection répressive implique également l'intervention du juge judiciaire qui peut prononcer des peines d'emprisonnement, de sursis ou d'amende. Par exemple, le non-respect des conditions relatives à la qualification et à la formation du personnel naviguant, en ce qu'il viole les principes de protection du domaine public aérien, a déjà été sanctionné. En effet, suite à l'accident aérien de Cap Skiring le 09 février 1992, le rapport d'enquête a souligné un non-respect des conditions de travail, d'âge et de santé des pilotes et l'absence de qualification du mécanicien d'accompagnement du vol.[60] En conséquence, les dirigeants de l'hôtel

---

[57] Convention du 14 septembre 1963 relative aux infractions et à certains autres actes survenant à bord des aéronefs. http://www.mcgill.ca/files/iasl/tokyo1963-fr.pdf ; Convention du 16 décembre 1970 pour la répression de la capture illicite d'aéronefs. http://www.mcgill.ca/files/iasl/hague1970-fr.pdf ; Convention du 23 septembre 1971 sur les actes illicites contre la sécurité de l'aviation civile. http://www.mcgill.ca/files/iasl/montreal1971-fr.pdf.

[58] Articles 82 à 91 du Code de l'aviation civile.

[59] A titre de droit comparé, (France) « Considérant que la mesure a été prise en vue d'assurer la sécurité des personnes et des biens ainsi que pour préserver la tranquillité publique sur le territoire de la commune ; qu'ainsi le maire a pu, sans commettre d'illégalité, réglementer par l'arrêté attaqué la pratique de l'aéromodélisme dans sa commune ». CE, 8 mars 1993, *aff. Commune des Molières*, req. n° 102027, *Lebon* T. 917, *D.*,1994, note D. Maillard Desgrées du Loû.

[60] Le rapport a fait état de l'inconsistance des performances du pilote dont le certificat médical avait prescrit, pour l'exercice de ses fonctions, des lentilles pour correction à longue distance et des lunettes de myopie pour correction de la vue à courte distance et un mécanicien d'accompagnement du vol, recruté localement, qui n'avait aucune qualification officielle sur le type d'aéronef accidenté. Cet accident avait occasionné 30 morts et 26 blessés graves. F. Tassel, « Le Club Med devant la justice pour le crash qui avait fait 28

(Club Med), qui avaient affrétés le vol, ont été condamnés à 08 mois avec sursis et 30.000 francs d'amende chacun.

En définitive, la question de la protection du domaine public aérien n'est pas un sujet très familier au Sénégal. Un Code de l'aviation civile existe, mais il n'est pas suffisamment mis en corrélation avec d'autres textes. Ce manque d'harmonisation semble empêcher l'affirmation de l'importance de ce domaine en général et, en particulier, des problématiques spécifiques que soulèvent sa gestion et sa protection. Dès lors, face aux menaces actuelles sur la domanialité publique, problèmes environnementaux, menaces sécuritaires de divers ordres), il convient de veiller à faire connaitre l'importance du domaine public aérien, pour mieux en assurer la préservation.

---

victimes en 1992, « Aucun GO ne prend cet avion », Libération.fr, 19 mai 2000, consulté le 28 octobre 2024.

Sommaire des numéros antérieurs

RSD n* 40

RSD n* 38

RSD n* 37

Structures éditoriales du groupe L'Harmattan

L'Harmattan Italie
Via degli Artisti, 15
10124 Torino
harmattan.italia@gmail.com

L'Harmattan Hongrie
Kossuth l. u. 14-16.
1053 Budapest
harmattan@harmattan.hu

L'Harmattan Sénégal
10 VDN SICAP AMITIE 3
BP 45034 Dakar-Fann
direction@senharmattan.com

L'Harmattan Cameroun
Tsinga/Derrière polyclinique FECAFOOT
BP 11486 Yaoundé
Jacques.koukam@harmattan.fr

L'Harmattan Burkina Faso
Villa 281, secteur 23 623, rue 14.32
Ouagadougou
zagbie@outlook.fr

L'Harmattan Guinée
Almamya, rue KA 028 OKB Agency
BP 3470 Conakry
harmattanguinee@yahoo.fr

L'Harmattan RDC
185, avenue Nyangwe
Commune de Lingwala – Kinshasa
matangilamusadila@yahoo.fr

L'Harmattan Congo
219, avenue Nelson Mandela
BP 2874 Brazzaville
deunovmikhael@gmail.com

L'Harmattan Mali
Immeuble Mgr Jean Marie Cissé
Aci Hamadallaye
BP 145 Bamako
syllaka@yahoo.fr

L'Harmattan Togo
Djidjole – Maison Amela
face EPP BATOME
02 BP 20680 Lomé
didieramela11@gmail.com

L'Harmattan Côte d'Ivoire
Résidence Karl – Cité des Arts
Abidjan-Cocody
03 BP 1588 Abidjan
harmattan.ivoire@gmail.com

L'Harmattan Bénin
Rue 604, (Immeuble à l'entrée
de la rue UCAO- Cite de Saint-Jean)
Cotonou
stepcorpus@gmail.com

Nos librairies en France

Librairie internationale
16, rue des Écoles
75005 Paris
librairie.internationale@harmattan.fr
01 40 46 79 11
www.librairieharmattan.com

Librairie des savoirs
21, rue des Écoles
75005 Paris
librairie.sh@harmattan.fr
01 46 34 13 71
www.librairieharmattansh.com

www.ingramcontent.com/pod-product-compliance
Lightning Source LLC
LaVergne TN
LVHW011457061026
849535LV00004BA/1121
* 9 7 8 2 3 3 6 5 6 9 5 6 7 *